A JUSTIÇA DE TOGA

A JUSTIÇA DE TOGA

Ronald Dworkin

Tradução
JEFERSON LUIZ CAMARGO

Revisão da tradução
FERNANDO SANTOS

Revisão técnica
ALONSO REIS FREIRE

wmf **martinsfontes**

Esta obra foi publicada originalmente em inglês com o título
JUSTICE IN ROBES
por Harvard University Press, Cambridge, USA.
Copyright © 2006 by Ronald Dworkin
publicado por acordo com Harvard University Press.
Copyright © 2010, Editora WMF Martins Fontes Ltda.,
São Paulo, para a presente edição.

1ª edição 2010
4ª tiragem 2021

Tradução
JEFERSON LUIZ CAMARGO

Revisão da tradução
Fernando Santos
Revisão técnica
Alonso Reis Freire
Acompanhamento editorial
Márcia Leme
Revisões
Sandra Regina Fernandes
Ivani Aparecida Martins Cazarim
Produção gráfica
Geraldo Alves
Paginação
Studio 3 Desenvolvimento Editorial
Capa
Katia Harumi Terasaka

Dados Internacionais de Catalogação na Publicação (CIP)
(Câmara Brasileira do Livro, SP, Brasil)

Dworkin, Ronald, 1931-2013.
  A justiça de toga / Ronald Dworkin ; tradução Jeferson Luiz Camargo ; revisão da tradução Fernando Santos ; revisão técnica Alonso Reis Freire. – São Paulo : Editora WMF Martins Fontes, 2010. – (Biblioteca Jurídica WMF)

  Título original: Justice in robes.
  ISBN 978-85-7827-091-9

  1. Direito e ética 2. Hermenêutica (Direito) 3. Justiça 4. Jurisprudência 5. Processo judicial – Filosofia I. Título. II. Série.

09-01395   CDU-347.9

Índices para catálogo sistemático:
1. Processo judicial : Direito processual 347.9

Todos os direitos desta edição reservados à
Editora WMF Martins Fontes Ltda.
Rua Prof. Laerte Ramos de Carvalho, 133 01325-030 São Paulo SP Brasil
Tel. (11) 3293-8150 e-mail: info@wmfmartinsfontes.com.br
http://www.wmfmartinsfontes.com.br

SUMÁRIO

Introdução:
Direito e moral 3

1. Pragmatismo e direito 53
2. O elogio da teoria 71
3. O novo buldogue de Darwin 107
4. Pluralismo moral 149
5. Originalismo e fidelidade 167
6. O pós-escrito de Hart e a questão da filosofia política 199
7. Trinta anos depois 265
8. Os conceitos de direito 315
9. Rawls e o direito 341

Notas 371
Fontes 407
Índice remissivo 409

Para Irene Brendel

A JUSTIÇA DE TOGA

INTRODUÇÃO
Direito e moral

Quando Oliver Wendell Holmes* era juiz da Suprema Corte, certa vez ele deu carona ao jovem Learned Hand**, quando ia para o trabalho. Ao chegar a seu destino, Hand saltou, acenou para a carruagem que se afastava e gritou alegremente: "Faça justiça, juiz!" Holmes pediu ao condutor que parasse e voltasse, para surpresa de Hand. "Não é esse o meu trabalho!", disse Holmes, debruçado na janela. A carruagem então fez meia-volta e partiu, levando Holmes para o trabalho, que, supostamente, não consistia em fazer justiça.

Como as convicções morais de um juiz devem influenciar seus julgamentos acerca do que é o direito? Juristas, so-

---

* Juiz da Suprema Corte de 1902 a 1932. Por serem sempre enérgicos e contundentes, seus votos divergentes tornaram-se os mais conhecidos de sua lavra. O realismo e a concepção pragmática do direito de Holmes influenciaram importantes gerações de juízes e juristas, como Benjamin Cardozo e Richard Posner e, de certo modo, o movimento dos Estudos Jurídicos Críticos. (N. do R. T.)

** Em 1909, foi nomeado juiz federal da corte distrital de Nova York. Em 1924, foi promovido à Corte Federal de Apelações da Segunda Região. Muitos juristas e analistas norte-americanos concordam em pôr Hand ao lado de Holmes, Brandeis e Cardozo como um dos quatro melhores juízes norte-americanos de todos os tempos, quando não o melhor. Ver a resenha feita por Dworkin de *Learned Hand,* biografia escrita por Gerald Gunther, em *Freedom's Law* [Trad. bras. *O direito da liberdade*. São Paulo, Martins Fontes, 2006, cap. 17]. (N. do R. T.)

ciólogos, filósofos do direito, políticos e juízes têm, todos, suas respostas a essa pergunta, e elas vão de "nada" a "tudo". Tenho minhas próprias respostas, que defendi em livros e artigos ao longo dos últimos trinta anos. Nos ensaios agora reunidos neste volume, discuto as teorias de vários estudiosos que divergem de minhas posições, cada qual a seu modo e em diferentes níveis. Nesta Introdução, apresento uma condensação de meus pontos de vista e um esboço dos diferentes níveis e rumos nos quais eu possa estar errado, e meus críticos, certos.

Infelizmente, a palavra inglesa *law** e os termos equivalentes em outras línguas são usados de maneiras tão diversas, temos conceitos tão distintos para cuja expressão nos valemos dessas palavras, e as inter-relações entre esses conceitos são tão problemáticas e polêmicas, que as relações entre direito e justiça muitas vezes representam respostas a tipos muito diferentes de perguntas. Esse contratempo semântico tem sido causa de muita confusão na teoria do direito. Os ensaios desta coletânea tratam sobretudo do direito no sentido que chamarei de *doutrinário*. Eles exploram o conceito do "direito" de algum lugar ou entidade no sentido de obter determinado efeito: usamos esse conceito doutrinário quando dizemos, por exemplo, que perante o direito de Rhode Island um contrato assinado por alguém com menos de doze anos é nulo ou, o que é ainda mais controverso, que o direito constitucional norte-americano autoriza o presidente a ordenar que estrangeiros suspeitos de atos terroristas sejam submetidos à tortura. Todos nós fazemos afirmações desse tipo sobre aquilo que o direito

---

* Significa "lei" ou "direito". Designa "lei" em sentido formal, quando se faz referência a atos promulgados pelos poderes públicos, aí incluídos atos regulamentares e normativos, que se tornam conhecidos por meio de publicação oficial. Procurou-se traduzir o vocábulo por "direito" quando, consoante o contexto, o termo é utilizado em três sentidos distintos: para se referir, primeiro, a um conjunto de normas que configura um determinado sistema jurídico; segundo, a uma área específica desse sistema; e, terceiro, a uma fonte de direitos, deveres e poderes. (N. do R. T.)

INTRODUÇÃO

exige, proíbe, permite ou cria, e compartilhamos muitos pressupostos sobre os tipos de argumentos que são pertinentes à defesa de tais afirmações, e também sobre as consequências que se seguem quando tais afirmações são verdadeiras. Como parte desse entendimento comum, compreendemos que aquilo que o poder legislativo de Rhode Island aprovou e o que os juízes de Rhode Island escreveram no passado são elementos pertinentes para se decidir se é verdade que os contratos firmados por crianças são nulos perante o direito de Rhode Island, assim como compreendemos que o fato de um juiz de Rhode Island determinar que um réu de doze anos pague uma indenização por perdas e danos por rompimento de contrato vai depender, em grande parte, da veracidade dessa proposição. As proposições de direito desempenham um papel importante numa rede complexa de tais pressupostos e crenças, e o sentido de que se investem provém desse papel. Trata-se, evidentemente, de uma questão de importância prática fundamental saber se os critérios morais – por exemplo, perguntar se seria sensata e justa uma política que impedisse as crianças de firmar contratos, ou se a tortura é sempre moralmente errada – estão entre os critérios que os juízes e outras autoridades devem usar para decidir quando essas proposições são verdadeiras. Podemos estruturar essa questão de maneira um pouco mais formal. É importante decidir se os critérios morais se encontram em alguma ocasião – e, se assim for, quando – entre as condições de veracidade das proposições de direito: as condições que devem vigorar para que tal proposição seja verdadeira. Isso é particularmente importante nas comunidades políticas como a nossa, em que importantes decisões políticas são tomadas por juízes dos quais se espera a responsabilidade de decidir apenas quando proposições de direito verdadeiras assim o exijam ou autorizem. Nessas comunidades, é particularmente importante saber se e quando os juízes devem recorrer à moral para decidir quais proposições são verdadeiras.

Contudo, precisamos ter grande cuidado para não confundir esse conceito doutrinário do direito com outros que lhe estão muito próximos, mas são de natureza diversa[1]. Também temos um conceito *sociológico* de direito: usamos a palavra "direito" para designar um tipo específico de estrutura socioinstitucional. Usando esse conceito sociológico, poderíamos perguntar, por exemplo, quando foi que o direito apareceu pela primeira vez nas sociedades tribais primitivas, ou se a atividade comercial é possível se o direito não existir. Diferentes teóricos sociais usam critérios bastante diversos para identificar o direito nesse sentido sociológico. Por exemplo, Max Weber afirmou que o direito não existe onde não existem instituições especializadas de imposição coercitiva[2], e Lon Fuller afirmou que o direito não existe a menos que se satisfaçam certas exigências mínimas de justiça procedimental[3].

Para fins diversos, talvez seja conveniente fazer uma definição precisa do tipo de estrutura social que pode ser considerada um sistema jurídico: para facilitar uma ciência social preditiva, ou para organizar um projeto de pesquisa, ou para iluminar a história de alguma maneira, talvez ao mostrar correlações entre diferentes padrões sociais, ou para enfatizar a importância moral de certas práticas ou restrições. Não devemos, porém, cometer o erro de pensar que exista uma distinção natural de tipos sociais que caracterize as estruturas jurídicas como possuidoras, em si, de uma natureza essencial que essas distinções procurassem apreender. Como explico no Capítulo 6, nossos conceitos de formas diferentes de instituição social, como burocracia, meritocracia, casamento e direito, não são conceitos de espécies naturais cuja natureza essencial seja dada pela estrutura física ou biológica, ou por algo semelhante. Nós – quer sejamos especialistas, quer não – certamente compartilhamos um conceito sociológico rudimentar de direito: poucos deixariam de aventar certas hipóteses se os astrozoólogos anunciassem que um grupo de animais não humanos, inteligentes, por eles descobertos num planeta distante, tivesse algum tipo de sistema jurídico. Mas acharíamos uma tolice discutir se eles *realmente* teriam um sistema jurídico quando descobríssemos que eles não tinham instituições para a imposição coercitiva de suas leis, ou que a legislação *ex post facto* fosse a regra entre eles, e não uma rara exceção, ou que suas autoridades nunca reivindicassem a legitimação moral de sua autoridade. Em geral, consideramos desnecessário postular uma definição de "sistema jurídico" mais precisa do que aquela que, *grosso modo*, nos é dada por nossas ideias correntes. Como afirmei, antropólogos, sociólogos ou moralistas poderiam achar que uma definição mais apurada seria útil para uma maior eficiência de pesquisa ou classificação, mas em nosso entendimento rudimentar há liberdade de movimento suficiente para permitir que eles criem definições mais sofisticadas sem atentar contra o uso comum. Podemos dizer, por exemplo, sem erro conceitual ou semântico, que havia ou não direito entre os nazistas, desde que deixemos claro qual é nosso enfoque sociológico ou moral ao fazer qualquer das afirmações[4].

Não pretendo negar que o conceito sociológico tenha limites. Alguém que afirmasse que um pirulito ou o *Go Fish** é um exemplo de estrutura jurídica não estaria cometendo um tipo comum de erro. Estaria usando um conceito diferente ou estaria totalmente equivocado quanto ao nosso. O conceito doutrinário de direito figura entre os limites do conceito sociológico da seguinte maneira: nada é um sistema jurídico no sentido sociológico a menos que faça sentido perguntar que direitos e deveres o sistema reconhece. Essa é uma interconexão importante entre os dois conceitos. Mas a relação não é recíproca: nem todo conjunto de normas que mobiliza direitos e deveres constitui um sistema de direito. O *Go Fish* é estruturado dessa maneira: certamente, faz sentido perguntar quando esse jogo requer que um dos jogadores pegue uma carta do baralho. Poderíamos negar, por uma série de razões, que os nazistas ti-

---

* Um tipo de jogo de cartas. (N. do T.)

nham um sistema jurídico, mas mesmo assim podemos responder à pergunta sobre quais direitos e deveres eram reconhecidos pelo suposto direito nazista. Portanto, a disponibilidade do conceito doutrinário compromete a determinação do conceito sociológico.

O conceito sociológico de direito tem, então, um *status* filosófico muito diferente daquele do conceito doutrinário. Em geral, muito pouco se resolve se os limites indistintos do primeiro forem aclarados, como quer que o sejam; como afirmei, porém, os ganhos serão evidentes se tivermos uma compreensão precisa do segundo. Devemos também fazer distinção entre o conceito doutrinário e um conceito diferente usado principalmente por alguns filósofos do direito. Este é um conceito *taxonômico* do direito: supõe que qualquer comunidade política onde exista o direito no sentido sociológico também dispõe de um conjunto distinto de regras e de outros tipos de padrões que são jurídicos por oposição a outros tipos de padrões morais, costumeiros ou de outra natureza[5]. Os filósofos do direito usam esse conceito taxonômico quando perguntam se certos princípios morais são também princípios jurídicos. A ideia do direito como um conjunto de padrões distintos que, em princípio, poderíamos tipificar e contar, parece-me uma elaboração ficcional escolástica[6]. De qualquer modo, não precisamos dessa ideia ao fazermos nossa pergunta central sobre se e quando a moral aparece entre as condições de veracidade das proposições de direito. Os princípios da aritmética estão claramente presentes nas condições de veracidade de algumas proposições de direito – a proposição de que Cohen tem a obrigação legal de pagar uma quantia exata a Cosgrove, inclusive os juros, por exemplo –, mas seria no mínimo estranho afirmar que as regras matemáticas também são princípios jurídicos. A questão taxonômica é, em geral, uma pista falsa: a questão importante é saber se e como a moral é pertinente para se decidir quais proposições de direito são verdadeiras, e não o modo como rotulamos quaisquer princípios morais que consideramos importantes.

INTRODUÇÃO

Finalmente, compartilhamos aquilo que poderíamos chamar de conceito *aspiracional* de direito, ao qual frequentemente nos referimos como o ideal de legalidade ou o Estado de Direito*. Para nós, esse conceito aspiracional é um conceito controverso: concordamos com o fato de que o Estado de Direito é desejável, mas divergimos sobre qual é, pelo menos precisamente, a melhor formulação desse ideal. Alguns filósofos sustentam que o Estado de Direito é um ideal meramente formal: que a legalidade é plenamente assegurada quando se exige que as autoridades só ajam do modo permitido pelos critérios estabelecidos, e quando tal exigência é, de fato, cumprida. Outros filósofos defendem uma concepção mais substantiva do ideal: para eles, a legalidade só se sustenta quando os critérios aceitos pelas autoridades respeitam certos direitos básicos dos cidadãos. O debate entre essas duas concepções constitui o substrato teórico de um interminável debate entre os constitucionalistas norte-americanos: aquele em que se discute se as cláusulas do "devido processo legal" da Quinta e da Décima Quarta Emendas à nossa Constituição impõem restrições não somente procedimentais, mas também substantivas**.

---

* No original, *rule of law*. (N. do R. T.)

** Adotada em 1791 como parte da Declaração de Direitos, a Quinta Emenda à Constituição norte-americana contém várias cláusulas que estabelecem garantias individuais contra o Estado, muitas delas concernentes aos direitos penal e processual penal. Entre essas garantias, dispõe a referida emenda que ninguém será "privado de sua vida, liberdade ou propriedade sem o devido processo legal". Essas garantias, porém, não eram aplicáveis aos Estados-membros desde o caso *Barron vs. Baltimore* (1833).

Com o fim da Guerra Civil e a abolição da escravidão pela Décima Terceira Emenda, os Estados do sul buscaram não apenas aumentar sua representação no Congresso Nacional, mas também incrementar suas garantias perante os próprios Estados. Foi então que em 1866 propôs-se a Décima Quarta Emenda, ratificada em 1868. Sua Seção 1 estabelece que "[t]odas as pessoas nascidas ou naturalizadas nos Estados Unidos e sujeitas à sua jurisdição são cidadãos dos Estados Unidos e do Estado onde tiverem residência; nenhum Estado poderá aprovar ou executar leis que restrinjam os privilégios ou as imunidades dos cidadãos dos Estados Unidos; nem poderá privar qualquer pessoa de sua vida, liberdade ou propriedade sem o devido processo legal, ou negar a qualquer pessoa sob sua jurisdição a igual proteção das leis".

A exemplo do conceito doutrinário, mas ao contrário dos conceitos sociológico e taxonômico, muita coisa gira em torno daquilo que entendemos como a concepção correta do conceito aspiracional. Contudo, não precisamos perguntar se a moralidade política é pertinente quando se trata de decidir qual é a melhor concepção. Essa nada mais é do que uma questão de moralidade política.

Um breve inventário das interseções possíveis

Nossa questão principal diz respeito à natureza do conceito doutrinário de direito. Perguntamos se as considerações morais se encontram entre as condições de veracidade das proposições de direito e, se assim for, de que modo isso ocorre. Em primeiro lugar, devemos ter em mente de quantas maneiras diferentes elas podem figurar nesse contexto. Sem dúvida, devemos rejeitar a ideia simplista de que nenhum direito injusto possa ser válido. Os índices de tributação nos Estados Unidos são hoje claramente injustos, mas as proposições que os descrevem são, não obstante, verdadeiras. Todavia, poder-se-ia aventar a possibilidade de que o conteúdo do direito dependesse da justiça em termos menos dramáticos. Em primeiro lugar, alguns países – dentre os quais os Estados Unidos – têm Constituições que podem ser corretamente interpretadas como instâncias que

---

Embora essa emenda haja sofrido algumas interpretações restritivas após sua ratificação, a partir de 1969 a maioria das garantias previstas na Declaração de Direitos já era interpretada como aplicável aos Estados-membros. Além disso, a Suprema Corte passou a reconhecer que outros direitos fundamentais, embora não expressamente declarados na Constituição, mereciam a proteção sob a Cláusula do Devido Processo Legal, como, por exemplo, o direito à privacidade.
Essa ampliação da interpretação do Devido Processo Legal fez surgir uma distinção entre devido processo legal substancial ou substantivo e devido processo legal procedimental. Enquanto o primeiro estabelece limites substantivos ou materiais ao poder público, o segundo limita-se a estabelecer critérios para o modo como o Estado deve agir. (N. do R. T.)

impõem limites morais a quaisquer leis que possam ser validamente criadas neste ou naquele país. Uma Constituição pode determinar, por exemplo, que qualquer lei aprovada pelo poder legislativo que negue a "igual proteção das leis" a qualquer grupo é inconstitucional e nula. Nesse caso, a validade da lei segundo a qual os homens, mas não as mulheres, devem prestar serviço militar compulsório, poderia ser vista como algo que depende de se saber se tal distinção é ou não é injusta.

Também se poderia pensar que o direito depende daquilo que ele deveria ser em outros sentidos. Boa parte do direito de nações maduras existe em forma de leis aprovadas por um órgão legislativo, regulamentações e outras formas de legislação escrita, e o texto dessas legislações pode ser abstrato, vago ou ambíguo. O texto pode determinar, por exemplo, que os abortos só são legalmente permitidos quando "necessários para proteger a saúde da mãe". Nesse caso, poderia ocorrer que o fato de a lei permitir ou não o aborto para proteger a estabilidade emocional de uma mulher, e não sua saúde física, estivesse na dependência de se saber se a lei deve, ou não, distinguir entre saúde mental e física em questões dessa natureza. O texto de uma lei pode parecer suficientemente claro, porém é capaz de um resultado surpreendente quando interpretado literalmente. O passado nos oferece um exemplo maravilhoso: em Bolonha, uma lei considerava criminoso o fato de "derramar sangue nas ruas". Será que essa lei teve o resultado involuntário de tornar ilegal a prática, comum na época, da odontologia exercida a céu aberto? Pode-se concluir que a ocorrência ou não desse resultado dependia de o quanto ele era considerado injusto.

Nos sistemas jurídicos anglo-americanos (e, na verdade, também em boa parte do resto do mundo) a veracidade ou a falsidade das proposições de direito depende tanto de decisões judiciais do passado quanto das leis aprovadas pelo legislativo. Se a interpretação correta de decisões passadas de tribunais de instâncias superiores determinar que as pessoas lesadas pelo comportamento negligente de outras podem processá-las por perdas e danos, então esse princípio é parte integrante do direito. Mas às vezes não fica claro qual é a interpretação correta de uma série de decisões judiciais: uma sequência de decisões pode ser compatível com o princípio de que uma pessoa negligente é legalmente responsável por todos os prejuízos causados por seu ato, mas também compatível com o princípio mais limitado segundo o qual ela só é responsável pelos prejuízos que pudesse ter previsto com certo grau de plausibilidade. Poderia dar-se o caso de que a interpretação correta dessas decisões depende de saber se o direito deveria limitar dessa maneira as perdas e danos.

Devemos atentar para essas diferentes maneiras em que a moral pode estar presente ao tomarmos nossas decisões acerca de o que é o direito. Há pouco, tive o cuidado de dizer apenas que a veracidade das proposições de direito *poderia* ser entendida como dependente da veracidade das alegações morais em tais sentidos, porque, como veremos ao longo deste livro, cada uma das supostas interconexões é controvertida. Um grupo influente de juízes e constitucionalistas norte-americanos nega, por exemplo, que as cláusulas abstratas da Constituição norte-americana sejam mais bem compreendidas se se considerar que elas tornam a validade das leis dependente de questões morais, ou que a moral tenha algo a ver com o modo como as leis dúbias devem ser interpretadas. Apresento este inventário neste momento apenas para lembrar que devemos ser sensíveis às múltiplas diferenças do pensamento de alguns juristas relativamente a tal dependência em relação à moral.

O caso da sra. Sorenson

Também devemos ser sensíveis aos aspectos diferentes de uma teoria geral do direito na qual possa surgir a questão do papel da moral. Ilustrarei esses aspectos diferentes

INTRODUÇÃO

mediante a descrição de um caso imaginário, mostrando os diferentes estágios de uma teoria geral que podem oferecer uma descrição abrangente das proposições de direito que podem ser verdadeiras nesse caso. Compararei minhas próprias concepções sobre o modo como tal caso deveria ser decidido, segundo a teoria geral que eu próprio tentei elaborar, com as concepções de outros teóricos que discuto neste livro. Descrevo esse caso imaginário com mais profundidade no Capítulo 6. Durante muitos anos, a sra. Sorenson tomou um medicamento cujo nome genérico é Inventum mas que foi fabricado com diferentes nomes comerciais por diversos laboratórios. Inventum apresentou uma série de efeitos colaterais que seus fabricantes não descobriram por negligência, e a sra. Sorenson teve graves problemas cardíacos. Mas ela não tem como provar qual laboratório fabricou os comprimidos que tomava: sem dúvida, tomou comprimidos produzidos por um ou mais dos diversos laboratórios que fabricavam o Inventum, mas também é certo que não tomou comprimidos fabricados por alguns deles. Ela simplesmente não consegue se lembrar, e agora não tem como descobrir qual era o quê.

Os advogados da sra. Sorenson processaram todos os laboratórios farmacêuticos que fabricaram o Inventum durante o período em que ela ingeriu o medicamento; eles afirmam que, dada a impossibilidade de determinar quantos dos comprimidos que ela tomou (se é que tomou algum) foram fabricados por este ou aquele laboratório, a lei deveria ser interpretada como se cada um fosse responsável por uma parte do dano, proporcionalmente a sua participação de mercado nas vendas do Inventum durante os anos em questão. Os advogados dos laboratórios responderam que, ao contrário, o direito assegura que nenhuma das companhias era responsável por absolutamente nenhum dano, a menos que a sra. Sorenson conseguisse provar a responsabilidade individual de cada uma delas pelos problemas que teve. Alegavam, portanto, que ela não tinha nenhum direito de ser indenizada. As duas partes fazem afirmações sobre o que o direito é, e não sobre o que ele deve ser. Nenhuma propõe que os juízes que apreciam o caso em questão ignorem o direito e decidam a questão em seu favor, com base no fato de que é isso que a justiça requer. Se quisermos formar uma opinião sobre qual alegação de qual parte (se é que alguma) está certa, teremos de decidir o que, de fato, é o direito na jurisdição da sra. Sorenson.

De que tipo de questão se trata? Poderíamos dizer que se trata de uma questão jurídica cuja resposta se encontra nos livros de direito. Mas como sabemos que tipo de conclusões podemos extrair do que encontramos nesses livros? Vamos supor que encontremos muitas decisões judiciais antigas nas quais os juízes afirmam que ninguém é responsável por danos que não causou, e nenhuma decisão antiga em que o juiz conceda indenizações calculadas com base na participação de mercado, e não na causalidade direta. Os advogados dos laboratórios afirmariam que esses fatos históricos permitem concluir que sua concepção do direito está certa: o direito não responsabiliza nenhuma pessoa cuja participação em danos não possa ser demonstrada. Contudo, os advogados da sra. Sorenson não concordariam com eles: diriam que, uma vez que a situação dela é diferente daquela de qualquer demandante em qualquer desses processos antigos, não podemos simplesmente pressupor que os princípios gerais citados pelos juízes de outrora acerca de responsabilidade e causalidade configuram uma afirmação do direito plenamente correta. Eles defenderiam o ponto de vista de que o direito é enunciado com mais precisão nos termos de um princípio mais geral que exija uma demonstração da causalidade na maioria dos casos em que uma parte processa outra para obter indenização por algum dano, mas não em todos os casos semelhantes, e não, em particular, no caso da sra. Sorenson. Na verdade, diriam eles, os juízes ainda não anunciaram, nem mesmo identificaram esse princípio mais profundo, mas isso de modo algum demonstra sua inexistência.

INTRODUÇÃO 15

Como decidir qual desses métodos tão diferentes de determinar o que diz o direito é o correto? Ao longo da carreira, os juristas adquirem certos hábitos na forma de falar sobre o direito, hábitos estes que, ao ver deles, não precisam ser justificados. Suponhamos, porém, que queiramos ampliar nossas reflexões de modo a oferecer uma resposta mais profunda e geral do que aquela que a maioria dos juristas deixa de elaborar por falta de tempo ou disposição. Devemos, então, desenvolver aquilo que chamo de teoria geral do direito: uma exposição do conceito doutrinário de direito que possa ser útil para dar uma resposta a nossa pergunta.

O estágio semântico

Contudo, não fica claro de imediato qual seria o perfil de tal teoria geral, nem de que modo devemos proceder tendo em vista sua elaboração. Isso depende daquilo que imaginamos ser a função do conceito doutrinário para aqueles aos quais dirigimos a teoria: os conceitos podem atender a tipos muito diferentes de usos, e nossa teoria de qualquer dos conceitos de direito deve ser sensível ao papel que supomos que ele deva desempenhar. A questão fundamental é: quais pressupostos e práticas as pessoas devem compartilhar para que seja sensato dizer que elas compartilham o conceito doutrinário de modo a poderem, claramente, concordar e divergir acerca de sua aplicação? As distinções que apresento a seguir serão úteis para dar uma resposta a essa pergunta.

Conceitos baseados em critérios. As pessoas compartilham alguns conceitos somente quando concordam com uma definição – aproximada ou precisa – que estabelece os critérios para a aplicação correta do termo ou frase a eles associados. As pessoas só compartilham o conceito de celibato quando sabem que "solteiro" é um indivíduo do sexo masculino que não se casou, por exemplo, e só compartilham o conceito de triângulo equilátero quando sabem que tal triângulo tem os lados do mesmo comprimento. A equilateralidade é um conceito preciso. O conceito de celibato é razoavelmente preciso, ainda que contenha alguma imprecisão: um jovem de dezoito anos que nunca se casou é um celibatário? Outros conceitos baseados em critérios são muito menos precisos. O conceito de casamento é um conceito baseado em critério, e é mais ou menos impreciso: chamamos de casamento várias formas de acordos jurídicos e sociais encontrados em diferentes sociedades. Os conceitos sociológico e taxonômico de direito também são levemente imprecisos. Elaborar uma teoria desse tipo de conceito significa propor uma definição mais precisa, para uma finalidade específica. Mas seria um erro afirmar que qualquer definição mais precisa apreende melhor do que outras a essência do conceito. É um erro afirmar, por exemplo, como tantos fazem hoje, que a essência do casamento é uma união entre um homem e uma mulher, pois tal afirmação faz do casamento *gay* uma contradição em termos.

Conceitos de espécies naturais. As pessoas compartilham alguns conceitos cujos exemplos têm uma estrutura física ou biológica natural – metais e animais, por exemplo –, ainda que não concordem quanto à natureza essencial dos conceitos ou quanto aos critérios que utilizam para identificar tais exemplos. Alguns especialistas têm um vasto conhecimento sobre o DNA do tigre; muitas outras pessoas sabem que os tigres têm DNA e que a estrutura do DNA faz deles o que são; um número muito maior de pessoas nunca ouviu falar em DNA, mas ainda assim imagina que todos os tigres tenham a mesma estrutura biológica que, em princípio, os cientistas podem identificar, seja ela qual for; e um número incontável de pessoas não faz a menor ideia do que seja uma estrutura biológica, mas sabe que um tigre é um tipo especial de animal: uma fera muito grande, perigosa e listrada que pode ser encontrada tanto em zoológicos quanto na selva. Não obstante, todas elas têm o mesmo conceito de tudo aquilo que é próprio de um tigre: um membro de uma sociedade primitiva que acredita que os tigres são manifestações de espíritos malignos e um zoólogo evolucionista que investiga a história genética deles estarão de acordo acerca da quantidade de tigres existentes em uma sala, e sua divergência sobre o modo como os tigres vieram a existir é genuína, não falsa. Os conceitos de espécies naturais admitem um tipo de análise não permitido pelos conceitos baseados apenas em conceitos: a ciência pode afirmar que descobriu uma verdadeira essência dos primeiros, na forma de sua organização molecular ou biológica, que não faria sentido algum no caso do segundo. É claro, porém, que não se deduz disso que uma teoria filosófica de alguma espécie natural deva seguir por essa via científica. Quem quer que tentasse explicar o poema de Blake ignoraria o DNA do *Tyger** para concentrar-se inteiramente nos atributos mais superficiais do animal.

Conceitos interpretativos. Alguns de nossos conceitos funcionam de outro modo: como conceitos interpretativos que nos estimulam a refletir sobre aquilo que é exigido por alguma prática que elaboramos, bem como a contestar tal construto. As pessoas do universo do boxe compartilham o conceito de vencer um assalto, ainda que muitas vezes não estejam de acordo sobre o vencedor de determinado assalto e sobre os critérios concretos que deveriam ser utilizados para se decidir tal questão. Cada uma delas entende que as respostas a essas perguntas dependem da melhor interpretação das regras, convenções e expectativas, bem como de outros fenômenos do boxe, e do melhor modo de aplicar tudo isso conjuntamente quando da decisão de uma situação específica. Como explico no Capítulo 6 deste livro, os

---

* É assim que vem grafado o título do poema de William Blake (1757-1827), publicado em 1794 juntamente com outros, em sua obra *Songs of Experience*. (N. do T.)

conceitos seminais de moralidade política e pessoal – de justiça, liberdade, igualdade, democracia, certo, errado, crueldade e insensibilidade – também funcionam para nós como interpretativos[7]. As pessoas compartilham o conceito de justiça apesar de agudas divergências tanto acerca dos critérios para a identificação da injustiça quanto acerca da verificação de quais instituições são injustas.

Na mesma linha de raciocínio, a prática linguística determina a aplicação correta de ambos os tipos de conceito, o de espécies naturais e o baseado em critérios, ainda que de modos diferentes para cada um. As pessoas que compartilham um conceito baseado em critérios podem, por certo, discordar e se enganar quanto à possibilidade de os critérios para sua aplicação se sustentarem em um caso específico: se um homem já foi casado alguma vez, por exemplo, e, consequentemente, se é celibatário ou viúvo. As que compartilham um conceito de espécies naturais podem equivocar-se de maneira mais fundamental: algumas, ou todas, podem se enganar quanto à natureza essencial das propriedades do conceito, do mesmo modo como se enganaram, por séculos, as pessoas que não sabiam que os sons são ondas[8]. Também podem se enganar com os exemplos: saber se um minério reluzente é ouro ou apenas pirita de ferro, ou se uma baleia é um peixe. Contudo, a identificação desses erros pressupõe uma prática fundamental convergente que liga o conceito a uma espécie natural específica. Se, para as pessoas comuns, o ouro químico e a pirita valessem o mesmo que o ouro, apesar de saberem que um joalheiro os identificaria como materiais diferentes e descartaria o segundo, é provável que não afirmássemos que as pessoas comuns estavam equivocadas, mas que os químicos teriam desenvolvido uma terminologia especializada para o tipo valioso de ouro. Se em nosso planeta existissem dois fluidos potáveis que se comportassem, em todos os aspectos, do mesmo modo que a água, e se as pessoas empregassem o termo "água" para se referir indiscriminadamente a ambos, embora os cientistas conhecessem a diferença de composição molecular das duas substâncias, teríamos de aprofundar nosso estudo do método linguístico para saber se, no uso popular, "água" se referia à água e, por equívoco, também designava a outra substância, ou se se referia igualmente à água e à outra substância, caso em que não haveria engano algum.

Os conceitos interpretativos também exigem que as pessoas compartilhem uma prática: elas devem admitir consensualmente que o conceito seja tratado como interpretativo. Mas isso não significa que também devam estar de acordo quanto à aplicação do conceito. As pessoas podem compartilhar tal conceito mesmo quando divergem drasticamente quanto a seus exemplos. Portanto, uma boa teoria de um conceito interpretativo – uma teoria da justiça ou de se ganhar um assalto em uma luta de boxe – não pode simplesmente descrever os critérios que as pessoas usam para identificar casos ilustrativos ou apenas expor a estrutura profunda daquilo que a maioria entende como exemplos. Uma boa teoria de um conceito interpretativo deve ser, em si mesma, uma interpretação, de caráter provavelmente polêmico, da prática em que está inserido o conceito.

Em minha opinião, o conceito doutrinário de direito funciona como um conceito interpretativo, pelo menos em comunidades políticas complexas. Compartilhamos esse conceito como atores em práticas políticas complexas que exigem que interpretemos essas práticas a fim de decidir sobre a melhor maneira de dar-lhes continuidade, e utilizamos o conceito doutrinário de direito para apresentar nossas conclusões. Para elaborar o conceito, atribuímos valor e propósito à prática e formulamos concepções sobre as condições de veracidade das afirmações particulares que as pessoas fazem no contexto da prática, à luz dos propósitos e valores que especificamos[9]. Esta é a concepção que defendi em meu livro *Law's Empire*[10] [*O império do direito*] e no presente livro, particularmente nos Capítulos 6 e 8. Dificilmente representa uma objeção decisiva o fato de que poucas pessoas identificariam sua própria prática dessa maneira: estamos envolvidos com a explicação filosófica, e não com a introspecção semântica extraída da experiência alheia. Minha hipótese explica os tipos de concordância e divergência sobre o direito que realmente encontramos, e as hipóteses alternativas – para as quais o conceito doutrinário está baseado em critérios, ou que se trata de um conceito de espécie natural – não. Outros filósofos do direito, porém, lidam com o conceito de um desses dois outros modos. Portanto, devemos incluir, como parte de qualquer teoria desse tipo, um estágio semântico inicial em que essa escolha seja feita ou (o que é bem mais comum) apenas presumida.

O estágio teórico

No estágio seguinte da teoria jurídica, que podemos chamar de estágio teórico, um teórico deve elaborar o tipo de teoria do direito que seja apropriada, tendo em vista a resposta por ele dada, no estágio semântico, à pergunta sobre que tipo de conceito é o doutrinário. Como acredito que ele seja um conceito interpretativo, tento, no estágio teórico, fazer uma interpretação geral das práticas em que esse conceito aparece: apresento uma descrição geral da mistura de valores que melhor justifica a prática e que, portanto, deve nos orientar em seu processo de continuidade quando, no estágio seguinte, elaborarmos condições de veracidade para diferentes proposições de direito. No Capítulo 6, defendo a ideia de que devemos encontrar esses valores mediante o estudo do conceito aspiracional de direito, para determinar que valores nos dão, dele, a melhor concepção – isto é, que outros valores explicam melhor o Estado de Direito como ideal político. Nesse estágio, as reflexões sobre os conceitos doutrinário e aspiracional acontecem simultaneamente. Nesse estágio, portanto, a moral está inevitavelmente presente, pois qualquer teoria sobre a melhor maneira de entender um valor explicitamente político como o valor aspiracional do direito deve ser um exercício de moralidade política.

Acredito que qualquer formulação adequada do conceito aspiracional – dos valores de legalidade e do Estado de Direito – deva ceder amplo espaço ao ideal de integridade política, isto é, ao princípio de que o Estado deve tentar, na medida do possível, governar por meio de um conjunto coerente de princípios políticos cujos benefícios se estendam a todos os cidadãos. Em minha opinião, reconhecer essas dimensões e lutar por elas é essencial à legitimação do poder coercitivo do Estado. Contudo, outros teóricos que, no estágio semântico, concordam comigo que o conceito doutrinário de direito é um conceito interpretativo, e também concordam que devemos encontrar o valor geral da prática jurídica no conceito aspiracional de legalidade, podem ainda assim defender exposições muito diferentes das minhas acerca dos valores apreendidos nesse conceito aspiracional. Eles podem muito bem pensar, por exemplo, que o valor político e social da ordem jurídica se encontra na capacidade que essa ordem tem de facilitar o planejamento dos cidadãos e coordenar suas atividades em benefício da eficiência individual e coletiva.

O estágio doutrinário

Uma vez exposta a teoria do valor do direito no estágio teórico, passamos para um terceiro estágio, de natureza doutrinária, em que elaboramos uma descrição das condições de veracidade das proposições de direito à luz dos valores identificados no estágio teórico. No caso da sra. Sorenson, se os advogados dos laboratórios farmacêuticos adotassem a concepção que acabo de descrever – de que o valor geral das práticas jurídicas se encontra na facilitação da eficiência pessoal e coletiva –, eles poderiam então afirmar que esse valor é mais bem servido por meio de uma teoria doutrinária que faz a veracidade de proposições de direito específicas depender exclusivamente daquilo que as autoridades jurídicas constituídas declararam no passado, porque tal prática ajudaria a tornar inquestionável o conteúdo das regras jurídicas, promovendo, assim, a eficiência da coordenação. Nesse sentido, eles poderiam sustentar sua alegação doutrinária de que a moral não é pertinente para avaliar a veracidade da alegação da sra. Sorenson, ainda que reconhecessem a importância da moral no estágio teórico. Tendo em vista que, nesse estágio, minhas opiniões enfatizam a integridade, e não a eficiência, defendo uma teoria muito diferente no estágio doutrinário.

Do meu ponto de vista, a melhor maneira de aplicar a interpretação da prática jurídica com base na integridade é adotar, no estágio doutrinário, condições de veracidade que tornem a pergunta acerca do que é o direito, quando aplicado a quaisquer questões, ela própria uma pergunta interpretativa. Afirmo que uma proposição de direito é verdadeira se decorrer de princípios de moralidade pessoal e política que ofereçam a melhor interpretação das outras proposições de direito geralmente tratadas como verdadeiras na prática jurídica contemporânea. A questão de saber se o direito garante à sra. Sorenson indenizações calculadas com base na participação de mercado de todos os laboratórios farmacêuticos deve ser decidida, desse ponto de vista, perguntando se a melhor justificação do direito acerca da responsabilidade por negligência como um todo contém um princípio moral que exige esse resultado nas circunstâncias dela. De qualquer modo, essa fórmula não decide automaticamente a questão concreta. Poderia acontecer que a melhor justificação do direito acerca da responsabilidade por negligência incluísse um princípio moral no sentido de que é injusto considerar qualquer pessoa responsável pela indenização de um dano que ela não causou. Se assim for, então é provável que o direito favoreça os laboratórios farmacêuticos. Mas poderia acontecer que a melhor justificação rejeitasse esse princípio geral em favor de um conjunto diferente de princípios que inclui a ideia de que aqueles que se beneficiam de um empreendimento arriscado devem compartilhar objetivamente o risco. Nesse caso, o direito provavelmente favoreceria a sra. Sorenson. Sou cauteloso quanto a cada uma dessas conclusões porque, como veremos, qualquer interpretação geral de um corpo substancial de direito deve ser mais complexa do que o argumento indica até aqui. Quero apenas sugerir o tipo de raciocínio que minha concepção exigiria no estágio doutrinário, e também enfatizar que as questões colocadas por essa concepção são, explicitamente, questões morais. Se eu estiver certo, a moral está envolvida na identificação do direito não apenas no estágio teórico da teoria jurídica, mas também no estágio doutrinário.

Uma interpretação de um corpo de doutrina jurídica como o direito acerca da responsabilidade por negligência é melhor do que outra – mostra a prática jurídica atendendo melhor aos ideais do direito propostos ou pressupostos no estágio teórico da análise – se apresentar uma melhor justificação moral desse corpo doutrinário. Portanto, podemos distinguir duas dimensões nas quais é possível avaliar o êxito de uma proposta de justificação. Em primeiro lugar, uma justificação deve, ao menos *grosso modo*, adequar-se àquilo que pretende justificar: para a prática jurídica contemporânea, não seria uma justificação competente afirmar que ela se presta à aplicação de um desígnio divino tal como revelado em um determinado documento bíblico. Ainda que isso fosse um objetivo legítimo e importante a ser adotado pela prática jurídica, não podemos afirmar que se trata do objetivo de nossa prática jurídica, uma vez que tal afirmação não corresponderia minimamente à verdadeira atividade de juristas e juízes. Em segundo lugar, a justificação de uma prática deve ir além de simplesmente ajustar-se mais ou menos a ela; deve também descrever algum valor suficientemente importante servido pela prática. A afirmação de que essas práticas oferecem uma vida excelente a muitos juristas não justificaria as instituições e as práticas do direito. Embora certamente verdadeira, essa consequência não é valiosa ou importante o bastante para justificar uma prática política de consequências tão extraordinárias. A distinção entre essas duas dimensões da interpretação não pretende apreender o modo como os intérpretes realmente pensam. Através da educação, do treino e da experiência, qualquer jurista construiu sua própria percepção de quando uma interpretação se ajusta bem o bastante para que se possa vê-la como interpretação, e não como invenção, e essa percepção será posta em prática de maneira inconsciente. Vejo a distinção não como um enunciado fenomenológico, mas como um recurso analítico para compreendermos a lógica da interpretação e as diferentes maneiras em que se pode questionar uma interpretação. De qualquer modo, é importante não entender mal a distinção, imaginando, como o fizeram alguns críticos, que o critério de ajuste é apenas um critério mecânico de coerência. Ao contrário, as duas dimensões – a de ajuste e a de valor – representam aspectos diferentes de uma mesma avaliação geral da moralidade política, e o modo como aplicarmos e unirmos os dois critérios em uma avaliação final do êxito interpretativo no estágio doutrinário irá refletir a avaliação que tivermos feito no estágio teórico anterior[11]. Se fizermos com que a justificação política geral do direito inclua alguma exigência de integridade, e se for esse o nosso motivo para escolher um critério interpretativo para as proposições de direito, devemos então aperfeiçoar a dimensão do ajuste, para que reflita nosso entendimento mais apurado do que é a integridade e de onde se encontra o seu valor. Será que devemos insistir, por exemplo, que os princípios que propusemos para justificar o direito penal acerca da responsabilidade por negligência no estado da sra. Sorenson se ajustam não apenas às decisões concretas que, no passado, foram tomadas pelos tribunais de seu estado, mas também aos votos que os juízes que decidiram esses casos redigiram para fundamentar suas decisões? Ao responder a esta e a outras perguntas semelhantes, devemos tentar deixar mais claro por que é importante que uma comunidade política estenda a todos o mesmo regime de princípio. Em minha opinião, a explicação apropriada dessa exigência concentra-se no modo como a comunidade usa, de fato, seus poderes para intervir na vida dos cidadãos, e não nas razões apresentadas por diferentes autoridades para fazer tal intervenção no passado.

Uma interpretação jurídica de caráter geral também é complexa em outro sentido importante. Ela busca princípios que justifiquem as reivindicações substantivas sobre direitos e deveres jurídicos e tudo o mais que uma prática jurídica específica reconhece e aplica, mas também deve justificar o grande contingente de práticas constitucionais e procedimentais nas quais se inserem essas reivindicações substantivas. Portanto, qualquer justificação geral da prática jurídica deve dar um lugar de destaque aos princípios de moralidade política que atribuem o poder de legislar a instituições específicas, bem como a outros princípios que limitam esses poderes de diferentes maneiras formais e informais. Suponhamos que o poder legislativo do estado da sra. Sorenson tivesse adotado uma lei determinando explicitamente que ninguém poderia ser indenizado por danos causados por um medicamento perigoso, a não ser no caso de pessoas ou instituições que comprovadamente tivessem causado tais danos. Qualquer interpretação competente do direito desse estado terminaria então no julgamento doutrinário segundo o qual a sra. Sorenson não teria direito a ser indenizada. Seria um erro pensar que a moral, nesse caso, não estaria desempenhando papel algum nesse julgamento. Ela tem um papel importante na interpretação do papel constitucional do Poder Legislativo. As razões que nos levam a crer que um órgão assim constituído tem o poder de legislar são razões de moralidade política, e, se os juristas divergirem acerca da natureza precisa dessas razões morais, eles irão inevitavelmente divergir, pelo menos em certas ocasiões, a respeito de que direito esse poder legislativo, de fato, criou.

Esse papel da moral se evidencia particularmente em países como os Estados Unidos (e, cada vez mais, em outras democracias maduras), onde o poder legislativo é criado em Constituições que também restringem esse poder. Suponhamos que a Constituição em vigor na jurisdição da sra. Sorenson contivesse a cláusula que mencionei anteriormente, sobre a "igual proteção" das leis. Estaríamos então diante da importante questão constitucional de saber se uma lei voltada apenas contra os usuários de medicamentos perigosos configura um caso de discriminação injusta. Trata-se, sem dúvida, de uma questão moral. Mesmo quando parece óbvio que uma lei emanada do poder legislativo não fere nenhum padrão moral constitucional – que as leis de trânsito não negam a ninguém o devido processo legal, por exemplo –, a moral desempenha um papel negativo nessa deliberação, como o cão de Sherlock Holmes, que não latia. Pode ser evidente que as leis de trânsito são inquestionáveis do ponto de vista da moral, mas este é também um juízo moral.

Mesmo quando a questão diz respeito à interpretação legislativa, e não ao poder legislativo, os princípios políticos usados para justificar a legislação continuam poderosos, uma vez que justificam estratégias interpretativas. Suponhamos que uma assembleia legislativa tenha aprovado a lei que descrevi anteriormente, que permite o aborto quando a saúde da mãe está ameaçada. Como vamos decidir se o direito permite o aborto para proteger a saúde mental? Podemos, como afirmei, perguntar se seria moralmente arbitrário estabelecer uma distinção entre saúde mental e saúde física. Ou podemos perguntar se aqueles que redigiram a lei tinham essa distinção em mente: talvez descobríssemos, por exemplo, que os legisladores estavam convencidos de que apenas protegiam a saúde física. Nossa opção por uma ou outra dessas maneiras de interpretar a lei – ou por quaisquer outras que estejam ao nosso alcance – será um aspecto decisivo da questão. Contudo, devemos defender nossa escolha como a melhor justificação da complexa prática da legislação, e isso vai exigir que a defendamos no contexto de uma concepção específica de moralidade democrática, ou de outra forma de moralidade política – uma exposição específica do objetivo e da importância do governo representativo majoritário.

Portanto, ao decidir o caso da sra. Sorenson, um intérprete deve encontrar princípios que não apenas justifiquem o direito material irrefutável do estado dela – o direito de que as pessoas cujos danos possam ter sua causa atribuída à negligência de determinado laboratório farmacêutico sejam por ele indenizadas –, mas que também justifiquem a estrutura estável de poder e autoridade nesse Estado e no país, e estes últimos princípios poderão limitar a força dos primeiros quando se for decidir quais são os direitos jurídicos que a sra. Sorenson tem. Já afirmei anteriormente que, no estágio teórico, os advogados do laboratório farmacêutico poderiam descartar a integridade como valor jurídico importante, em favor de uma concepção de legalidade mais centrada na eficiência, e, desse modo, adotar, no estágio doutrinário, critérios para proposições de direito que excluam a moralidade política nesse estágio. Para atender à sua cliente, porém, eles também poderiam admitir a integridade no estágio teórico e, também, admitir algo como minha concepção de análise interpretativa no nível doutrinário: poderiam declarar que a melhor interpretação de todo o espectro da prática jurídica pertinente, inclusive sua dimensão constitucional e procedimental, atribui um peso considerável ao princípio de que o direito deve respeitar as expectativas consolidadas que a prática jurídica do passado estimulou, como aquelas dos laboratórios farmacêuticos e de seus seguradores, refletidas em suas diferentes provisões orçamentárias que determinam que os fabricantes só são responsáveis por danos comprovadamente causados por eles. Os advogados da sra. Sorenson se recusariam a atribuir tanta importância a esse princípio; insistiriam em que a prática contemporânea encontra sua melhor justificativa quando se supõe que as expectativas comerciais devem prever, e não frustrar, os avanços da justiça substantiva. Se a discussão entre os dois grupos de advogados estender-se ao estágio doutrinário, não há como dizer que uma das partes apela mais do que a outra à moralidade política como instância intrínseca às fontes do direito. Em vez disso, devemos dizer que, como suas alegações morais são diferentes, o mesmo acontece com seus critérios de avaliação jurídica.

O estágio da decisão judicial

A maioria das pessoas acredita que certos tipos de decisão política – em particular aquelas dos juízes que detêm o monopólio do poder de coação do Estado – só devem ser tomados quando necessários ou permitidos por proposições de direito verdadeiras. Para essas pessoas, isso configura uma restrição quase absoluta. Mas não se trata de algo tão absolutamente absoluto: elas admitem que em casos muito raros os juízes podem ter o dever moral de ignorar a lei quando esta for muito injusta ou, talvez, quando for muito insensata, e de usar seu poder político para impedir a injustiça ou uma grande ineficiência. Devemos, portanto, reconhecer um quarto estágio da análise jurídica: o nível da decisão judicial, em que se coloca a questão de saber o que autoridades políticas, das quais geralmente se espera que apliquem o direito, devem na verdade fazer em casos específicos. Trata-se, sem dúvida, de uma questão política e, consequentemente, também de uma questão moral. Não de uma questão sobre o modo como a moral figura na identificação do direito, mas sim de uma questão sobre quando, se é que alguma vez, a moral exige que os juízes atuem de modo independente da lei, ou mesmo que a contrariem.

A maioria das pessoas acha que o problema da decisão judicial é quase sempre determinado pela questão doutrinária: que somente em casos raríssimos, em democracias relativamente decentes, os juízes serão instados a identificar e aplicar proposições verdadeiras de direito. Na verdade, porém, essa concepção aparentemente bastante racional depende de pressupostos – conscientes ou inconscientes – que pertencem àquilo que descrevi como estágios iniciais da teoria jurídica. Ao discutir o estágio semântico, sugeri que o conceito doutrinário de direito é um conceito interpretativo. Para nós, funciona como se estivesse inserido numa prática que pressupõe que as proposições de direito têm implicações para o exercício do poder. É um conceito mais interpretativo do que de outra natureza porque a ideia que temos de sua aplicação correta é sensível a nossa avaliação sobre como esse poder deve ser exercido. Se admitirmos essa descrição do conceito no estágio semântico não poderemos, conscientemente, contradizê-lo no nível da decisão judicial. Podemos admitir que, em determinadas ocasiões excepcionais, os juízes devem repudiar ou ignorar a lei naquilo que fazem, mas devemos contar com uma expectativa permanente de que não agirão desse modo, de que decidirão de acordo com o que consideram que as proposições verdadeiras de direito exigem ou permitem. Para nós, uma teoria da doutrina é parte indispensável de uma teoria da decisão judicial e praticamente a esgota, não porque acreditemos na obrigação moral de obedecer à lei, mas porque, dada nossa percepção de como funciona o conceito doutrinário do direito, devemos presumir isso, a fim, inclusive, de elaborar uma teoria da doutrina jurídica.

Contudo, se tivéssemos tomado uma decisão diferente no estágio semântico, é bem possível que contássemos uma história diferente ao chegarmos ao estágio da decisão judicial. Suponhamos que tivéssemos decidido, naquele estágio anterior, que o conceito doutrinário de direito se assemelha mais ao conceito de celibato ou ao conceito de água do que aos conceitos interpretativos que descrevi. Poderíamos então ter decidido explicar esse conceito simplesmente identificando os critérios que todos os juristas usam para decidir o que é o direito ao lidarem com uma questão qualquer – se acreditarmos que o conceito doutrinário se assemelha ao celibato –, ou pondo a descoberto a verdadeira essência ou natureza daquilo que os juristas concordam, essencialmente, que é o direito – se acreditarmos que esse conceito se assemelha ao conceito de água. Nossa análise, então, partiria do enunciado "É o direito que...", sem pressupor que nela possa existir, inclusive a título de proposição geral, qualquer coisa relativa ao modo como o próprio direito deve figurar na decisão, por parte de um juiz, do caso que ele tem diante de si. Teríamos deixado essa questão da decisão judicial totalmente intocada. É verdade que então poderíamos dizer que, em termos de moralidade política, os juízes devem normalmente aplicar a lei. Mas também poderíamos dizer, com o mesmo grau de coesão, que eles nunca devem aplicar a lei, a menos que considerem, sem nenhuma influência externa, a lei justa ou sábia ou eficiente. Nesse caso, o estágio da decisão judicial seria um estágio de análise de absoluta independência e autossuficiência. Poderíamos, inclusive, dizer que uma teoria da decisão judicial não faz parte, absolutamente, de uma teoria do direito. De fato, os filósofos do direito que adotam essa concepção do caráter filosófico do conceito doutrinário do direito podem dizer, como fazem alguns dos meus críticos, que minha teoria doutrinária com base na integridade é apenas uma teoria da decisão judicial, e não uma teoria do direito. Essa afirmação se torna possível devido à decisão que eles tomaram no primeiro estágio da teoria jurídica, o estágio semântico.

    O que uma teoria jurídica oferece no estágio da decisão judicial é algo que não depende apenas das decisões tomadas no ponto básico representado pelo estágio semântico, mas também daquelas tomadas em estágios posteriores. Suponhamos, por exemplo, que os advogados da sra. Sorenson admitam, no estágio semântico, que o conceito doutrinário do direito é interpretativo, mas que insistam, no estágio teórico posterior, na necessidade de se compreender que o direito atende a valores de eficiência e coordenação, o que, por sua vez, os leve a insistir na criação de uma teoria de perfil doutrinário que só torne pertinentes, para a determinação da veracidade de qualquer proposição de direito, as declarações explícitas que autoridades legalmente constituídas fizeram no passado. Eles então poderiam afirmar que, apesar de ser verdade que nenhuma declaração oficial do passado assegura a sua cliente um direito jurídico a indenizações calculadas com base na participação de mercado, nenhuma declaração feita no passado tampouco nega tal direito. Eles poderiam concluir que, nesse caso (como numa infinidade de outros casos) existe aquilo que alguns teóricos do direito chamam de "lacuna" no direito. Nenhuma proposição de direito determina um resultado deste ou daquele modo; de modo que, mesmo que os juízes admitam que devem seguir o direito quando existe lei a ser seguida, eles devem elaborar uma teoria autossuficiente da decisão judicial que lhes indique o caminho a seguir para decidir casos quando não existe lei a ser seguida, e, segundo os advogados da sra. Sorenson, deveriam então fazer justiça obrigando os laboratórios farmacêuticos a lhe pagar indenizações calculadas com base na participação de mercado. (Talvez nenhum advogado jamais apresentasse esse argumento exatamente nesses termos no tribunal – ele poderia sofrer um processo disciplinar se o fizesse –, mas os juízes poderiam entender que, quando os advogados afirmam que o direito favorece seu cliente, é exatamente isso o que querem dizer.)

No âmbito dessa nova estrutura, a moral tem um papel a desempenhar em dois pontos distintos da teoria jurídica: no estágio teórico, quando se atribui valor à prática jurídica; e no estágio da decisão judicial, quando os juízes são instados a fazer justiça e informados de que a justiça exige indenizações calculadas com base na participação de mercado. Mas as duas inserções da moral são distintas. Ao contrário, em minha opinião o valor de integridade que deveríamos atribuir à prática jurídica atravessa o estágio doutrinário e chega até o estágio da decisão judicial porque, argumento, a integridade exige que os juízes considerem a moral em alguns casos, inclusive neste, tanto para decidirem sobre o que é o direito quanto sobre o modo de honrar suas responsabilidades de juízes. Uma vez mais, a diferença não se encontra entre teorias que incluem e teorias que excluem a moral, mas entre teorias que a introduzem em estágios distintos de análise, com consequências diferentes para o juízo político final com que se vai consumar uma teoria jurídica completa.

Pragmatismo jurídico

Esta anatomia de uma teoria jurídica, que divide qualquer teoria plenamente desenvolvida nos estágios semântico, teórico, doutrinário e da decisão judicial, é, sem dúvida, artificial: os filósofos do direito não articulam suas teorias desse modo estilizado. Contudo, a anatomia artificial fornece um esquema útil para a identificação e a distinção de diferentes tipos de teorias jurídicas. Neste livro, começo com uma teoria que é ao mesmo tempo radical na história do pensamento jurídico e de grande importância para a prática jurídica contemporânea. Ela tem assumido formas diferentes e já recebeu designações diversas. Vou chamá-la de "pragmatismo jurídico".

Uma descrição mais fácil e geral do pragmatismo consiste em apresentá-lo como uma teoria da decisão judicial: seus postulados sustentam que, para decidir os casos que se lhes apresentam, os juízes devem recorrer a um estilo consequencialista e voltado para o futuro. Eles devem tomar qualquer decisão que seja melhor para o futuro da comunidade sem levar em consideração as práticas do passado enquanto tais. Qualquer versão mais precisa de pragmatismo deve especificar uma concepção particular de consequencialismo: deve especificar o modo de decidir quais seriam as melhores consequências de uma decisão. Ela pode ser uma concepção do utilitarismo dos atos*, que sustenta que cada decisão política individual deve pretender maximizar a expectativa de bem-estar médio de uma popu-

---

* No original, *act-utilitarian conception*. (N. do R. T.)

lação específica no contexto de alguma concepção específica de bem-estar: por exemplo, a felicidade ou a satisfação dos desejos. Ou pode ser uma concepção desvinculada do bem-estar, que defina as melhores consequências em termos de eficiência econômica ou maximização da riqueza, por exemplo.

De qualquer modo, um juiz pragmatista deve, não obstante, aceitar as restrições instrumentais que lhe pedem para estar muito atento àquilo que o legislativo aprovou ou que os juízes decidiram no passado. Essas restrições não são exógenas à sua concepção de melhores consequências; na verdade, provêm delas. De acordo com o pragmatismo, os juízes devem obedecer conjuntamente àquilo que o legislativo aprovou e ser leais às decisões judiciais do passado porque o poder das instituições legislativas e judiciais de coordenar comportamentos futuros é muito benéfico para assegurar a eficiência ou qualquer outro objetivo, e esse poder seria debilitado se eles costumassem ignorar as manifestações passadas nas novas decisões por eles tomadas. Contudo, não pode haver quaisquer outras restrições menos instrumentais acerca do que os juízes podem fazer, de modo que, quando a eficiência ou algum outro objetivo da comunidade for, de fato, mais bem atendido ao se ignorarem ou reescreverem manifestações do passado, é isso que devem os juízes pragmatistas fazer.

Nossa anatomia sugere diferentes maneiras pelas quais um teórico do direito poderia chegar a tal posição. Ele poderia, por exemplo, adotar um procedimento que siga os quatro estágios da teoria jurídica por mim descritos, e talvez pudesse aceitar, ainda que de modo aproximado, as respostas que ofereço às questões colocadas nos estágios semântico e teórico. No estágio semântico, ele poderia sustentar que o conceito doutrinário do direito é um conceito interpretativo e, no nível teórico, que a melhor descrição do valor do direito inclui um ideal de integridade. Esse juiz poderia então ter a expectativa de apresentar, no estágio doutrinário, a melhor interpretação da prática contemporânea, mas ao mesmo tempo divergir de minha posição ao pressupor que a melhor interpretação justificaria apenas o estabelecimento, para o direito, de valores de verdade consequenciais, voltados para o futuro, de modo que a proposição de que a sra. Sorenson tinha um direito legal à indenização calculada com base na participação de mercado seria verdadeira se – mas somente se – a concessão dessa indenização por um juiz fosse mais benéfica do que prejudicial à comunidade em termos gerais. O importante movimento intelectual chamado "direito e economia", que se iniciou nas faculdades de direito norte-americanas mas se espalhou por outros países, já produziu um grande número de vertentes. Uma delas é claramente teórica e interpretativa: os juristas dessa ala do movimento afirmam que, de modo emblemático, os tribunais onde se aplica o *common-law* tomaram decisões que maximizam a eficiência econômica definida de algum modo. (Discuti e critiquei diferentes aspectos desse movimento em diversos ensaios e livros.)[12] Se assim for, a integridade estará mais bem protegida ao se incrementar o direito, nos casos difíceis como o da sra. Sorenson, de qualquer maneira que venha a maximizar esse objetivo de olhos voltados para o futuro.

Contudo, outros pragmatistas apresentam argumentações muito diferentes, partindo de uma posição mais radical no estágio semântico inicial da análise. Ao sintetizar meus pontos de vista nesta Introdução, afirmei que as proposições de direito têm condições de veracidade – que faz sentido perguntar se a proposição de que a sra. Sorenson tem um direito jurídico a indenizações com base na participação de mercado é verdadeira e, se assim for, por que motivo –, e que um estudo filosófico do conceito doutrinário de direito deve se voltar para a identificação dessas condições de veracidade. Esses pressupostos vêm sendo contestados há muitas décadas por alguns juristas do meio acadêmico que se autodenominam "realistas" e que insistem que as proposições jurídicas não são nem verdadeiras nem falsas, mas apenas expressões das preferências subjetivas dos juízes ou de outras autoridades, de modo que o projeto de buscar as condições de veracidade das proposições de direito não passa de perda de tempo. Eles sustentam que o conceito doutrinário de direito não é nem baseado em critérios, nem em espécies naturais, nem é interpretativo – mas que, na verdade, é pura ficção. Uma versão mais sofisticada dessas afirmações céticas foi defendida, de modo mais organizado e filosófico, por outros autores que se autodenominam pragmatistas. No Capítulo 1, examino as afirmações e argumentações de dois desses autores: o filósofo Richard Rorty e o teórico da literatura Stanley Fish. Embora nenhum deles seja jurista, ambos escreveram criticamente sobre meus pontos de vista jurídicos. Nesse capítulo, demonstro que a versão de pragmatismo que eles defendem é filosoficamente confusa e só pode ser enunciada por meio de metáforas que, ao serem deslindadas, levam os argumentos deles a uma autorrefutação.

No direito acadêmico, a versão mais influente do pragmatismo é, todavia, diferente. Na superfície, é menos filosófica e mais prática do que as concepções que discuto no Capítulo 1, mas ainda assim sua tese central representa uma posição importante e controvertida na filosofia política. Ela defende que qualquer pessoa com poder político deve usar esse poder para tentar tornar as coisas melhores de qualquer maneira possível, dada sua posição institucional e seu grau de poder. Desse ponto de vista, qualquer preocupação que os juízes poderiam demonstrar quanto à veracidade das proposições de direito é uma digressão inútil do objetivo que eles deveriam perseguir com total determinação, ou seja, o aperfeiçoamento de sua comunidade política. Essa forma de pragmatismo se revela por completo no estágio da decisão judicial da teoria jurídica: não tem necessidade de nenhum dos estágios anteriores. Portanto, não faz nenhum exame da natureza do conceito doutrinário de direito, nem do modo como as práticas contemporâneas do direito encontram sua melhor justificação, nem das condições de veracidade das proposições jurídicas. Toda a parafernália da teoria do direito tradicional é levada de roldão pelos novos ventos dos cálculos instrumentais que se voltam para o futuro e para os quais os meios justificam os fins.

No direito, o pragmatista mais influente dentre os que adotam essa concepção é Richard Posner, que, além de importante juiz federal, é também homem de grande conhecimento jurídico e escritor prolífico*. Discuto seus pontos de vista nos capítulos 2 e 3. (Em apêndice ao Capítulo 3, discuto a tentativa de Posner de pôr suas teorias pragmatistas a serviço da justificação da lamentável decisão da Suprema Corte no caso *Bush vs. Gore*, que deu a presidência a George W. Bush e mudou, de maneira fatídica, a história do mundo.) Ao longo de minha discussão das teorias de Posner, afirmo que sua forma de pragmatismo não dá em nada, é vazia, pois embora ele insista em que os juízes devem decidir seus casos de modo a produzirem as melhores consequências, não especifica de que modo esses juízes devem decidir quais são essas melhores consequências. Trata-se de uma crítica importante, uma vez que o fato de especificar uma concepção concreta do consequencialismo tornaria qualquer versão do pragmatismo imediatamente menos atraente. Muitos juristas do meio acadêmico norte-americano, que hoje orgulhosamente intitulam-se pragmatistas, ficariam constrangidos se tivessem de adotar uma teoria verdadeira, e não apenas mera retórica. Apesar de todos os seus defeitos bem conhecidos, o utilitarismo poderia parecer a teoria moral mais provável de ser adotada por um pragmatista do direito, mas Posner rejeitou-a sem indicar que teoria moral adotaria em seu lugar. Sua única resposta ao argumento de que seu pragmatismo permanece vazio é a de que os juízes norte-americanos concordam o suficiente quanto aos melhores objetivos para sua socieda-

---

* Ex-assessor do juiz William Brennan Jr., da Suprema Corte, foi nomeado juiz federal para a Corte Federal de Apelações da Sétima Região, em 1981, pelo presidente Ronald Reagan. Foi presidente dessa Corte de 1993 a 2000. Atualmente, além de juiz, é professor na Faculdade de Direito da Universidade de Chicago. (N. do R. T.)

de, o que torna desnecessária qualquer definição ou discussão acadêmica desses objetivos. Basta simplesmente deixar que os juízes continuem fazendo aquilo que, para eles, é o melhor. Nenhuma das pessoas que tenham acompanhado as recentes batalhas políticas e congressuais sobre as nomeações de juízes para os tribunais federais feitas pelo presidente Bush pode dar crédito a tal afirmação. Na verdade, os juízes de fato e os juízes potenciais divergem profundamente sobre todo o espectro das questões políticas que são importantes para o direito: da relativa importância da eficiência econômica, da segurança e da proteção ambiental à justiça racial e à igualdade dos sexos.

No Capítulo 2, incluo na mesma categoria Cass Sunstein e Posner como membros de uma escola de pensamento "antiteórica". Hoje, vejo tal afirmação como um exagero, pois embora os dois pensadores sejam críticos quanto ao papel que a filosofia política e moral desempenha em minha descrição do direito, agora acredito que as diferenças entre as ideias de Sunstein e as minhas sejam, como ele diz[13], muito menos profundas do que minhas diferenças com Posner. Ainda assim, as diferenças que me separam de Sunstein são significativas. Ele acredita que as exigências que faço aos juízes ao afirmar que as proposições de direito são verdadeiras quando sustentadas pela melhor interpretação da prática jurídica geral são demasiado exigentes e, por esse motivo, tendem a produzir más decisões. Como explico no Capítulo 2, creio que a questão interpretativa acerca do que o direito sustenta relativamente a determinado tema constitui, em princípio, uma questão em aberto. Normalmente, os juízes podem chegar a respostas competentes mediante a simples consulta às fontes do direito e jurisprudência de sua própria jurisdição que se situam no entorno doutrinário de seu problema imediato, guiados por aquilo que chamo de princípio de "prioridade local"[14]. Em minha opinião, porém, os argumentos deles, assim limitados, só se tornariam sólidos se sustentados por uma interpretação muito mais geral, que incluísse todas as fontes do direito e a jurisprudência e tivesse por fundamento uma concepção teórica do direito de natureza mais básica. Até que ponto um advogado ou um juiz deve aventurar-se nesse território mais geral antes de anunciar uma conclusão sobre o próprio estado do direito é, essencialmente, uma questão prática: vai depender, entre outras coisas, de contestações à sua concepção que forem feitas por outros juristas ou autoridades judiciais. Talvez essas contestações não possam ser respondidas com base nas fontes do direito e jurisprudências disponíveis no entorno imediato, e que se faça necessária uma "ascensão teórica", expressão que utilizo em tal circunstância. Sunstein acha que os juízes devem evitar essa ascensão teórica inclusive por princípio: eles devem decidir os casos de maneira mais tradicional, procurando apenas articular, parcialmente, as justificativas de suas decisões na busca de um "consenso incompletamente teorizado" com seus colegas. Apresento a crítica dessas afirmações no Capítulo 2. Sunstein publicou recentemente, em coautoria, um estudo empírico de decisões judiciais cujos resultados, em suas palavras generosas, tendem a sustentar mais as minhas concepções do que as dele[15].

Pluralismo moral

Minha tese pode ser criticada no estágio teórico e, portanto, também em estágios posteriores, de maneira muito diversa. Minha exposição interpretativa da prática jurídica pressupõe que os valores que a justificam, ainda que variados e complexos, compõem um todo integrado, e, desse modo, podem ao mesmo tempo exigir e guiar a integridade nos estágios doutrinário e de decisão judicial. Contudo, há uma poderosa tradição filosófica, hoje muito expressiva na opinião de muitos juristas, segundo a qual certos valores politicamente importantes como a liberdade e a igualdade estão em profundo conflito uns com os outros, de modo que se faz necessário chegar a uma solução conciliatória entre eles. Em si mesma, essa concessão mútua não pode ser guiada por um valor mais fundamental, pois o conflito se dá entre os valores mais fundamentais. Ao fim, é necessária uma escolha discricionária e subjetiva entre valores, fato este que contesta meu pressuposto de que uma interpretação da prática jurídica geral, ou mesmo de alguma área específica do direito, possa ser coerentemente defendida como a melhor em termos gerais. O mais poderoso defensor do conflito fundamental nos valores políticos é Isaiah Berlin. Sua teoria do conflito profundo na esfera dos valores morais desafia o ideal de integridade em um nível muito importante. Explico e critico suas afirmações e argumentações no Capítulo 4.

Positivismo político-doutrinário

Provoquei uma polêmica desnecessária com minhas primeiras tentativas de caracterizar a doutrina teórica do positivismo jurídico: nada de importante decorre do modo como se usa tal expressão ou, mais ainda, de quais autores são chamados de positivistas[16]. A título de exposição, porém, será útil distinguir diferentes posições teóricas, cada uma das quais pode ser chamada de posição positivista. São diferentes entre si, uma vez que cada uma defende conceitos diferentes de direito. O positivismo doutrinário sustenta que os fatos morais não podem figurar, pelo menos fundamentalmente, nas condições de veracidade das proposições de direito. Em seu livro *The Concept of Law* [*O conceito do direito*], H. L. A. Hart defendeu o positivismo doutrinário. "Segundo minha teoria", afirmou ele, "a existência e o conteúdo do direito podem ser identificados por referência às fontes sociais do direito (isto é, legislação, decisões judiciais, costumes sociais), sem referência à moral, a não ser quando o direito, assim identificado, tenha incorporado critérios morais para a sua própria identificação."[17]

O positivismo sociológico defende o ponto de vista de que os critérios morais não fazem parte dos critérios apropriados para se distinguir o direito de outras formas de organização social ou política. O positivismo taxonômico sustenta que os princípios morais e os princípios jurídicos são distintos e, portanto, que o direito não inclui nenhum princípio moral. Já sugeri razões para duvidar de que tanto o positivismo sociológico quanto o taxonômico sejam posições filosóficas importantes. Se, como acredito, os conceitos de direito sociológico e taxonômico são conceitos criteriológicos imprecisos, nenhuma teoria que insista na imposição de fronteiras nítidas entre esses conceitos pode ter importância filosófica, à diferença de importância metodológica. Meus textos sobre positivismo adotaram o positivismo doutrinário como seu alvo, e neste livro as referências não especificadas ao positivismo devem ser entendidas como alusões a essa posição.

O positivismo doutrinário tem evidente importância filosófica. Terá, também, importância prática? Isso depende da ligação que imaginemos existir, na análise jurídica, entre os níveis doutrinário e de decisão judicial. Tanto o pragmatismo jurídico quanto a concepção doutrinária do direito que defendo, baseada na integridade, têm implicações práticas: eles têm por trás o pressuposto de que é importante o modo como os juízes decidem os casos que se lhes apresentam. Encontram-se, portanto, entre as teorias jurídicas importantes que atualmente estão em vigor, frequentemente na superfície, na análise jurídica – nas decisões judiciais, nas salas de aula e nos seminários em que são discutidos o direito público e o privado. Algumas versões do positivismo jurídico, às quais vou me referir coletivamente como positivismo político, são importantes no mesmo sentido, pois também remetem à questão do modo como os juízes devem decidir os casos. Elas pressupõem que o que os juízes devem fazer é decidido, em grande medida, pelas proposições de direito que são verdadeiras e, assim como eu, elas recorrem à moralidade política para justificar seus pontos de vista sobre as condições de veracidade das proposições de direito. Como afirmo no Capítulo 7, importantes juristas norte-americanos, inclusive Oliver Wendell Holmes e Learned Hand, defenderam o positivismo jurídico por acreditar que os juízes devem obedecer às decisões de órgãos legislativos formados por representantes eleitos pelo povo, em vez de tentar, eles próprios, criticar ou complementar essas decisões a partir de suas próprias convicções morais, talvez de natureza diversa (e, acreditavam esses juristas, tipicamente mais conservadoras). Esses positivistas políticos acreditavam que a melhor justificação da prática jurídica inclui aquilo que eles viam como um princípio democrático: que o povo como um todo, e não os juízes, que não podem ser por ele destituídos, devem decidir que leis devem reger suas vidas.

Alguns juristas do meio acadêmico contemporâneo defendem o positivismo jurídico de modo semelhante, explicitamente prático e político: Liam Murphy, por exemplo, acredita que se os juízes recorrerem à moral para tomar suas decisões acerca do que é o direito, a população será levada a pensar que é justo qualquer coisa que se entenda por direito[18]. Isso parece contrário ao senso comum e improvável, mas os argumentos de Murphy são ainda assim uma boa ilustração da natureza do positivismo político. A versão de H. L. A. Hart do positivismo doutrinário, que influenciou a filosofia do direito acadêmica, mas não a prática jurídica, hoje é geralmente vista não como um exemplo de positivismo político, mas sim de positivismo analítico, um tipo de teoria que descrevo mais adiante. Em suas primeiras obras, porém, há pelo menos alguns rudimentos de positivismo político. Certa vez, por exemplo, ele afirmou que a separação firme entre argumentação jurídica e argumentação moral facilitaria a crítica moral do direito[19].

Todavia, a mais notável das versões contemporâneas do positivismo político, que tem, de fato, uma importância prática muito grande, é uma teoria sobre o modo como se deve interpretar a Constituição dos Estados Unidos. Como já afirmei anteriormente, as Constituições de muitos países restringem os poderes de membros do Legislativo e do Executivo numa linguagem abstrata que ou é explicitamente moral – nenhuma pena pode ser "cruel e incomum" – ou aberta à interpretação moral – o Estado não pode negar o "devido" processo legal. Afirmei que essas restrições legais ao poder público devem ser interpretadas como restrições morais, e que juristas e juízes exortados a analisar atos legislativos e executivos em contraste com esses padrões devem, portanto, proceder a um exame de questões morais[20].

Para decidirem se o recrutamento militar exclusivamente masculino é proibido pela cláusula de "igual proteção" da Décima Quarta Emenda à Constituição norte-americana, os juízes devem decidir se a distinção encontra justificativa na moralidade política, ainda que não seja esta a única questão que lhes cabe decidir. Esse ponto de vista é firmemente rejeitado pelos juristas e juízes que se autodenominam "originalistas": eles acreditam que mesmo as cláusulas abstratas e aparentemente morais da Constituição norte-americana devam ser interpretadas de modo a só proibir a legislação ou outros atos que aqueles que há muito redigiram ou promulgaram as cláusulas, ou os eleitores desses representantes do povo que já morreram há tempos teriam esperado que ela proibisse. Eles insistem que somente fatos históricos sobre as crenças ou desejos ou expectativas de um povo histórico fornecem as condições de veracidade das proposições do direito constitucional: a cláusula de igual proteção só proibiria o recrutamento militar exclusivamente masculino se os políticos que aprovaram a Décima Quarta Emenda depois da Guerra Civil, em que era esse o tipo de recrutamento usado, tivessem a expectativa de que sua cláusula proibisse tal recrutamento. A moral não tem nada a ver com isso.

Em sua maior parte, os que defendem esse ponto de vista não são filósofos do direito, e muitas vezes é difícil inferir, a partir do que dizem, a estrutura toda de sua argumentação. Em geral, eles dizem que sua opinião decorre da própria definição ou natureza do direito, o que poderia sugerir que rejeitam minha concepção, no estágio semântico, de que o direito é um conceito interpretativo. Contudo, eles frequentemente reforçam sua afirmação com apelos ao princípio político de que é mais compatível com a teoria democrática que o país seja governado por princípios que foram outrora aprovados pelo povo e por seus representantes, mesmo que isso tenha acontecido há muito tempo, e não por princípios defendidos por alguns juristas atuais. Na verdade, eles acreditam que os juízes contemporâneos não devem recorrer ao raciocínio moral para interpretar as determinações da Constituição – não porque, por definição, o direito não tenha nada a ver com a moral, mas, ao contrário, porque os melhores argumentos da moralidade política exigem que os juízes contemporâneos sejam obrigados a seguir as opiniões morais de alguma geração anterior até que elas sejam substituídas, não por eles, mas pelo conjunto da população, por meio de uma emenda constitucional. Portanto, eles concordam comigo que o direito é um conceito interpretativo – por que outro motivo seria necessário apelar à moralidade política? – e consideram que os princípios políticos que citam são indispensáveis para uma justificação da prática jurídica norte-americana. (Às vezes se justifica uma boa dose de ceticismo no que diz respeito a saber quão sincero é o apelo a esses princípios. Como afirmo no Capítulo 5, ao discutir a teoria do direito do juiz Antonin Scalia*, da Suprema Corte, alguns dos juízes dessa Corte que adotaram o originalismo não observam coerentemente seus princípios em seu próprio comportamento judicial. Seus votos em casos controvertidos poderiam ser mais bem explicados por uma agenda política muito conservadora que não depende do êxito de nenhuma interpretação geral de nossa prática jurídica.)

Durante muitos anos, apresentei argumentos contrários a essa teoria "originalista" da interpretação constitucio-

---

* O segundo dos três juízes nomeados pelo presidente Ronald Reagan e aprovados pelo Senado norte-americano. Substituiu o juiz William Renhquist, promovido por Reagan à presidência da Suprema Corte para substituir Warren Burger. (N. do R. T.)

nal; no Capítulo 5, discuto uma confusão filosófica que, acredito, contamina os argumentos que juristas e juízes conservadores têm apresentado a seu favor. Faço distinção entre duas ideias muito diferentes: o originalismo semântico, que insiste que se deve atribuir às palavras de um texto constitucional o sentido que aqueles que aprovaram o texto pretendiam que elas tivessem; e o originalismo de expectativas, para o qual se deve atribuir a essas palavras a força de lei que eles esperavam que ela tivesse. O originalismo semântico parece-me inatacável: essa vertente simplesmente aplica aos textos jurídicos certas concepções filosóficas gerais sobre a ideia de significado. Se, no século XVIII, "cruel" significasse o que "caro" significa hoje, teríamos um entendimento equivocado da Oitava Emenda, interpretando-a como se defendesse a condenação das penas cruéis. (O professor Lawrence Tribe, extraordinário constitucionalista e advogado*, parece-me não ter entendido a importância do originalismo semântico em seus comentários sobre minha interpretação constitucional; no Capítulo 5, aproveito a ocasião para explicar por que considero sua crítica equivocada.) O originalismo semântico é irresistível, mas é preciso resistir ao originalismo de expectativas porque, se os constituintes pretenderam estabelecer padrões morais abstratos, como creio ter sido o caso, não estaremos sendo fiéis a suas intenções se considerarmos terem eles declarado que a legislação deve ser examinada à luz de suas próprias opiniões sobre a justiça e não à luz da justiça** em si mesma.

---

* Nascido em 1941 em Xangai, é desde 1968 professor de direito constitucional em Harvard. Advoga ainda em casos constitucionais polêmicos, sendo um dos advogados mais influentes entre os que já atuaram perante a Suprema Corte norte-americana. Os casos mais famosos nos quais atuou são *Richmond Newspaper, Inc., vs. Virginia*, de 1980, *Bowers vs. Hardwick*, de 1986, *Vacco vs. Quill*, de 1997, e *Lawrence vs. Texas*, de 2003. (N. do R. T.)

** No original, *fairness*. O termo pode ser traduzido por "imparcialidade", vez que é associado às noções de honestidade, isenção ou ausência de preconceitos. Entretanto, por vezes, equivale à "justiça". Embora *justice* e *fairness* sejam intercambiáveis, este último, ao contrário do primeiro, refere-se à

Acredito que os argumentos apresentados pelo juiz Scalia, da Suprema Corte, sobre a interpretação das leis e a interpretação constitucional, que discuto no Capítulo 5, deixaram-se contaminar particularmente por essa confusão.

Positivismo analítico-doutrinário

O positivismo analítico doutrinário sustenta que a independência do direito relativamente à moral não depende de nenhuma interpretação ou justificação política ou moral da prática jurídica, nem de qualquer doutrina política no estágio de decisão judicial da teoria jurídica, mas decorre diretamente da análise correta do próprio conceito ou ideia, ou natureza, do direito. Se compreendermos bem o conceito doutrinário de direito, afirmam os positivistas analíticos, veremos que se trata de uma espécie de verdade necessária a circunstância de os fatos morais não poderem figurar entre as condições de veracidade de tais proposições. Esta é a posição que se imagina ter sido defendida por Hart em seu livro mais conhecido, por ele intitulado *O conceito de direito*, embora até mesmo nesse livro haja indícios de positivismo político, e não analítico.[21] Eu aceitara que era essa a posição dos muitos seguidores de Hart na filosofia do direito, inclusive a dos filósofos do direito cuja obra discuto no Capítulo 7; embora no Capítulo 8, onde discuto diversos artigos escritos depois que o capítulo 7 foi publicado, eu apresente razões para questionar se alguns dos seguidores de Hart devam ser vistos atualmente como se defendessem apenas o positivismo taxonômico.

---

justiça no caso concreto ou em relação a atitudes pessoais ou ações políticas específicas. Contudo, em alguns contextos, *fairness* também pode ser traduzido por "equidade", quando lhe é dado um valor substantivo, sobretudo na filosofia política. (É o caso da tese *justice as fairness* de John Rawls, sempre traduzida por "a justiça como equidade".) No direito norte-americano, a equidade como fonte de direito corresponde a *equity*. Procurou-se aqui traduzir o vocábulo consoante o contexto. (N. do R. T.)

Os positivistas analítico-doutrinários divergem de minhas opiniões no estágio semântico mais fundamental da teoria jurídica porque insistem que, ao contrário do que penso, o conceito doutrinário de direito não é um conceito interpretativo cuja elucidação exija uma tomada de posição acerca de questões de moralidade política, mas sim de um conceito de outra natureza, cuja elucidação constitua, do início ao fim, um projeto descritivo ou conceitual em que não há lugar para a moral substantiva. Minha dificuldade de entender o positivismo analítico encontra-se, sobretudo, na compreensão de tal sugestão. Em *O império do direito*, sugeri uma maneira de compreendê-la: afirmei que, na verdade, Hart pressupunha que o conceito doutrinário de direito fosse um conceito criteriológico, e que analisar esse conceito significaria trazer à superfície os critérios que os juristas realmente usam, ainda que de modo inconsciente, ao aplicá-lo. Essa metodologia de análise conceitual era conhecida no universo filosófico de Oxford, no qual Hart preparou seu livro.

Para mim, Hart pretendia afirmar, no espírito de uma máxima de seu colega J. L. Austin citada pelo próprio Hart em seu livro, que podemos aprender sobre a natureza do direito ao refletirmos sobre distinções inerentes à linguagem com que descrevemos e conduzimos nossas práticas jurídicas. Não pretendi dizer que Hart julgou estar, ele próprio, oferecendo definições no sentido usual. "Os filósofos que tenho em mente", afirmei, "descrevem o sentido das proposições de direito – o que elas significam para os que as utilizam –, e essa explicação assume a forma ou de definições do 'direito' em estilo antigo ou de descrições das 'condições de veracidade' das proposições de direito – as circunstâncias em que os juristas as aceitam ou rejeitam – em estilo mais moderno."[22] Critiquei o pressuposto de que o conceito doutrinário de direito seja um conceito desse tipo, que pode ser elucidado ao se chamar a atenção para as diferentes circunstâncias em que "nós" consideramos apropriado o emprego do conceito doutrinário e de conceitos afins. Afirmei que a incapacidade de compreender que o conceito doutrinário é um conceito interpretativo e não criteriológico constitui uma falácia que chamei de "aguilhão semântico", cuja discussão aprofundo no Capítulo 8.

No material novo publicado só depois de sua morte, Hart rejeitou minha descrição de sua metodologia anterior: disse que eu o entendi mal. Continuo a pensar, como fazem outros filósofos do direito[23], que meu diagnóstico original estava correto, e acredito que tenha tido sua aceitação renovada na excelente biografia de Hart que Nicola Lacey publicou recentemente[24]. Todavia, devemos ver a retratação posterior de Hart no mínimo como uma afirmação de como ele chegara, à época, a pensar sobre sua obra, motivo pelo qual, no Capítulo 6, passo em revista algumas explicações alternativas de sua metodologia. Não sou, porém, bem-sucedido nessa empreitada: não consigo encontrar nenhuma outra explicação para o modo como Hart poderia ter pensado que uma teoria das condições de veracidade das proposições de direito, que ele desejava apresentar, pudesse ser política e moralmente neutra. O destino do positivismo analítico-doutrinário depende inteiramente de sua capacidade de propor uma descrição do conceito doutrinário de direito que demonstre a receptividade de tal conceito à análise filosófica substancial e moralmente neutra. Se não podemos conferir sentido ao papel do conceito doutrinário na prática jurídica sem entendê-lo como um conceito interpretativo, então não pode haver nenhuma análise profícua desse conceito que seja totalmente isenta de moralidade política.

O Capítulo 7 examina o positivismo analítico a partir de uma perspectiva mais contemporânea. Na década de 1970 instaurou-se um debate fomentado por um artigo no qual sugeri que a versão hartiana do positivismo analítico, que pretendia ser uma apresentação do conceito de direito em si e, portanto, passível de aplicação a todos os sistemas jurídicos plenamente desenvolvidos, do presente e do passado, falseava uma parte substancial da fenomenologia do direito e dos registros escritos oficiais[25]. Hart havia afirmado que todos os sistemas jurídicos desse tipo continham uma "regra de reconhecimento" social fundamental, ainda que às vezes complexa, que é amplamente aceita por aqueles que agem em conformidade com o direito, para os quais ela funciona como um teste de *pedigree* decisivo para se determinar quais são as verdadeiras proposições de direito. Afirmei que essa formulação punha em segundo plano o importante papel dos princípios morais no raciocínio jurídico. Esses princípios estão presentes nas explicações dos juízes sobre o porquê de o direito ser o que eles afirmam, mas eles próprios não são identificados por quaisquer testes de *pedigree* de aceitação ampla e consensual. Ao contrário, afirmei, a identidade, o caráter e a relevância dos princípios que fazem parte dos argumentos jurídicos são controvertidos, e a opinião de qualquer jurista ou juiz depende de suas próprias convicções sobre moralidade pessoal e política.

Hart não publicou nenhuma resposta de peso a meus argumentos enquanto viveu, mas outros positivistas analíticos o fizeram. Um deles, Jules Coleman, afirmou que meu artigo funcionava como um catalisador, forçando-os a depurar e a desenvolver o positivismo analítico de modo a municiá-lo para o embate com minhas objeções. No Capítulo 7, descrevo as tentativas desses positivistas analíticos e avalio seu êxito mediante um exame das teorias recentes de Coleman e do mais importante discípulo de Hart, Joseph Raz. Em resposta a minha argumentação, Coleman sugeriu, através de uma doutrina hoje chamada de positivismo "inclusivista", que a moral só é significativa para o raciocínio jurídico quando e porque as regras do direito que realmente satisfazem aos testes de *pedigree* de uma regra de reconhecimento incorporam a moral por referência – somente quando, por exemplo, uma disposição constitucional determina explicitamente que as leis "injustas" são inválidas. Afirmo que esses argumentos são equivocados de diversas maneiras, e que a afirmação de Coleman não culmina na vitória de sua versão do positivismo analítico, mas na capitulação total do positivismo.

Raz respondeu a meus argumentos de modo bem diferente: insistiu que, para o conceito de direito, é essencial que o direito possa atuar como uma autoridade; e, em seguida, apresentou uma exposição especial da ideia de autoridade segundo a qual nenhum padrão pode ter força de autoridade se for necessário que o raciocínio moral identifique o conteúdo de tal padrão. Afirmo que a teoria especial da autoridade elaborada por Raz é arbitrária e se destina apenas a produzir esse resultado, e que, em qualquer concepção normal de autoridade, os padrões podem ser válidos mesmo quando a interpretação com base na convicção moral seja necessária para se determinar o que eles exigem. No Capítulo 8, retomo minha discussão com os positivistas analíticos de um modo diferente. Discuto ensaios recentes de Coleman, Raz, Michael Stephen Green e Scott Shapiro, os quais, acredito, demonstram quão profundamente os argumentos dos positivistas analíticos contemporâneos dependem do fato de ignorar as distinções cruciais entre os conceitos doutrinário, sociológico e taxonômico do direito que discuti no início desta Introdução.

Filosofia do Direito

Os cursos intitulados "Teoria do Direito" ou "Filosofia do Direito" têm sido, há séculos, a matéria-prima das faculdades de direito em todo o mundo. Todavia, o conteúdo desses cursos e sua importância para a formação jurídica passaram por mudanças frequentes em resposta às transformações ocorridas no caráter e na aparente importância prática dos debates entre os estudiosos que reivindicam a filosofia do direito como seu tema. Quando eu era estudante de direito, os cursos de teoria do direito ocupavam-se de um cânone tradicional de questões conceituais sobre a natureza do direito que, na época, eram consideradas bem diferentes, nos temas e nas aptidões necessárias ao seu estudo, das questões de direito substantivo e processual que se estudavam nas outras disciplinas do curso. Discutíamos questões relativas ao papel da moral no raciocínio jurídico perguntando se o positivismo jurídico ou o direito natural oferecia uma melhor compreensão da natureza essencial do direito.

Esse cenário passou por duas transformações importantes. Primeiro, a disciplina de "Teoria do Direito" não mais se dedica apenas, nem mesmo principalmente, àquelas questões conceituais: ela aborda uma grande variedade de questões mais políticas sobre, por exemplo, o papel da economia no direito, a sociologia jurídica, o feminismo e aquilo que, de modo revelador, é chamado de "teoria racial crítica". Segundo, a filosofia do direito migrou para o âmago de muitos outros cursos e temas acadêmicos, apagando completamente a distinção entre teoria do direito e direito substantivo. Um número maior de juristas do meio acadêmico teve formação filosófica na graduação e na pós-graduação, e algumas das obras de grande sensibilidade e valor filosóficos foram produzidas por juristas acadêmicos que se classificam não como filósofos do direito, mas como constitucionalistas ou especialistas em contratos, responsabilidade civil, direito ambiental ou algum outro ramo do direito público ou privado. É verdade que, como sugiro no Capítulo 7, alguns filósofos do direito – sobretudo os positivistas analíticos – continuam a tratar suas investigações jurídico-conceituais como domínios que independem tanto da substância jurídica quanto da filosofia política. Mas eles dialogam principalmente entre si e, com isso, ficaram marginalizados na academia e no ambiente profissional. Na verdade, a maior parte das obras mais importantes de teoria jurídica é hoje produzida não por juristas, mas por filósofos e economistas políticos que atuam tanto nas faculdades de direito quanto em seus próprios departamentos acadêmicos. Modernamente, nenhum teórico deu maior contribuição à filosofia do direito do que o filósofo político John Rawls. Examino suas contribuições no último capítulo deste livro.

Uma última sugestão

Até o momento, minha argumentação não contestou a concepção tradicional de que "moral" e "direito" designam esferas de pensamento em princípio distintas, ainda que talvez interdependentes em diferentes sentidos. Afirmo agora que essa concepção tradicional, que nos estimula a estabelecer relações entre duas esferas intelectuais distintas, é insatisfatória. Seria melhor trabalhar com uma topografia intelectual diferente: poderíamos tratar o direito como um segmento da moral, não como algo separado dela. Entendemos a teoria política desta forma: como parte da moral compreendida em termos mais gerais, porém diferenciadas, com sua substância específica, uma vez que aplicável a estruturas institucionais distintas. Poderíamos tratar a teoria jurídica como uma parte especial da moral política, caracterizada por uma nova depuração das estruturas institucionais.

Minha sugestão não tem força substantiva independente: posso dizer o que quiser acerca da inter-relação entre direito e moral empregando o vocabulário clássico, que pressupõe que ambos se inscrevem, de maneira coerente, nas principais esferas do intelecto. Porém, a mudança que recomendo organizaria nosso tema de modo a torná-lo mais facilmente compreensível. Ela nos estimularia a considerar as questões de teoria do direito como questões morais a respeito de quando, até que ponto e por qual motivo as decisões coletivas dotadas de força cogente e as convenções especializadas devem ter a última palavra em nossas vidas. Deixaríamos de duvidar que a justiça* tem um papel a desempenhar na determinação do que é o direito. Poderíamos, então, nos concentrar na questão mais complexa e importante de saber, exatamente, que papel é esse.

---

* No original, *justice*. (N. do R. T.)

Capítulo 1
Pragmatismo e direito

Há mais de uma década que a teoria jurídica norte-americana tem se dedicado excessivamente a debates metateóricos sobre sua própria natureza ou viabilidade. Objetivos políticos dignos inspiraram parte (mas apenas parte) dessa preocupação. Como se viu, porém, nada resultou, nem mesmo desses objetivos políticos; aqueles que discutiam o niilismo e a desconstrução tendo em mente a justiça social poderiam ter feito mais pela causa se tivessem lidado mais diretamente com os problemas dele. Devemos agora pôr de lado, como um desperdício importante de energia e de recursos, os grandiosos debates sobre se o direito é totalmente poder ou ilusão ou coação, ou se os textos só interpretam outros textos, ou se existem respostas corretas ou melhores ou verdadeiras ou mais profundas, ou se elas são apenas úteis ou poderosas ou populares. Em vez disso, poderíamos nos ocupar do modo como se devem tomar as decisões que, de qualquer modo, serão tomadas, e de quais dentre as respostas que, de qualquer modo, serão consideradas corretas ou melhores ou verdadeiras ou mais profundas, realmente possuem esses atributos.

O neopragmatismo

Alguns juristas que se autodenominam pragmatistas querem apenas dizer que são indivíduos práticos, mais interessados nas reais consequências de decisões políticas e jurídicas específicas do que em teorias abstratas. Porém, "pragmatismo" também é o termo que designa um tipo de teoria filosófica abstrata. O professor Rorty, que se diz pragmatista filosófico, inclui nessa tradição não apenas William James, Charles Sanders Peirce e John Dewey, mas também Ludwig Wittgenstein, W. V. O. Quine e Donald Davidson, embora os três últimos filósofos tenham mais refutado do que apoiado a versão dada por Rorty a essa tradição.

Rorty diz que devemos abandonar a ideia de que a indagação jurídica ou moral, ou mesmo científica, é uma tentativa de descobrir o que realmente é assim, o que o direito realmente é, o que os textos realmente significam, que instituições realmente são justas ou como é, de fato, o universo. Deveríamos desistir da ideia de que um vocabulário de conceitos ou um conjunto de proposições pode ser mais fiel do que outro para alguma "realidade" de existência independente. Em vez disso, deveríamos admitir que nosso vocabulário é *apenas* o único que temos, aquele que parece atender aos nossos interesses ou ser útil para nós. Deveríamos também aceitar o fato de que, quando esse vocabulário de ideias e proposições deixar de parecer útil – deixar de atender aos nossos interesses – podemos e devemos mudá-lo, para ver "como nos saímos" com um vocabulário diferente. Assim compreendida, a indagação é experimental. Experimentamos novas ideias para ver como elas funcionam, para ver quais ideias ou vocabulários se mostram úteis ou interessantes.

Isso parece estimulante, mas filosoficamente é uma confusão, como já assinalaram muitos filósofos até o momento. Cito uma reformulação sucinta da questão, feita por Bernard Williams ao sintetizar a crítica devastadora de Hilary Putnam. "[As concepções de Rorty] simplesmente não se sustentam. Se, como Rorty gosta de afirmar, a descrição correta do mundo (para nós) é uma questão do que consideramos conveniente dizer, e se, como Rorty admite, achamos conveniente dizer que a ciência descobre um mundo que já está ali, simplesmente não há nenhuma perspectiva a partir da qual Rorty possa dizer, como ele também faz, que a ciência realmente não descobre um mundo que está ali, mas (mais ou menos) o inventa."[1]

A questão se aplica igualmente ao direito e à moral. Em sua prática profissional, os advogados acham que algumas sentenças judiciais realmente aplicam o direito de modo correto e com retidão, e que outras não o fazem. Os cidadãos comuns acham que a Guerra do Golfo foi realmente justa ou injusta. Eles não querem dizer que seja divertido, interessante ou útil *dizer* que foi, mas que realmente *foi*, porque expulsar um exército invasor realmente *é* uma coisa boa, ou porque matar civis inocentes *é* realmente injusto. Seria um eufemismo afirmar que essa distinção – entre o que o direito realmente é ou o que a justiça realmente requer e o que seria útil dizer ou pensar de alguma forma – é importante para nós. Ela é crucial: não conseguiríamos de modo algum "avançar" sem ela, e muito menos fazê-lo de modo positivo. Se achássemos que o pragmatista estivesse nos pedindo para abdicar dessa distinção, rejeitaríamos seu conselho por considerá-lo derrotista em termos pragmáticos: acatar tal conselho tornaria nosso "vocabulário" não mais, porém muito menos útil a nós.

Portanto, o pragmatismo provoca autodestruição onde quer que apareça: oferece conselhos que nos diz para não acatar. Por conseguinte, deve ter surpreendido alguns leitores o fato de Rorty afirmar que no direito, pelo menos, já *fizemos* as mudanças que seu tipo de pragmatismo exige, que o pragmatismo e seus aliados praticamente não deixaram pedra sobre pedra, que a longa batalha por eles travada já foi quase ganha e que, pelo menos na teoria jurídica, atualmente somos todos pragmatistas[2]. Como isso é possível, uma vez que ainda falamos como se as alegações de direito dos juristas fossem afirmações sobre o que é direito e não sobre o que seria apropriado dizer que ele é, e uma vez que ainda supomos que as afirmações dos juristas podem tornar o direito correto ou errado? A explicação encontra-se no diagnóstico que apresentei anteriormente com alguma minúcia, mas que pretendo resumir agora[3].

Rorty e seus seguidores aparentemente distinguem, ainda que sem muita clareza, entre dois níveis nos quais as pessoas supostamente pensam e falam. O primeiro deles é o nível interno, no qual se realiza algum empreendimento prático como direito, ciência, literatura ou engajamento moral. É o nível em que as pessoas usam o vocabulário que lhes é útil: o nível no qual elas dizem de maneira apropriada, porque isso *é* útil, que a ciência descreve como o mundo realmente é, e que o direito não é apenas aquilo que seria útil pensar que é. O segundo é o nível externo, em que filósofos e outros teóricos mais *falam* sobre esses empreendimentos do que deles participam. É o nível em que, segundo Rorty e os outros, alguns maus filósofos da ciência afirmam que ela descobre como o mundo realmente é, e em que maus filósofos do direito dizem que advogados e juízes tentam descobrir, mesmo nos casos difíceis, o que é realmente o direito. Esse é o nível que Rorty pretende ocupar: ele quer dizer, ele próprio ocupando agora esse nível externo, que essas afirmações externas são metafísicas, basilares e outras coisas ruins. Para ele, refutar essas descrições externas equivocadas não mudará o pensamento ou a fala no nível interno – o nível concreto da ciência e das práticas jurídicas –, a não ser pelo fato de que irá libertá-lo de qualquer confusão e obscuridade que tenha vazado das más teorias externas para a prática. Portanto, Rorty afirma que o triunfo do pragmatismo apenas limpou o campo conceitual para que a prática possa continuar livre desse tipo de confusão.

Contudo, a dificuldade com esse tipo de defesa está em que o nível externo que Rorty espera ocupar não existe. Não existe nenhum nível filosófico externo no qual a afirmação "a ciência tenta descrever o mundo como ele é" possa significar algo diferente daquilo que essa afirmação significa no universo interno da ciência, e nenhum nível teórico externo no qual a afirmação "o direito, devidamente compreendido, permite a ação afirmativa" possa significar algo diferente daquilo que significa no tribunal. A linguagem só pode adquirir sentido a partir dos fatos sociais, das expectativas e das formas em que está presente, um fato sintetizado no tosco mas conhecido *slogan* segundo o qual a chave do significado está no uso*. Isso é verdade não só no que diz respeito à parte comum e funcional de nossa linguagem, mas a toda ela, tanto a filosófica quanto a do cotidiano. Sem dúvida, podemos usar parte de nossa linguagem para discutir o resto. Podemos dizer, por exemplo, o que acabo de dizer: que o significado está ligado ao uso. E, sem dúvida, palavras comuns podem adquirir significado técnico nas práticas especiais de uma profissão específica: os juristas empregam o termo "consideração" em sentido muito especial, por exemplo. Mas não podemos escapar totalmente da iniciativa do discurso para um plano diferente e transcendental em que as palavras possam ter sentidos totalmente independentes do sentido que lhes foi atribuído por qualquer prática, comum ou técnica[4].

Portanto, a Rorty não basta simplesmente apelar a um misterioso nível filosófico ou externo. Ele precisa situar as afirmações filosóficas de má qualidade em algum contexto de uso; deve demonstrar que elas possuem algum sentido especial, técnico ou de outra natureza qualquer, de modo que, quando um filósofo do direito afirma que as proposições de direito são verdadeiras ou falsas em virtude do que o direito realmente é, não esteja apenas afirmando, em sentido mais geral, aquilo que um advogado afirma quando *ele* diz que uma decisão judicial específica está errada do ponto de vista do direito. Contudo, nem Rorty nem outros pragmatistas tentaram, de fato, fazer tais coisas. É difícil perce-

---

* Esse *slogan* vem da Pragmática Analítica, cuja reflexão volta-se para as situações concretas nas quais o homem usa a linguagem, assumindo que a única maneira de compreendê-la é analisando seus diferentes usos nos diferentes contextos ou "formas de vida" em que é inserida. No número 43 de suas *Investigações filosóficas*, Wittgenstein afirmou que "[a] significação de uma palavra é seu uso na linguagem". (N. do R. T.)

ber como teriam tido êxito se tivessem chegado a tentar. Eles teriam de parafrasear os enunciados filosóficos de alguma maneira para fazer aflorar seu sentido supostamente especial e, ao fazê-lo, teriam de recorrer a outras palavras e ideias que também possuem um uso perfeitamente comum e claro, e então teriam de nos dizer de que modo *essas* palavras significam algo diferente daquilo que significam no uso comum.

Suponhamos, por exemplo, que os pragmatistas nos digam que as teorias dos maus filósofos têm um significado especial porque afirmam que o conteúdo do mundo real, externo, é independente dos propósitos humanos, ou independente da cultura e da história, ou qualquer coisa do gênero. A dificuldade é que essas novas frases – sobre a independência entre realidade e propósito – também possuem significados comuns e, se atribuirmos um significado comum às afirmações dos filósofos, qualquer coisa que eles eventualmente digam será comum também. É plenamente verdadeiro, por exemplo, que, se usarmos todas essas palavras em seu sentido comum, a altura do monte Everest não tem relação com a história, a cultura ou os propósitos humanos, ainda que as medidas métricas que utilizemos para descrever sua altura e o fato de que ela nos interessa certamente dependem de propósitos e culturas. Portanto, um pragmatista teria de fornecer significados especiais para expressões como "independente de propósito," significados especiais que, uma vez mais, tentem explicar por que, quando o filósofo afirma que a realidade independe do propósito, está afirmando algo diferente do que as pessoas comuns pretendem ao dizer a mesma coisa. E qualquer coisa que o pragmatista então dissesse – qualquer nova paráfrase ou tradução que apresentasse – encontraria a mesma dificuldade, e assim por diante. Ajudaria se o pragmatista afirmasse, por exemplo, que, embora seja verdade que a altura de uma montanha independe de nossos propósitos, isso só é verdadeiro tendo em vista nosso modo de proceder, e que o mau filósofo nega ou não compreende isso? Não, porque uma vez mais, dado o nosso procedimento – isto é, à semelhança de uma afirmação que extrai seu sentido e sua força das práticas que, de fato, desenvolvemos – *esta* afirmação é falsa. Dado o nosso modo de proceder, a altura da montanha não é determinada por nosso procedimento, mas por massas de terra e pedra.

A propósito, espero que ninguém pense que eu agora esteja afirmando que o pragmatismo não é suficientemente cético, ou que, em algum sentido paradoxal, seja engolido pelo êxito de seu próprio ceticismo. Permitam-me repetir: os enunciados filosóficos, *inclusive* os enunciados céticos de diferentes matizes, são iguais a qualquer outro tipo de proposição. Precisam ser compreendidos antes de ser adotados, e só podem ser compreendidos em comparação com o modo pelo qual os conceitos de que se valem são utilizados. Assim compreendidas, as afirmações pragmatistas que estamos discutindo não são triunfalmente verdadeiras, mas apenas falsas, e falsas de maneira trivial e prosaica. Dado o nosso modo de proceder, não é verdadeiro, mas falso, que não há realidade alguma para os cientistas descobrirem, por exemplo, ou que o direito se restringe a uma questão de poder, ou que não há diferença entre interpretação e invenção. Esses enunciados soam fascinantes, radicais e libertários, mas somente até o momento em que nos perguntamos se eles realmente significam, na única linguagem de que dispomos, aquilo que parecem dizer.

Afirmei há pouco que os novos pragmatistas de Rorty, assim como seus antecessores e aliados, não fizeram nenhum esforço verdadeiro para responder à questão que coloquei: qual é a diferença de sentido entre as afirmações filosóficas ou teóricas que eles rejeitam e as outras, semelhantes e comuns, que aceitam? Como isso é possível? Como podem acreditar que refutaram posições que não descreveram? Nunca subestime o poder da metáfora e de outros mecanismos de autoengano.

Os pragmatistas usam aspas e itálicos como confete: eles dizem que os maus filósofos pensam não apenas que as coisas realmente existem, mas que elas "realmente" ou *realmente* existem, como se as aspas ou os itálicos pudessem alterar o sentido do que se diz. A metáfora, porém, é sua artilharia pesada. Eles dizem que os maus filósofos acham que a realidade, o significado ou o direito estão "em algum lugar", ou que o mundo, os textos ou os fatos "falam por si" e "impõem" sua própria interpretação; ou que o direito é "uma contemplativa onipresença nos céus". Essas metáforas pretendem sugerir, por assim dizer, que os maus filósofos estão reivindicando um novo tipo de realidade, diferente e metafisicamente especial – uma realidade para além do trivial, um novo nível de discurso, sobrenatural e filosófico. Na verdade, porém, só os pragmatistas falam desse jeito. Eles inventaram seu inimigo; ou melhor, tentaram inventá-lo. Porque se o pragmatista explicasse suas metáforas eloquentes, ele teria de recorrer à linguagem do cotidiano, e, portanto, não teria diferenciado os maus filósofos dos juristas ou cientistas comuns ou das pessoas simples, porém bem-informadas e opinativas. Se o fato de afirmar que o direito está "em algum lugar" significa que há uma diferença entre o que o direito é e o que gostaríamos que fosse, por exemplo, então a maioria dos juristas acredita que o direito está em algum lugar, e o pragmatista não tem nenhuma perspectiva a partir da qual possa, de modo coerente, afirmar que não está.

A miscelânea da resposta correta

Minha tese sobre as respostas corretas nos casos difíceis é, como afirmei, uma afirmação jurídica muito fraca e trivial. É uma afirmação feita no âmbito da prática jurídica, e não em algum nível filosófico supostamente inefável, externo. Pergunto se, no sentido comum em que os juristas poderiam dizer isso, seria sensato, correto ou certo afirmar, acerca de algum caso difícil, que o direito, devidamente interpretado, fica do lado do demandante (ou do réu). Respondo que, sim, algumas afirmações desse tipo são sensatas, corretas ou certas a propósito de alguns casos difíceis[5]. (Na verdade, digo que alguma afirmação desse tipo é especialmente ou geralmente sensata nos casos difíceis. Mas podemos ignorar essa afirmação mais ambiciosa nesta discussão sobre o *tipo* de afirmação que estou fazendo.) O modo mais natural de defender essa reivindicação jurídica consiste, portanto, em tentar mostrar qual é a resposta correta em algum caso difícil específico. Sem dúvida, só posso fazer isso mediante a formulação de um argumento jurídico comum. Na verdade, formulei muitos argumentos desse tipo a propósito de casos muito difíceis: defendi, por exemplo, que um entendimento correto da Constituição dos Estados Unidos exigia que a Suprema Corte reformasse a decisão da Suprema Corte do Missouri no caso *Cruzan*[*6]. Quatro membros da Corte concordaram com essa conclusão. Cinco divergiram: eles achavam que os melhores argumentos disponíveis exigiam a resposta contrária – que se exigia que confirmassem a decisão do tribunal do Missouri. Acabo de mencionar dez juristas diferentes, todos os quais pensavam (ou pelo menos diziam) que havia uma resposta correta no caso *Cruzan*, no que diz respeito a um julgamento legal comum. E, sem dúvida, muitos milhares de outros juristas pensavam a mesma coisa. Agora é a sua vez. Você já encontrou algum argumento jurídico comum que, depois de tudo considerado, seja o mais sensato em qualquer tipo de caso difícil? Então você também rejeitou a tese da inexistência de uma resposta correta, que considero como o alvo de minha própria argumentação.

Contudo, os teóricos do direito tem um impulso aparentemente irresistível de insistir em que a tese de uma resposta correta deve significar alguma coisa além do que é percebido pela opinião comum, no sentido de que uma das partes detinha a melhor argumentação em *Cruzan*. Para es-

---

* *Cruzan vs. Director, Missouri Department of Health*, 497 U.S. 261 (1990). (N. do R. T.)

ses teóricos, devo estar afirmando não apenas que existem respostas corretas em algum sentido comum, como diria a um jurista inconsciente, mas que *realmente* existem respostas corretas, ou respostas corretas *realmente verdadeiras*, ou respostas corretas *em algum lugar*, ou qualquer coisa do gênero na escalada verborrágica. O erro deles é o mesmo de Rorty: pensar que podem introduzir acréscimos ao sentido da posição que pretendem atacar, ou modificá-la através da inserção dessas redundâncias e metáforas. Não há *nenhuma* perspectiva a partir da qual essas afirmações presunçosas e engalanadas possam ter um sentido diferente de seu sentido despretensioso e despojado, e esse é o sentido que elas têm na vida jurídica comum. Portanto, no que eu afirmei não há nada para eles negarem, a não ser aquilo que a maioria deles consideraria impróprio negar.

Por conseguinte, se a tese cética de que não existe resposta correta tem alguma importância prática, é preciso tratá-la como ela mesma; não como uma afirmação metafísica, mas como uma afirmação jurídica. Ela sustenta que, ao contrário da opinião dos juristas comuns, é um erro jurídico pensar que existem respostas corretas nos casos difíceis. Assim entendida, a tese se sustenta ou não através da argumentação jurídica. A filosofia e a moral são certamente, e de muitas maneiras, pertinentes a esse argumento jurídico. Os positivistas jurídicos, por exemplo, defendem a ideia de que, no direito, a tese de uma-resposta-correta deve estar errada, enquanto questão de lógica ou semântica. (Tentei responder a seus argumentos em um artigo anterior.)[7] Membros do movimento dos Estudos Jurídicos Críticos chamam a atenção para aquilo que consideram como contradições internas disseminadas na doutrina jurídica, as quais, se existirem, excluirão as respostas corretas. (Tentei mostrar, porém, que essa sugestão confunde contradição com competição.)[8] Os céticos morais, inclusive John Mackie, defendem um tipo de ceticismo moral interno que, se bem fundamentado, também excluiria a possibilidade de respostas corretas[9]. Sem dúvida, outros argumentos com perspicácia jurídica podem ser e serão utilizados em favor da concepção internamente cética. Esses, porém, são argumentos jurídicos; se bem-sucedidos, clamam por mudanças e podem passar sem a muleta de metáforas inexplicáveis. Não se assemelham à objeção do pragmatista, que só pode ser feita se aquilo que digo foi descrito novamente em termos metafóricos, tentando sequestrar-me para algum nível filosófico mítico sobrevoado por céticos externos, abutres desesperados pela primeira presa que aparecer.

Fish e a sutileza da prática

O professor Fish tem se ocupado de minhas ideias (como ele próprio poderia dizer) há bastante tempo. Escreveu não menos que três artigos extremamente críticos sobre minha obra[10], os quais me acusam, entre outros vícios, de ser "escorregadio" e de armar uma "confusão espetacular"; recusou-se a permitir a publicação de uma réplica; e termina sua entusiástica resenha do livro do juiz Posner* com um relato gratuito das críticas "um tanto grosseiras" que ele fez a mim durante uma conversa ocasional[11]. Não tenho desejo algum de provocar um adversário tão enérgico. Mas seus numerosos artigos sobre a interpretação, inclusive aqueles em que sou o objeto da crítica, ilustram tão cabalmente as características do pragmatismo que tenho discutido que seria covardia de minha parte não chamar a atenção do leitor para eles.

Afirmei que os pragmatistas inventam seus adversários por meio de bizarras transformações de afirmações comuns e, em seguida, defendem esse movimento ao insistirem que esses supostos adversários não estão se expressando de maneira comum, mas sim tentando ocupar algum

---

* Ver Stanley Fish, "Don't Know Much About the Middle Ages: Posner on law and literature", *The Yale Law Journal*, vol. 97, n. 5, abril de 1988, pp. 777-93. (N. do R. T.)

nível especial e externo de discurso, que, na verdade, o pragmatista não pode descrever, mas cuja existência insiste em afirmar. A obra de Fish confirma esse diagnóstico, mas ele acrescenta um novo e importante ardil: deve haver um segundo nível externo de interpretação, diz ele, porque possivelmente não se possa dizer nada de interessante sobre uma prática intelectual a partir de seu próprio interior. As afirmações *a priori* são sempre inapropriadas para um antiteórico autoproclamado; mas o que temos aqui é um erro particularmente grave, pois qualquer pessoa insensível ao caráter criticamente argumentativo e reflexivo das práticas intelectuais não compreenderá quase mais nada a respeito delas.

Esse temor se concretiza na descrição que Fish faz daquilo que julga ser, de fato, o principal inimigo do pragmatismo – o fundacionalismo. "Por fundacionalismo refiro-me a qualquer tentativa de fundamentar a indagação e a comunicação em algo mais firme e estável do que a mera crença ou a prática não submetida a exame."[12] Reparem no contraste: a mera prática não submetida a exame – fazer o que surge naturalmente – por um lado e, por outro, "algo mais firme e estável". O contraste se autodestrói do modo como o fazem as afirmações análogas de Rorty, porque é parte – e parte indispensável – da mera prática não submetida a exame pensar que uma certa indagação e uma certa comunicação se fundamentam, de fato, em alguma coisa mais substancial do que a mera crença: os fatos, por exemplo. Fish torna a questão obscura ao apresentar imediatamente a conhecida lista de más ideias que alguém que acredita em "alguma coisa mais substancial" deve supostamente adotar. Os suspeitos habituais estão todos lá: "fundamento (...) invariante através de contextos, e mesmo culturas"; um mundo de "fatos brutos"; um "conjunto de valores eternos"; "o eu livre e independente"; um método de pesquisa que "*produzirá*, totalmente sozinho, o resultado correto" (grifo no original). Mas o fato de que nada desse absurdo faça parte de nossa prática comum não significa que a distinção entre mera crença e alguma coisa mais substancial não faça; significa, antes, que Fish não apreende, ou melhor, está tentando esquecer, o que a distinção realmente significa em termos de "como procedemos".

Seu primeiro artigo sobre minha obra explorava a estratégia das metáforas, hoje bem conhecida. Ele afirmava a seus leitores que, para mim, os significados estão "simplesmente lá", são "autoexecutáveis", "já estão em seu lugar" ou são "simplesmente dados" no texto, que as obras literárias "proclamam sua própria filiação" à forma e ao gênero, e que os romances têm um "núcleo não-interpretado" que orienta sua própria interpretação. Mas ele concluía apresentando meticulosamente o fato curioso de que eu havia me empenhado em negar tudo que se pudesse imaginar que essas metáforas sugeriam; na verdade, que se podia considerar que eu havia antecipado tudo o que ele próprio havia dito. Mas Fish dizia que minhas retratações, longe de demonstrarem que as metáforas dele estavam deslocadas, revelavam apenas confusão. Alguém que afirma que há uma diferença entre interpretar um texto e inventar outro, dizia ele, *deve* estar pressupondo uma imagem de significado regida por um "simplesmente lá" ou por um "núcleo não interpretado," *seja o que for* que tal pessoa diga, posteriormente, que estava fazendo, pressupondo ou pensando.

Em seu segundo artigo, o mecanismo de dois níveis tornou-se explícito. Minha natureza escorregadia e a confusão espetacular, dizia ele, consistia em alternar dois níveis de discurso sem advertir meu leitor de que eu o estava fazendo. O primeiro é o nível interno de uma prática como interpretar ou julgar, aquele no qual os estudiosos e os juízes apenas têm crenças e tomam suas decisões. O segundo é o nível externo, mais "geral e abstrato", no qual poderíamos tentar "caracterizar a atividade judicial de maneira decisiva e iluminadora", ou fazer afirmações "prescritivas ou normativas" a seu respeito. Ele aplicou essa distinção a minha afirmação de que existe uma diferença entre os juízes seguirem ou ignorarem o precedente, uma distinção que antes ele havia negado categoricamente.

Portanto, enquanto houver, no nível da prática, uma distinção entre dar continuidade à história jurídica e lançar-se em uma nova direção, estaremos diante de uma distinção entre métodos de justificar argumentos e não entre ações cuja diferença é evidente, à parte qualquer outro tipo de argumento. Em suma, a diferença é interpretativa e, por ser assim, não pode ser usada para determinar o que quer que seja, uma vez que ela mesma é que está em contínuo processo de determinação. Dworkin encontra-se, portanto, em uma situação difícil: ele pode apegar-se à forma original (...) de sua distinção [cujo significado para Fish, lembremo-nos, era o embate entre os textos, apesar de meus protestos], e, nesse caso, não será capaz de estabelecer distinções *significativas* (de um modo que possa ser consultado ou utilizado) entre a atividade judicial ou qualquer outra coisa; ou pode invocá-la como uma distinção no interior (...) da prática, e, nesse caso, ela não terá nenhuma força prescritiva ou normativa, pois se trata de uma distinção entre modalidades contestáveis de autodescrição ou de acusação.[13]

Devemos examinar com certo detalhamento esta passagem admirável. Na abertura, a negação de que a distinção entre interpretar e inventar não é "evidente, à parte qualquer outro tipo de argumento" é a digressão habitual, mais insistência no "simplesmente lá". Ninguém jamais pensou que a distinção fosse evidente à parte qualquer outro tipo de argumento, seja o que for que isso signifique. As afirmações afins – de que a distinção entre seguir e ignorar o precedente implica uma alegação interpretativa, que acusar algum juiz de ter ignorado um precedente é uma acusação "contestável", que a distinção não determina coisa alguma e está sempre, ela mesma, em processo de determinação – apenas significam, imagino, que os juristas frequentemente divergem quanto a saber se uma forma particular de argumento é considerada como interpretação ou invenção, e que as opiniões tanto dos juristas quanto dos filósofos do direito sobre tais questões passam por um processo contínuo de transformação. Ninguém jamais negou isso também[14]. Até aqui, porém, nada no argumento é pertinente à questão à qual Fish pretende estar remetendo: se a distinção entre interpretação e invenção pode ser usada de maneira crítica e esclarecedora dentro da prática interpretativa, isto é, conferir à distinção somente o sentido que Fish agora admite que ela tem dentro dessa prática. Pode fazer sentido afirmar, usando a distinção comum, que determinado juiz não está interpretando um precedente, mas apenas seguindo sua própria intuição? Isso pode ser considerado uma crítica a tal juiz?

É evidente que sim. Se a distinção comum não pode ser usada desse modo descritivo e crítico, como, então, utilizá-la? É claro que caracterizamos a prática judicial como "esclarecedora" quando dizemos (se for verdade) que os juízes aceitam a responsabilidade de interpretar os precedentes em vez de ignorá-los. E é claro que representa uma importante afirmação normativa dizer que, aceitem ou não essa responsabilidade, eles devem fazê-lo. Como isso pode diminuir a força ou a irrefutabilidade dessas afirmações no sentido de que elas são – como certamente são – afirmações interpretativas? Ou de que são intrinsecamente controversas, e que muitas vezes é improvável que se possa "determinar" que imponham um consenso? Por que a interpretação da prática não pode ser parte de uma prática interpretativa?[15] A afirmação de Fish em dois níveis parece um exemplo clássico de diagnóstico wittgensteiniano de enfeitiçamento filosófico* teóricos que perdem o simples senso comum por causa de um compromisso *a priori* oculto. O pressuposto crucial de Fish, de que uma prática interpretativa não pode ser consciente de si mesma nem reflexiva – uma hipótese cogitada em cada um de suas inúmeras investidas contra minha confusa passagem de um nível para outro – é indefensável, contraintuitiva, difusa e mutilada.

---

* O autor se refere a uma conhecida afirmação de Wittgenstein: "Philosophy is a battle against the bewitchment of our intelligence by means of language" ("A filosofia é uma batalha contra o enfeitiçamento de nossa inteligência por meio da linguagem"). (N. do T.)

A força do pressuposto é coerente com sua natureza de produto inferior: faz a prática interpretativa parecer irrefletida e automática[16]. Gera um grave equívoco acerca das duas atividades que erroneamente separa. Deixa a teoria interpretativa ao sabor do metanível externo de inimigos criados e torna a verdadeira prática interpretativa rasa e passiva, privada do matiz reflexivo, introspectivo e argumentativo que é, de fato, essencial à sua natureza. Ambas as consequências são evidentes no terceiro artigo de Fish sobre minha obra. Primeiro, ele repete que o embate entre nós deve ser compreendido, diga eu o que disser, como uma batalha travada em um plano lógico externo que independe totalmente da prática interpretativa. Diz ele que eu tento ocupar um ponto arquimediano extrínseco a toda prática; meu "direito como integridade" é apenas um "substituto da reivindicação geral da filosofia a ser um modelo de reflexão que existe em um nível superior ao da mera prática, e que a revela". Seu anunciado novo argumento para tal descrição consiste em dizer que *O império do direito* tenta dar aos juristas conselhos dos quais eles não precisam, pois, de qualquer modo, eles não poderiam agir contra esses conselhos. O argumento é falho inclusive em seus próprios termos[17]. Mas não funcionaria, para os objetivos de Fish, ainda que funcionasse em seus próprios termos. Mesmo que minhas afirmações sobre as decisões judiciais fossem todas fúteis e desnecessárias, isso não significaria que fossem arquimedianas ou externas em qualquer sentido; a banalidade é demasiado interna e própria do mundo. Fish precisa mostrar (como afirmei anteriormente, qualquer pragmatista deve mostrar) que pode atribuir às afirmações que considera ofensivas um sentido suficientemente diverso daquele que elas têm na prática interpretativa comum, para justificar sua afirmação de que elas são utilizadas em um nível de discurso diferente, estranho e neutro. Não tenho conhecimento de que ele tenha sequer tentado fazê-lo.

O segundo pressuposto de Fish, este sobre a natureza passiva e irreflexiva das práticas interpretativas, predomina em sua queixa de que não me dou por satisfeito em afirmar que os juízes pensam "no interior" de uma prática, mas que insisto em que eles devem pensar "com" ela:

> Pensar *no interior de* uma prática significa fazer com que a própria percepção e o senso de ação possível e apropriada aflorem "naturalmente" – sem novas reflexões – a partir da posição que se ocupa na condição de agente situado em profundidade. (...) Pensar *com* uma prática – ao lidar, de modo autoconsciente, com um modelo extrapolado de seu funcionamento – significa estar calculando continuamente quais são suas próprias obrigações, que procedimentos são "realmente" legítimos, que evidência é, de fato, evidência, e assim por diante. Significa ser um teórico.[18]

Porém, como é do conhecimento de qualquer jurista, não há diferença, no caso do direito, entre pensar na e com a prática. Trata-se da mesma coisa. Um bom juiz verá "naturalmente" e "sem novas reflexões" que faz parte de seu trabalho ser autoconsciente e autocrítico, perguntar quais são, realmente, as suas "obrigações", que "evidência é, de fato, evidência", e assim por diante. Ele perceberá naturalmente que, nos termos de Fish, deve ser também um teórico, em virtude de ocupar seu papel de participante. Isso não significa (convém dizer) que juristas ou juízes elaborem teorias a partir do zero sobre seu trabalho cada vez que se pronunciam. Significa, antes, o que afirmei ao discutir as concepções de Grey sobre as teorias "de vasta abrangência": que eles reconheçam o caráter argumentativo até mesmo dos pontos de vista que defendem irrefletidamente, e que compreendem que mesmo estes são, em princípio, vulneráveis a uma contestação teórica que eles têm a responsabilidade de enfrentar da melhor maneira possível, se e quando se apresentar. Neste e em vários outros aspectos da questão, Fish subestima drasticamente a complexidade da estrutura interna de práticas que, muito naturalmente, podem incidir sobre a vida das pessoas; ele não se dá conta de que, em algumas profissões, a própria teoria é uma segunda natureza. Algumas coisas que fazemos são mais argumentativas do que fazer um lançamento no beisebol: Denny Martinez nunca redigiu um voto num tribunal. Além do mais, mesmo no beisebol a teoria tem mais a ver com a prática do que Fish admite. O último jogador que marcou 400 pontos, cinquenta anos atrás, foi o maior rebatedor dos tempos modernos e formulava uma teoria antes de cada lançamento[19].

Capítulo 2
O elogio da teoria

Introdução

Vou abordar o papel da teoria no raciocínio jurídico e na prática jurídica. Como os exemplos são melhores do que qualquer outra coisa, começarei com alguns. Suponhamos que uma mulher tomou medicamentos genéricos que resultaram em efeitos colaterais muito danosos. Diversos fabricantes produziram os comprimidos, e ela não tem a menor ideia de qual deles fabricou os comprimidos que ela comprou e tomou ao longo de dois anos; portanto, não tem como saber quais foram os medicamentos que lhe fizeram mal. Poderá essa mulher processar algum desses laboratórios farmacêuticos, ou todos eles? Ou insistiremos em afirmar que nenhum deles, sejam pessoas ou empresas, tem responsabilidade civil por danos que não causou? Os juristas têm apresentado argumentos em ambos os sentidos. Alguns juízes, inclusive da Suprema Corte da Califórnia, afirmaram que os laboratórios farmacêuticos são conjunta e individualmente responsáveis[1]. Outros insistem que nenhum é responsável e que, infelizmente, os danos sofridos pela mulher não são passíveis de indenização legal. Suponhamos (para dar um exemplo diferente) que pessoas queimem a bandeira norte-americana como forma de protesto político, e que se coloque a questão de saber se o Estado pode tomar tal ato criminoso de acordo com a Primeira Emenda. Também nesse caso, como sabe o leitor, juristas e outros adotaram pontos de vista diferentes. A Suprema Corte norte-americana respondeu que "não", mas muitos juristas continuam pensando que ela cometeu um erro de interpretação constitucional. Há milhares de outros exemplos de controvérsias profundas sobre o que é o direito. A Suprema Corte está prestes a julgar um caso, em recurso de apelação da Nona Região, no qual se coloca uma questão ainda mais perturbadora: se a Constituição assegura algum direito, pelo menos em princípio, ao suicídio assistido[2]. Juízes, juristas, advogados e pessoas comuns reagem a essa questão de maneiras profundamente diferentes.

Agora posso expor a questão principal. Qual é a natureza de uma afirmação de que, por exemplo, os laboratórios farmacêuticos são, de acordo com o direito, conjunta e individualmente responsáveis? Ou de que a Primeira Emenda protege a queima de bandeiras? Ou de que a Décima Quarta Emenda assegura o direito ao suicídio assistido? Não se trata de afirmações claramente históricas nem da exposição de acontecimentos que tenham ocorrido no passado. Tampouco se trata apenas de previsão: alguém que afirme que a Constituição protege o suicídio assistido pode prever (como eu mesmo faço) que a Suprema Corte decidirá da maneira contrária. Mas o que, então, torna verdadeira ou falsa uma afirmação sobre o que é o direito no que diz respeito a determinada questão?

Aqui está o que acredito ser outro modo de colocar a mesma questão. Qual é a maneira adequada de raciocinar ou apresentar argumentos sobre a veracidade de alegações de direito? Vamos apresentar duas respostas muito gerais a essa pergunta. Chamarei a primeira de "abordagem teórica". Raciocinar em termos jurídicos significa aplicar a problemas jurídicos específicos, como os que descrevi, uma ampla rede de princípios de natureza jurídica ou de moralidade política. Na prática, é impossível refletir sobre a resposta correta a questões de direito a menos que se tenha refletido profundamente (ou se esteja disposto a fazê-lo) sobre um vasto e abrangente sistema teórico de princípios complexos acerca do significado da responsabilidade civil, por exemplo, ou do significado da liberdade de expressão em uma democracia, ou da melhor compreensão do direito à liberdade de consciência e à tomada de decisões éticas pessoais.

A segunda resposta – que chamarei de abordagem "prática" por oposição à teórica – pode ser colocada da seguinte maneira. Tudo que acabei de afirmar sobre teorias amplas, gerais e abrangentes está mal colocado. Uma decisão judicial é um acontecimento político, e juízes, advogados e todos os que refletem sobre o direito devem voltar sua atenção para o problema prático imediato que qualquer acontecimento político apresenta. A única questão deveria ser: como podemos tornar as coisas melhores? Para dar uma resposta proveitosa a essa questão prática, é preciso conhecer muito bem as consequências de decisões diferentes – e, talvez, também um pouco de economia para poder avaliar essas consequências. Para isso, porém, ninguém precisa de uma biblioteca de filosofia política.

Atrevo-me a dizer que, do modo como descrevi essas duas abordagens, o leitor identificou imediatamente qual era a dele. A abordagem prática parece ser tão equilibrada, tão sensata, tão norte-americana. A abordagem teórica, ao contrário, parece abstrata, metafísica e totalmente deslocada quando se tem um trabalho concreto pela frente. Como o leitor já terá percebido a esta altura, tentarei apresentar uma argumentação que corre exatamente em sentido contrário. Defenderei que a abordagem teórica (que descrevi como o fazem seus inimigos, mas que estou prestes a descrever novamente de modo mais apropriado) não é apenas atraente, mas também inevitável. A alternativa prática, como afirmarei, padece de um mal irreparável: não tem absolutamente nada de prática.

Começarei por tentar descrever, com algum detalhamento, como entendo a concepção teórica de raciocínio jurídico. Ao longo dessa exposição, direi algumas coisas sobre Hércules e outros titãs. Em seguida, examinarei dois ataques recentes contra a concepção teórica assim compreendida. O primeiro foi desferido pelo juiz Richard Posner[3] – vocês conhecem, o juiz preguiçoso que escreve um livro antes do café da manhã, decide vários casos antes do meiodia, passa a tarde dando aulas na Faculdade de Direito de Chicago e faz cirurgia do cérebro depois do jantar. O segundo veio de um colega dele, quase igualmente prolífico – Carl Sunstein, que também ensina na mesma faculdade[4]. Juntos, esses sábios representam uma Faculdade de Chicago de filosofia do direito antiteórica, contra o contrassenso. Ambos criticam a concepção teórica de raciocínio jurídico e endossam a concepção prática, e ambos definem minha descrição da primeira como um paradigma dos erros que eles esperam corrigir. Portanto, usarei a obra deles para testar meu argumento de que realmente não temos escolha entre a suposta concepção absolutamente teórica e desprezivelmente abstrata por eles denunciada e a concepção prática que eles privilegiam.

A concepção teórica

Fiz, há pouco, uma pergunta. Que tipo de afirmação é a alegação de que os laboratórios farmacêuticos são (ou não) conjunta e individualmente responsáveis por danos que alguns deles não causaram? Sugiro que faríamos melhor em considerar tal afirmação como interpretativa: ela alega que há princípios de tal modo inseridos em nossa prática jurídica que, quando os aplicamos ao caso em questão, eles dão (ou não) o direito ao demandante a uma decisão contrária aos laboratórios farmacêuticos enquanto grupo. A expressão "princípios inseridos na prática" é sem dúvida uma metáfora, e, embora as metáforas tenham seu encanto, na teoria do direito elas têm sido mais substitutos do que estímulos ao pensamento, e o melhor a fazer é nos livrarmos delas o mais rapidamente possível assim que elas apareçam. Minha metáfora pretende sugerir que justificamos as alegações jurídicas ao demonstrar que os princípios que as sustentam também oferecem a melhor justificação de uma prática jurídica mais geral na área do direito em que se situa o caso. Os juristas certamente discordarão quanto a qual conjunto de princípios oferece a melhor justificação para a configuração geral de qualquer parte considerável do direito. A título de melhor justificação para a responsabilidade objetiva, alguém poderia apresentar, por exemplo, o princípio de que as pessoas são responsáveis pelo dano que causam por negligência, ainda que não intencional, mas não por qualquer dano que não causem. Se considerarmos que esse princípio oferece a melhor justificação, então os laboratórios farmacêuticos ganham e a demandante perde, porque ela não tem como provar que qualquer um deles lhe causou qualquer dano. Contudo, outros juristas defenderiam a ideia de que esse tipo de responsabilidade civil justifica-se melhor por meio de um princípio muito diferente – que quando os infortúnios acontecem como uma consequência quase inevitável de algum empreendimento comercial de valor, como a pesquisa, o desenvolvimento e o *marketing* farmacêuticos, o prejuízo não deve incidir apenas sobre vítimas azaradas específicas, e sim dividido entre a classe daqueles que lucram com o empreendimento. Esse princípio provavelmente favoreceria o resultado contrário. Sem dúvida, outros princípios pertinentes poderiam ser formulados, alguns deles mais convincentes e muito mais complexos, mas dois são suficientes para o nosso exemplo.

À guisa de outro exemplo, também podemos formular dois princípios rivais acerca do caso da queima de bandeiras. O primeiro sustenta que a proteção especial que nossa prática dá à liberdade de expressão se justifica pelo fato de essa liberdade ser um instrumento fundamental para o funcionamento de nossa democracia. O segundo sustenta que a prática da liberdade de expressão se justifica melhor pelo princípio um tanto diferente de que ela faz parte da igualdade de cidadania – o que o converte, portanto, em um princípio mais constitutivo do que instrumental para a democracia –, o fato de que não se pode negar a ninguém a expressão de uma convicção, um ponto de vista ou uma preferência, simplesmente porque tal atitude é ofensiva. Acredito que o primeiro desses princípios seria mais favorável a uma decisão contrária ao direito de queimar uma bandeira, e que o segundo favoreceria a decisão oposta*.

Uma alegação de direito – ou que a vítima de um medicamento perca ou ganhe sua causa, ou que a queima de bandeiras possa ou não ser objeto de proibição constitucional – é, portanto, equivalente à afirmação de que um ou outro princípio oferece uma melhor justificação de algum aspecto da prática jurídica. Melhor em que sentido? Melhor no sentido interpretativo – isto é, melhor porque se ajusta melhor à prática jurídica e coloca esta sob uma luz mais favorável[5]. Nesse caso, qualquer argumento jurídico é vulnerável ao que poderíamos chamar de ascensão justificadora. Quando afastamos nosso olhar por um instante dos casos particulares que parecem mais pertinentes no momento e olhamos para as áreas adjacentes ao direito, ou, talvez, quando afastamos bastante nosso olhar e fazemos um exame geral, e, digamos, da responsabilidade civil por acidentes, do direito constitucional ou dos nossos pressupostos sobre poder ou responsabilidade judicial –, podemos nos deparar com uma séria ameaça à nossa afirmação de que o princípio que estávamos prestes a endossar nos permite enxergar nossas práticas jurídicas sob a luz mais favorável. Isso porque podemos descobrir que esse princípio é incompatível ou não se harmoniza, em alguns outros sentidos, com outro princípio com o qual devemos contar para justificar alguma outra esfera mais ampla do direito. Por exemplo, podemos estar dispostos a admitir que pessoas ou instituições possam ser consideradas responsáveis pela indenização decorrente de responsabilidade civil sem demons-

---

* Ver *Texas vs. Johnson*, 491 U.S. 397 (1989). (N. do R. T.)

trar que seus atos causaram quaisquer dos danos que se lhes pede para ajudar a ressarcir. Mas então alguém poderia tentar nos fazer admitir a possibilidade de que esse princípio foi rejeitado em algum outro momento – de que foi implicitamente rejeitado, por exemplo, nos casos que negam a responsabilidade com base na alegação de que a ação praticada pelo demandado é demasiado remota na cadeia causal que produziu os danos sofridos pelo demandante. Ou poderíamos impor essa possibilidade a nós mesmos. É claro que poderíamos afastar a ameaça ao mostrar de que modo essas últimas decisões podem, afinal, harmonizar-se com o princípio que, em nosso ponto de vista, se aplica à responsabilidade objetiva. Mas não podemos simplesmente ignorar a ameaça, pois o caráter do argumento interpretativo que estamos apresentando – e que devemos apresentar para sustentar uma alegação jurídica – confere relevância a qualquer ameaça desse tipo. Não podemos simplesmente ignorar a afirmação de que nossa pretensa justificação demonstraria, na verdade, que nossa prática jurídica carece de princípios, uma vez que ela apela a um princípio específico para justificar a coerção contra alguns cidadãos e rejeita o mesmo princípio ao negar indenização a outras pessoas. Se essa afirmação for justificada, a decisão sugerida por nós seria censurável, não apenas por uma questão de elegância teórica, mas também por dizer respeito ao modo como uma comunidade comprometida com a igualdade de cidadania deveria governar a si própria.

Hércules e Minerva

Ao enfatizar a constante ameaça da ascensão justificadora, não pretendo, por certo, afirmar que tal ameaça irá se concretizar sempre, ou mesmo frequentemente. Isso não acontecerá na maior parte das vezes, pelo menos de modo grave e muito demorado, e felizmente não precisamos abandonar aquilo que poderíamos chamar de prioridade muito local – na verdade, não teremos de nos distanciar, em nossos argumentos interpretativos, das leis ou dos casos que dizem respeito expressamente à questão em pauta[6]. Mas a ascensão justificadora é, por assim dizer, uma possibilidade onipresente: não podemos excluí-la *a priori*, pois nunca sabemos quando uma alegação jurídica que parecia prosaica, e até mesmo indiscutível, pode ser inesperadamente contestada por um novo e potencialmente revolucionário ataque proveniente de um nível mais alto. Tentei apreender essa vulnerabilidade, em princípio, na descrição do heroico juiz Hércules, que, tendo em vista seus atributos, poderia muito bem seguir a direção oposta àquela por mim descrita. Ele poderia expressar seus pensamentos sobre uma vasta gama de problemas, desde os mais específicos até outros, mais amplos e abstratos, não de dentro para fora, como fazem muitos juristas, mas sim de fora para dentro, da maneira contrária. Antes de julgar seu primeiro caso, ele poderia elaborar uma teoria gigantesca, de grande abrangência e apropriada a todas as situações. Ele poderia decidir todas as questões fundamentais de metafísica, epistemologia e ética, e também de moral, inclusive de moralidade política. Poderia decidir sobre o que existe no universo, e por que se justifica que ele pense que é aquilo que existe; sobre o que a justiça e a imparcialidade exigem; sobre o que significa a liberdade de expressão quando bem compreendida, e se e por que se trata de uma liberdade particularmente digna de proteção; e sobre quando e por que é correto exigir que as pessoas cuja atividade está ligada ao prejuízo de outras as indenizem por tal prejuízo. Ele poderia combinar tudo isso e outras coisas mais de modo a formar um sistema maravilhosamente arquitetônico. Ao surgir um novo caso, ele estaria muito bem preparado. Partindo de fora – começando, talvez, nas dimensões intergalácticas de sua maravilhosa criação intelectual –, ele poderia debruçar-se calmamente sobre o problema em questão: encontrar a melhor justificação possível para o direito em geral, para a prática jurídica e constitucional norte-americana enquanto um ramo do direito, para a interpretação constitucional, para a responsabilidade civil e então, finalmente, para a pobre mulher que tomou comprimidos em excesso e para o homem enfurecido que pôs fogo na bandeira.

As pessoas comuns, os juristas e os juízes não dispõem de tantas possibilidades. Raciocinamos de dentro para fora: começamos por problemas distintos que nos são impostos pela profissão, responsabilidade ou acaso, e o alcance de nossas indagações encontra-se rigorosamente limitado não apenas pelo tempo de que dispomos, mas também pelos argumentos que concebemos ou com os quais nos defrontamos. Um juiz que raciocina de dentro para fora raramente terá tempo ou necessidade de se dedicar a longas e trabalhosas pesquisas ou argumentações. Às vezes, porém, conseguirá fazê-lo. Benjamin Cardozo sentiu essa necessidade em *MacPherson vs. Buick Motor Co.*[7], e mudou o caráter do nosso direito*. Podemos pensar em outras decisões nas quais os juízes se viram alçados a uma escalada justificadora que podem não ter previsto quando começaram a refletir sobre o caso que tinham em mãos. Essa escalada pode ser rara. Mas a questão absolutamente crucial é que não existe nenhum teste *a priori* ou abrangente que nos permita decidir quando ela se fará necessária. Um advogado, juiz ou jurista pode já estar há muito tempo refletindo sobre uma questão antes de saber se será tentado ou levado a adotar uma argumentação mais teórica do que aquela que pensou ou esperou adotar inicialmente.

Não há incoerência nessas duas imagens – a de Hércules refletindo de fora para dentro ou a do jurista mortal que raciocina de dentro para fora. Enfatizo a compatibilida-

---

* Membro da Corte de Apelações do Estado de Nova York a partir de 1914, foi indicado para ocupar uma cadeira na Suprema Corte norte-americana em 1931. Ali, uniu-se aos juízes Louis D. Brandeis e Harlan Fiske Stone numa política de deferência ao Congresso e aos estados e de redefinição do direito constitucional norte-americano. É geralmente posto ao lado de Holmes, Brandeis e Hand como um dos melhores juízes norte-americanos de todos os tempos. (N. do R. T.)

de das duas descrições porque muitos críticos da abordagem teórica do direito costumam dizer que no mundo real os juízes não são Hércules. Eles não querem apenas dizer que os juízes não são criaturas sobre-humanas: também fica implícito em seus comentários que minhas descrições de Hércules são impertinentes. Analogias são sempre perigosas – quase tão perigosas quanto as metáforas –, e espero manter sob controle a que estou prestes a fazer. Mas uma analogia com a ciência pode ser útil para mostrar de que modo uma concepção de fora para dentro de um domínio intelectual pode ser proveitosa inclusive para os que pensam dentro dela, de dentro para fora. Pensamos – ou pelo menos esperamos – que o conjunto de conhecimentos que chamamos resumidamente de ciência se assemelha muito a uma rede inteiriça. Ainda existem costuras e emendas, e é delas que se ocupam cientistas e filósofos. Mas não vemos problemas em ambicionar que nossa física deva ser pelo menos compatível com nossa química, nossa cosmologia, nossa microbiologia, nossa metalurgia e nossa engenharia. Na verdade, esperamos algo mais, que acreditamos já ter realizado em parte – não apenas que cada um desses conjuntos de conhecimentos convencionalmente distintos seja compatível com os outros, mas que possam ser hierarquicamente dispostos de modo que o da física, talvez, seja considerado como o mais abstrato, e que os outros possam ser vistos como campos de pensamento progressivamente mais concretos. Para ilustrar essas pretensões teóricas e estruturais, poderíamos imaginar, ao estilo de Hércules, uma deusa Minerva que gastasse os séculos necessários para dominar a história do espaço e do tempo e as forças fundamentais da teoria das partículas antes de se dedicar a construir uma simples ponte. Então, quando alguém lhe perguntasse se determinado metal suportaria um certo peso, ela poderia inferir a resposta a partir de sua teoria maravilhosa e completa. Entendemos essa imagem porque ela capta o modo como pensamos sobre o conjunto de nossa ciência.

É claro, porém, que nenhum cientista poderia sequer começar a seguir o exemplo de Minerva. Uma engenheira que constrói um novo tipo de ponte trabalha de dentro para fora. Ela só sabe com quais problemas vai se deparar quando eles se apresentarem, e não tem como dizer, pelo menos até esse momento, se os problemas que inevitavelmente encontrará vão exigir que ela repense algum princípio da metalurgia, ou se, caso o façam, sua incursão pela metalurgia vai exigir que ela – ou outra pessoa – repense a física de partículas. A história de Minerva (admitindo-se a possibilidade da vida dessa deusa) é uma maneira de examinar os pressupostos básicos que, por sua vez, explicam a história muito diferente da engenheira – que explicam por que a escada da ascensão teórica está sempre ali, como presença e possibilidade, mesmo quando ninguém se predispõe a dar sequer o primeiro passo para subir por ela. É isso que pretendi apreender, para o direito, na história de Hércules. Repetindo, o que afirmo é que o raciocínio jurídico pressupõe um vasto campo de justificação, aí incluídos princípios bastante abstratos de moralidade política, que tendemos a dar essa estrutura por certa tanto quanto a engenheira o faz com a maior parte de seus conhecimentos, mas que podemos ser obrigados a reexaminar alguma parte da estrutura de vez em quando, embora nunca possamos ter certeza, de antemão, quando e como.

A concepção teórica que venho tentando explicar é uma descrição do raciocínio jurídico – de como podemos discutir adequadamente algumas afirmações sobre o que é o direito. Também é uma descrição dos componentes de veracidade presentes em tais afirmações. Não é, automaticamente, um argumento acerca das responsabilidades dos juízes nos casos comuns, ou mesmo nos casos constitucionais. Embora possa parecer óbvio, digo isso aqui porque muitas pessoas têm se oposto à concepção teórica com base na afirmação de que ela libera os juízes para embarcarem, como frequentemente dizem, em vastas "digressões" teóricas. Mas isso não decorre automaticamente do fato que venho enfatizando – que a correta identificação de qualquer tipo de direito implica um exercício interpretativo, sendo, portanto, vulnerável à ascensão justificadora, – que se deva conceder a qualquer tipo de autoridade a responsabilidade de conduzir esse exercício em qualquer tipo específico de ocasião. Se a comunidade disser a um juiz que "A Constituição é o direito em seu sentido mais alto, e o seu trabalho consiste em dizer o que ela significa", então, como tantas vezes tentei demonstrar, essa orientação vai exigir uma "digressão" bastante considerável pelos domínios da moralidade política. Mas não precisamos instruir nossos juízes dessa maneira. É perfeitamente compreensível insistir que nossos juízes não devem ser encarregados da interpretação final e definitiva da Constituição. Se você teme um poder judicial demasiado grande, é isso que deve dizer. É uma grave confusão disfarçar seu desagrado pelo fato de os juízes terem grande poder – o que pode ser remediado, teoricamente, pela alteração de seu poder jurisdicional – como uma falsa teoria da argumentação jurídica. Por precaução, devo fazer mais uma observação. Em momento algum sugeri que juristas, juízes ou quaisquer outras pessoas estarão de acordo com quaisquer questões teóricas profundas que a ascensão justificadora venha a interpor em seu caminho. É evidente que não estarão de acordo. É por esse motivo que temos votos dissidentes e boas discussões em sala de aula. Eu apenas quis dizer que o direito é um campo em que as teorias são abundantes, e que os juristas conscientes compreendem isso, ainda que não cheguem a um acordo sobre qual teoria está sendo aplicada neste ou naquele momento.

A Escola de Chicago

Finalmente, passarei a tratar dos críticos que prometi abordar. Permitam-me, primeiro, uma palavra sobre o espírito de nossa época, que leva tantas pessoas a reclamar da teoria. A adolescência de nosso século* esteve impregnada de ideologias, e elas não lhe foram de grande proveito. No fim do século, os intelectuais desconfiam da teoria talvez ainda mais do que qualquer outra época já o tenha feito. Para onde quer que nos voltemos, deparamo-nos com as rejeições e os ataques dos pós-modernistas, pré-estruturalistas, desconstrucionistas, adeptos dos Estudos Jurídicos Críticos, pensadores da teoria racial crítica e milhares de outras legiões do exército antiteórico. Alguns dizem que teoria é mistificação, outros que é opressão, e muitos que ela é ambas as coisas.

Contudo, vou concentrar-me não nos membros por assim dizer mais eruditos e notáveis da horda antiteórica, mesmo no âmbito das escolas de direito, e sim nos críticos que pertencem, em termos relativos, à tendência dominante. É por esse motivo que tomei como exemplos a Escola de Chicago e, em particular, o juiz Posner e o professor Sunstein. Acredito que os argumentos que eles e outros de opinião semelhante apresentam contra o uso da teoria moral ou abstrata na argumentação jurídica podem ser proveitosamente reunidos debaixo de três tópicos: o metafísico, o pragmático e o profissional.

Metafísica

Em primeiro lugar, o metafísico. Como afirmei, a abordagem teórica às vezes requer que juristas e juízes se coloquem questões complexas de moralidade política – tentar resolver, por exemplo, se é justo imputar a alguém responsabilidade civil e exigir indenizações quando tal pessoa não causou nenhum dano, ou tentar identificar as diferentes razões de política e de princípio pelas quais a liberdade de expressão merece proteção especial numa democracia de

---

* O autor se refere ao século XX, uma vez que este texto foi originalmente publicado em 1997. (N. do T.)

igualdade de cidadania. Mas existe entre nós, exatamente neste momento, uma concepção cuja influência se faz sentir de modo vigoroso e notável – e que constitui a essência do que chamei de espírito de nossa época –, segundo a qual não existem respostas objetivamente corretas a tais questões, não existe nenhuma verdade objetiva sobre a moralidade política "lá fora", no universo, que possa ser descoberta por juízes, juristas ou quem quer que seja. Desse ponto de vista, todas as nossas convicções acerca desses assuntos – e acerca de questões mais fundamentais, que incluem, por exemplo, saber se o genocídio é uma iniquidade, se a discriminação racial é injusta ou se a liberdade de expressão é um direito absolutamente fundamental – são simplesmente criações de (para usarmos agora uma expressão que Wittgenstein, perdoem-no por favor, tornou popular) "jogos de linguagem"*. Em nossa sociedade adotamos, em atendimento a nossos objetivos e a partir de nossas necessidades, um modo específico de falar segundo o qual é verdade que o genocídio é uma abominação, a discriminação racial é hedionda e a liberdade de expressão é fundamental. Por meio desse jogo, criamos a "realidade moral" à qual recorremos. A liberdade de expressão é um direito básico em nosso jogo de linguagem local. Não se trata de um direito objetiva ou transcendentalmente básico: não existe nenhum direito desse tipo "lá fora," na tessitura do universo. Parafraseando o *beau ideal* do juiz Posner, Oliver Wendell Holmes, se diferentes sociedades diferem tanto no que diz respeito a questões de grande importância, uma talvez

---

* Assim como um jogo, a linguagem é composta por regras constitutivas, as regras da gramática "profunda" que tornam inteligível a comunicação e possível a interação. O "jogo de linguagem", portanto, é a categoria central do "segundo" Wittgenstein. Seu propósito é chamar a atenção para as semelhanças entre a linguagem e os jogos. No jogo, um indivíduo não age de acordo com seu próprio arbítrio, mas, sim, conforme as regras estabelecidas em conjunto com outras pessoas. Essas regras surgem do aprendizado, pois a linguagem, de modo algum, é algo já pronto de antemão. Ao contrário: é resultado da criatividade e invenção humanas. (N. do R. T.)

tenha de destruir a outra, mas nenhuma deve achar que suas opiniões são mais válidas, a partir da perspectiva do Universo, do que as opiniões que lhe provocam ódio. O juiz Posner andou flertando com essa tese espantosa. Em seu livro *Overcoming Law* [*Para além do direito*], ele escreve sobre os jogos de linguagem e parece entusiasticamente predisposto a adotar a concepção de que a linguagem cria nosso universo moral em vez de intentar expressá-lo[8]. De qualquer modo, essa concepção é hoje muito popular em grande parte do discurso acadêmico contemporâneo, com exceção do filosófico. Se essa concepção corrente for também convincente, então a abordagem teórica do raciocínio jurídico está profundamente equivocada e deve ser abandonada por duas razões. Em primeiro lugar, o raciocínio jurídico, segundo a abordagem teórica, pressupõe que uma afirmação interpretativa deverá, pelo menos em termos gerais, ser superior a suas rivais, e não apenas superior na opinião de seu proponente, mas superior de fato, e, se não existe nenhuma verdade moral objetiva, nenhuma afirmação desse tipo pode ser, de fato, superior em qualquer caso verdadeiramente difícil. Em segundo lugar, a defesa que fiz dessa abordagem é, em si mesma, moral – os juristas, afirmei, devem estar prontos a oferecer uma justificação teórica a seus julgamentos porque não é justo submeter alguns cidadãos a um regime de princípio que a comunidade desautoriza em outras circunstâncias – e essa própria defesa moral reivindica *status* objetivo. Em defesa da abordagem teórica, não bastaria afirmar que ela nem almeja nem se justifica pela verdade objetiva, mas pela verdade que está de acordo com os jogos de linguagem de nossa comunidade. Ao contrário do aparente pressuposto daqueles que acreditam nos jogos de linguagem, se é que de fato existem nas democracias contemporâneas, eles não servem para nos unir, mas sim para nos dividir. Discordamos, se não no nível mais geral da convicção moral, pelo menos quase nesse nível, e seria absurdo imaginar que uma única resposta a questões complexas sobre justiça compensatória, liberdade de expressão ou justiça racial possa configurar o modo como falamos ou pensamos. Portanto, se o argumento de que não existe verdade objetiva acerca de questões morais é bem fundado, sua consequência não é a de que existe, não obstante, uma verdade para nossa comunidade, mas sim que há uma verdade distinta para cada um de nós, e não podemos sustentar uma abordagem teórica da decisão judicial com base nisso.

Contudo, apesar de sua popularidade, essa tese metafísica cética não é coerente. Suponhamos que eu diga ao crítico metafísico: "O genocídio é perverso", ou: "A discriminação racial é injusta." Ele responderá: "Sim, é verdade, concordo com você. Mas, por favor, não cometa o erro de supor que essas proposições são objetivamente verdadeiras nem que sua veracidade se baseia na realidade. Você apenas expressou sua própria opinião, com a qual eu e outros membros de nossa comunidade linguística ou interpretativa por acaso concordamos". Richard Rorty, um proeminente defensor da tese metafísica, formulou essa distinção da seguinte maneira. Ele afirmou que, como todos sabemos, é claro que as montanhas existem. Já existiam antes dos seres humanos, e provavelmente continuarão a existir por muito tempo depois do desaparecimento deles. Mas ele então acrescentou que, se lhe fizermos uma pergunta diferente – se as montanhas existem como parte da Realidade Como Ela Realmente É, exatamente assim, com maiúsculas –, ele responderia que não, que isso é ridículo. A existência das montanhas não faz parte da Realidade Como Ela Realmente É; sua existência decorre simplesmente de um jogo de palavras que fazemos. Mas essa distinção exige que sejamos capazes de diferenciar o significado das duas proposições seguintes. A primeira é que as montanhas teriam existido mesmo que os seres humanos jamais tivessem surgido na Terra. Esta é a afirmação que Rorty considera verdadeira. A segunda é que as montanhas fazem parte da Realidade Como Ela Realmente É. Esta é a afirmação que ele diz ser falsa. Para mim, porém, é humanamente impossível perceber que significado se pode dar à segunda proposição, não importa a quantidade de maiúsculas, que a faça significar algo realmente diverso da primeira proposição.

Se isso estiver correto, a tese de Rorty desmorona. Contudo, alguns de vocês pensarão que podemos elaborar uma tese mais bem-sucedida se limitarmos nosso ceticismo sobre a objetividade da justiça e deixarmos as montanhas em paz. Mas não podemos fazer tal coisa, e pela mesma razão. Vamos supor que afirmemos que o genocídio é perverso, ou que a discriminação racial é injusta, ou que a clitorectomia é horrível, ou que a liberdade de expressão é essencial. Em seguida acrescentaremos que cada um desses juízos de valor é apenas a nossa opinião; que nenhum deles é objetivamente verdadeiro. Devemos estar partindo do pressuposto de que há uma diferença de sentido entre as duas proposições seguintes. A discriminação racial é injusta. A discriminação racial é objetivamente injusta. Mas não conseguimos encontrar essa diferença. Não vou apresentar aqui minha argumentação sobre essa afirmação, pois já dediquei um artigo ("Objectivity and Truth: You'd Better Believe It"*) à questão geral de ceticismo externo, no qual examino tal argumentação de maneira bastante minuciosa[9].

Pragmática

Mas embora existam, como afirmei, ecos do argumento metafísico nos textos de Posner, ele disse que não desejaria fundamentar suas recomendações em nenhuma tese filosófica: ele considera que seus pontos de vista sobre a decisão judicial são independentes. Esses pontos de vista, diz ele, estão mais bem expressos não em alguma teoria geral, mas sim em atitudes, e ele apresenta sua explicação mais formal dessas atitudes em um trecho que quase atin-

---

* "Objetividade e verdade: é melhor acreditar." (N. do T.)

ge o alvo. "Os adjetivos que usei para caracterizar a posição pragmática – prática, instrumental, voltada para o futuro, ativista, empírica, cética, antidogmática, experimental – não são aqueles que vêm à mente quando se considera, digamos, a obra de Ronald Dworkin"[10]. Portanto, supõe-se que as atitudes de Posner pretendam diferenciar-se daquelas representadas pela abordagem teórica do raciocínio jurídico, embora seja difícil entender de que modo ele o fará, tendo em vista a lista de virtudes nada recomendáveis que insinua*. Ele nos insta a não acolhermos ideias estranhas, a estarmos atentos às consequências das decisões e, por outro lado, a conduzirmos com sabedoria nossas atividades intelectuais e jurídicas. O conselho é valioso: o dogmatismo é um erro nefando e, se sucumbirmos, igualmente nefanda deverá ser nossa resposta. Mas não é sobre esse tipo de coisa que se ergue a teoria do direito, e, embora Posner deixe claro que não aprova minha descrição da decisão judicial, ele diz muito pouco de preciso sobre por que ou como ele é diferente.

Além disso, dois itens em sua relação das virtudes que me faltam parecem particularmente importantes. Ele diz, primeiro, que a abordagem pragmática é progressista. É importante fazer distinção, porém, entre dois contrastes muito diferentes que ele possa ter em mente. Ele pode pretender dizer que o raciocínio jurídico deve ser consequencial e não deontológico, ou que deve estar associado ao bem-estar em vez de ser consequencial em algum outro sentido. Explicarei e examinarei cada uma dessas possibilidades por vez. Na teoria moral é uma questão central saber se é imperativo fazer o que vai gerar um pior estado de coisas – se devemos sempre dizer a verdade, por exemplo, mes-

---

* No original, "Polonian list of virtues." Dworkin faz aqui uma alusão irônica a Polônio, personagem de *Hamlet* que se caracteriza justamente pela falta de virtudes. Polônio é hipócrita, corrupto, dissimulado, defende apenas os próprios interesses e trai aqueles a quem deve lealdade; em resumo, é um dos personagens por meio dos quais Shakespeare expõe, nessa peça, a decadência social e moral da Dinamarca. (N. do T.)

mo quando, ao mentir, podemos evitar um estado de coisas pior em todos os sentidos – pior, inclusive, porque mais mentiras estão sendo ditas. O consequencialista afirma que não somos nunca moralmente ordenados a agir de uma maneira que gere consequências piores, e o deontologista afirma que às vezes é assim que precisamos agir. (O argumento é mais complexo do que essa descrição deixa transparecer, mas é suficiente para esclarecer meu ponto de vista.) Se Posner tiver em mente esse contraste, é porque entendeu mal a abordagem teórica que defendo, que é claramente consequencial, e não deontológica. É consequencial em seu objetivo geral: visa a uma estrutura do direito e da comunidade que é igualitária no sentido que tentei descrever em meu livro *O império do direito*[11]. E é consequencial no detalhe: cada argumento jurídico interpretativo tem por finalidade assegurar um estado de coisas que, de acordo com princípios incorporados à nossa prática, seja superior às alternativas. Portanto, é impossível considerar como uma objeção à abordagem teórica a afirmação de que ela não é suficientemente progressista, caso progressista signifique consequencial.

Outra questão de teoria moral, quase tão central quanto as outras, é saber se, ao compararmos a excelência de diferentes situações, devemos examinar apenas o bem-estar das pessoas nesse contexto – isto é, tentar descobrir se e até que ponto elas estão em melhor situação em uma do que em outra. Um adepto do bem-estar social e individual deve escolher uma finalidade do bem-estar – uma maneira de avaliar se e até que ponto um grupo está em melhor situação –, e a finalidade mais popular é o utilitarismo. O defensor utilitarista do bem-estar social e individual afirma que uma lei ou uma decisão judicial só torna determinada situação melhor se, no conjunto ou na média, resultar na melhora da situação das pessoas. Alguém que rejeite o utilitarismo imagina que, pelo menos às vezes, uma situação é melhor do que outra ainda que, na média ou em conjunto, as pessoas não estejam em melhor situação – talvez porque os direitos sejam mais respeitados ou porque a situação seja mais correta ou justa de algum outro modo. Sem parecermos demasiado excêntricos, poderíamos empregar o termo "progressista" para descrever o lado utilitarista desse argumento, o que nos permitiria afirmar que Posner está recomendando que a argumentação e o raciocínio jurídicos devem tentar encontrar decisões que sejam melhores do ponto de vista utilitarista.

A explicação teórica da decisão judicial não é necessariamente antiutilitarista nos detalhes. Alguém que a aceite poderia defender o ponto de vista (como Posner realmente faz com frequência) de que a melhor interpretação da prática jurídica revela o princípio de utilidade em sua essência. Mas a abordagem teórica tampouco está comprometida com o utilitarismo como guia para a decisão judicial – e, pelo menos em minha opinião, boa parte de nosso direito, inclusive nosso direito constitucional, não pode ser justificada em bases utilitaristas, mas, ao contrário, deve pressupor princípios de igualdade e justiça que não são utilitaristas em espírito ou consequência. E o objetivo geral da abordagem teórica, que é igualitarista, é claramente não utilitarista. Portanto, se Posner emprega o termo "voltado para o futuro" com o sentido de utilitarista, está justificada sua posição de acusar a abordagem teórica de não voltar suficientemente seus olhos para o futuro. Nesse caso, porém, ele nos deve uma argumentação em defesa do utilitarismo ou, no mínimo, uma resposta às numerosas objeções sérias que têm sido levantadas contra ele[12]. É muito difícil considerar como evidente por si mesma a ideia de que o progresso consiste em tornar as pessoas mais felizes na média, ou mesmo, como Posner já sugeriu no passado, mais ricas.

Portanto, não estaremos fazendo uma boa defesa da alternativa pragmática à abordagem teórica se considerarmos que a primeira apenas sanciona a avaliação utilitarista. Assim, devemos nos voltar para outro adjetivo forte da lista de Posner: ele diz que a abordagem pragmática é experimental. Há um sentido em que a abordagem teórica é claramente experimental – na verdade, mais ainda, e não menos, do que suas principais concorrentes. Ela recomenda que a decisão judicial seja imaginativa em relação a princípios, de modo que um juiz possa propor, como a melhor interpretação de uma área do direito, um princípio que não havia sido reconhecido no passado, como fez Cardozo em *MacPherson*, por exemplo[13]. Desse modo, se Posner pretende condenar a abordagem teórica por considerá-la insuficientemente experimental, ele deve ter em mente um sentido diferente de experimental: talvez não queira dizer experimental em teoria, mas experimental em lugar da teoria. Se assim for, então podemos parafrasear seu conselho da seguinte maneira: juristas e juízes devem experimentar soluções diferentes para os problemas com que se deparam para verem quais funcionam, sem levar em consideração quais são recomendadas ou endossadas por alguma teoria de peso. Eles devem concentrar-se nos problemas práticos que têm diante de si e perguntar-se quais, dentre as soluções disponíveis, realmente tornariam as coisas melhores.

Vejamos quando esse conselho seria útil. Suponhamos que o seu carro quebrou numa solitária noite de inverno, longe de qualquer possibilidade de ajuda. O motor parou e o carro não dá partida. Pode um bom conselho dizer: "Não reflita sobre a física do motor de combustão interna, apenas tente fazer várias coisas para ver qual delas funciona". Por exemplo, pode ser que, se você virar o chapéu ao contrário, fechar os olhos e girar a chave, o carro se ponha em movimento; se isso acontecer, não discuta com ele, simplesmente comece a dirigir. Em tais circunstâncias, o conselho de Posner pode parecer útil. Mas imagine agora que você é um cosmólogo tentando imaginar qual é a idade do universo. Você ficaria perplexo se Posner lhe dissesse para não se preocupar com o que é realmente verdadeiro, mas somente com o que funciona. É desconcertante que nos digam para não nos preocuparmos com a verdade quando é exatamente ela que nos preocupa. O conselho, porém, não seria perigoso, pois você sabe o que "funciona" significa nesse contexto: uma tese cosmológica funciona se estiver em harmonia com as outras coisas em que acreditamos e gerar previsões acerca de evidências e descobertas que acabem se justificando. Do meu ponto de vista, é uma confusão filosófica afirmar que uma proposição científica é verdadeira apenas porque oferece previsões confiáveis; mas isso não causa nenhum dano na prática, pois as duas ideias, por assim dizer, avançam de mãos dadas: pelo menos em situações normais, um cientista que busca previsões confiáveis é alguém bem situado para descobrir o que é verdadeiro.

Agora, porém, imaginemos uma situação bem diferente: você é o juiz que está tentando decidir se os laboratórios farmacêuticos são, de fato, conjunta e individualmente responsáveis pelo dano que a paciente sofreu, apesar do fato de que a maioria deles não causou esse dano, e lhe dizem para não se preocupar com o que é realmente verdadeiro; você deve apenas tentar descobrir o que realmente funciona. O conselho, agora, é totalmente inútil, pois você tem de decidir sobre o que é verdadeiro a respeito de um grande número de questões – por exemplo, a respeito do que é justo no caso concreto – antes de poder decidir sobre o que "funciona," porque agora – ao contrário do carro enguiçado ou mesmo do indefinível *Big-Bang* – você não dispõe de absolutamente nenhum critério independente que lhe diga o que significa "funcionamento". Suponhamos que pareça, por exemplo, que uma decisão favorável aos laboratórios farmacêuticos fomentaria um maior número de pesquisas e, ao mesmo tempo, manteria o preço dos medicamentos mais baixos do que o faria a decisão contrária. Mesmo isso não provaria que essa primeira decisão "funciona" melhor do que a segunda, porque resta resolver se é desejável uma decisão que chega a esses resultados desejáveis, porém às custas de negar direito à indenização a uma pessoa prejudicada por medicamentos defeituosos.

A inutilidade de se aconselhar juristas e juízes a buscar a decisão que "funciona" torna-se ainda mais patente quando examinamos uma questão que, socialmente, provoca ainda mais divisão: o aborto. Em suas tentativas de resolver essa torturante questão, muitos juízes e juristas, bem como filósofos, consideraram importante buscar uma resposta a questões profundamente teóricas como, por exemplo, saber se o feto tem interesses próprios durante os dois primeiros trimestres de gravidez. De que ajudaria supor que deveríamos parar de nos preocupar com questões tão difíceis e nos limitarmos a perguntar qual solução funcionaria? Vamos supor que digamos a um grupo fervorosamente próvida que deveríamos ser experimentais e tentar pôr em prática uma política pública extremamente permissiva durante um certo tempo, para ver se a tensão social gerada pelo problema acabaria por diluir-se. Se a tensão realmente desaparecer e as pessoas aparentemente deixarem de se preocupar com a questão, poderíamos dizer que isso era a prova de que a solução permissiva havia funcionado para nós. O grupo pró-vida replicaria, horrorizado, que essa perspectiva não demonstraria se a política permissiva teria funcionado; ao contrário, demonstraria a existência de um desastre ainda mais hediondo, pois teria tornado a comunidade totalmente insensível. No direito e na moral, particularmente, o conselho de evitar questões espinhosas mediante a tentativa de ver "o que funciona" não é apenas inútil. É incompreensível.

Profissionalismo

Chamarei a terceira modalidade de ataque à abordagem teórica do raciocínio jurídico de "objeção profissional". "Aqui, somos apenas juristas. Não somos filósofos. O direito tem sua própria disciplina, seus próprios meios de exercer seu ofício. Quando você ingressa em uma faculdade de direito, ensinam-lhe a pensar como advogado, não como filósofo. Advogados não tentam decidir insondáveis questões teóricas de teoria moral ou política. Eles decidem questões específicas no varejo, uma por uma, de modo mais limitado e circunscrito. Seus canais de argumentação não são os volumosos tratados filosóficos, mas sim os métodos despretensiosos e confiáveis de análise e analogia textuais." As mais conhecidas e influentes versões desse ponto de vista são as dos grandes filósofos do direito de tradição positivista: Bentham, Austin e, acima de tudo, H. L. A. Hart, que conferiu a essa tradição um nível até então inédito de sofisticação e elegância[14]. Do modo como o interpreto, Hart disse que o raciocínio jurídico consiste, em sua essência, na aplicação de regras jurídicas especiais desenvolvidas em uma comunidade política com essa finalidade, de modo que as considerações teóricas gerais, incluindo a teoria moral ou filosófica, as tornam pertinentes ao incorporarem, implicitamente, padrões teóricos. Se for assim, então o raciocínio jurídico será mais bem compreendido enquanto inserido em pressupostos teóricos mais gerais apenas até o grau aleatório em que a prática jurídica convencional assim o determinou, e, pelo menos do ponto de vista de Hart, a convenção não tem determinado tanta coisa na maioria dos sistemas jurídicos contemporâneos. Em 1994, dois anos depois de sua morte, uma nova edição de seu famoso livro *O conceito do direito* foi publicada com um novo pós-escrito no qual ele estivera trabalhando, de quando em quando, ao longo de alguns anos, mas que nunca chegou a concluir. Em alguns aspectos, esse pós-escrito esclarece – ainda que, em outros aspectos, levante novas questões – a natureza da oposição de Hart à abordagem teórica do direito. Espero publicar uma resposta substancial ao pós-escrito em um futuro próximo, mas não posso iniciar essa intimidante tarefa aqui.

Em vez disso, vou concentrar-me em versões menos filosóficas, e aparentemente mais práticas, do desafio profissional à integridade. Há várias décadas, Edward Levi, outrora reitor da Faculdade de Direito de Chicago e Procurador-Geral dos Estados Unidos, publicou um livro pequeno, porém influente, intitulado *An Introduction to Legal Reasoning*

[*Uma introdução ao raciocínio jurídico*], no qual apresentava uma descrição extremamente profissionalizada da argumentação jurídica[15]. Ele afirmava que pensar como um jurista consiste não em aplicar vastas estruturas teóricas a questões jurídicas distintas, mas sim em raciocinar por analogia, de um grupo de decisões jurídicas concretas a outro. Outro professor da Faculdade de Direito de Chicago, Cass Sunstein, retomou e aperfeiçoou há pouco essa concepção, por ele descrita como uma abordagem "incompletamente teorizada" do direito, e enfatizou particularmente o contraste entre ela e a concepção teórica do raciocínio jurídico. Sunstein é um adepto recente do campo antiteórico, mas é tão dedicado a suas pesquisas quanto costumam ser os convertidos[16].

Ele se refere diversas vezes a exigências feitas pelo que chama de teoria "incompleta". Precisamos discriminá-las criteriosamente e, desse modo, estabelecer distinções entre diferentes responsabilidades de cidadãos e autoridades[17]. Em primeiro lugar, temos responsabilidades de julgamento: cada um de nós deve decidir por si próprio quais posições e decisões políticas defender e tomar. Em segundo lugar, alguns de nós também têm responsabilidades de coordenação: devemos decidir se e como cooperar com outros no fomento a políticas ou na tomada das decisões que defendemos. A forma dessa responsabilidade de coordenação depende, sem dúvida, do papel a desempenhar: para os legisladores, é uma questão de fazer alianças legislativas, para os cidadãos comuns, uma questão de ligar-se a partidos e grupos de interesse *ad hoc*, e, para os juízes de um tribunal, uma questão de buscar uma maioria para chegar a uma decisão vencedora. Alguns de nós – autoridades públicas – têm uma terceira responsabilidade: a da exposição. As autoridades públicas devem frequentemente apresentar um relatório formal da decisão que tomaram. Novamente, a forma desse relato é sensível ao papel a ser desempenhado, e, quando assume a forma de um documento conjunto, como um relatório legislativo ou um acórdão, tal documento fala em nome das pessoas cujos fundamentos para um julgamento podem ter sido diferentes entre si.

Sunstein propõe um "teorema da incompletude" em relação a cada uma dessas responsabilidades. Dois desses teoremas – sobre as responsabilidades de coordenação e exposição – não são surpreendentes e, a não ser em circunstâncias extremas, nada têm de excepcional. Ele usa o dispositivo rawlsiano do consenso sobreposto para afirmar que deveríamos estar dispostos a trabalhar com aqueles que defendem as políticas ou decisões que também defendemos, mesmo quando nossos pontos de partida são diferentes dos deles. Creio que ele concordaria que há circunstâncias nas quais deveríamos rechaçar o conselho: recusei convites para participar de campanhas de neonazistas contrários às leis que criminalizam a afirmação que o Holocausto nunca aconteceu. Nas circunstâncias normais da política, porém, inclusive na esfera da decisão judicial, o conselho é criterioso. O segundo teorema de Sunstein, sobre a exposição, sugere que a solução conciliatória também poderia ser criteriosa na preparação de um relatório público conjunto tendo em vista uma decisão oficial e isso também parece ser um bom conselho em muitas circunstâncias. Certamente é possível que cada um dos juízes que atua em um tribunal que cria um "consenso sobreposto" em favor de uma decisão específica – digamos, no caso dos laboratórios farmacêuticos – redija um voto em separado em que exponha sua própria fundamentação teórica. Por diversos motivos, porém, em alguns momentos talvez seja mais apropriado que a maioria se componha em torno de uma única decisão, mais superficial, que cada um possa acatar; e não há dúvida de que Sunstein tem razão ao afirmar que essa opção não deve ser necessariamente descartada.

Nenhum desses dois teoremas, sobre coordenação política e exposição conjunta incompletamente teorizada, contradiz a concepção teórica do raciocínio jurídico. Sunstein, contudo, apresenta um terceiro teorema, sobre nossas responsabilidades iniciais de julgamento individual. O dispositivo rawlsiano do consenso sobreposto supõe que cada parte do consenso tenha feito um julgamento individual em bases teóricas, extraído do que Rawls chama de esquemas éticos "abrangentes"* que diferem de parte para parte. Mas Sunstein sugere que juristas e juízes devem se abster, mesmo no exercício da responsabilidade do julgamento individual, de aventurar-se nos domínios mais abstratos da teoria moral política. Isto é, ele não apenas pretende afirmar que as alianças políticas e judiciais podem ser forjadas a partir de um acordo concreto, mesmo quando há divergência teórica, mas que os julgamentos individuais que levam ao acordo concreto devem ser, eles próprios, superficiais. Ele apresenta sua concepção de raciocínio jurídico "comum" de modo a diferenciá-lo com o meu:

> Mas Hércules, na opinião de Dworkin, "mostra-nos a estrutura oculta dos julgamentos" comuns "e, assim, deixa-as abertas ao exame e à crítica." Sem dúvida, Hércules visa a uma "teoria abrangente" de cada área do direito, ao passo que os juízes comuns, incapazes de examinar todas as linhas de investigação, devem visar a uma teoria que é "parcial". Contudo, os julgamentos "feitos por Hércules acerca de adequação e moralidade política são feitos a partir do mesmo material e são da mesma natureza que os dos juízes". São estes aspectos da questão que estou negando aqui.[18]

Na verdade, como veremos, fica claro que ele não nega esses aspectos[19]. Mas é importante verificar o que sua afirmação inicial pode significar, a fim de perceber por que ele deve finalmente abandoná-la. Em meu livro *O império do direito* e no início deste capítulo, descrevi as diferenças entre Hércules e os juízes comuns como diferenças na direção e na pretensão de suas reflexões, mas não no material sobre o qual eles refletem ou da natureza de sua reflexão. Embora os juristas e juízes "comuns" que refletem sobre questões jurídicas concretas de dentro para fora, como um engenheiro que reflete sobre a viabilidade de uma nova estrutura, eles não podem, *a priori*, estabelecer nenhum limite à escalada

---

* No original, "*'comprehensive' ethical schemes*". (N. do R. T.)

justificadora para a qual um problema irá levá-los. É a natureza da indagação em si – os problemas por ela gerados ao longo de seu desenvolvimento – que vai determinar o nível teórico que deve ser explorado, e isso não pode ser conhecido nem estipulado de antemão. Um advogado ou juiz não precisa envolver-se numa investigação jurídica que o leve para além do ponto no qual ele possa presumir, de maneira responsável, que a integridade foi atendida da melhor maneira possível, e, ao decidir quando é um gesto responsável fazer tal pressuposição, ele deve levar em conta suas circunstâncias práticas, inclusive a necessidade de uma decisão e a premência de outras responsabilidades[20].

Se Sunstein realmente pretende "negar" sua descrição do raciocínio jurídico, ele deve imaginar que um advogado ou um juiz deva recusar-se a lidar com problemas relativos à integridade quando estes surgirem, ou que não reflita sobre tais problemas de modo a não ter consciência deles. Imagine um juiz forçado a resolver um dos problemas de nossa amostragem. Ele não pode simplesmente apelar ao precedente, ou porque não existe precedente a respeito, ou porque os precedentes mais diretamente pertinentes lhe parecem incompatíveis com princípios reconhecidos alhures. A integridade lhe pede para prosseguir na investigação, expandindo seu escopo teórico se e como for necessário. Que conselho contrário daria Sunstein? Deveria o juiz tentar decidir se os laboratórios farmacêuticos são conjuntamente responsáveis sem perguntar se é justo naquele caso, de acordo com critérios inscritos em nossa tradição, impor responsabilidade na ausência de qualquer conexão causal? Deveria ele tentar decidir se as mulheres têm o direito constitucional ao aborto sem perguntar se o feto é uma pessoa no contexto de nossa estrutura constitucional, ou se a Cláusula do Devido Processo Legal é devidamente usada para proteger uma liberdade fundamental, ou se a liberdade de controlar a reprodução por meio do aborto é uma liberdade fundamental? Se assim for, por que ele deveria recusar-se a levar em consideração essas questões obviamente pertinentes? Se não, que questões "teóricas" deveria ele deixar de considerar, e por que são elas mais teóricas, ou teóricas de um modo diferente? A partir de que base diferente, e menos "completamente" teórica, deveria ele tomar sua decisão? A resposta de Sunstein à última dessas perguntas não nos serve para nada. Ele oferece a solução de Levi ao afirmar que, para decidir os casos difíceis, os juízes não devem se voltar para níveis teóricos mais abstratos, mas para algo mais próximo da prática advocatícia – por analogia. Mas trata-se de um contraste falso porque (parafraseando Kant), sem teoria, a analogia é cega. Uma analogia é uma maneira de afirmar uma conclusão, e não de chegar a uma conclusão, e o verdadeiro trabalho deve ser feito pela teoria. O fato de considerar todos os laboratórios farmacêuticos responsáveis seria mais semelhante a considerar responsáveis pessoas que, na verdade, não causam danos, ou mais semelhante a procurar pessoas que não tivessem absolutamente nada a ver com um acidente e fazê-las pagar por seus custos? Queimar sua própria bandeira é mais semelhante a fazer um discurso no Hyde Park Corner* ou a agredir pessoas com palavras insultuosas? O aborto assemelha-se mais ao infanticídio ou à apendicectomia? Não podemos nem começar a responder a essas perguntas sem um profundo mergulho na teoria: sem fazer perguntas básicas sobre a relação entre causa e responsabilidade, ou por que a liberdade de expressão tem importância especial, ou de que modo o valor intrínseco da vida é mais bem compreendido e expresso. Sunstein entende isso. Ele admite que o método da analogia exige o recurso a princípios gerais, mas insiste que essa concessão não elimina a distinção entre seus pontos de vista e a exposição teórica porque, segundo diz, a analogia exige apenas o recurso a princípios "de nível mediano", e não a princípios de alto nível que a integridade pode exigir, às vezes, que os juristas invoquem. Mas esta é uma dis-

---

* Parte específica do Hyde Park, em Londres, onde se permitem atos públicos (qualquer pessoa pode, ali, protestar contra qualquer assunto). (N. do T.)

tinção particularmente problemática, não somente porque "de nível mediano" é uma classificação tão pouco elucidativa (uma teoria política que explique por que a liberdade de expressão é particularmente importante será uma teoria "de nível mediano" ou será algo mais elevado ou inferior?), mas também porque a própria ideia de uma restrição *a priori* à reflexão jurídica, definida como uma fronteira de abstração que não deve ser transposta por tal reflexão, é extremamente grotesca, tanto do ponto de vista fenomenológico quanto do lógico. Os juristas (como as outras pessoas) descobrem o alcance das reflexões que precisam fazer ao longo do processo de investigação, percebendo aonde esta irá levá-los antes de chegarem a uma posição de consenso. Eles não aceitam – não podem aceitar – uma metodologia que estipule de antemão onde devem parar, não importa quão inconcludente ou insatisfatória seja sua reflexão naquele momento.

Portanto, o apelo de Sunstein à analogia não diferencia, afinal, seu método da abordagem teórica que ele pretende refutar. Isso torna ainda mais importante a questão de saber por que ele pensa que os juízes devem evitar a teoria. Mas suas respostas a essa pergunta são também confusas porque, na verdade, o que delas se depreende não são as razões pelas quais a integridade deva ser abandonada, ou mesmo atenuada, enquanto objetivo, mas sim as exigências da própria integridade. Ele chama a atenção, por exemplo, para a importância do precedente na prática jurídica, e receia que os juízes ansiosos por impor novas estruturas teóricas ao direito sejam demasiado rápidos em desconsiderá-los. Mas esta é uma preocupação que também foi sentida por Hércules, e que o levou, exatamente por respeito à integridade dessa característica de nossa prática, a adotar o que chamei de princípio de "prioridade local"[21], um princípio que Sunstein não menciona, mas que parece equivalente à sua própria sugestão de que os juízes devem adotar um "pressuposto" de que as revisões no direito devem ser "locais"[22]. Ele também sugere que o compromisso judicial com teorias de grande alcance – como, por exemplo, uma abordagem "de autonomia pessoal" da liberdade de expressão – enrigeceria o direito e dificultaria as mudanças. Contudo, como ele também assinala, a explicitação teórica pode facilitar a identificação dos erros, além de facilitar mudanças de grande alcance quando as teorias enunciadas no passado forem, elas próprias, identificadas como erros, como no caso, por exemplo, dos precedentes da era *Lochner*. A integridade abre caminho para mudanças úteis de diversas maneiras: ao separar o fato do precedente de sua base teórica previamente enunciada, por exemplo, e através do mecanismo da força gravitacional.

Contudo, a defesa mais intrigante que Sunstein faz da "incompletude" teórica é mais explicitamente política. "Por razões de política e princípio", diz ele, "o desenvolvimento de teorias de grande alcance a respeito do que é correto e do que é apropriado é uma tarefa democrática, não judicial. Essas observações deveriam sugerir os ingredientes de uma abordagem da legitimidade da qual fariam parte entendimentos não completamente teorizados"[23]. Mas é um mistério saber como a "democracia" poderia produzir "teorias de grande alcance a respeito do que é correto e do que é bom", a menos que os juízes admitissem como parte de sua responsabilidade a identificação de quais dessas teorias estariam latentes na legislação e em outros fatos políticos. Não é muito provável que a legislação faça explicitamente uma declaração geral de princípio abstrato: que declare explicitamente, por exemplo, que as maravilhas da natureza possuem valor intrínseco, ou que quem deve arcar com os riscos impostos pelas atividades lucrativas são as pessoas que lucram com elas. Somente por meio da interpretação de legislações mais concretas é que podemos identificar os princípios que conjuntamente adotamos. Sunstein pode ter em mente apenas a jurisdição constitucional, em que os juízes, guiados pelo que chamei de interpretação moral da Constituição, podem tentar impor suas próprias teorias "de grande alcance" a um público que as rejeitaria. Ainda assim, seu argumento mistura erradamente decisão judicial com jurisdição[24]. Talvez os juízes não devam ter a responsabilidade de interpretar restrições constitucionais – talvez esse poder deva ficar, de alguma maneira, mais a cargo do povo. Daí, porém, dificilmente se depreende que um juiz com a atribuição de decidir o que se infere da Primeira Emenda deva abster-se de perguntar, como uma entre outras questões, por que uma democracia teria motivo de proteger a liberdade de expressão desse modo especial.

Como afirmei, Sunstein finalmente admite que, afinal, ele não está apresentando uma alternativa à abordagem teórica. Imediatamente depois de afirmar que refuta minha posição, ele diz que irá atenuar essa refutação mais adiante, e as ressalvas acabam por deixar de pé muito pouca divergência, se é que deixam alguma."Em resumo", diz ele ao introduzir as ressalvas, "alguns casos não podem, *absolutamente*, ser decididos sem a introdução de uma quantidade considerável de teoria. Além disso, alguns casos não podem ser decididos *bem* sem a presença da teoria. Se houver uma boa teoria disponível, e se for possível convencer os juízes de que tal teoria é boa, sua aceitação judicial não deve representar nenhum tabu. As afirmações a favor de consensos não plenamente teorizados [ele deve querer dizer juízos individuais não plenamente teorizados] são mais presuntivas do que conclusivas"[25]. Nas páginas seguintes, ele descreve as vantagens de os juízes buscarem a integridade em moldes que se assemelham muito à minha própria abordagem[26]: explica, por exemplo, a importância de não se deixarem nem mesmo as regras e práticas mais incontroversas à margem da investigação teórica[27]. Em seguida, insiste que não está afirmando que "a teoria geral é sempre ilegítima no direito. O que faz sentido é um enfoque mais comedido... Os juízes devem adotar um pressuposto, e não um tabu, contra a teorização de alto nível"[28]. Mas a abordagem teórica dá o mesmo conselho: recomenda que os juízes só ascendam a níveis teóricos mais abstratos quando tiverem alguma razão especial para fazê-lo.

A certa altura, Sunstein oferece conselhos que não são dados pela abordagem teórica. Ele diz que "Os juízes só devem adotar uma teoria mais completa para uma área do direito se estiverem muito convencidos de que o que fazem é correto"[29]. (Em minha opinião, melhor faríamos se nos protegêssemos de juízes "muito convencidos" da exatidão de suas teorias morais.) Na verdade, porém, ele não pode ter isso em mente, porque, como assinalou, alguns casos não podem ser absolutamente decididos, e outros não podem ser bem decididos, sem a introdução da teoria, o que significa que os juízes frequentemente terão de fazer julgamentos teóricos que lhes deem convicção ou, pelo menos, uma convicção superior à de seus rivais, mesmo quando isso passar ao largo de alguma certeza. Afinal, quando um juiz está certo ao pensar que está diante de um caso impossível de ser "absolutamente" ou "bem" decidido sem alguma reflexão teórica? Para satisfazer esse critério, não é suficiente que sem uma reflexão teórica o juiz careça de convicção acerca de qual resposta, depois de um exame profundo dos prós e contras, é a que melhor se ajusta a suas responsabilidades? E não será sensato que ele leve sua reflexão teórica ao ponto em que finalmente chegue a uma convicção? Se assim for, então não há diferença – absolutamente nenhuma – entre a abordagem teórica, com sua exigência de integridade da decisão judicial, e a "teorização moderadamente incompleta" de Sunstein.

Resumo: em defesa da teoria

Para encerrar, retomarei a questão que deixei de lado no início. Estamos diante de uma revolta contra a teoria, tanto no direito quanto no resto do cenário intelectual. Posner e Sunstein são apenas dois exemplos: o maior oponente acadêmico nos Estados Unidos, por exemplo, o professor Laurence Tribe, declarou não ter nenhuma teoria geral da jurisdição constitucional, e que tampouco pretendia desenvolver coisa semelhante[30]. O que explicaria essa tendência? Já descrevi aqui uma forma de relativismo filosófico que hoje é popular fora da esfera da filosofia acadêmica: essa hipótese sustenta que a verdade em geral e, em particular, a verdade sobre a moralidade política, são criadas por nossas práticas, e que, no que diz respeito a essas questões, não existe nenhuma verdade que seja independente de uma língua ou uma cultura específicas. A popularidade dessa posição filosófica profundamente confusa não constitui, porém, a explicação dos sintomas que descrevi; trata-se, antes, de outro sintoma a ser explicado.

É possível que parte da resposta esteja no grande apelo, no encerramento deste nosso século* de desastres ideológicos e tecnocráticos, de uma recatada modéstia. A modéstia intelectual parece ser o oposto de um grande número de vícios: do racismo e do sexismo, que pressupõem superioridade, das ambições dos metafísicos e dos criadores de sistemas, que parecem arrogantes, e, acima de tudo, do elitismo dos mandarins intelectuais, que parecem nada ter de democrático. Todavia, acabamos de ver a armadilha que consiste em confundir uma postura antiteórica com modéstia. O experimentalismo aparentemente inocente de Posner termina em um dos absolutismos mais ambiciosos e tecnocráticos jamais concebidos pelos filósofos, que é o consequencialismo utilitarista, e o conselho de Sunstein sobre a abstinência judicial, ainda que fosse minimamente viável, não produziria mais democracia, mas sim a imobilização de um processo essencial a ela. A modéstia é uma atitude, não uma vocação. Somos modestos não quando damos as costas a difíceis questões teóricas sobre nossos papéis e nossas responsabilidades enquanto pessoas, cidadãos e autoridades, mas quando enfrentamos essas questões com uma energia e uma coragem forjadas numa nítida percepção de nossa própria falibilidade. Nossa capacidade de emitir juízos de valor a partir da reflexão pode nos

---

* Este ensaio foi publicado pela primeira vez em 1997. (N. do T.)

impor mil maneiras diversas de autocontrole, mas aceitá-las só será um ato de modéstia se tais juízos tiverem sido, verdadeira e plenamente, o resultado de um processo de reflexão.

Concordo com os críticos quando eles afirmam que nem todos os juízes têm formação em filosofia. Contudo, se meus argumentos forem bem fundados, não temos outra opção a não ser pedir-lhes que se defrontem com questões que, de tempos em tempos, são filosóficas. A alternativa não é evitar a teoria moral, mas sim manter seu uso obscuro, oculto sob o conhecido frenesi jurídico como o misterioso ofício do raciocínio por analogia do direito. Outro dia, comi carne de avestruz pela primeira vez na vida. Essas aves vivem nas planícies áridas, e talvez também tenham um lugar à mesa, embora eu ainda não esteja convencido disso. Mas elas não têm nada a ver com a magistratura.

O leitor poderá pensar que até aqui meu elogio da teoria foi negativo. Respondi aos críticos, mas pouco afirmei de positivo sobre a integridade no direito. Por esse motivo, espero que minhas palavras finais reforcem, na mente do leitor, o porquê de a integridade ser tão importante. Toda democracia contemporânea é uma nação dividida, e nossa própria democracia é particularmente dividida. Nossas divisões são de natureza cultural, étnica, política e moral. Não obstante, aspiramos a viver juntos como iguais, e parece absolutamente crucial para essa ambição que também aspiremos que os princípios que nos governam nos tratem como iguais. Devemos nos empenhar o máximo possível em não aplicar uma teoria da responsabilidade aos laboratórios farmacêuticos e outra teoria aos motoristas, em não adotar uma teoria da liberdade de expressão quando estamos preocupados com a pornografia e outra teoria quando o que nos preocupa é a queima de bandeiras. Só poderemos perseguir essa indispensável ambição se tentarmos, sempre que necessário, nos colocar em um plano bastante elevado em nossas deliberações coletivas, inclusive em nossas decisões judiciais, de modo a pôr à prova nosso progresso em tal direção. Devemos nos incumbir desse dever soberano se pretendemos alcançar um Estado de Direito que não seja apenas instrumento de avanço econômico e paz social, mas um símbolo e espelho da igual consideração pública, que nos dá o direito de afirmar a comunidade.

Capítulo 3
O novo buldogue de Darwin

Questões prementes

Publicado em 1998[1], a lamentação de Richard Posner é seu terceiro ataque ao que ele chama de "teoria moral"[2]. Um de seus primeiros ensaios foi uma resposta a uma conferência minha[3], e, como respondi a esse ensaio[4], o comentário que ora faço dá continuidade a um longo debate. As Conferências de Posner costumam ser divertidas, impetuosas, picarescas e confusas. São cheias de digressões, referências e insultos que vêm e que não vêm ao caso. Contudo, os argumentos que ele apresenta em defesa de suas teses principais são tão espetacularmente malsucedidos que tornam premente uma questão que ele próprio levanta. O que, na verdade, poderia explicar sua feroz hostilidade – que ele chama de "aversão visceral"[5] – às obras acadêmicas contra as quais se posicionou? Vou sugerir uma resposta a esta questão: apesar de suas declarações em contrário, Posner pode estar preso a uma teoria moral substantiva e não instrumentalista que ele próprio não admite plenamente, ou talvez nem mesmo identifique. Essa teoria é muito diferente do "relativismo moral" que ele assume formalmente, mas explica muito melhor suas diferentes posições e paixões.

Em primeiro lugar, porém, devo defender minha severa avaliação da qualidade de seus argumentos, e, ao fazê-lo, tenho consciência de estar correndo um risco. Os inconsistentes argumentos de Posner podem muito bem ser armadilhas, pois uma de suas afirmações principais é a de que os juízes não são bons no raciocínio filosófico, e ele pode estar tentando levar os críticos a ajudarem-no a comprovar sua afirmação ao mostrar que ela é verdadeira, pelo menos no caso de um juiz particularmente inteligente e famoso. Se for essa sua estratégia, então sua armadilha terá apanhado mais um incauto.

Esta Réplica examina detalhadamente várias afirmações de Posner. Tenho duas razões para incomodar os leitores com uma resposta cuidadosa a algo que descrevi como uma argumentação de evidente má qualidade. Primeiro, os argumentos de Posner estão a serviço de um movimento antiteórico populista que hoje é poderoso na vida intelectual norte-americana – a desastrosa concepção de ciência sobre a qual ele se debruça ao longo de sua argumentação é apenas mais um exemplo dessa tendência[6]. Esse movimento consome nosso tempo, pois boa parte dele, como no caso dos argumentos de Posner, consiste em exortações vazias à ação em busca de objetivos que eles nem conseguem descrever, muito menos justificar. Pior ainda, os antiteóricos zombam de uma ideia sobre a qual eles não se detêm para tentar compreendê-la, mas que constitui um predicado crucial de qualquer busca responsável de justiça social. Qualquer princípio moral, por mais que esteja completamente inserido em nossa cultura, língua e prática, pode ser falso – ou, por mais que seja completamente rejeitado, pode ser verdadeiro. Não sei quando a aventura antiteórica de nossa história intelectual terá esgotado sua vigência; é possível que já tenha começado seu já tardio declínio. Mas não devemos deixar de questionar nenhuma afirmação importante de seu credo.

A independência da moral

Meu segundo motivo para examinar os argumentos de Posner em profundidade é de natureza tática. Suas Conferências ilustram uma questão filosófica importante, pois embora ele pretenda demonstrar que tanto as pessoas comuns quanto os juízes podem passar sem a teoria moral, seus próprios argumentos recorrem o tempo todo a essa teoria. Ele não consegue perceber a contradição porque não consegue perceber a diferença crucial entre filosofia moral, por um lado, e sociologia, antropologia e psicologia morais, por outro.

Podemos colocar um grande número de questões sobre os juízes morais em geral, ou sobre qualquer proposição moral específica – por exemplo, que a clitorectomia constitui sempre um erro. Essas questões remetem a diferentes domínios intelectuais. Um deles é o da sociologia moral. A maioria das pessoas em todo o mundo tem uma posição consensual acerca de convicções morais importantes? Em caso contrário, quão grande é a diversidade de opinião? Quantas pessoas, por exemplo, acham que a clitorectomia é um erro, e quantas acham que tal prática é moralmente admissível, ou mesmo obrigatória? Um segundo domínio é o da antropologia moral. O que explica melhor de que modo os seres humanos desenvolveram a tendência a emitir juízos sobre o que é certo ou errado do ponto de vista moral? Os seres humanos têm a capacidade de perceber partículas ou campos morais específicos, ou, por outro lado, de estabelecer contato sensorial com elementos morais situados "em algum ponto" do Universo? Se não, o que explica melhor por que as pessoas têm as opiniões que têm – por que, em algumas culturas, a maioria das pessoas considera a clitorectomia um erro e, em outras culturas, a maioria pensa de modo contrário? Um terceiro domínio remete à psicologia moral. O que leva as pessoas a mudar seus pontos de vista morais quando estes já estão formados, ou a adquirir outros? Até que ponto, por exemplo, podem os argumentos ou outros estímulos mudar as opiniões das pessoas sobre se a clitorectomia é correta ou incorreta? Um quarto domínio é o da moral em si. A clitorectomia é moralmente errada? É errada em toda parte, ou em lugar nenhum? Ou somente nas culturas sem determinadas tradições ou necessidades ou circunstâncias especiais? Há ligações importantes entre esses domínios e questões, mas é de capital importância reconhecer que o quarto domínio é conceitualmente distinto de qualquer um dos outros. É certamente possível, por exemplo, que alguém pense de modo coerente que a clitorectomia foi amplamente aceita em muitas culturas, que sua aceitação em algumas culturas e sua rejeição em outras, inclusive na de quem pensa, reflete apenas as diferentes necessidades econômicas e de outra natureza das duas sociedades, que nenhum argumento jamais mudará as concepções de alguém sobre essa prática, e que a prática é moralmente odiosa onde quer que ocorra.

Em determinado aspecto Posner parece se dar conta da diferença entre os três primeiros e o último desses domínios. Ele estabelece uma distinção entre questões "sobre" a moral, que incluem os três primeiros domínios, e questões "de" moral, que constituem o quarto domínio, e declara que suas Conferências só dizem respeito ao "sobre"[7]. Se isso fosse verdade, suas Conferências seriam muito menos questionáveis. Mas não é verdade, pois as principais afirmações de Posner, como veremos, são mais "de" moral do que "sobre" a moral; de fato, se fossem apenas "sobre" a moral elas não contestariam, de modo algum, as opiniões de seus alvos acadêmicos, cuja obra, até o ponto em que ele a contesta, pertence totalmente à variedade "de".

A incapacidade de Posner de estabelecer distinções apropriadas entre os domínios fica evidente ao longo de todas as suas Conferências. Ele nos oferece uma sucessão de páginas de descrições irrepreensíveis da diversidade moral e de citações, hoje bastante conhecidas, de explicações evolucionárias de altruísmo e de outras atitudes morais. (Será que os "moralistas da academia" de sua lista principal realmente precisam que alguém lhes diga, ou que lhes repita mais uma vez, que sociedades, subculturas e indivíduos têm pontos de vista morais diferentes? Ou que um javali africano, se fosse capaz de tais reflexões, poderia considerar bonito outro javali africano?)[8] Contudo, ele parece não ter consciência da necessidade de demonstrar de que modo toda essa sociologia, antropologia ou ficção científica tem algo a ver com sua "tese forte", que é uma afirmação substantiva da moral, ou com as diversas posições morais substantivas, inclusive o relativismo moral, que ele endossa. Posner talvez pressuponha (como receio que tenham feito muitos juristas e estudiosos do direito) que os fatos sociológicos e as especulações antropológicas por ele apresentados impliquem, em si, alguma posição moral relativista ou outra antiobjetivista. Mas ele deve saber que os autores que critica não aceitam tal vinculação, e que, portanto, ele deveria ter tentado explicá-la e defendê-la. É particularmente estranho que não se sinta responsável pela defesa de seus pressupostos, uma vez que afirma que pretende dedicar "especial atenção" às minhas concepções[9]; além do mais, publiquei recentemente um longo artigo explicando por que qualquer dessas hipóteses é um equívoco e por que o único tipo de argumento que poderia sustentar uma posição moral substantiva, inclusive aquelas pelas quais Posner se diz atraído, é um argumento moral[10]. Escrevi esse artigo para contestar confusões sobre a teoria moral que, em minha opinião, são hoje particularmente populares nas faculdades de direito e em certos departamentos universitários, e que alimentam o movimento antiteórico populista. Posner leu o artigo e cita-o (muitas vezes incorretamente)[11] em diversas ocasiões. Porém, ainda que ele repita os argumentos que chamei de falaciosos, não faz o menor esforço para responder, ou mesmo reconhecer, o que eu disse. Não vou tentar resumir aqui os argumentos que apresentei nesse artigo, embora esteja pressupondo tal argumentação no que se segue. Não há dúvida de que Posner acredita que tem motivos para rejeitar meus argumentos, e espero e suponho que ele use parte de sua réplica a esta resposta para explicar, com um certo detalhamento, que motivos são esses[12].

O que é "teoria moral"?

O alvo anunciado de Posner não é a moral, com a qual ele diz não ter desavença alguma, mas algo que ele chama de "teoria moral"[13]. Ele talvez pense que, mesmo que a moral não possa ser subvertida apenas por argumentos não morais, a "teoria moral" pode. Se assim for, porém, sua estratégia não se sustenta, pois sua distinção é, ela própria, confusa. Ele acha que a diferença entre julgamento ou raciocínio moral, de que se ocupam as pessoas comuns, e teoria moral, que só atrai uma casta isolada de acadêmicos, é uma diferença de espécie. Mas a diferença só pode ser defendida, se é que pode, como uma enganosa questão de grau.

Em geral, as pessoas adotam o raciocínio moral como resposta a alguma incerteza ou vulnerabilidade que percebem em suas convicções morais. Muitas têm opiniões formadas sobre questões morais e políticas: se um feto incipiente tem direitos morais próprios; se existe diferença moral entre o fato de um médico atender ao pedido de um paciente que deseja ter desligados os aparelhos que o mantêm vivo e o fato de atender ao pedido de um paciente que pede ao médico que lhe dê um medicamento letal; se uma comunidade política deve tentar chegar a decisões coletivas sobre questões como o aborto e a eutanásia e aplicá-las a todos os cidadãos através do direito ou, ao contrário, se deve permitir que os indivíduos cheguem a suas próprias decisões e ajam em conformidade com elas. Quase ninguém, a não ser alguns filósofos da "metaética", se preocupa com o *status* jurídico dessas opiniões. Poucas pessoas se preocupam com a circunstância de suas convicções serem registros de fatos independentes de reflexões ou apenas projeções de emoções sobre um mundo moralmente neutro. Mas muitas pessoas realmente se preocupam em saber se suas convicções são bem fundadas: elas acham muito importante chegar à verdade dessas questões e agir a partir da percepção que têm dessa verdade. Trata-se, em suma, de gente moralmente responsável, e seu interesse pelo raciocínio moral é consequência natural desse senso de responsabilidade. Tais pessoas querem ver-se refletidas nessas convicções e sentir-se convencidas de que estas últimas são coerentes com os ideais ou princípios mais gerais que elas endossam em outras ocasiões. Elas podem muito bem perguntar-se, por exemplo, se seus pontos de vista sobre o aborto pressupõem uma posição mais geral sobre a relação entre senciência e interesses ou direitos e se, quando essa posição mais geral for exposta, se elas podem honestamente endossá-las ou concordar com suas outras implicações. Ou podem perguntar a si mesmas se seu ponto de vista sobre a questão da conveniência de que o Estado imponha uma concepção de eutanásia a todos é compatível com seus pontos de vista sobre o fato de ser correto que o Estado imponha a toda uma comunidade uma concepção de aborto. É evidente que não quero dizer que as pessoas só se preocupam com a coerência de suas convicções, como se a verdade não tivesse importância. Elas se preocupam com a integridade de suas convicções porque anseiam por fazer o que é correto.

É verdade que muitas outras pessoas ficam impacientes com esse tipo de reflexão: elas sabem o que pensam e não querem ser perturbadas por dúvidas ou insinuações de que carecem de coerência ou de princípios. Elas não querem nenhuma "teoria" antes de marcharem ou votarem em defesa da guerra, e ridicularizam os que assim fazem. Posner alinha-se a elas, mas ele não deveria equivocar-se quanto aos motivos e pressupostos de pessoas de natureza mais reflexiva. Ele parte do princípio de que o único motivo que move essas pessoas é convencer todo o mundo de que elas estão certas – volta e meia ele afirma que a divergência comprova que a teoria moral fracassou[14]. Mas esse tipo de afirmação é rudimentar demais. Sem dúvida, tanto na vida comum quanto na filosofia ou no jornalismo acadêmicos, é comum que as pessoas esperem convencer as outras, bem como a si próprias. Mas esse objetivo não esgota a questão da reflexão moral em momento algum, e muitas vezes nem é parte fundamental dela. As pessoas reflexivas desejam convencer a si mesmas. Elas também querem convencer as outras pessoas, cujos interesses são afetados pelo que elas fazem, no sentido de que agem com integridade e por uma convicção que puseram à prova. Portanto, elas tentam explicar suas convicções de um modo que indica serem elas fruto de reflexão, sinceridade e coerência, mesmo quando elas não têm esperança de converter os demais a essas convicções.

Tampouco as pessoas dadas à reflexão insistem em criar todo um sistema de filosofia moral ou política, como o utilitarismo ou alguma variação da metafísica kantiana, antes de acreditarem em alguma coisa ou de se decidirem pelo que quer que seja. Ao contrário, como já afirmei em outras ocasiões, elas raciocinam de dentro para fora[15]. Partem de um problema concreto específico e motivos para preocupar-se em saber se poderão defender sua posição contra as objeções de que o problema em questão é arbitrário ou incompatível com suas outras concepções ou convicções. Portanto, o que vai determinar o grau de generalidade de uma "teoria" que elas devem criar ou alimentar, a fim de pôr fim a essas dúvidas, será seu próprio senso de responsabilidade intelectual, moral e profissional. Quando sua responsabilidade for particularmente grande – como acontece com as autoridades políticas –, é bem possível que elas julguem apropriado testar suas reflexões contra o pano de fundo das análises mais abrangentes e maduras de outras pessoas, inclusive dos filósofos do direito e dos filósofos da moral, que dedicaram muito tempo a suas reflexões sobre os problemas em pauta. As pessoas se voltam para essas fontes não com a expectativa de encontrar respostas definitivas – elas sabem que não haverá consenso entre as fontes –, mas sim em busca de testes rigorosos de suas convicções, por ideias novas, quando acham que suas convicções precisam de alguns reparos e, frequentemente, em busca de orientação teórica que possam seguir para reformular suas opiniões, reconfigurando-as como convicções mais exatas e mais bem fundamentadas.

Descrevi esse processo de reflexão como um processo de "ascensão justificadora"[16]. É impossível determinar de antemão, através do estabelecimento, *a priori*, de alguma distinção entre "raciocínio" e "teoria", até que ponto o processo de ascensão deve continuar: deve continuar até que os enigmas ou conflitos que o inspiraram tenham sido resolvidos, e isso não é algo que se possa conhecer por antecipação[17]. Portanto, em princípio é impossível dizer onde o juízo moral termina e onde começa a teoria moral. Sustentar um ponto de vista que parece instável ou arbitrário depois da costumeira reflexão moral, reconstituindo suas ligações com princípios, concepções ou ideais mais amplos, é parte componente do raciocínio moral, não algo diferente que se resolve acrescentar, assim como alguns esportes admitem a continuidade de uma partida tendo em vista o desempate. Além disso, princípios e ideais têm sido criados em quase todo nível de generalidade. Eles incluem a tese utilitarista dominante de que tudo que aumenta o prazer é bom; a extrema limitação da concepção política de justiça de John Rawls[18]; a teoria de democracia política que tentei defender[19]; a explicação de Thomas Scanlon da finalidade e do valor da liberdade de expressão[20]; as considerações de Herbert Hart sobre a sanção no direito penal e os fundamentos morais das leis que regem a responsabilidade civil por negligência[21]; as observações sobre autonomia pessoal no cerne do voto concorrente de três juízes no caso *Casey**, relativo ao aborto[22]; as observações sobre a justiça nos casos de responsabilidade baseada na participação de mercado em várias decisões judiciais recentes e em diversos artigos publicados em periódicos de direito[23]; observações em editoriais sobre a separação entre Igreja e Estado; observações eventuais, inclusive de leigos, sobre a responsabilidade de uma nação de proteger os direitos humanos em outros países; as lições dos professores sobre as obrigações

---

* Ver *Planned Parenthood of Southeastern Pennsylvania vs. Casey*, 505 U.S. 833 (1992). (N. do R. T.)

ambientais que uma geração tem para com a que lhe vem a seguir; o empenho dos pais em mudar os pontos de vista dos filhos ao lhes perguntarem "Como você se sentiria se ele fizesse isso com você?" Esses tipos de "teoria" moral só diferem no nível de generalidade ou abstração, e qualquer classificação categórica de um argumento moral como concreto ou teórico seria irremediavelmente arbitrária. Alguns dos "moralistas" da lista principal de Posner* escrevem em um nível razoavelmente elevado de abstração, e outros têm um texto menos abstrato; a mistura indiscriminada que ele faz de todos só faz aumentar a arbitrariedade de sua posição. Ele não consegue entender nem a complexidade das razões que animam o raciocínio moral nem a complexidade da interação entre reflexão e convicção enquanto fenômenos morais.

A tese "forte"

A tese "forte" de Posner sustenta que nenhuma teoria moral pode oferecer uma "base sólida" para um juízo moral[24]. É evidente que essa própria tese é um juízo moral de natureza teórica e global, pois o fato de se questionar se algum tipo de afirmação moral oferece uma "base sólida" para outra já constitui, em si, uma questão moral. É uma questão moral, por exemplo, querer saber se um princípio que condena a discriminação racial oferece uma base sólida para se condenar a ação afirmativa: isso depende da solidez

---

* A lista dos "moralistas acadêmicos" com os quais Posner se preocupa engloba Elizabeth Anderson, Sissela Bok, Ronald Dworkin, David Gauthier, Alan Gewirth, Frances Kamm, Thomas Nagel, Martha Nussbaum, John Rawls, Joseph Raz e Judith Jarvis Thomson. Segundo Posner, "alguns desses autores citados são considerados primeiramente como filósofos do direito (por exemplo, Dworkin e Raz) ou filósofos políticos (por exemplo, Rawls), e não como filósofos da moral. Mas todos eles anseiam fazer com que o direito siga as lições da teoria moral, embora nem sempre com a mesma proximidade." Richard Posner, "The Problematics of Moral and Legal Theory", *Harvard Law Review*, n. 11, maio de 1998, pp. 1639-40. (N. do R. T.)

do princípio, de qual é sua melhor interpretação e de saber se apresenta tal consequência se for interpretado assim.

Essas questões morais devem ser cuidadosamente diferenciadas das questões empíricas que ocupam a maior parte das Conferências de Posner, pois estas últimas remetem sobretudo à questão psicológica de saber se uma defesa teórica de qualquer juízo moral, particularmente de um juízo elaborado por alguém que ensina em uma universidade, pode convencer alguém a mudar suas próprias posições antagônicas. Isso é, claramente, uma outra questão: é perfeitamente coerente que alguém insista que princípios morais específicos – por exemplo, aquele que pertencem à essência de uma tradição religiosa impopular – são absolutamente verdadeiros e, de fato, oferecem uma "base sólida" para uma grande variedade de afirmações mais concretas sobre direitos e deveres morais, e que ainda assim admita que é extremamente improvável que se leve alguém mais a perceber a verdade desses princípios ou a aceitá-los como base daqueles juízos mais concretos.

Portanto, Posner só poderia defender sua tese forte com uma teoria moral substantiva de sua própria criação. Uma dessas teorias é o niilismo moral, que afirma que nada é moralmente certo ou errado; o niilismo justificaria, por certo, a afirmação de que nenhum argumento teórico pode oferecer uma boa razão para se considerar um ato como certo ou errado. Mas Posner nega que seja niilista[25]. Em vez disso, descreve a si próprio como um "relativista" moral que acredita que existam afirmações morais válidas, a saber, aquelas que "atendem aos critérios para a declaração da validade de uma afirmação moral"[26]. Esses critérios são "locais, isto é, são relativos ao código moral da cultura particular em que se defende tal afirmação"[27]. Na verdade, como veremos[28], Posner não é bem-sucedido ao enunciar uma versão coerente desse relativismo. Mas isso não importa agora, pois nenhuma forma minimamente plausível de relativismo, entendido como uma teoria moral substantiva e não apenas como um segmento (aqui irrelevante) da sociologia moral, poderia justificar sua tese forte. Se o relativismo fosse verdadeiro, então, juntamente com informações gerais sobre "o código moral de uma cultura particular", ele ofereceria uma "base sólida" para afirmações morais no âmbito dessa cultura. De fato, vários dentre os filósofos e juristas acadêmicos que são alvos de Posner apresentam argumentos que muitos relativistas aceitariam por encontrarem neles uma base pelo menos parcial daquilo que afirmam os filósofos. Por exemplo, John Rawls frequentemente caracteriza seus argumentos como uma demonstração das implicações dos princípios e ideais latentes na cultura pública das democracias modernas[29]. Meus próprios argumentos sobre o direito constitucional são também interpretativos de uma cultura política particular[30]. É evidente que nem Rawls, nem eu nem nenhum outro autor da lista de Posner é um relativista moral nos termos de qualquer concepção plausível do que é essa escola, mas um relativista não negaria que pelo menos alguns de nossos argumentos oferecem uma "base sólida" para juízos morais independentes[31].

Portanto, Posner não apresenta absolutamente nenhuma defesa de sua tese forte. A maioria de suas Conferências está impregnada de uma afirmação diferente, mas também notavelmente implausível: a de que nenhuma teoria ou argumento moral geral pode convencer uma pessoa a aceitar um juízo moral que ela inicialmente rejeita. Concordo que nenhum argumento moral possa convencer alguém, a menos que tome conta de sua imaginação. Mas a imaginação pode assumir várias formas, e a imaginação de muitas pessoas inclui o anseio pela integridade ética e moral. Elas querem que suas vidas reflitam suas convicções, e que estas sejam verdadeiras. Isso basta, por si só, para explicar o modo como níveis diferentes de reflexão, e mesmo tipos diferentes de teoria moral acadêmica, podem ter um impacto sobre tais pessoas. Algumas delas querem mais do que integridade: querem uma concepção de um modo de vida – e de vida em comunidade – que possa, ao mesmo tempo, inspirar e justificar, e esse desejo explica por que o que há de melhor na filosofia moral vem sobrevivendo há séculos, e mesmo há milênios.

Faz parte de nossa sabedoria popular, bem como da opinião de grandes historiadores, a noção de que, no fim das contas, as ideias às vezes movem montanhas e exércitos. Posner não apresenta nenhuma verdadeira evidência empírica em contrário. Ele cita versões elementares de alguns relatos do tipo "foi assim mesmo", muito comuns no atual modismo da biologia evolutiva. Contudo, o fato de uma consciência moral ter valor de sobrevivência em nossa espécie dificilmente mostra que essa consciência moral não inclui nenhuma aspiração de integridade e coerência; ela pode, e muito facilmente, sugerir o contrário. Posner apresenta suas próprias reflexões sobre como e por que a formação de todos os juristas e filósofos acadêmicos nas universidades ocidentais (cujas personalidades, históricos pessoais, temperamentos, estilos literários e estratégias argumentativas diferem entre si de infinitas maneiras, mesmo no contexto de uma única universidade) torna-os, de algum modo, enquanto grupo monolítico, ineptos para o convencimento moral. E ele assinala que algumas pessoas de grande cultura foram culpadas de crimes morais.

Isso não vale como argumentação. Se fosse possível apresentar um relato geral e decente sobre o impacto da argumentação ou da teoria moral sobre a conduta e a crença, tal relato seria absurdamente complexo e discriminador. Estabeleceria uma distinção entre impacto imediato e impacto retardado; registraria a grande variedade de formas em que este último poderia ser mediado através das diferentes instituições da cultura popular; levaria em conta tanto a qualidade do argumento quanto a habilidade e a reputação do argumentador; e chamaria atenção para milhares de outras variáveis culturais e psicológicas das quais tal impacto dependeria. Em resumo, "A argumentação moral muda mesmo a mente das pessoas?" não passa de uma questão muito mal colocada, e seria preciso muito empenho para se torná-la respeitável. Ainda assim, podemos seguramente rejeitar qualquer das duas respostas seguintes à pergunta, na forma nua e crua em que ela se apresenta: "Sempre" e "Nunca". Só um otimista imensamente estúpido poderia pensar que bons argumentos morais sempre derrotam o egoísmo inicial ou a inclinação em contrário. Só um cínico dogmático poderia insistir que os argumentos morais nunca fazem absolutamente nenhuma diferença, por melhor que sejam os argumentos ou por mais atenuado que seja o impacto. Posner parece seduzido por este último ponto de vista, mas não oferece nada além de uma dose mínima de racionalismo *a priori* e de alguns casos ilustrativos dos seus porquês.

A tese "fraca"

A tese fraca de Posner sustenta que, qualquer que seja a força que a teoria moral possa ter na vida comum ou na política, os juízes devem ignorá-la, porque eles dispõem de recursos melhores para defender seus objetivos especiais[32]. Mais uma vez, ele ignora a independência da moral. Se não se exige dos juízes que tomem decisões morais ao decidirem casos difíceis, então é evidente que não se exige que consultem a teoria moral. Porém, se eles tiverem de lidar com questões morais, seria um erro de categoria – como dizer a alguém com problemas com álgebra que tente usar um abridor de latas – dizer aos juízes que resolvam essas questões através da história, da economia ou de qualquer outra técnica não moral.

Posner espera convencer-nos de que os juízes não se defrontam com questões morais. Num artigo recente, ele acusou-me de ignorância por eu imaginar que os juízes se interessassem por questões de justiça nos casos[33]. Em minha resposta, citei diversas discussões acerca da justiça para casos concretos nas decisões judiciais na área do direito que eu estivera discutindo, e na bibliografia dos periódicos de direito que discutem tais decisões[34]. (Eu também poderia ter citado um estudo de 1991 sobre decisões relativas à responsabilidade civil por defeitos em produtos, que concluiu que "a justiça foi observada com frequência superior a 18% em comparação com a eficiência, e comandou a decisão com frequência superior a 24%".[35]) No início das Conferências, Posner repete sua afirmação: a teoria moral, diz ele, não "se mistura com as questões concretas que se apresentam nos casos"[36]. Bem mais adiante, porém, ele muda seu ataque. Admite que "pode parecer que o juiz esteja mergulhado no domínio da teoria moral"[37], mas insiste que um cuidadoso estudo dos registros mostrará que eu (e provavelmente todos os estudiosos que citei) me enganei ao pensar que os juízes empregam uma terminologia moral de uma forma moral.

Mas de que outra forma eles *poderiam* empregá-la? Ele não diz, e além disso destrói sua sugestão de que os juízes empregam uma terminologia moral de forma não moral imediatamente após tê-lo feito, ao explicar por que os juízes realmente apelam tão frequentemente à moral. Eles o fazem, afirma Posner, "para serem magnânimos", para "empregar uma linguagem que seja (...) mais facilmente compreendida pelos leigos" e, finalmente, porque existe uma "sobreposição considerável entre direito e moral"[38]. Todas essas explicações pressupõem, por certo, que os juízes empregam uma terminologia moral da mesma forma que eu e você o fazemos, isto é, para remeter a conceitos morais. Imediatamente após essas concessões aparentemente decisivas, Posner passa para a ofensiva. Acusa "Dworkin e seus aliados" de tentarem harmonizar plenamente o direito, em todos os seus aspectos, com aquilo que vemos como exigência da lei moral, e nos compara, de maneira encantadora, aos fundamentalistas afegãos que decapitam as pessoas que afrontam o direito religioso islâmico[39]. É evidente, porém, que ninguém precisa concordar com a afirmação absurda de que o direito deve fazer cumprir todas as obrigações morais (e nenhuma outra) a fim de pensar que as convicções morais são às vezes – inclusive frequentemente –

pertinentes quando se pretende chegar a uma conclusão sobre o que é o direito.

Em seguida, Posner tenta demonstrar que certos casos da Suprema Corte por mim discutidos não levantam questões morais. Seus próprios exemplos, porém, demonstram o contrário. Ele diz, por exemplo, que nos casos de suicídio assistido os juízes da Suprema Corte "evitaram a questão filosófica" que a "petição dos filósofos" havia posto em discussão[40]. As principais afirmações morais dessa petição eram: primeiro, que os doentes terminais lúcidos têm, em princípio, o direito de decidir por si próprios como querem morrer; segundo, que mesmo que o reconhecimento desse direito aumentasse, em certa medida, o risco de que outros pacientes fossem pressionados a optar pela morte contra sua vontade, esse aumento do risco não justifica, de modo algum, a recusa de reconhecer o direito. Nenhum dos juízes da Suprema Corte "evitou" ambas as afirmações – três deles foram contrários à nossa posição na primeira, e cinco na segunda[41].

Ele afirma que a Suprema Corte também "evitou a questão moral" em Roe vs. Wade*, e acrescenta, nesse contexto, que "toda a sua argumentação remete ao fato de que os tribunais não são capazes de comparar os 'custos morais'"[42]. (Este comentário segue-se a uma reclamação equivocada, embora reveladora, sobre um argumento que apresentei acerca do "custo moral" da demora em reconhecer-se o direito ao aborto.)[43] Mas a Corte também não "evitou" – não poderia fazê-lo – a questão moral de saber se os Estados-membros devem respeitar a autonomia individual em questões de moralidade pessoal. (Essa questão foi ainda mais conspícua em votos de vários juízes da Suprema Corte em um caso posterior sobre o aborto, o caso Casey.)[44] Além do mais, a Corte não poderia ter chegado a sua decisão em favor da autonomia sem ter decidido outra questão moral – a de que um feto em fase inicial de formação não tem interesses próprios que o habilitem à proteção constitucional – porque uma questão não pode ser estruturada em termos de autonomia individual se os direitos fundamentais dos outros estiverem em jogo. (Afinal, a Corte não sustentaria que uma mãe tem o direito de decidir sozinha se vai ou não matar seu bebê.) Não há dúvida de que, nos casos de aborto, a Corte decidiu a questão moral de saber se o feto é uma pessoa com interesses e direitos constitucionais próprios.

Na verdade, em vários aspectos Posner realmente admite que os juízes que decidem questões constitucionais importantes frequentemente tomam decisões controversas acerca dos princípios morais; chega a declarar que eles devem fazê-lo, e inclusive lhes diz a que teorias morais devem recorrer. Por exemplo, Posner apresenta um argumento moral para explicar como ele teria decidido os casos de suicídio assistido: a Suprema Corte deveria ter apoiado as leis contrárias ao suicídio assistido porque, dado o equilíbrio de poder acerca da questão em todo o país, os valores democráticos são mais bem servidos permitindo-se que a batalha pela eutanásia seja travada no contexto da política comum. Sem dúvida, Posner precisa esconder sua atração pela teoria moral, e ele o faz de maneira muito surpreendente. Declara que as convicções sobre moralidade política, inclusive suas próprias convicções sobre o devido funcionamento de uma democracia, não são, em absoluto, juízos morais: são apenas, diz ele, afirmações "sobre o processo político ou judicial"[45]. (Declarações semelhantes sobre a diferença entre enunciados "morais" e "políticos" encontram-se espalhadas ao longo de todo o seu ensaio.)[46] Mas essas convicções não são "políticas" em nenhum sentido descritivo. São afirmações normativas sobre o modo como as instituições políticas e judiciais devem funcionar. Tampouco são normativas em sentido estratégico, como Posner às vezes sugere: não são juízos sobre a melhor maneira de se alcançar um objetivo predeterminado, mas sim afirmações extremamente polêmicas sobre quais objetivos devem ser buscados. São juízos morais sobre o modo como os poderes do Estado devem ser distribuídos e exercidos, e quando, se é que alguma vez, esses poderes devem ser limitados por respeito aos direitos morais individuais[47].

A discussão de Posner acerca da segregação racial encontra-se ainda mais seriamente comprometida por sua necessidade de dissimular seu apelo à teoria moral. Primeiro, ele declara que os argumentos usados pelos tribunais (e outros que, em sua opinião, os tribunais deveriam ter usado) eram, na verdade, argumentos "não morais"[48]. Por exemplo, ele diz que no caso *Brown** a Corte baseou seu julgamento na descoberta "não moral" dos psicólogos "de que a segregação prejudicava a autoestima" dos negros[49]. Mas esse argumento "não moral" pressupõe que os negros sejam politicamente iguais aos brancos e mereçam o mesmo respeito que estes, e na mesma discussão Posner declara que, em 1954, esse pressuposto constituía uma afirmação moral extremamente controversa[50]. Em seguida, ele tenta uma tática diferente: diz que alguns dos princípios morais citados pela Corte não eram, afinal, realmente controversos, mas apenas parte do "pano de fundo" consensual do caso *Brown*, como os fatos do caso[51]. Mas ele apresenta como seu exemplo o princípio de que "o Estado deve ter um bom motivo (...) para distribuir benefícios ou encargos com base na raça"[52], e, como ele próprio admitiu, era certamente polêmico saber se os negros eram politicamente inferiores aos brancos e, portanto, se sua inferioridade era "um bom motivo" para segregá-los com base em sua raça. Por fim, ele parece abandonar totalmente sua afirmação de que os juízes não devem fazer julgamentos morais controversos nos casos constitucionais; em vez disso, ele os aconselha a não alardear que estão procedendo desse modo. Ele diz que a Suprema Corte foi "insincera" em sua decisão do caso *Brown*, mas que seu procedimento foi mais inteligente do que teria sido se ela entrasse em qualquer discussão de moralidade política[53]. Ele diz que a decisão da Corte teria sido

---

* Ver *Brown vs. Board of Education*, 347 U.S. 483 (1954) (*"Brown I"*) e *Brown vs. Board of Education*, 349 U.S. 294 (1955) (*"Brown II"*). (N. do R. T.)

ainda mais eficaz – e mais "honesta" – se ela tivesse declarado simplesmente que "todos sabem" que "a Cláusula de Igual Proteção foi, em certo sentido, criada, ou deveria ser usada, para impedir" a segregação racial nas escolas e em outros locais públicos[54]. Isso, sem dúvida, teria sido mentira – os juízes da Suprema Corte estavam cientes de que muitos juristas de renome não "sabiam" que a Cláusula de Igual Proteção "foi, em certo sentido, criada, ou deveria ser usada, para impedir" a segregação – e não fica claro de que modo essa mentira teria contribuído para a "honestidade".

Fica menos claro ainda por que Posner acha que teria sido melhor para a Corte, tendo anunciado que a segregação oficial é incompatível com a igualdade de cidadania, recusar-se a defender essa proposição. Afinal, a Corte não teria considerado necessário publicar uma dissertação sobre a questão de saber se uma compreensão kantiana da igualdade humana fundamental é superior a uma compreensão benthamista acerca do mesmo tema, nem sobre qualquer outra questão filosófica do gênero. Para a Corte atender às exigências da responsabilidade intelectual e política teria sido suficiente estabelecer algum princípio que identificasse o tipo de igualdade que se deve entender que a Cláusula de Igual Proteção corporifica, um princípio que os juízes da Suprema Corte estariam dispostos a aceitar em suas outras implicações. Podemos elaborar facilmente um princípio dessa natureza, ainda que ele talvez não fosse do agrado da Corte no caso *Brown*. A Cláusula de Igual Proteção proíbe restrições ou instituições legais que só se possam justificar com base no pressuposto de que alguns cidadãos são inferiores a outros, ou que seus destinos ficam abaixo dos parâmetros da igual consideração, e a segregação racial oficial não pode ser adequadamente justificada com base em nenhum outro pressuposto. (Na verdade, acredito que a Corte venha, aos trancos e barrancos, avançando rumo a esse princípio entre os casos *Brown* e *Romer*.*)[55] Não se trata, por

---

* Ver *Romer vs. Evans*, 517 U.S. 620 (1996). (N. do R. T.)

certo, de um princípio autoaplicável: deve-se utilizar um argumento para justificar cada uma de suas características, inclusive sua aplicação à segregação escolar. Isso equivale simplesmente a dizer, porém, que o juízo moral, mesmo quando presente na jurisdição constitucional, é intrinsecamente aberto e controverso. Posner preferiria que as decisões judiciais se baseassem em algoritmos ou na ciência, de modo que sempre pudessem ser, no sentido especial que ele confere ao termo, "resolvidas" por consenso. Para o bem ou para o mal, porém, os juízes se deparam com questões morais, e vituperar contra a teoria moral não vai transformar essas questões em problemas matemáticos ou científicos.

O novo pragmatismo

Se estou certo, Posner não ofereceu argumento algum em defesa de sua afirmação "forte" de que a teoria moral não apresenta nenhuma fundamentação para o juízo moral, ou para sua afirmação "fraca" de que os juízes podem e devem evitar a teoria moral. Ao contrário, apesar de várias tentativas heroicas, porém contraditórias, de dissimular o fato, ele próprio continua apelando reiteradamente à teoria moral. Devemos, portanto, retomar minha pergunta original. Se seus argumentos são tão ruins, o que explica sua resistência violenta ao "moralismo acadêmico"? Deixemos de lado sua própria sugestão jocosa de que a idade embotou sua habilidade para a teoria e, portanto, seu gosto por ela[56]. (Não sou simpático à premissa dessa explicação.) Talvez a resposta esteja apenas na questão do temperamento. William James descreve uma pessoa a quem chama de filósofo "amador", que deseja ser "maleável" e "inflexível" ao mesmo tempo, combinando, assim, atitudes contraditórias[57]. Talvez devamos nos dar por satisfeitos em assinalar o mesmo desejo em Posner, embora ele não pretenda equilibrar sentimentos maleáveis e inflexíveis, mas tão somente sentimentos inflexíveis-e-cada-vez-mais-inflexíveis.

Sugeri, contudo, uma explicação diferente, que agora vou aprofundar. As afirmações de Posner, insisti, só podiam ser mantidas por se fundamentarem numa ampla e substantiva teoria moral própria. É possível que o pensamento de Posner realmente se deixe conduzir por uma teoria desse tipo. Se assim for, não se trata da teoria que ele adota explicitamente nestas Conferências. Ele se posiciona como um "relativista moral" para quem "os critérios para se considerar válida uma afirmação moral são locais, isto é, relativos ao código moral vigente na cultura específica em que se faz tal afirmação"[58]. Por vários motivos, porém, é difícil levar essa autodefinição a sério, como algo além de uma camuflagem.

Em primeiro lugar, sua descrição do relativismo moral produz rapidamente uma contradição. Se o código moral da China exige um aborto sempre que a mãe de dois filhos engravida, e o código da Irlanda proíbe o aborto em quaisquer circunstâncias, então, segundo a definição de Posner, os chineses produzem uma afirmação moral "válida" ao afirmarem que ninguém, na China ou na Irlanda, tem o dever de abortar em determinadas circunstâncias, e os irlandeses também produzem uma afirmação moral "válida" ao declararem exatamente o contrário para as pessoas de ambos os países. Talvez Posner quisesse dizer "em que tal conduta ocorre," e não "em que se faz tal afirmação". Segundo essa interpretação, os chineses e irlandeses não precisam contradizer-se uns aos outros: cada um pode dizer que todas as mulheres têm o dever de obedecer ao código de sua própria comunidade. Então, um irlandês que aceite o relativismo assim definido deveria concordar com o fato de que as chinesas não fazem nada de errado quando abortam. Mas Posner afirma que rejeita a versão "vulgar" do relativismo que tem essa consequência[59]. Além disso, a confusão aumenta na página seguinte, quando ele declara sua simpatia pelo que chama de "subjetivismo" moral: alguém que rejeite o código moral de sua própria comunidade, diz ele, não está, afinal, "moralmente errado", pois não existem "verdades morais transculturais"[60]. Mas um relativista, como Posner acabou de definir essa concepção, nega que precisemos de verdades morais "transculturais" para tornar "válidos" os juízos morais. Posner talvez perceba que caiu em contradição consigo mesmo, pois acrescenta que, na verdade, quer dizer que as normas morais válidas são relativas não a uma comunidade de pessoas, mas a um único indivíduo[61]. Mas na página anterior ele nega que seja "um relativista moral no sentido do 'vale tudo', descrito mais precisamente como subjetivismo moral"[62]. Contudo, este parece ser exatamente o sentido em que mais adiante ele diz expressamente que é um relativista: ele afirma que, afinal, não chamaria de imoral alguém que acreditasse "sinceramente" que é certo matar bebês[63]. (Esta opinião, por sua vez, parece contradizer frontalmente outra posição que ele recentemente expôs em outro texto: "não estaria entre minhas atitudes," afirma ele, "responder que não estou de acordo, mas que cada um tem direito à sua própria opinião, a alguém que me dissesse que é correto torturar crianças"[64].) A confusão se torna absoluta mais adiante, em suas Conferências, quando o "relativista" declara:

> Um princípio moral pode ser inabalável no presente, sem que por isso seja "correto". O fato de nenhum membro de uma sociedade ter questionado, por exemplo, um tabu contra o casamento inter-racial, não tornaria esse tabu moralmente correto. Pensar que o tornaria seria o mesmo que adotar o relativismo vulgar, a ideia de que a aceitação, por uma sociedade, de um princípio moral torna esse princípio moralmente correto.[65]

Lembrem-se de que Posner declarou, apenas algumas páginas atrás, que "os critérios para se declarar válida uma afirmação moral são (...) relativos ao código moral da cultura particular em que se defende tal afirmação"[66]. Não é essa, exatamente, a concepção que ele agora declara "vulgar"?

Tudo isso torna perdoável pensar que Posner na verdade se deixa levar por uma "postura moral" diferente de qualquer uma daquelas que ele formalmente endossa. Ele oferece um vislumbre dessa postura diferente quando afirma que "o relativismo sugere uma concepção *adaptacionista* da moral, em que a moral é julgada – não do ponto de vista moral, como se poderia julgar um martelo bem ou mal adaptado a sua função de martelar pregos – por sua contribuição à sobrevivência, ou a outros objetivos, de uma sociedade"[67]. Podemos nos sentir tentados a rejeitar de imediato tal afirmação: como pode uma concepção "adaptacionista" da moral ser não moral? Não podemos avaliar um sistema moral perguntando-lhe se ele ajuda uma sociedade a "sobreviver", porque a moral que uma sociedade adota vai quase sempre determinar não se ela sobrevive, mas o modo como isso vai ocorrer. A referência a "outros objetivos" tampouco ajuda. Se em determinada sociedade não houver controvérsias sobre quais são seus "objetivos" – se já estivesse determinado, por exemplo, que ela deveria empenhar-se em maximizar sua riqueza global de acordo com uma medida específica de riqueza –, então a analogia do martelo pode funcionar. Sem dúvida, porém, isso não é incontroverso em nossa própria comunidade; ao contrário, nossos argumentos mais divisionistas remetem aos objetivos que devemos perseguir – por exemplo, devemos pretender ser ricos à custa de uma forte desigualdade? Portanto, "não do ponto de vista moral" é algo semelhante a tentar superar os próprios medos: se Posner concluir sua "concepção adaptacionista" afirmando quais objetivos considera apropriados, ele apenas terá oferecido, de forma barroca, uma teoria moral padrão, e, se não o fizer, não terá dito absolutamente nada. Quando um pouco mais jovem, Posner tentou defender uma proposta específica acerca dos objetivos cuja realização deveríamos buscar coletivamente, e não relutou em chamar sua sugestão de teoria moral. Nosso objetivo, disse ele, deve ser tornar nossa comunidade mais rica na média[68]. Agora, ele aparentemente concorda que cometeu um erro[69], mas não oferece nenhuma descrição substituta dos objetivos sociais apropriados.

Até aqui, isso nos faz lembrar o clássico dilema pragmatista. Os pragmatistas afirmam que qualquer princípio moral só deve ser avaliado em contraposição a um critério prático: adotar este ou aquele princípio ajuda a tornar as coisas melhores? Porém, se eles estipularem qualquer objetivo social específico – qualquer concepção acerca de quando as coisas são melhores –, estarão destruindo sua afirmação, pois esse objetivo social não poderia ele próprio ser justificado do ponto de vista instrumental sem que se proceda a uma argumentação em círculos. Assim, eles normalmente se recusam a dizer o que significa tornar as coisas melhores: Richard Rorty e outros líderes do exército antiteórico de Posner parecem pressupor, contrariando toda a experiência política, que para todos eles é óbvia a constatação de que uma situação está melhorando ou, para usar um termo que lhes é muito caro, de que determinada estratégia "funciona"[70]. Contudo, as divergências morais necessariamente incluem a divergência sobre aquilo que se entende por "funcionamento". Os ativistas "pró-vida" e "pró-escolha" fariam uma descrição muito diferente de qual forma de regulamentação do aborto "funciona", por exemplo. Portanto, o pragmatismo moral tem parecido a muitos críticos uma teoria vazia: estimula os esforços voltados para o futuro em busca de um futuro que se recusa a descrever.

A moda da biologia moral darwiniana pode oferecer, aparentemente, uma nova esperança para o pragmatismo, desde que este seja suficientemente não intervencionista. Suponhamos que estivéssemos convencidos de que, ao longo da evolução, os seres humanos chegaram a desenvolver atitudes e disposições que os ajudaram não só a sobreviver, mas também a prosperar. Poderíamos, então, confiar não em nossa capacidade de identificar normas e atitudes apropriadas, mas na capacidade da natureza de chegar a esse ponto por meio da seleção natural ou de algum processo equivalente. Quer dizer, não precisamos dizer que sabemos o que é melhor para nós mesmos e para nossas comunidades; precisamos apenas ter confiança no processo que, em diferentes comunidades, tornou *naturais* certas inclinações, atitudes, afinidades e disposições. Não precisamos estar preparados para afirmar, certamente não com o detalhamento esperado em uma teoria dessa natureza, quais objetivos deveríamos perseguir coletivamente, ou o que pode ser considerado como um avanço. Em vez disso, podemos dizer que é preciso pressupor que as inclinações naturais são sábias, e também que os objetivos para os quais elas nos conduzem são apropriados, a menos, é claro, que estejamos convencidos de que nossos pressupostos irrefletidos estejam baseados em falsas informações factuais.

Poderíamos dar a essa atitude, aqui ligeiramente esboçada, o nome de "pragmatismo darwiniano". É importante compreender que se trata, no fundo, de uma atitude moral substantiva e não instrumentalista, uma vez que pressupõe que certos tipos de vidas humanas e certos estados das sociedades humanas são intrinsecamente superiores a outros. Só é instrumental no sentido de que propõe um recurso específico – uma combinação de investigação factual com uma atitude contemplativa, não intervencionista – para a identificação e a obtenção desses estados. Esse instrumentalismo não faria sentido – seria uma tautologia estéril – a não ser tendo em vista outro pressuposto, o de que existem estados intrinsecamente superiores da vida e da sociedade humanas a serem descobertos pela natureza, isto é, que esses estados não são "superiores" somente porque constituem aquilo que, corrigida apenas no que diz respeito a erros factuais, a natureza produz.

A hipótese de que o pragmatismo darwiniano é a convicção intuitiva, porém oculta, de Posner, desfaz todos os mistérios que venho descrevendo. Explica sua relutância em condenar, como imoral, qualquer coisa que seja a expressão natural e não examinada de convicções morais genuínas. Explica seu fascínio pelas narrativas em que os biólogos dizem como surgiram a moral e o altruísmo. Explica por que ele é um relativista moral tão volúvel. Ele é fortemente atraído pelo espírito do relativismo, que nos ensina a respeitar os códigos morais vigentes, mas não por sua condenação de nosso impulso natural de chamar de errados os códigos morais diferentes dos nossos. Ele também reluta em denunciar os rebeldes morais como imorais: a rebelião deles também é natural e, como ele insiste, pode ter valor darwiniano. ("Na verdade", diz ele, "precisamos de alguns imoralistas ou, pelo menos, amoralistas."[71] Sem dúvida, as vítimas dos imoralistas ou dos amoralistas não precisam deles. O "nós" em questão é a raça humana, que, por ainda estar evoluindo, precisa de mutações.) A hipótese explica por que ele quer que juízes "de elite" usem seu poder constitucional para eliminar tudo que lhes desagrade visceralmente – que eles não tenham "estômago" para digerir –, mas não para tentar disfarçar essa postura por trás de uma pálida compleição teórica[72]. Explica por que ele abandona subitamente seu relativismo quando declara que códigos morais "inabaláveis" podem não determinar o que é moralmente correto: o ponto de vista contrário tolheria o tipo de processo "adaptacionista" que, para ele, representa o único progresso verdadeiro. Explica por que ele se opõe a qualquer ceticismo ou cinismo em relação à moral: ele entende que a moral tem sua força evolutiva natural na medida em que *dê a impressão* de ser uma moral. Portanto, ele declara que existe uma "veracidade" local a respeito das afirmações morais tanto quanto sobre a temperatura de uma cidade qualquer, e que ele é uma "espécie" de realista moral[73]. Ao mesmo tempo, porém, ele desconfia de qualquer justificação (a não ser da instrumentalista) para a moral criada pelas pessoas, e então, algumas páginas adiante, insiste que não está "resvalando" para o realismo que ele próprio adota nesse caso[74]. Além disso, o pragmatismo darwiniano ajuda a explicar sua profunda admiração por Oliver Wendell Holmes, cujo ensaio "The Path of the Law" confundiu os filósofos do direito ansiosos por efetuar uma categorização desse juiz da Suprema Corte, mas que também é mais bem compreendido, como sugere o título, como uma celebração do inexorável fluxo de lava da natureza ao abrir seu caminho através da história[75].

A hipótese darwiniana explica, acima de tudo, uma distinção que há pouco consideramos tão problemática – aquela que se dá, por um lado, entre o raciocínio moral inculto, "habitual", e, por outro, o moralismo "acadêmico". Posner anseia em proteger o que percebe como natural, e, para ele, "irrefletido" significa "natural". Ele também anseia em evitar qualquer coisa que lhe cheire não a natureza, mas a resultado de um trabalho rigoroso e exaustivo: ele acha que a teoria acadêmica é antinatural, intervencionista, escrita por pessoas que realmente não viveram e, ao fim e ao cabo (por mais que ele possa acusá-la de inócua), perigosa[76]. Ele pede a morte da teoria moral, mas, como todos os pretensos coveiros da filosofia, deseja apenas o triunfo de sua própria teoria. Seus argumentos mostram o contrário do que ele pretendia: mostram que a teoria moral não pode ser eliminada e que a perspectiva moral é indispensável, mesmo para o ceticismo ou o relativismo morais. O próprio Posner é guiado por uma crença moral tácita, dissimulada e pouco atraente, porém inexorável.

Apêndice: pragmatismo e *Bush vs. Gore*

De longe, a mais conhecida defesa da decisão da Suprema Corte em *Bush vs. Gore* está na afirmação de que a Corte poupou o país de um novo, e talvez prolongado, período de batalhas jurídicas e políticas, além da contínua incerteza sobre quem seria o novo presidente. Desse ponto de vista, os cinco juízes conservadores sabiam que era impossível justificar sua decisão em bases legais, mas decidiram, heroicamente, pagar o preço de ter arranhada sua reputação como juristas a fim de poupar à nação todas essas dificuldades: como às vezes se diz, eles se "queimaram" para nos preservar. Em um livro do qual fui o organizador, Richard Posner, com seu vigor e causticidade habituais, apresenta uma argumentação favorável a essa concepção com mais clareza do que qualquer outro já o fez[77].

Posner afirma que pelo menos às vezes os juízes devem adotar uma abordagem "pragmática" em seu trabalho e tomar decisões que, na opinião deles, terão os melhores resultados em termos gerais, ainda que não se trate de decisões que a doutrina jurídica do passado autorizaria. A abordagem pragmática, acredita ele, teria recomendado que se decidisse *Bush vs. Gore* do modo como o fizeram os conservadores; ele compara a decisão deles à de Abraham Lincoln ao arrostar a Constituição, suspendendo o *habeas corpus* durante a Guerra Civil, e, de modo ainda mais execrável, à decisão da Suprema Corte de permitir o encarceramento de nipo-americanos durante a Segunda Guerra Mundial[78*]. Contudo, ele não acha que o pragmatismo judicial deva ficar restrito a emergências excepcionais, como uma guerra de dimensões globais: ao contrário, defende o pragmatismo como um estilo geral de decisão judicial, correto para os juízes tanto nos casos cotidianos quanto nas emergências constitucionais. Devemos, portanto, examinar suas afirmações formais acerca da natureza e do significado do pragmatismo. Extraí uma delas de um livro anterior de Posner:

> O termo "pragmático", como adjetivo passível de qualificar qualquer coisa que tenha a ver com o processo judicial, ainda provoca calafrios. Parece descortinar panoramas de voluntariedade e subjetividade judiciais e fazer pouco do estado de direito; parece equiparar o direito à prudência, o que o tornaria maquiavélico. Porém, tudo que a decisão judicial pragmática precisa significar – tudo que quero dizer ao usar a expressão – é decisão judicial guiada pela comparação das consequências de resoluções alternativas do caso, e não por meio de um algoritmo que pretenda fazer com que os juízes cheguem, ao longo de um processo lógico ou formal de outra natureza, a uma decisão correta, utilizando apenas os materiais canônicos da tomada de decisões judiciais, como o

---

* Ver, por exemplo, *Korematsu vs. United States*, 323 U.S. 214 (1944). (N. do R. T.)

texto legal ou constitucional e decisões judiciais anteriores. O pragmatista não acredita que haja ou deva haver qualquer algoritmo desse tipo. Ele vê a decisão judicial, sobretudo a constitucional, como um instrumento prático de ordenação social, e acredita, portanto, que a decisão que trouxer as melhores consequências para a sociedade é aquela que se deve preferir.[79]

Em sua discussão de *Bush vs. Gore*, Posner coloca esta exposição em um contexto filosófico mais complexo. Ele diferencia o pragmatismo "cotidiano", que é a abordagem consequencialista, "intransigente" e de custo-benefício do raciocínio jurídico descrito no parágrafo acima citado, de duas outras formas mais filosóficas de pragmatismo: o "ortodoxo" e o "recusante"[80]. O juiz que é pragmatista nesse sentido cotidiano e consequencialista não despreza o precedente e a argumentação técnico-jurídica: ao contrário, ele tem consciência delas, levando em consideração tanto as consequências positivas que decorrem do respeito judicial sistemático pela argumentação e doutrina jurídicas tradicionais, que incluem estimular pessoas a planejar os assuntos de seu interesse com confiança, quanto as consequências negativas que possam decorrer do fato de um juiz ignorar a doutrina tradicional em determinadas ocasiões, o que inclui a frustração dessas expectativas e o enfraquecimento do benefício geral do respeito sistemático por elas. Mas o juiz pragmático também tem consciência dos perigos de uma deferência servil ao raciocínio jurídico ortodoxo; ele sabe que, em certas circunstâncias, pode obter resultados melhores, inclusive a longo prazo, ao chegar à decisão que resultará em algum benefício particularmente importante, ou que evitará algum risco especialmente grave, ainda que tal decisão desafie abertamente a doutrina estabelecida. Portanto, os juízes pragmáticos precisam equilibrar os benefícios a longo prazo do respeito à doutrina com os benefícios a longo prazo que, em algumas ocasiões, decorrem do fato de ignorá-la. Como afirma Posner, "Não existe algoritmo para se chegar a tal equilíbrio (...). O juiz deve tentar tomar a decisão que seja razoável, depois de um exame criterioso de todas as coisas, um contexto no qual "todas as coisas" inclui as fontes do direito e a jurisprudência clássica (...), mas também as consequências, na medida em que se possa discerni-las da decisão do caso em questão"[81]. Em *Bush vs. Gore*, diz Posner, a Suprema Corte teve de chegar a esse equilíbrio. Haveria "as melhores consequências para a sociedade" a longo prazo caso se levasse em consideração o precedente e a doutrina, que recomendavam a rejeição do recurso de Bush e, portanto, a permissão para que a recontagem dos votos prosseguisse na Flórida, ou caso se referendasse um argumento legal inconvincente que interrompesse a recontagem, de modo que Bush se tornasse presidente eleito sem mais delongas? Era previsível, afirma Posner, que se os cinco juízes conservadores votassem pela segunda opção, concluir-se-ia que eles haviam tomado uma decisão tendenciosa, e que a reputação de honestidade e imparcialidade da Corte, que é importante, sofreria as consequências de seu gesto. Isso apontava favoravelmente para a primeira opção. Mas a possibilidade do que ele chama de "pior cenário", que decorreria dessa decisão, pesou mais em favor da segunda opção. Aqui está o pior cenário que, para Posner, os juízes da Suprema Corte podem ter levado em conta em dezembro de 2002, quando tiveram de tomar sua decisão: a recontagem poderia ter apontado Gore como vencedor na Flórida, e a Corte da Flórida poderia, então, ter declarado que os votos do Estado eram de Gore. Como a decisão da Suprema Corte seria tomada em 12 de dezembro, essa recontagem não teria se concluído na data-limite desse mesmo dia, o que tornaria a certificação dos eleitores do Estado imune a uma contestação do Congresso; na verdade, uma recontagem responsável não poderia ser concluída nem mesmo em 18 de dezembro, data em que se exige que os eleitores depositem seus votos. Nesse ínterim, o poder legislativo da Flórida, dominado pelos republicanos, poderia ter escolhido sua chapa eleitoral favorável a Bush. O Congresso deveria então ter optado entre as duas chapas eleitorais, mas poderia ficar dividido: a Câmara dos Deputados de maioria republicana aliada à chapa de Bush, mas o Senado igualmente dividido, ainda controlado pelo vice-presidente Gore, que teria dado o voto decisivo, referendando a chapa de Gore. Se o Congresso não chegasse a uma posição de consenso, a chapa confirmada pelo governador da Flórida, irmão de Bush, teria sido empossada. Mas o que aconteceria se a Suprema Corte da Flórida tivesse ordenado ao governador que confirmasse a chapa de Gore, se o governador se tivesse recusado a fazê-lo, e se a Corte da Flórida o tivesse declarado em desacato? Quem decidiria qual era o veredicto oficial do governador? Suponhamos que, no fim, os votos da Flórida não passassem por nenhuma recontagem. Gore então teria tido a maioria dos votos dos eleitores, mas não a maioria do número total de votos, e nesse caso a presidência dependeria da questão irresolvida de saber se ele precisaria apenas dos primeiros para ser o vencedor. A Suprema Corte poderia recusar-se a decidir a questão por considerá-la uma questão política, caso em que o impasse se arrastaria indefinidamente. Um presidente em exercício seria necessário e, com base em certos pressupostos, tal presidente seria Lawrence Summers, na ocasião Secretário do Tesouro (hoje reitor da Universidade de Harvard). Summers teria sido um presidente em exercício eficaz?

Posner às vezes faz afirmações comedidas, em termos negativos, em favor da plausibilidade desse pior cenário. Ele diz que "não é de modo algum fantástico, nem mesmo altamente improvável", e depois afirma que "não é inevitável", mas que "não se poderia considerar como algo fantasioso"[82]. Na maior parte do texto, porém, ele defende suas ideias como se seu cenário fosse, se não inevitável, pelo menos tão provável que um juiz pragmatista deveria pressupor que ele seria a consequência de sua decisão de permitir que a recontagem prosseguisse. (Ele chamou seu livro sobre a eleição de 2000 de *Breaking the Deadlock* [Superando o impasse], e não de *Breaking a Not Phantasmal Deadlock*

[Superando um impasse não fantasioso]). De fato, as indicações de probabilidade são indispensáveis a qualquer análise consequencialista que se pretenda autêntica. Para um pragmatista, seria irracional comparar duas alternativas caso se comparassem apenas as piores consequências possíveis de cada uma delas, ou apenas as melhores, ou mesmo apenas as mais prováveis. Ele deve comparar as diferentes consequências possíveis de cada decisão, levando em conta sua gravidade, mas reduzindo cada uma de acordo com sua probabilidade. A argumentação pragmática de Posner torna-se visivelmente menos impressionante, inclusive em seus próprios termos, quando a reformulamos com esse espírito.

Posner parte do pressuposto de que provavelmente as recontagens manuais ordenadas pela Suprema Corte da Flórida não poderiam concluir-se na data-limite de 12 de dezembro, e seria extremamente improvável que estivessem concluídas inclusive por volta de 18 de dezembro. Porém, esta hipótese pressupõe algo que não pode ser pressuposto por um consequencialista pragmático: o fato de que algo além de um equilíbrio satisfatório das consequências a longo prazo exigia que a Suprema Corte interrompesse as recontagens da Flórida em 9 de dezembro, além de exigirem que ela declarasse, em sua decisão de 12 de dezembro, que as recontagens manuais que estavam sendo realizadas eram imperfeitas por não estipularem padrões uniformes de recontagem. Um pragmatista coerente teria de se perguntar, ao examinar a possibilidade de determinar uma interrupção em 9 de dezembro, se as consequências a longo prazo de uma decisão de não intervir de modo algum, caso em que a Corte teria tido amplo apoio doutrinário, seria melhor do que as consequências de interromper a recontagem naquela data e decidir, alguns dias depois, que as recontagens seriam inconstitucionais, a menos que submetidas a critérios uniformes. Ele não poderia ter pressuposto, ao se perguntar quanta comoção a primeira opção produziria e a segunda evitaria, que as recontagens parariam por algum motivo não relacionado até 13 de dezembro, e recomeçariam só depois de transcorrido o tempo que fosse necessário para discutir e escolher critérios uniformes, e dessem tempo para a exposição de argumentos judiciais sobre a aplicação desses novos critérios[83]. Portanto, a pergunta pertinente do consequencialista teria sido se, caso se tivesse permitido que a recontagem da Suprema Corte da Flórida prosseguisse na forma originalmente determinada por essa Corte, livre de qualquer espécie de interferência, ela teria terminado a tempo de a Flórida declarar um vencedor em 12 de dezembro ou, de qualquer maneira, por volta de 18 de dezembro. Se assim fosse – e não há nenhum motivo para se duvidar –, então o resto do "pior cenário" é irrelevante. Esta falácia não está presente apenas na argumentação de Posner, mas na argumentação mais informal, e amplamente aceita, de que a Corte nos fez um favor ao evitar uma crise. Todos esses argumentos ignoram o fato de que a Corte aumentou incomensuravelmente os riscos antes de tê-los evitado. Se a Corte se queimou por nós, ela também acendeu a fogueira.

Além disso, ainda que puséssemos de lado essa objeção crucial e admitíssemos a hipótese de que o processo de recontagem tivesse de recomeçar, segundo novos critérios ainda por escolher, em 13 de dezembro, o argumento de que a Corte salvou o país de uma crise continua sendo muito mais frágil do que Posner ou a opinião popular admite. Um pragmatista teria de admitir, mesmo segundo esse pressuposto, que havia 50% de probabilidade de que uma recontagem, quando concluída, apontasse Bush como vencedor, caso em que a controvérsia estaria encerrada. Mesmo que apontasse Gore como vencedor, nenhum dos passos que levariam ao impasse descrito por Posner seria inevitável. O poder legislativo da Flórida poderia não ter eleito uma chapa alternativa – fazê-lo implicaria riscos políticos reais até para alguns dos republicanos da Flórida. Mesmo que o fizesse, o Congresso poderia não chegar a um impasse ao fazer uma escolha entre chapas antagônicas. Alguns congressistas republicanos poderiam ter pensado que o argumento favorável à preferência por eleitores escolhidos pelo povo da Flórida, em detrimento dos escolhidos pelas autoridades públicas, era forte demais para ser ignorado. Alguns senadores democratas de estados em que Bush ganhara poderiam ter cedido à pressão política de votar com os eleitores da Flórida comprometidos com ele. Um dos candidatos, ou todos eles, poderiam ter se retirado da disputa. O argumento moral para a retirada de Bush teria sido muito forte: ele havia perdido no voto popular nacional e sabia que um número muito maior de eleitores da Flórida pretendia votar em Gore e não nele; além disso, se uma recontagem tivesse mostrado que, de fato, mais eleitores da Flórida haviam votado em Gore, a opinião pública poderia ter pendido tão decisivamente contra o fato de ele tornar-se presidente por meio de um acordo intermediado, ou de um jogo de poder do Congresso, que ele teria achado melhor ceder. (Muitos europeus se surpreenderam com o fato de ele não ter se retirado depois que o episódio da cédula-borboleta* evidenciou que ele não estava moralmente habilitado a vencer, qualquer que fosse o tipo de cálculo.) Ou, enquanto a minicrise prosseguia, a opinião pública poderia ter começado a ganhar terreno, fortalecendo-se contra Gore, levando-o a crer que seu futuro político só teria a ganhar caso se retirasse imediatamente. Ou algum acordo poderia ter sido feito, no Congresso, mais rapidamente do que Posner imagina. Ou, se ficasse claro que os votos da Flórida não seriam contados, a Suprema Corte poderia ter concordado em decidir se a maioria dos votos do Colégio Eleitoral ou todos os votos do Colégio Eleitoral eram necessários para conquistar a presidência: a Corte poderia ter declarado, de maneira razoável, que essa era uma questão estritamente interpretativa que, na ausência de uma solução política pelo Congresso, lhe cabia a responsabilidade de deci-

---

* Cédula com os nomes dos candidatos em ambos os lados e o espaço para o voto no meio. (N. do T.)

dir. Ou, se todos os outros passos do pior cenário tivessem realmente se concretizado, Summers poderia ter governado bem enquanto presidente em exercício. Algumas dessas possibilidades tinham, é claro, menos probabilidades do que outras, e, no caso de outras, as probabilidades eram praticamente nulas. Contudo, se começarmos por imaginar que a probabilidade de uma recontagem que mostrasse a vitória de Gore era de mais ou menos cinquenta por cento, e em seguida levarmos em consideração as probabilidades combinadas das outras especulações de Posner, seu pior cenário torna-se extremamente improvável. O que é apenas uma maneira mais rebuscada de dizer que, em política, nunca se sabe.

Mesmo o pior cenário de Posner não teria representado uma tragédia nacional: não teria sido tão ruim (para usar as analogias de Posner) quanto uma vitória do Sul na Guerra Civil ou uma vitória japonesa na Segunda Guerra Mundial. Até o momento, portanto, a defesa pragmática de Posner parece condenada ao fracasso. Mas ainda não chegamos ao pior de todos os problemas. Afirmei que, a partir de 9 de dezembro, o equilíbrio das considerações pragmáticas pendeu claramente contra a intervenção da Suprema Corte. Mas tal avaliação, devo agora admitir, ignora a mais importante de todas as considerações pragmáticas. Se um juiz pragmatista da Suprema Corte resolvesse avaliar, em 9 de dezembro, as consequências gerais de se interromper a recontagem na Flórida, comparando-as às que poderiam advir caso se autorizasse seu prosseguimento, seria irracional que ele ignorasse o fato de que a interrupção da recontagem asseguraria uma presidência Bush por pelo menos quatro anos, enquanto a permissão para que a recontagem prosseguisse representaria uma possibilidade substancial – de cinquenta por cento, digamos – de que a presidência seria ocupada por Gore. A questão de qual desses dois políticos se tornaria finalmente presidente varreria de cena todos os outros fatores, numa comparação genuinamente pragmática de ambas as decisões.

Sem dúvida, cada juiz da Suprema Corte tinha suas opiniões sobre quem seria melhor para o país ao assumir a presidência no início de 2001, Bush ou Gore. Os presidentes têm um enorme poder para o bem ou para o mal, como a presidência Bush demonstrou de maneira dramática, e os juízes sabiam que a diferença de consequências para o país de um, e não do outro, tornar-se presidente por quatro anos seriam muito grandes. Eles sabiam que nenhum dos custos e benefícios de uma decisão de um jeito ou de outro, como descrito por Posner em *Bush vs. Gore*, teria a mesma escala de importância. Alguém que acolhesse de maneira favorável a eleição de Bush teria visto na decisão da Suprema Corte um triunfo consequencialista: ter-se-ia alcançado o resultado pretendido sem o problema e os riscos de prosseguir a batalha pós-eleitoral. Mas alguém que considerasse Bush perigoso para o país teria visto na decisão um desastre pragmático: tal pessoa teria pensado – e esta é a questão crucial – que uma batalha pós-eleitoral era um pequeno preço a pagar por uma possibilidade substancial de, finalmente, evitar a eleição de Bush. Um juiz pragmatista da Suprema Corte teria tido de decidir por si próprio quais dessas duas avaliações consequencialistas era a correta, e isso significa decidir se Bush ou Gore era melhor para o país. Sem dúvida, isso é exatamente o que os críticos mais severos acham que foi feito pelos cinco juízes conservadores: eles decidiram que Bush seria um presidente melhor e agiram de acordo com sua opinião. Na verdade, quase todos acham que, se um caso idêntico tivesse sido apresentado à Corte, com a única diferença de que a posição dos candidatos estivesse invertida – Gore tivesse sido declarado vencedor, Bush tivesse convencido a Corte da Flórida a determinar as recontagens e Gore pedisse à Suprema Corte que as interrompesse –, os cinco juízes teriam votado para que não se interviesse de maneira nenhuma. (Até Posner desconfia disso, embora sugira que a influência da política e do interesse pessoal sobre os cinco juízes deu-se apenas no sentido de torná-los "mais sensíveis" a argumentos que, fossem outras as circunstâncias, eles poderiam ter desconsiderado.)[84] Mas quase todos – inclusive eu, imagina Posner – acreditam que esse fato seja *lamentável*. Considera-se como uma crítica devastadora aos cinco juízes, caso seja verdade, que para eles fazia uma diferença crucial saber qual candidato venceria se eles ordenassem a interrupção da recontagem. Porém, se Posner estiver certo ao acreditar que os juízes tinham a responsabilidade de chegar a um resultado "pragmático" nesse caso, então seria uma irresponsabilidade deles *não* ter permitido que isso fizesse uma diferença crucial.

Posner admite essa dificuldade: em sua discussão de *Bush vs. Gore* ele faz a surpreendente confissão de que "ela talvez coloque o desafio fundamental à decisão judicial pragmática", querendo com isso dizer, aparentemente, que o pragmatismo seria uma teoria inaceitável da decisão judicial se recomendasse que os juízes às vezes decidissem casos eleitorais de modo a eleger o melhor candidato para a nação[85]. Ele declara, porém, que embora um bom pragmatista levasse tudo o mais em conta em sua avaliação das consequências – levasse em conta, por exemplo, o risco de que alguma nação "desonesta" se sentisse tentada a aproveitar-se de uma eleição presidencial demorada para nos caluniar –, ele não levaria em conta quais projetos políticos dos candidatos, em termos gerais, seriam melhores para nós ao longo de quatro anos. Ele descreve esse resultado como "auspicioso", mas a defesa que apresenta dele não é convincente[86]. Ele recorre a uma estratégia conhecida pelos filósofos como "consequencialismo de regras". Essa estratégia pressupõe que, a longo prazo, as pessoas frequentemente produzem as melhores consequências ao seguirem uma regra cuidadosamente estabelecida, de modo que seguir essa regra em cada caso – quer ela produza ou não as melhores consequências no caso em questão, considerado em termos de seus próprios méritos – produz as melhores consequências com o passar do tempo. Ele insiste em afirmar que, por esse motivo, os juízes devem seguir uma regra inflexível para não emitirem juízos políticos de caráter partidário.

Não fica claro por que Posner acha que seguir essa regra, em vez de levar em consideração quem seria um presidente melhor nos raros casos em que uma decisão judicial decidirá uma eleição presidencial, realmente produziria as melhores consequências, inclusive a longo prazo. Sem dúvida, a Corte teria sua reputação abalada e, portanto, também a sua eficiência, se as pessoas em geral achassem que os juízes haviam tomado uma decisão partidária. Seja como for, porém, as pessoas realmente pensam assim a respeito da decisão em *Bush vs. Gore*; este foi, como o próprio Posner enfatiza, um custo importante e inevitável a ser pago pela intervenção da Corte no processo eleitoral, pelo menos a partir do momento em que ficou claro que somente os juízes conservadores tomariam uma decisão favorável a Bush. De qualquer modo, ele não acha que um juiz pragmatista deva admitir abertamente suas afinidades com o pragmatismo. Pensa que, em *Bush vs. Gore*, a maioria deveria ter decidido em bases pragmáticas, mas ter inventado alguma história que ocultasse esse fato. Mas por que, então, não deveriam os fundamentos concretos da decisão, que de qualquer modo não viriam a público, incluir a única consequência importante da decisão? Posner diz que isso perturbaria o equilíbrio de poderes no governo norte-americano. Se ele quer dizer que, por esse motivo, tais circunstâncias teriam tido consequências funestas a longo prazo, seria bom que explicasse o porquê. Por que não é melhor, a longo prazo, permitir um eventual desequilíbrio insignificante, escondido o máximo possível, quando isso pode livrar a nação de uma presidência desastrosa? A argumentação de Posner parece motivada mais pela necessidade de negar a todo custo que um juiz pragmatista alguma vez viesse a fundamentar suas decisões em bases político-partidárias do que por qualquer argumento pragmático em defesa dessa negativa.

Sem dúvida, ele está certo ao afirmar que os juízes devem observar a regra de nunca seguir tais juízos partidários.

Mas está errado ao imaginar que a decisão dos juízes conservadores em *Bush vs. Gore* pudesse ser defendida como uma decisão que, na opinião deles, teria levado às melhores consequências se eles tivessem observado essa regra. O consequencialismo de regras oferece um argumento não para se julgar consequências caso a caso, mas, ao contrário, para se decidir de acordo com regras fixas. Contudo, o que Posner está propondo é algo bem diferente: um processo híbrido em que os juízes decidem mediante a avaliação das consequências, caso a caso, mas adotam uma regra que exige que eles deixem de fora as consequências mais importantes. Isso é incorreto. Faria sentido dizer que, como os juízes não devem adotar uma postura partidária, eles deveriam decidir casos relativos a eleições presidenciais baseados estritamente em princípios e doutrinas, e não em qualquer cálculo sobre qual resultado será melhor para o país em termos gerais[87]. Também faz sentido – ainda que um sentido pouco atraente – afirmar que, como os juízes devem ter por objetivo gerar melhores consequências, eles devem fazer julgamentos político-partidários dos casos, inclusive dos casos que dizem respeito a eleições presidenciais, em que uma avaliação geral das consequências seja impossível sem eles. Não faz sentido algum afirmar que os juízes devem decidir tais casos pragmaticamente, avaliando os custos e benefícios de uma decisão de uma maneira ou de outra, mas sem levar em conta o provável vencedor dessa disputa, que é um fato de importância absolutamente decisiva para a avaliação desses custos e benefícios. Como poderia uma pessoa sensata decidir qual é o verdadeiro custo de correr o risco, inclusive aquele do pior cenário de Posner, sem levar em consideração quão boa ou má seria uma presidência Bush – o resultado certo da maneira mais certa de se evitar esse pior cenário? A recomendação clássica de Posner não é uma fórmula de decisão pragmática, mas de uma paródia do pragmatismo; é como pedir a um médico que escolha entre diferentes medicamentos para um paciente comparando o preço, a disponibilidade e a facilidade de administração, sem perguntar, também, qual vai curá-lo e qual vai matá-lo.

Portanto, a defesa centrada nas boas consequências que Posner faz da atitude da Corte cai por terra após um exame criterioso. Porém, como ele oferece uma defesa mais geral do pragmatismo judicial em seu artigo sobre a decisão da Corte, devemos também levar em consideração seus argumentos mais gerais. Entre os juristas atuais, "pragmatismo" é um termo técnico carente de significado, mas que impressiona o público leigo, e está em grande voga entre os juristas de nossos dias: aparece em toda parte e nos contextos mais esdrúxulos[88]. Porém, como os juízes, a exemplo de qualquer pessoa, discordam sobre o valor relativo das diferentes consequências possíveis de suas decisões, dizer-lhes que decidam por avaliação das consequências não passa de – como Posner reconheceu ser a opinião de muitas pessoas – um convite à ilegalidade.

É fácil perceber a diferença entre pragmatismo judicial e teorias mais ortodoxas sobre a decisão judicial em casos dramáticos nos quais fica claro que uma análise jurídica convencional recomendaria uma decisão que, para quase todos os membros da comunidade, seria percebida como ruim. O exemplo dado por Posner – a decisão de Lincoln de desafiar a Constituição ao suspender o *habeas corpus* durante a Guerra de Secessão – é emblemático desse tipo de caso. Claro está que sempre se pode pôr em dúvida se a hipótese de Lincoln de que isso era necessário para garantir a segurança do país tinha solidez enquanto análise consequencial. Contudo, o objetivo que ele pretendia alcançar – que a segurança do país estivesse protegida – não era objeto de controvérsia no seio da comunidade em cujo nome ele atuava. Em muitos – talvez na maioria – dos casos difíceis, porém, não é suficiente simplesmente afirmar que os juízes devem pensar nas consequências, pois a essência da controvérsia é o modo como essas consequências devem ser avaliadas. Os casos de aborto oferecem um exemplo dramático que usei anteriormente para chegar a este ponto. O que produziria as melhores consequências para a sociedade: a proibição ou a liberação do aborto na fase inicial da gravidez? Os cidadãos, juristas e juízes que discordam quanto à moralidade do aborto também discordam, exatamente por esse motivo, no que diz respeito a saber quais consequências seriam as melhores. Uma facção acha que o aborto é um assassinato, e que qualquer sociedade que permita o assassinato é uma sociedade degenerada. Seus adeptos, portanto, acreditam que as consequências de se permitir o aborto são desastrosas. A outra facção acha que proibir o aborto condena milhares de mulheres a uma vida miserável sem nenhum motivo justificável, e que, portanto, as consequências de tal decisão seriam terríveis.

Se um juiz tentasse decidir sobre a constitucionalidade da proibição do aborto perguntando se as consequências da permissão ou da proibição seriam melhores em termos gerais, ele teria de optar entre essas convicções profundamente antagônicas, e não lhe restaria outra opção senão avaliar sozinho as consequências segundo seu próprio discernimento e baseado em suas próprias convicções – de modo que, se ele próprio acreditasse que o aborto correspondia a um assassinato ou era algo profundamente imoral, ele defenderia a constitucionalidade das leis que o proibissem. Ele diria a si próprio que, conforme seu melhor julgamento e sem recorrer a nenhuma outra autoridade, ele considerava que as consequências de proibir o aborto eram melhores para a sociedade do que as consequências de autorizá-lo. Esse julgamento seria genuinamente pragmático, ainda que quase todos os juristas e cidadãos (e talvez o próprio Posner) o considerassem equivocado e, inclusive, irresponsável. Não surpreende, portanto, que o tipo de pragmatismo de Posner prescrevesse uma ordem semelhante, e igualmente irresponsável, aos juízes da Suprema Corte que decidiram o caso *Bush vs. Gore*: após um exame profundo da questão, eles deveriam decidir se uma presidência Bush seria suficientemente melhor do que uma presidência Gore, para compensar os danos nos quais a Corte incorreria ao aceitar o caso e decidir, em bases doutrinárias inconsistentes, em favor de Bush.

Devo acrescentar – embora espere que isso seja evidente – que os juízes não precisam optar entre avaliar as consequências desse modo pessoal e ignorá-las por completo. Ninguém imagina que os juízes possam ou devam decidir os casos "por meio de um algoritmo que pretenda fazê-los chegar, ao longo de um processo lógico ou formal de outra natureza, a Uma Decisão Correta, utilizando apenas os materiais canônicos da tomada de decisões judiciais como o texto legal ou constitucional e decisões judiciais anteriores". Essa representação da decisão judicial é, e sempre foi, de uma inconsistência flagrante. Não há dúvida de que os juízes devem levar em consideração as consequências de suas decisões, mas eles só podem fazê-lo na medida em que forem guiados por princípios inseridos no direito como um todo, princípios que ajudem a decidir quais consequências são pertinentes e como se deve avaliá-las, e não por suas preferências pessoais ou políticas.

Capítulo 4
Pluralismo moral

Acredito que as ideias de Isaiah Berlin estejam ganhando influência, e que continuarão a fazê-lo. É especialmente na filosofia política e em sua concepção de pluralismo de valores que percebo essa influência crescente e duradoura. Vou citar algumas frases de sua obra; não frases relacionadas entre si, mas, ainda assim, frases apropriadas para sugerir a originalidade e o interesse consideráveis de sua tese. Ele começa assim:

> O que fica claro é que os valores podem entrar em conflito. Eles podem facilmente entrar em conflito no íntimo de um único indivíduo. E disso não se conclui que alguns devam ser verdadeiros, e outros falsos. Tanto a liberdade quanto a igualdade estão entre os principais objetivos perseguidos pelos seres humanos ao longo de muitos séculos. Mas a liberdade total para os lobos significa a morte para os cordeiros. Esses choques de valor constituem a essência do que eles são e do que nós somos.
> Se nos disserem que essas contradições serão resolvidas em algum mundo perfeito onde todas as coisas boas estarão, em princípio, harmonizadas entre si, devemos responder aos que nos fazem tal afirmação que os significados por eles atribuídos às palavras que, para nós, denotam valores conflitantes, não são iguais aos nossos. Se sofreram alguma transformação, desconhecemos por completo os novos sentidos que assumiram. A noção do todo perfeito, a solução

definitiva na qual todas as coisas boas coexistem, parece-me não apenas inatingível – o que constitui um truísmo –, como também conceitualmente incoerente. Entre os grandes bens, existem alguns que não podem viver juntos. Trata-se de uma verdade conceitual. Estamos condenados a escolher, e cada escolha pode significar uma perda irreparável.*

Quase no final de seu mais famoso ensaio**, Berlin retomou esse tema, só que o fez de modo mais ameaçador. Ele reconheceu a atração da concepção que, conforme a citação que acabei de fazer, ele declara ser falsa: a atração pelo ideal do todo perfeito. Reconheceu tal atração como duradoura e importante. Disse, porém, que não devemos ceder a esse impulso porque "permitir que ele determine nossa prática é sintoma de uma imaturidade moral e política igualmente profunda e perigosa".

São palavras fortes, e acusam-me pelo que estou prestes a afirmar. Não obstante, tentarei defender o ideal holístico que Berlin condenou de modo tão veemente. Antes disso, porém, gostaria de comentar sua sugestão de que esse ideal não é apenas falso, mas também perigoso. É verdade que há perigos no ouriço, mas não devemos nos esquecer de que também os há na raposa***. Assim como os tiranos têm tentado justificar grandes crimes recorrendo à ideia de

---

* A passagem está em seu livro *The Crooked Timber of Humanity: chapters in history of ideas*. H. Hardy (org.), London, J. Murray, 1990, pp. 12-3. (N. do R. T.)

** Certamente, *The Hedgehog and the Fox: an essay on Tolstoy's view of history*, publicado originalmente em 1953. (N. do R. T.)

*** "Muitas coisas sabe a raposa; mas o ouriço sabe uma única grande coisa", escreveu o poeta grego Arquíloco. Sir Isaiah Berlin utilizava os termos "raposa" e "ouriço" para classificar duas perspectivas teóricas distintas que ele mencionava em seus escritos. Para ele, os "ouriços" tentam relacionar o conhecimento em uma única visão, em um "sistema" mais ou menos coerente e articulado. As "raposas", por sua vez, reconhecem que o conhecimento sobre as coisas nem sempre se dá de forma articulada ou coerente. Segundo a distinção proposta por Berlin, Dworkin seria um "ouriço" em filosofia política e direito. Ver Isaiah Berlin, *The Hedgehog and the Fox: an essay on Tolstoy's view of history*, Elephant Paperbacks, Chicago, 1993, pp. 3-4. (N. do R. T.)

que todos os valores morais e políticos se unem em uma visão harmoniosa, de importância tão transcendental que o assassinato se justifica quando está a seu serviço, também outros crimes morais têm sido justificados pela atração pela ideia oposta, a de que os valores políticos importantes entram necessariamente em conflito, que não se pode defender nenhuma escolha entre eles como a única escolha correta e que os sacrifícios em algumas das coisas que nos são caras são, portanto, inevitáveis.

Milhões de pessoas neste país extraordinariamente próspero não têm vidas ou perspectivas decentes. Não têm plano de saúde, moradia adequada nem emprego. Quantas vezes já se ouviu dizer, em resposta à acusação de que devemos fazer alguma coisa a respeito de tal situação, que não podemos fazer demais porque a igualdade conflita com a liberdade? Que, se aumentássemos os impostos no nível necessário para atacar a pobreza com seriedade, estaríamos violando a liberdade? Ou quando voltamos nosso olhar para mais longe e vemos que, em muitas partes do mundo, a democracia é uma piada, e dizemos que talvez não haja muito que possamos fazer a respeito, mas talvez haja alguma coisa, ou quando pensamos nas políticas do Talibã que negam assistência médica às mulheres, e recuamos, horrorizados, e perguntamos se sanções econômicas poderiam fazer algo a respeito, quantas vezes nos dizem que culturas diferentes têm valores diferentes e que, em nosso caso, não passa de uma forma de imperialismo insistir que só os nossos valores estão certos e que os valores diferentes estão errados? Que temos nossa forma de organizar a sociedade, e que o Talibã e outras sociedades fundamentalistas têm as suas, e que, no final das contas, tudo que podemos dizer é que uma única sociedade não pode incorporar todos os valores, que essas sociedades fizeram suas escolhas entre eles, e que nós fizemos as nossas?

O ouriço não precisa ser um tirano – como assinalou Thomas Nagel, é um grande erro, como pensar que, como o monismo de valores pode servir de bandeira da tirania, as coisas devem ser sempre assim. É claro que, tampouco o pluralismo de valores leva inevitavelmente ao egoísmo ou à indiferença. Mas há perigos de ambos os lados, e o fato de o perigo do ouriço ser maior do que o da raposa, como pensava Berlin, parece depender, em grande parte, da questão de lugar e tempo. Em meados da década de 1950, quando ele escreveu seu famoso texto, o stalinismo estava em pleno vigor e o cadáver do fascismo ainda exalava mau cheiro. Portanto, pode muito bem ter parecido, na época, que a civilização tinha mais a temer do ouriço. Contudo, nos Estados Unidos de nossos dias e em outras prósperas democracias ocidentais, tal conclusão não parece ser assim tão clara: a raposa pode ser o animal mais ameaçador. Talvez haja um pêndulo que oscila entre esses dois perigos.

Nossa história, porém, não fica restrita à questão do perigo. Queremos verificar até que ponto Berlin estava certo, não no que diz respeito aos efeitos positivos de seu pluralismo de valores, mas quanto à veracidade dessa doutrina. Afirmei que o ponto de vista dele é original e poderoso, e agora tentarei explicar por que; não apenas porque devemos tentar identificar criteriosamente as afirmações de Berlin, mas porque as dificuldades de sua concepção só aparecem quando separadas de afirmações mais conhecidas. Berlin não apenas insistiu, como hoje fazem tantos autores, no lugar-comum antropológico de que sociedades diferentes se organizam em torno de valores muito diferentes e têm dificuldade de se compreenderem mutuamente. Ele tampouco associa simplesmente esse lugar-comum, como tantos outros o fizeram, à afirmação cética complementar de que não faz sentido algum falar de valores "objetivos". É demasiado comum, na chamada era pós-moderna, que os estudiosos afirmem que todos os valores – liberais, fundamentalistas ou "asiáticos"– não passam de reações subjetivas ou de criações sociais, de modo que pensar nesses valores como verdadeiros ou falsos constitui um erro filosófico profundo.

A concepção de Berlin é mais complexa e interessante. Ele acreditava que os valores são, de fato, objetivos, mas também que existem conflitos insolúveis entre os valores verdadeiros. Em outras palavras, ele não dizia apenas que as pessoas divergem sobre o que é a verdade, mas que há conflito quanto à veracidade dessas questões. É por isso que, conforme o citei, ele falou de conflito no íntimo de um único indivíduo, e podemos entender melhor seu ponto de vista se o colocarmos na primeira pessoa. Vamos supor que tentássemos imaginar uma vida que tivesse tudo que uma vida ideal deveria ter. Ou que elaborássemos uma constituição política que respeitasse e aplicasse cumprir todos os valores políticos importantes. Estaríamos condenados, diz Berlin, a fracassar em ambas as tentativas.

A condenação, acrescenta ele, é conceitual, e não contingente, e vou tentar explicar o que ele quer dizer com essa nova distinção, embora não esteja convencido de que possa demonstrar que ela é tão nítida quanto ele imaginava. Sem dúvida, existem circunstâncias nas quais, por várias razões fortuitas, ou devido à injustiça ou à maldade, não podemos cumprir com todas as nossas obrigações para com os demais. Por exemplo, é bem possível que não consigamos salvar todas as vítimas de uma catástrofe natural e que algumas morram. Devido às exigências da guerra, Churchill julgou que tinha de sacrificar os cidadãos de Coventry, deixando de adverti-los sobre um ataque aéreo iminente, a fim de manter em segredo o fato de que os Aliados tinham decodificado um código alemão secreto. Se um país foi submetido a um sistema econômico injusto para algumas classes sociais, talvez seja necessário restringir a liberdade ao abolir o ensino privado, pelo menos durante uma geração, a fim de tentar recuperar a igualdade. Esses casos ilustram situações em que, por diferentes tipos de razões contingentes ou históricas, não podemos fazer tudo que deveríamos.

Nossos valores entram em conflito, insiste Berlin, de uma maneira mais profunda que esta, motivo pelo qual ele afirma que o ideal de harmonia não é apenas inalcançável, mas "incoerente", porque o fato de garantir ou proteger um valor implica, necessariamente, abandonar outros ou fazer concessões. Quer dizer, nossos valores colidem mesmo quando nos empenhamos em fazer o melhor possível. Os exemplos de Berlin ajudam a tornar mais clara essa distinção. Você pode achar que uma vida dedicada à espontaneidade – seguir os arroubos e impulsos do momento – seria maravilhosa. Mas você também pode se dar conta das exigências de um valor muito diferente, aquele da prudência: pode achar que uma vida comprometida com a previdência, particularmente no que diz respeito às necessidades e interesses dos demais, seria uma vida esplêndida. Porém, se você sentisse esses dois apelos, teria de ser infiel a um deles. Seria impossível organizar uma vida em que a espontaneidade fosse dominante, mas que também deixasse espaço para a prudência, ou vice-versa. Se você tentasse juntar esses dois valores em uma única vida, o resultado seria uma confusão terrível: imagine um homem que usasse um despertador de pulso para lembrá-lo de que estava na hora da espontaneidade. Isso não funcionaria, e não se trata apenas de uma simples questão de acidente histórico. Os dois valores não combinam porque, dada a natureza do caso, estão em conflito entre si.

Podemos encontrar facilmente outros exemplos de uma necessidade ainda maior de permuta ou concessão em suas próprias vidas. Creio que muitos de vocês sentem a necessidade tanto de se dedicar totalmente a algum trabalho ou projeto quanto de se comprometer com responsabilidades e prazeres familiares que quase sempre puxam na direção contrária, e a experiência nos ensina quão doloroso esse conflito pode se tornar em determinados momentos. Numa situação dessas, qualquer escolha que a pessoa faça vai levá-la a crer que está se privando de alguma coisa essencial a uma vida boa, pelo menos para ela.

Essa última ideia – a de que um conflito em valores importantes implica algum dano verdadeiro e importante – é fundamental na concepção de Berlin. Ele não quer dizer apenas que não podemos ter tudo que queremos – que não podemos nos fartar de todos os prazeres e aventuras que poderíamos desejar ter em uma única vida. Isso, como ele diz, é um truísmo. O que ele quer dizer é que não podemos incorporar a uma única vida tudo aquilo que, quando não se tem, nos faz pensar que a vida não vale a pena. Qual é a analogia política desse tipo de fracasso? É claro que uma comunidade política não pode alcançar todo o sucesso econômico ou cultural com que sonham seus membros, e certamente suas diretrizes devem às vezes decepcionar alguns cidadãos por causa das políticas que trazem benefícios a outros. Mas os valores políticos designam responsabilidades distintas que uma comunidade tem para com seus cidadãos, responsabilidades que não é apenas decepcionante, mas igualmente errado ignorar ou infringir.

Se admitirmos que a igualdade é um valor e entendermos que igualdade significa que todo cidadão deve ter acesso a uma assistência médica decente, acharemos que, quando uma comunidade próspera permite que alguns de seus cidadãos morram por falta de tal assistência, está agindo mal. Se admitirmos a liberdade como um valor e pensarmos que a liberdade é violada quando os ricos são tributados para que haja mais dinheiro para os pobres, acharemos que essas tributações não são apenas uma inconveniência para os ricos, mas também um erro. Se admitirmos tanto a igualdade quanto a liberdade e entendermos que elas têm essas implicações, então devemos pensar que, a despeito do que uma comunidade política faça ou deixe de fazer, ela estará infringindo suas responsabilidades. Em outras palavras, ela não deve decidir se vai ser injusta com algum grupo, mas qual grupo tratará injustamente. Esse é o tipo de conflito de valores políticos que Berlin tinha em mente: a inevitabilidade não da decepção, mas da mácula moral irreparável.

Sua afirmação é positiva – ele diz que valores diferentes entram em conflito desse modo trágico –, e devemos ter o cuidado de distinguir essa concepção positiva da observação diferente, e muito menos perturbadora, de que às vezes não sabemos ao certo o que nossos valores exigem de nós. As pessoas dadas à reflexão muitas vezes ficam em dúvida sobre importantes questões políticas, oscilando às vezes entre posições opostas. Poderíamos começar por refletir sobre a incômoda questão do discurso do ódio (*hate speech**), por exemplo, convencidos de que qualquer governo que prive uma pessoa da liberdade de expressão apenas por desaprovar o que ela diz, ou porque o que ela diz é ofensivo a outros membros da comunidade, está agindo de modo ilegítimo. Depois, poderíamos ouvir um pouco do que algumas pessoas realmente dizem – quando chamam uma negra de"crioula"ou dizem a um garoto judeu que Hitler estava certo ao mandar os judeus para a câmara de gás. E então poderíamos fazer algumas reconsiderações: poderíamos nos perguntar se a liberdade de expressão é, de fato, tão importante quanto achamos que fosse. Uma nação realmente compromete sua legitimidade quando protege seus cidadãos mais vulneráveis desse tipo de ataque? Poderíamos chegar primeiro a uma decisão, e depois a outra: poderíamos distorcer e recompor nossos pensamentos, sem saber direito que direção seguir. Ou poderíamos cair na indecisão e descobrir que, por conhecermos a atração exercida por cada lado da questão, simplesmente não podemos dizer, com um mínimo grau de certeza, o que pensamos.

Contudo, a afirmação de Berlin não tem nada a ver com a incerteza, mesmo com aquele tipo terminal de incerteza. Ele não afirma que muitas vezes não sabemos qual é a de-

---

* A Suprema Corte norte-americana tem permitido, com base no direito à liberdade de expressão, o que se convencionou chamar de *hate speech*, ou seja, o discurso destinado a promover o ódio ou a aversão por motivos de sexo, religião, origem étnica ou nacionalidade. Tais discursos podem tomar forma de palavras faladas, mensagens escritas, gestos ou outros atos. Segundo a Corte, somente por meio da proteção a todas as formas de expressão pode o poder público assegurar um debate vigoroso, aberto e desinibido em uma democracia. Ver Samuel Walker, *Hate Speech: the history of an American history*, Lincoln and London, University of Nebraska Press, 1994. Para um estudo de direito comparado, ver Michel Rosenfeld,"Hate Speech in Constitutional Jurisprudence: a comparative analysis", *Cardozo Law Review*, vol. 24, n. 4, 2003, pp. 1523-67. (N. do R. T.)

cisão correta, mas que muitas vezes sabemos que nenhuma decisão é correta, o que é bem diferente. Portanto, devemos nos concentrar na questão que proponho a seguir. Quando temos o direito de acolher não apenas a ideia negativa de que não sabemos o que é correto em nossos atos, mas de fazer a afirmação positiva de que sabemos que nenhum dos nossos atos é correto porque, sejam eles quais forem, estaremos sempre fazendo algo errado? A última afirmação é extremamente ambiciosa: significa examinar o fundo de um dilema e constatar que não há escapatória. Estaremos autorizados a fazer afirmação tão ambiciosa?

Isso depende do modo como concebemos a origem de nossas responsabilidades. Imagine-se na situação de Abraão com um punhal voltado para o peito de seu filho Isaac. Suponha que você acredita ter o dever religioso absoluto de obedecer ao seu Deus, aconteça o que acontecer, e também o dever moral absoluto de não ferir seu próprio filho, aconteça o que acontecer, e que você concebe tais deveres como independentes em sua origem. Sua teologia insiste, ao mesmo tempo, em afirmar que a autoridade de Deus não depende de suas ordens serem morais ou imorais, e que a autoridade da moral não provém, de modo algum, de um mandamento de Deus. Na medida em que tiver essas convicções, você estará convencido de que não poderá deixar de cometer um ato mau. Você está, por assim dizer, submetido a dois senhores – a Deus e à moral – e encontra-se diante da dificuldade trágica de que, ao menos do modo como entende a situação, a ordem de cada um nada vale aos olhos do outro. Você tem de escolher, e cada escolha representa uma terrível e definitiva deslealdade.

Mas será esta, realmente, a nossa situação na política? Afirmei há pouco que podemos não saber ao certo se um governo age mal quando proíbe o discurso racista ou, ao contrário, se age mal quando permite tal discurso. Que outro argumento ou reflexão poderia substituir essa indecisão pela convicção positiva de que o governo age mal em ambos os casos? Nossa situação é bem diferente da de Abraão:

não estamos submetidos a dois poderes soberanos independentes, um que ordena a liberdade de expressão e outro que ordena a persecução criminal em razão do insulto racial. Ao contrário, estamos envolvidos com cada uma dessas posições antagônicas através de argumentos que, se terminássemos por acatar como decisivos, nos libertariam da atração exercida por um deles. Se realmente acreditamos que os cidadãos têm o direito de dizer publicamente o que pensam, mesmo de um jeito que ofenda determinados outros cidadãos, seria igualmente estranho acreditar que certos cidadãos têm o direito de não ser ofendidos pelo que os outros cidadãos dizem. E vice-versa. Chegamos a uma convicção política em casos como este, isto é, não ao descobrirmos que alguma divindade ou autoridade assim o determinou, o que pode facilmente criar um conflito profundo, mas ao refletirmos e apurarmos nossa consciência das necessidades e valores em jogo, e é misterioso como esse processo poderia levar ao tipo de conflito apontado por Berlin. Parece enigmático constatar como poderíamos nos deixar convencer, ao mesmo tempo, de que alguns cidadãos têm o direito de que não sejam feitos insultos raciais e de que outros cidadãos têm o direito de fazê-los. Contudo, a menos que possamos finalmente admitir as duas afirmações, e ao mesmo tempo, não podemos reivindicar a concepção positiva de que violamos os direitos dos cidadãos sejam quais forem nossas atitudes perante o discurso racista.

Berlin replicaria, acredito, que minha exposição sobre o modo como poderíamos nos tornar inseguros quanto ao racismo deixa de levar em conta um fato importante e pertinente – o de que chegamos a controvérsias políticas específicas, como esta em questão, sobrecarregados por compromissos anteriores com dois valores políticos abstratos – a liberdade e a igualdade –, e que esses valores podem atuar, e de fato o fazem, como dois soberanos independentes e rivais cujos preceitos podem entrar em conflito. Na verdade, como vocês sabem, ele achava que o conflito entre liberdade e igualdade era um paradigma do conflito de valores, e este também é, como sugeri anteriormente, o conflito que parece mais perturbador e perigoso na política contemporânea.

A liberdade e a igualdade, agora consideradas como valores abstratos, divergem de uma maneira capaz de explicar por que uma comunidade política poderia ver-se não apenas insegura quanto ao que fazer, mas convencida de que fará a coisa errada independentemente do que faça? Isso depende do que entendemos por liberdade e por igualdade: depende do modo como concebemos esses valores abstratos. Berlin deixa claro, em seu famoso ensaio sobre a liberdade e em vários de seus outros textos, o modo como entende a liberdade*. A liberdade, afirma ele, é a ausência de interferência alheia na realização de qualquer coisa que pretendamos fazer. Ora, se é assim que entendemos a liberdade, torna-se evidente de imediato que a liberdade do lobo é a morte do cordeiro. Se for assim que entendemos a liberdade, e estivermos comprometidos com a liberdade assim compreendida, torna-se bastante plausível que esse compromisso entrará muitas vezes em conflito com outros compromissos, inclusive com aqueles de caráter minimamente igualitário.

Estaremos, porém, comprometidos com a liberdade assim entendida? Eis aqui outra maneira de entender a liberdade, que apresento agora simplesmente para mostrar que nosso compromisso com a liberdade não é, automaticamente, um compromisso com a liberdade do modo como Berlin a entendia. Podemos dizer: liberdade não é a liberdade de fazer aquilo que se quer; é liberdade de fazer o que se quer na medida em que se respeitem os direitos morais,

---

* O famoso ensaio certamente é *Two Concepts of Liberty*, de 1958, cujo teor corresponde ao da conferência inaugural de Berlin como professor ocupante da cátedra Chichele de Teoria Política e Social da Universidade de Oxford. Essa conferência foi publicada anos mais tarde juntamente com outros três ensaios sobre a liberdade em *Four Essays On Liberty*, Oxford, Oxford University Press, 1969. (N. do R. T.)

devidamente compreendidos, das outras pessoas. É a liberdade de usar seus recursos legítimos ou negociar sua propriedade legítima da maneira que lhe aprouver. Assim entendida, porém, sua liberdade não inclui a liberdade de se apropriar dos recursos alheios nem de prejudicar alguém com métodos que você não tem o direito de usar.

O cordeiro ficaria mais feliz com essa descrição da liberdade, ainda que o lobo talvez não ficasse. Seja como for, está longe de ser óbvio que a liberdade entendida desse modo diferente levaria a um conflito inevitável com a igualdade. Ao contrário, isso parece improvável: se impostos mais altos são necessários para dar aos cidadãos mais pobres aquilo que a igualdade lhes dá o direito de ter, isso significa que a tributação com esse fim não pode ser considerada como uma violação da liberdade dos ricos, pois a propriedade que lhes é tomada por meio de impostos não lhes pertence legitimamente. Vocês poderiam objetar – e espero que muitos o façam – que incorri em petição de princípio contra Berlin ao definir a liberdade de modo a excluir a questão do conflito já de início. Mas será que vocês não estarão pressupondo que a única descrição bem-sucedida da liberdade é aquela que a torna independente de outros valores? Uma descrição que nos permita decidir o que a liberdade exige e quando ela deve ser sacrificada, sem levar em consideração quais direitos – à igualdade ou a outra coisa qualquer – as outras pessoas têm? Isso coloca uma petição de princípio em sentido oposto – pressupõe uma imagem dos valores como soberanos rivais e independentes que tornam o conflito inevitável. Na verdade, poderíamos dizer, a grande questão do pluralismo de valores e do conflito político que Berlin introduziu é exatamente a questão de saber se nossos valores políticos são independentes entre si do modo como a definição dele de liberdade insiste em afirmar, ou se são interdependentes no sentido sugerido pela concepção antagônica de liberdade que esbocei, e esta não é, como afirmarei a seguir, uma questão de definição de dicionário ou de descoberta empírica, mas sim de filosofia moral e política substantiva.

Na passagem que citei, Berlin nos alertou contra essas concepções antagônicas da liberdade. Se as pessoas apresentarem ideias sobre a liberdade que não resultem em conflitos, afirmou ele, devemos dizer-lhes que os valores que elas propõem não são iguais aos nossos. Mas o que significa isso? Como decidir que a definição de liberdade de Berlin, que leva ao conflito, é a nossa noção de liberdade, e que definições antagônicas de liberdade nos são estranhas? Ele não está, evidentemente, apresentando uma questão semântica: não quer dizer que o dicionário seja decisivo para sua descrição. Na verdade, ele reconhece que as pessoas empregam as palavras que designam conceitos políticos de diversas maneiras diferentes. Tampouco podemos realizar qualquer experiência ou investigação semelhante em um laboratório, para descobrir o que a liberdade realmente é, do modo como podemos realizar testes que nos mostrem do que é feito um leão. Não podemos submeter a liberdade a um exame de DNA. Portanto, como vamos testar a afirmação de Berlin sobre qual é a nossa concepção de liberdade, e que outras concepções são estranhas? Poderemos recorrer à história?

Desconfio que alguns leitores já estão começando a pensar que não estou dando o devido valor à história. Concordo que a história das ideias é muitas vezes crucial, e sem dúvida concordo que era da maior importância para Berlin. Mas devemos ir além da mera afirmação de que a história é crucial e tentar descobrir por que e como ela é crucial. Não vejo muito bem como a história pode ser decisiva a esta altura de nossa argumentação. Ela pode, por certo, nos ensinar que muitas sociedades cuja ideologia dominante negava qualquer conflito entre valores importantes terminaram em alguma forma de desastre, e isso certamente deve servir de alerta. Parece-me, porém, que a ajuda que a história pode nos dar não vai além disso. Estamos tentando decidir a melhor maneira de compreender o valor da liberdade – um valor com o qual nos sentimos comprometidos – a fim de descobrir se agimos mal, por exemplo, quando tributamos os ricos para redistribuir recursos aos pobres. Não vejo substituto senão abordar esse tema, pelo menos em termos gerais, como uma questão moral, e não histórica.

Como devemos proceder? Afirmei, como vocês estarão lembrados, que para Berlin um conflito de valores fundamentais, tanto pessoais quanto políticos, não constitui simplesmente uma inconveniência ou uma decepção, mas sim uma espécie de tragédia. Para ele, ao nos depararmos com tal conflito é inevitável que soframos ou cometamos alguma injustiça: privamos nossa vida de alguma coisa cuja falta compromete sua qualidade, ou prejudicamos alguém ao negar-lhe algo cuja falta constitui um erro. Vamos começar por aqui. Precisamos de uma descrição de nossos valores políticos que nos mostre por que, no caso de cada um de nossos valores importantes, as coisas se passam desse modo. Nossos principais valores políticos − liberdade, igualdade, democracia, justiça e tudo mais − são ideais de caráter geral que, em termos abstratos, concordamos em endossar. Essa concordância abstrata é importante: concordamos que é essencial que os cidadãos não sejam coagidos pelo Estado de modo agressivo, que a estrutura econômica trate as pessoas com igual consideração, que as pessoas se governem a si próprias, e assim por diante. Quando tentamos tornar esses valores abstratos mais concretos, decidindo quais formas de coação são agressivas, qual distribuição de recursos trata as pessoas com igual consideração, que forma de autogoverno é possível, e assim por diante, devemos respeitar e preservar esse entendimento inicial. Devemos formular concepções mais precisas de nossos valores de modo a mostrar, mais precisamente, o que o valor que identificamos em nível abstrato realmente é. Precisamos de uma descrição que nos mostre o que há de bom na liberdade, na igualdade ou na democracia, para que possamos perceber por que qualquer transigência com tais valores não é apenas inconveniente, porém nociva. É claro que discordamos nesse ponto: cada um de nós defenderá concepções diferentes, e talvez muito diferentes, de liberdade, igualdade etc.

Mas é fundamental que cada qual defenda concepções que, para nós, introduzam o valor abstrato na concepção polêmica, deixando claro, assim, por que aquilo que vemos como transigência com valores fundamentais constitui, em si mesmo, alguma coisa grave ou, no mínimo, nociva.

Podemos, portanto, testar uma concepção sugerida de liberdade – ou de outro valor qualquer – da seguinte maneira. Devemos perguntar se as diferentes ações que a concepção sugerida define como violações da liberdade são realmente nocivas ou erradas – se são, de fato, violações de alguma responsabilidade especial pela qual um Estado deve se sentir arrependido mesmo quando tais violações são necessárias para não se infringir algum valor supostamente concorrente. Caso contrário – se um Estado não age mal com nenhum cidadão quando, de acordo com a definição proposta, viola sua liberdade –, a concepção sugerida de liberdade será inadequada. Ela anuncia uma violação quando a violação não é errada, e, portanto, não nos mostra qual é a importância especial da liberdade.

A descrição de liberdade de Berlin passa no teste? Suponhamos que eu pretenda assassinar meus críticos. O direito vai impedir que eu ponha tal decisão em prática e, nos termos da descrição de Berlin, estará, portanto, comprometendo minha liberdade. Sem dúvida, todos concordam que devo ser contido: os que defendem a definição de Berlin afirmam que, embora minha liberdade tenha sido violada, a violação se justifica nesse caso, porque a lesão de direito cometida contra mim se fez necessária para impedir um crime muito maior contra outras pessoas. Nesse caso, dizem eles, a liberdade está em conflito com outros valores, e são esses outros valores que devem prevalecer. O que estou perguntando, porém, é se a descrição de liberdade que produz esse suposto conflito é uma descrição bem-sucedida: se nada de errado acontece quando sou impedido de assassinar meus críticos, não temos nenhum motivo para adotar uma concepção de liberdade que descreva o acontecimento como aquele em que se sacrificou a liberdade. Repetindo: não nos pedem para descrevê-lo desse modo em virtude do que a palavra "liberdade" significa, ou em virtude de qualquer descoberta científica sobre a composição da liberdade. Uma concepção de liberdade é uma teoria interpretativa que pretende nos mostrar o que há de errado quando a liberdade é negada, e uma concepção de liberdade será, portanto, malsucedida quando nos forçar a descrever alguns eventos como uma violação da liberdade quando nada de mau aconteceu.

Volto, então, a perguntar: há algo de errado – mesmo em grau mínimo – em proibir que eu assassine meus críticos? Sem dúvida, seria melhor que ninguém quisesse ferir nenhuma outra pessoa nem danificar propriedade alheia: seria melhor que o direito penal não fosse necessário. Não é esta, porém, a questão. Tendo em vista que algumas pessoas realmente querem matar em algumas ocasiões, será um erro impedir que elas o façam? Temos algum motivo para nos desculparmos junto ao lobo ao qual se negou seu pernil de cordeiro? Certos filósofos responderiam que sim. Algo de importante se perde, dizem eles, sempre que pessoas de espírito e ambição extraordinários são contrariadas pelas leis de pigmeus morais. Não estou perguntando se alguém poderia pensar assim. Estou perguntando o que vocês pensam. E se vocês, como eu, acham que não se faz nada de errado por meio dessas leis, então terão encontrado o motivo para rejeitar a descrição de liberdade apresentada por Berlin. Se o ponto de vista defendido por ele – de que um conflito entre liberdade e igualdade é inevitável – depende dessa descrição de liberdade, então vocês terão encontrado o motivo para rejeitar esse ponto de vista também.

Claro está que não demonstrei que os conflitos entre liberdade e igualdade não são inevitáveis. Talvez haja uma descrição mais sutil de liberdade do que a de Berlin, que não esteja sujeita à objeção que apresentei, mas que ainda assim garantiria os conflitos entre liberdade e igualdade. Meu enfoque foi limitado. Tentei, primeiro, elucidar a importante tese de Berlin sobre o pluralismo de valores, mostrar sua originalidade, interesse e ambição; em seguida, tentei mostrar como é difícil sustentar essa tese ambiciosa. Berlin disse que todos os conflitos de valores que ele descreveu diziam respeito a nós, e eram evidentes a todos, exceto aos imaturos. Não creio que ele tenha sustentado uma afirmação tão ampla; na verdade, como afirmei há pouco, não creio que ele a tenha sustentado nem mesmo no caso que tomou como paradigma: o suposto conflito entre liberdade e igualdade.

Isso não significa a derrota do pluralismo de valores. Mas sugere, acredito, que a argumentação necessária para defender o pluralismo deve ser muito extensa e complexa. Essa argumentação deve mostrar, no caso de cada um dos valores que ela considere reciprocamente envolvidos em algum tipo de conflito conceitual, por que a compreensão desse valor que produz o conflito é a mais apropriada. Nada é mais fácil do que elaborar definições de liberdade, igualdade, democracia, comunidade e justiça que sejam incompatíveis entre si. Na filosofia, porém, poucas coisas são mais difíceis do que demonstrar por que são essas as definições que devemos aceitar. Não existe atalho que conduza a tal demonstração. Afinal, é possível que as concepções mais atraentes dos valores liberais dominantes estejam, de fato, ligados da maneira certa. Ainda não nos apresentaram razões para abrir mão dessa esperança.

Capítulo 5
Originalismo e fidelidade

Na primeira mensagem que enviou ao Congresso em seu segundo mandato, o presidente George W. Bush prometeu indicar, para os tribunais federais e para a Suprema Corte, juízes que se mantinham fiéis às intenções dos autores da Constituição, e não às suas convicções pessoais, e citou a decisão *Dred Scott**, de 1857, na qual a Suprema Corte apoiava a escravidão, como exemplo do tipo de decisão que seria evitada pelos juízes indicados por ele. Bush não é um estudioso da Constituição, e seu equívoco era evidente: *Dred Scott* foi um exemplo de como os juízes da Suprema Corte não ignoraram, e sim fizeram cumprir a intenção dos constituintes, uma vez que a Constituição original previa a escravidão. Mas o que ele pretendia dizer era suficientemente claro: que não indicaria o tipo de juiz que votou com a maioria no caso *Roe vs. Wade*, a decisão de 1973 na qual a Suprema Corte sustentou que os Estados não poderiam criminalizar o aborto prematuro. De fato, muitos analistas pensaram que o presidente estava sinalizando sua intenção de indicar juízes que revogariam a decisão, do mesmo modo como a Suprema Corte rejeitou o caso *Dred Scott* depois da Guerra de Secessão. Ele convidou seu público a presumir que aquele era o significado de cumprir a Consti-

---

* Ver *Scott vs. Sandford*, 19 How. (60 U.S.) 393 (1857). (N. do R. T.)

tuição. Contudo, esse apelo à ideia de fidelidade foi um erro ainda mais profundo. Os juízes que o presidente tinha em mente como bons juízes são, na verdade, aqueles para os quais a fidelidade à Constituição não conta muito. E em meu ponto de vista os que ele consideraria maus juízes são os verdadeiros paladinos da fidelidade. De qualquer modo, é esta a argumentação deste capítulo.

Devo, porém, começar com uma distinção entre a fidelidade ao texto constitucional e a fidelidade à prática constitucional do passado, incluindo antigas decisões judiciais que interpretam e aplicam a Constituição. A interpretação constitucional apropriada toma por seu objeto tanto o texto quanto a prática do passado: juristas e juízes que se defrontam com um problema constitucional contemporâneo devem tentar formular uma interpretação baseada em princípios, coerente e convincente do texto de cláusulas específicas, da estrutura da Constituição como um todo e de nossa história sob a égide da Constituição – uma interpretação que, ao mesmo tempo, unifique essas fontes distintas, na medida do possível, e ofereça diretrizes à decisão judicial futura. Em outras palavras, eles devem buscar a *integridade* constitucional. A fidelidade ao texto da Constituição não esgota a interpretação constitucional e, em certas ocasiões, a integridade constitucional em sua plenitude pode exigir um resultado que não se poderia justificar por meio da melhor interpretação do texto constitucional, compreendido este como algo apartado da história de sua vigência, e que talvez chegasse, inclusive, a contradizer tal interpretação. Não obstante, a interpretação textual é parte essencial de qualquer programa mais amplo de interpretação constitucional, pois o que foi realmente afirmado pelos constituintes é sempre, no mínimo, um componente importante de qualquer argumentação constitucional que se pretenda verdadeiramente interpretativa.

Portanto, vou concentrar-me aqui na interpretação textual. Isso parece apropriado, pois os constitucionalistas costumam pensar que fidelidade à Constituição significa fidelidade ao seu texto. Esse é o tipo de fidelidade que o presidente Bush aparentemente tinha em mente. É o tipo de fidelidade exigido pelos autodenominados "originalistas" constitucionais, como Antonin Scalia*, juiz da Suprema Corte, e recusado por críticos do originalismo, como o professor Laurence Tribe. Vou defender o ponto de vista de que, mesmo se nos concentrarmos exclusivamente na fidelidade textual, chegaremos a conclusões radicalmente diferentes daquelas esperadas por Bush, Scalia e outros "originalistas"[1].

Na verdade, a fidelidade textual defende tão enfaticamente a ampla responsabilidade judicial de fazer a legislação servir de guia a critérios morais que muitos dentre os grandes constitucionalistas, inclusive aqueles que clamam mais ruidosamente pelo "originalismo", na verdade se posicionam *contra* a fidelidade textual como critério constitucional. Eles contam com outros critérios e valores como *substitutos* da fidelidade. Eles raramente colocam as coisas nesses termos. Contudo, quem estiver bem atento perceberá que a substituição da fidelidade é um subtexto oculto. Alguns estudiosos dirão que deveríamos tentar descobrir não aquilo que os que escreveram e ratificaram a Constituição e suas várias emendas queriam dizer, mas sim o que eles esperavam que fosse consequência das afirmações que fizeram, o que é coisa bem diferente. Outros afirmarão que deveríamos ignorar o texto em si, em favor do modo como a maioria das pessoas entende sua ascendência sobre a maior parte de nossa história: eles argumentam, por exemplo, que o fato de muitos estados terem criminalizado a sodomia homossexual mostra que a Constituição não proíbe esse

---

* Antonin Scalia também é considerado um "textualista". Ver Bradford R. Clark, "Constitutional Structure and the Jurisprudence of Justice Scalia", *Saint Louis University Law Review*, vol. 47, 2003, pp. 753-72. Muitos juristas norte-americanos afirmam que Scalia apenas sofisticou o textualismo do juiz Hugo Black. Ver, a propósito, Michael J. Gerhardt, "A Tale of Two Textualists: a critical comparison of Justices Black and Scalia", *Boston University Law Review*, vol. 74, n. 25, 1994, pp. 25-66. (N. do R. T.)

exemplo de injustiça. O que temos aqui são duas maneiras de se ignorar o texto constitucional. Por que estudiosos ilustres se empenham tão ativamente em evitar a Constituição? Tentarei dar uma resposta a essa questão no final deste capítulo, identificando diferentes fundamentos que as pessoas talvez imaginem ter para ignorar a fidelidade constitucional.

No momento, porém, devo afirmar que não pretendo pressupor a inexistência de tais fundamentos. É verdade que a maioria dos cidadãos espera que a Suprema Corte cite a Constituição para justificar suas decisões constitucionais. Porém, diferentes órgãos de nosso governo tomam decisões muito importantes para as quais não se exige nenhum argumento de fidelidade a qualquer texto ou tradição. Mandamos homens e mulheres para a guerra, adotamos políticas externas ou estratégias monetárias e enviamos foguetes a Marte, e justificamos essas decisões com base na afirmação de que elas resultarão em vantagens e benefícios futuros – que ficaremos mais seguros ou mais ricos, ou que nos sentiremos mais em casa no nosso próprio universo. Já de início, não devemos excluir a possibilidade de que, na jurisdição constitucional, essas justificativas voltadas para o futuro sejam mais apropriadas do que a fidelidade textual, voltada para o passado, sobretudo se levarmos em conta que ninguém menos que o eminente juiz Richard Posner afirmou, com grande fervor, que elas são mais apropriadas. Tampouco devemos pressupor que o tipo diferente de justificação voltada para o passado adotado por alguns dos estudiosos que citei, que recorrem à história como algo distinto do texto constitucional, não seria mais apropriado. Em algumas circunstâncias, pelo menos, talvez seja justificável desconsiderar a fidelidade.

[Antes de Examinar esta Questão], porém, devo justificar minhas afirmações iniciais sobre o que significa a fidelidade ao texto de nossa Constituição. Devo ter o cuidado de distinguir a questão respondida por minhas afirmações de uma questão diferente com a qual ela é frequentemente confundida: a questão institucional de saber a quais instituições – tribunais, Assembleias Legislativas ou o povo atuando por meio de referendo – se deve imputar a responsabilidade final de decidir o que a fidelidade exige em casos específicos. Isso é perfeitamente possível, para um país cuja Constituição escrita limita o poder de o legislativo atribuir a responsabilidade final da interpretação constitucional a qualquer instituição que não seja um tribunal; isso poderia incluir o próprio poder legislativo. Minha pergunta diz respeito a uma questão anterior a essa estrutura institucional. A despeito do que ou de quem tome a si a responsabilidade interpretativa final, o que nossa Constituição realmente significa?

Temos um texto constitucional. Não discordamos sobre o conjunto de enunciados que constituem esse texto; ninguém questiona quais sequências de letras e espaços lhe dão a forma que tem. Sem dúvida, identificar uma série canônica de letras e espaços é apenas o começo da interpretação, uma vez que permanece o problema de saber o que *significa* qualquer segmento específico de tal série. Hamlet disse a seus velhos amigos: "I know the difference between a hawk and a handsaw." ("Sei muito bem distinguir um falcão de uma garça.") Coloca-se a questão de saber – para o ator que faz o papel de Hamlet, por exemplo – se Hamlet usou o termo *hawk* para designar um tipo de pássaro (falcão) ou uma ferramenta renascentista (esparavel)*. Em *Paraíso perdido*, Milton menciona as *gay hordes* de Satã. Pretenderia o autor dizer que os discípulos de Satã estavam usando trajes vistosos ou que eram homossexuais?** A Cons-

---

* Para boa parte dos estudiosos da obra de Shakespeare, nesta fala de Hamlet *hawk* tem o significado de "falcão", e não da ferramenta chamada "esparavel", e *handsaw* ("serrote", no inglês moderno) é na verdade uma variante de *hernshaw*, termo arcaico para *heron* ("garça"). Como se verá pouco mais adiante, Dworkin faz uma leitura diferente da questão. (N. do T.)

** *Gay* significa tanto "homossexual" quanto "alegre", "festivo", "vistoso" etc. *Horde* significa "horda", "legião". (N. do T.)

tituição diz que um presidente deve ter no mínimo "trinta e cinco anos de idade"*. Isso significa idade cronológica ou (o que seria muito preocupante para vários políticos contemporâneos) idade emocional?

A Oitava Emenda à Constituição proíbe a aplicação de penas "cruéis" e incomuns. Isso remete às penas que os autores consideravam cruéis ou (o que provavelmente vem a dar no mesmo) somente às que eram consideradas cruéis pela opinião popular da época? Ou remete a penas que – segundo os critérios apropriados para se decidir esse tipo de questão – são realmente cruéis? A Décima Quarta Emenda afirma que nenhum estado pode negar a uma pessoa a "igual proteção das leis". Isso significa que nenhum estado pode negar a alguém a igualdade de tratamento que se tornou consensual na maioria dos estados ao longo de nossa história? Ou que nenhum estado pode perpetuar quaisquer distinções que contrariem a verdadeira igualdade de cidadania, tenham ou não os norte-americanos reconhecido essa contradição anteriormente?

Em minha opinião, devemos começar perguntando o que – segundo os melhores indícios disponíveis – os autores do texto em questão pretendiam dizer. Trata-se de um exercício daquilo que chamei de interpretação construtiva[2]. Não significa espiar dentro dos crânios de pessoas que morreram há séculos. Significa tentar conferir o melhor sentido possível a um evento histórico – alguém falando ou escrevendo de modo particular em uma ocasião particular. Se aplicarmos esse critério a Hamlet, ficará claro que devemos interpretar sua fala não como referência a um pássaro, o que tornaria a afirmação extremamente tola, mas sim a uma ferramenta da Renascença. Hamlet assegurou a seus companheiros desleais que sabia distinguir entre tipos de ferramentas, e que sabia com quais estava lidando em suas relações com eles. No caso das legiões de Satã, há uma forte razão para pensar que Milton pretendia descrevê-las como

---

* Artigo II, Seção 1. (N. do R. T.)

vistosas, não como homossexuais: o uso do termo *gay* com o significado de homossexual é posterior à época de Milton em alguns séculos. Em minha opinião, é igualmente fácil responder à pergunta sobre o que queriam dizer as pessoas que escreveram que um presidente deve ter no mínimo trinta e cinco anos. Teria sido uma grande tolice de sua parte condicionar a elegibilidade à presidência a uma característica tão intrinsecamente vaga e controversa quanto a da idade emocional, e não há indícios de que tenha sido essa a sua intenção. Somente a hipótese de que eles se referiam à idade cronológica pode dar sentido às suas palavras.

Contudo, quando chegamos à palavra "cruel" na Oitava Emenda, à referência à igual proteção na Décima Quarta, à liberdade de expressão na Primeira e ao devido processo legal na Quinta e na Décima Quarta, encontramo-nos diante de problemas interpretativos mais difíceis. Por um lado, temos de optar entre uma interpretação abstrata, moral e baseada em princípios – como se os autores tivessem pretendido proibir as penas realmente cruéis e incomuns, ou proibir quaisquer discriminações de fato incompatíveis com a igualdade de cidadania; e, por outro lado, uma interpretação concreta, datada – como se eles quisessem dizer que estavam proibidas as penas que a maioria considerava cruéis e incomuns na época em que escreveram, ou as discriminações que, nessa mesma época, eram consideradas como um reflexo de distinções injustas[3]. Se a interpretação correta for a abstrata, então os juízes que hoje tentam se manter fiéis ao texto devem às vezes se perguntar se as penas que os constituintes não teriam considerado cruéis – a pena de morte, por exemplo – não são, ainda assim, cruéis, e se as discriminações que eles consideravam incompatíveis com a igualdade de cidadania – a segregação escolar, por exemplo – constituem, não obstante, uma negação da igual proteção das leis. Se a interpretação correta for a datada, essas questões estariam deslocadas, ao menos como parte de um exercício de fidelidade textual, pois a única questão que uma compreensão datada colocaria é a de saber o que pensavam os constituintes e o público ao qual se dirigiam.

Se estivermos tentando deduzir o sentido mais genuíno do modo como os constituintes se expressaram, da maneira como o fizeram e no contexto em que se encontravam, concluiremos que eles pretendiam criar ordens e proibições abstratas, não datadas. Esses homens eram estadistas criteriosos que sabiam usar a linguagem com que se exprimiam. É provável que quisessem dizer aquilo que normalmente diriam as pessoas que usavam uma linguagem semelhante à deles – e usaram uma linguagem abstrata porque pretendiam enunciar princípios abstratos. Criaram uma Constituição a partir de princípios morais abstratos, não referências codificadas a suas próprias opiniões (ou às de seus contemporâneos) sobre a melhor maneira de aplicar esses princípios.

Mas essa resposta à pergunta de como as disposições constitucionais que definem direitos aparentemente abstratos devem ser entendidos torna a tarefa de decidir casos constitucionais contemporâneos muito mais difícil do que seria se a compreensão concreta e datada fosse a correta. Se os critérios que nós – cidadãos, legisladores, juízes – devemos tentar aplicar por fidelidade ao texto das disposições abstratas forem critérios morais abstratos, a pergunta e os julgamentos que devemos fazer devem ser de natureza moral. Devemos perguntar: O que é realmente cruel? O que a igualdade de cidadania realmente exige? Que legislação é compatível com o devido processo *legal*, uma vez que a integridade do direito é intrínseca ao processo legal e a integridade exige que as liberdades que nossa cultura reconhece em forma de princípios abrangentes – a liberdade de consciência, por exemplo – sejam respeitadas nas decisões individuais sobre a livre opção de morrer, por exemplo:[4]

São questões difíceis. Cidadãos, juristas e juízes não deveriam tentar respondê-las a partir do zero, ignorando as respostas que outros, especialmente os juízes, já lhes deram no passado. Como disse, qualquer estratégia de argumentação constitucional com pretensões à integridade constitucional total deve buscar respostas que combinem bem com nossas práticas e tradições – que se apoie firmemente em nossa continuidade histórica, bem como no texto da Constituição – para que essas respostas possam, de maneira aceitável, ser consideradas como descrições de nossos compromissos como nação. Se, como exercício filosófico, eu tentasse responder à pergunta sobre o que significa igual cidadania, por exemplo, insistiria em que os cidadãos não são tratados como iguais por sua comunidade política a menos que esta lhes assegure, pelo menos, um padrão minimamente decente de moradia, alimentação e assistência médica. Contudo, se de repente a Suprema Corte resolvesse adotar essa concepção e declarasse que os estados têm o dever constitucional de oferecer assistência universal à saúde, estaria cometendo um erro, uma vez que estaria tentando introduzir em nosso sistema constitucional algo que (do meu ponto de vista) não lhe é, de modo algum, adequado.

Com muita frequência, porém, as decisões polêmicas que parecem originais atendem muito bem a esse teste de adequação. Quando a Suprema Corte decidiu, em 1954, que a segregação oficial por raça era ilegal a despeito de gerações de prática contrária, ela não apenas anunciou uma verdade política de natureza acadêmica*. Ela chamou a atenção para critérios gerais de igualdade que estavam solidamente estabelecidos em nossa história, apesar de seletivamente ignorados em nossa prática, critérios que condenavam as discriminações arbitrárias que não serviam a nenhum propósito governamental legítimo. A Corte foi convincente em sua argumentação de que a prática da segregação racial era incompatível com uma interpretação mais ampla do princípio. Creio que o mesmo pode ser dito a propósito da decisão da Corte sobre o aborto, *Roe vs.*

---

*Ver *Brown vs. Board of Education*, 347 U.S. 483 (1954) (*"Brown I"*) e *Brown vs. Board of Education*, 349 U.S. 294 (1955) (*"Brown II"*). (N. do R. T.)

Wade. Nesse caso, ela teve de perguntar-se se a ideia de que certas liberdades básicas são, em princípio, imunes à regulamentação do Estado, uma ideia que está inscrita por via de precedente na Décima Quarta Emenda, assegura um direito mais concreto ao aborto na fase inicial da gestação.

Apresento esses exemplos para deixar claro que, embora eu acredite que o juízo moral necessário para se aplicar os princípios morais abstratos da Constituição se veja cerceado pela história e pelo precedente, em virtude das injunções da integridade jurídica, é evidente que tal juízo não é um refém dessa história. Novas questões de princípio moral – por exemplo, saber se o direito ao aborto é suficientemente fundamental para fazer parte das liberdades básicas que definem o devido processo legal – são inevitáveis. Por que não é mais fiel à Constituição atribuir tais questões não a juízes contemporâneos, mas àqueles que criaram e promulgaram esse documento, pelo menos na medida em que possamos descobrir ou presumir as respostas que eles dariam? Já insisti que devemos atentar para as intenções *semânticas* dos constituintes para descobrir o que significam as cláusulas da Constituição. Por que não se conclui que deveríamos também acatar suas intenções *políticas* – suas hipóteses e expectativas relativas ao modo como seriam aplicadas as cláusulas que eles redigiram? Se os autores da Cláusula de Igual Proteção não achavam que as escolas que praticam a segregação racial negavam a igualdade de cidadania, por que isso não põe fim à questão de saber o que é exigido pela fidelidade a essa cláusula?

Na verdade, porém, dar mais esse passo constitui uma grave confusão intelectual e um grave erro constitucional. É uma falácia inferir, do fato de que as intenções semânticas de estadistas históricos determinam inevitavelmente o que o documento por eles criados afirma, que a fidelidade ao que eles *afirmaram* significa aplicar o documento do modo como eles esperavam ou previam que fosse aplicado. Imagine que você é o proprietário de uma grande empresa que tem uma vaga em um de seus departamentos. Você chama sua gerente e lhe diz: "Por favor, preencha esta vaga para mim com o melhor candidato que se apresentar. Aliás,"você acrescenta, sem insinuar nada com uma piscadela, "saiba que meu filho é um dos candidatos ao cargo." Suponha que você está sinceramente convencido de que seu filho é o candidato mais qualificado. Suponha também que você não teria dado essas instruções à sua gerente se não estivesse convencido de que o fato de seu filho ser o melhor candidato era óbvio para todos, inclusive para ela. Por último, suponha que sua gerente saiba de tudo isso: ela sabe que, se a escolha fosse sua, você indicaria conscienciosamente seu filho como o candidato mais bem qualificado.

Não obstante, você não lhe disse para contratar seu filho. Disse-lhe apenas para contratar o melhor candidato. E se, do ponto de vista dela, outra pessoa, e não o seu filho, fosse o melhor candidato, então ela estaria obedecendo às suas instruções ao contratar o outro candidato, e desobedecendo às suas instruções ao contratar o candidato que você pretendia e previa que conseguisse o emprego. Você poderia – e espero que não o fizesse – demiti-la se ela obedecesse às suas instruções desse modo. Mas você não poderia negar que ela fora leal às suas instruções, e que não o teria sido se tivesse acatado a sua opinião sobre o melhor candidato, e não a opinião dela. Um agente é desleal a uma instrução a menos que pretenda fazer o que a instrução, devidamente interpretada, determina que ele faça. Se a instrução estabelece um critério abstrato, o agente deve decidir o que está em conformidade com tal critério, o que certamente é uma questão diferente daquela de saber o que alguma pessoa – qualquer pessoa – acha que está em conformidade com o critério. Os legisladores e juízes contemporâneos estão sujeitos aos rigores dessa mesma exigência.

[A questão da fidelidade] foi dominante em um congresso em Princeton, alguns anos atrás, no qual o juiz Scalia, da Suprema Corte, fez duas conferências patrocinadas pela

Fundação Tanner*, quatro participantes apresentaram réplicas às conferências e Scalia respondeu às quatro réplicas. As atas do congresso foram publicadas (depois que alguns participantes revisaram e ampliaram suas observações originais) em um volume intitulado *A Matter of Interpretation*[5] [Uma questão de interpretação]. Os comentários de dois dos participantes, Scalia e Tribe, ilustram tanto a dificuldade quanto a importância da distinção que há pouco enfatizei – a distinção entre intenção semântica (o que os constituintes queriam dizer) e intenção ou expectativa política (o que eles esperavam que seria a consequência de suas afirmações).

Em minhas observações pessoais nesse congresso, utilizei essa distinção para comparar duas modalidades do que Scalia chamava de "originalismo": originalismo semântico, que leva em consideração o que os legisladores pretendiam dizer coletivamente como elemento decisivo do significado constitucional; e originalismo de expectativas, que torna decisivo aquilo que eles esperavam realizar ao afirmarem o que afirmaram. Eu disse que, em sua primeira conferência, Scalia se mostrara favorável à primeira versão do originalismo, mas que, na segunda, em suas observações sobre a interpretação constitucional, havia aderido à intenção de expectativas – como, na verdade, afirmei, ele tem feito ao longo de sua carreira na Suprema Corte.

Na réplica publicada a meus comentários, Scalia acatou a distinção e declarou-se um originalista semântico, e não um originalista de expectativas. Negou a incoerência que assinalei, mas o fez de um modo que confirma minhas suspeitas de que sua prática constitucional havia abandonado a fidelidade por ele pregada. Eu havia usado um dos exemplos que usei aqui – a interpretação do termo "cruel" na Oitava Emenda – para ilustrar a diferença entre origina-

---

* Ciclo de conferências criado pelo norte-americano Obert Clark Tanner em 1978, na Universidade de Cambridge, para o qual são convidados intelectuais de diferentes campos do conhecimento, sem distinções étnicas, nacionais, religiosas ou ideológicas. (N. do T.)

lismo semântico e originalismo de expectativas. Em sua conferência, Scalia argumentou que o fato de os autores dessa emenda terem considerado a possibilidade da pena capital em outra parte, na Declaração de Direitos – por exemplo, ao afirmarem na Quinta Emenda que a "vida" não podia ser tirada sem o devido processo legal –, era uma demonstração clara de que eles não pretendiam proibi-la na Oitava Emenda. Afirmei que, se Scalia fosse um verdadeiro originalista semântico, ele estaria pressupondo, nessa argumentação, alguma coisa que parece muito estranha: que os constituintes pretenderam dizer, ao empregarem os termos "cruel e incomum", que as penas geralmente consideradas cruéis na época em que eles expuseram seu pensamento deviam ser proibidas – isto é, que eles teriam se exprimido de maneira mais clara se tivessem usado a frase "penas amplamente consideradas cruéis e incomuns na data desta promulgação", em vez da linguagem enganosa que, na verdade, eles empregaram.

Scalia respondeu que sua argumentação sobre a pena capital não pressupõe esse tipo de coisa, e afirmou que minha sugestão fazia uma "caricatura" de seu ponto de vista. Algumas linhas à frente, porém, ele apresenta seu próprio ponto de vista: o que a Oitava Emenda estabelece é "a avaliação da sociedade existente acerca do que é cruel. Em outras palavras (...) aquilo que nós [isto é, os constituintes e seus contemporâneos] consideramos cruel atualmente. Ele então extrai a conclusão apropriada: "Com base nessa análise, fica totalmente claro que a pena capital, que era amplamente usada em 1791, não viola o princípio moral abstrato da Oitava Emenda"[6]. A menos que estas últimas citações tenham um significado profundo que não sou capaz de apreender, elas endossam *exatamente* o ponto de vista que, poucas linhas antes, Scalia havia rejeitado como caricatural.

Portanto, confrontado com uma exposição daquilo que sua interpretação constitucional faria pressupor caso ele fosse um originalista semântico, Scalia rejeita essa exposição por considerá-la despropositada. Contudo, imediatamente a seguir, quando tenta enunciar um ponto de vista ao mesmo tempo fiel ao texto da Constituição e compatível com suas próprias concepções constitucionais, ele se vê forçado a afirmar a própria concepção que há pouco havia rejeitado. Sua postura teórica é, portanto, contraditória. Ela não pode restringir suas decisões constitucionais, que, na verdade, têm pouco a ver com a fidelidade à Constituição. Poderia haver uma ilustração mais dramática da dificuldade com a qual se defrontam os constitucionalistas afinados com o pensamento de Scalia? Eles devem professar fidelidade mas, na prática, sentem-se forçados a rejeitá-la.

Embora Tribe seja o mais ilustre, convicto e intransigente dentre os constitucionalistas bem conhecidos, suas próprias observações mostram que ele enfrenta um dilema surpreendentemente parecido com o de Scalia, embora eu precise aprofundar minha argumentação para conseguir identificá-lo. Tribe inicia seus comentários, bastante ampliados quando foram publicados, declarando que está em desacordo tanto comigo quanto com Scalia: "Não concordo nem com o professor Dworkin nem com o juiz Scalia, da Suprema Corte", diz ele, "quando ambos afirmam ser possível 'descobrir' (...) fatos empíricos a respeito do que um conjunto finito de agentes pretendia dizer em momentos específicos de nosso passado". Ele me critica, em especial, por eu achar que a interpretação constitucional depende do resgate desses fatos empíricos, e também por pensar que interpretações constitucionais inéditas "na verdade não representam, absolutamente, novidade alguma, mas que (...) não passam de inferências que surgem por um (...) processo trivial de buscar as respostas corretas a questões de princípio que, podemos estar certos, os autores ou ratificadores de nossa Constituição na verdade já nos apresentaram há séculos". (Jamais sustentei ou defendi qualquer coisa do tipo.)

Entendo essas observações como uma rejeição, da parte de Tribe, de qualquer exigência de fidelidade ao texto constitucional sempre que interpretações diferentes desse texto são possíveis. É verdade que as observações dele podem ser interpretadas de maneira muito mais inócua; porém, se assim o fizermos, deixaria de existir a divergência que ele declara haver entre ele, Scalia e eu. Podemos entendê-las, por exemplo, como se apenas se opusessem à confiança que parecemos demonstrar nos juízos específicos que emitimos sobre a intenção semântica. Ele recorre a uma profusão de recursos expressivos epistêmicos para qualificar as ideias que atribui a mim e a Scalia. Diz, por exemplo, que embora ele próprio adote muitas concepções sobre a interpretação constitucional, "não pretendo que elas sejam conclusões *rigorosamente demonstráveis*, nem as confundo com concepções *universalmente aceitas*". Em outra parte do texto ele descreve como "interpretação dworkiniana" da Primeira Emenda a "pretensão *evidente por si mesma* de promulgar um amplo princípio moral", e nega que a afirmação de evidência intrínseca seja "tampouco *demonstrável*". Ele trata com desdém aquilo que identifica como *certezas*, tanto minhas quanto de Scalia, que para ele são "certamente sinceras (mas ainda assim equivocadas)"[7].

É claro que, nem eu nem Scalia aceitaríamos essas descrições de nossos pontos de vista. Quando se quer polemizar, talvez seja útil enfeitar as concepções dos adversários com tantos adjetivos e advérbios, mas isso compromete muito uma argumentação, uma vez que ninguém defenderia os pontos de vista assim enfeitados. Interpretação constitucional não é matemática, e só um tolo imaginaria que suas concepções constitucionais estivessem acima de qualquer contestação. Defendemos nossas interpretações constitucionais oferecendo os melhores e mais sinceros argumentos possíveis a favor de sua superioridade diante das interpretações rivais, sabendo que outros rejeitarão inevitavelmente nossos argumentos e que não podemos apelar a princípios comuns, nem de moralidade política nem de método constitucional, para demonstrar que estamos certos[8].

Também podemos entender os argumentos de Tribe como ingênuos, presumindo que tudo o que ele pretende rejeitar, tanto nas ideias de Scalia quanto nas minhas, não passa de metafísica interpretativa de má qualidade. Quando ele nega que seja possível descobrir fatos "empíricos" sobre o que as pessoas queriam dizer no passado, talvez esteja querendo dizer que não é possível estabelecer ligações mentais diretas com a fenomenologia de uma ou mais pessoas que já se foram deste mundo. Não há dúvida, porém, de que não é esse o propósito que eu e Scalia temos em mente. Como já afirmei aqui, as pessoas traduzem o que outras disseram – tanto em uma mesa de jantar quanto ao longo dos séculos – por meio de um processo de interpretação construtiva que não pretende fazer nenhuma inspeção intracraniana, mas apenas conferir o melhor sentido possível a seu discurso e a outros comportamentos que tenham tido[9]. Trata-se de um processo normativo, e não "empírico". Um processo é particularmente complexo quando o objeto de interpretação é um ato político e não podemos firmar uma tradução a menos que atribuamos princípios ou propósitos políticos a um grupo cujos membros podem ter sido politicamente divididos. Mas a essência da interpretação construtiva permanece a mesma, tanto nesse caso complexo como nos casos individuais: precisamos encontrar uma tradução que explique – e, no caso político, que justifique – o evento discursivo com mais eficiência do que qualquer outra tradução consiga fazê-lo. Foi essa a minha ambição quando afirmei que conferimos muito mais sentido às grandes cláusulas constitucionais abstratas ao presumirmos que elas enunciam grandes princípios abstratos. Scalia também tem a mesma ambição, na medida em que o faz em favor de sua concepção contrária, como demonstra tudo que ele diz em sua defesa.

A questão pertinente, portanto, não é saber se podemos "demonstrar", ou estabelecer "certezas" ou proposições "evidentes por si mesmas" acerca do que os constituintes pretendiam dizer, ou se podemos buscar, na história, estados mentais passíveis de um exame meramente "empírico". E saber se, a despeito do fato de não podermos fazer nada disso, ainda assim temos de decidir qual concepção, do que os constituintes disseram, é a melhor em termos gerais, mesmo que ela seja polêmica. Se Tribe realmente não concorda comigo nem com Scalia, ele deve achar que, como na melhor das hipóteses não se sabe ao certo o que os constituintes pretendiam dizer, não devemos nem precisamos, absolutamente, chegar a qualquer conclusão sobre essa questão, pelo menos no que diz respeito às grandes cláusulas abstratas; devemos, sim, conduzir a interpretação constitucional de alguma maneira que não inclua tais conclusões – por meio de um apelo direto a nossa própria moralidade política, talvez, ou ao que consideramos como a moralidade política dominante em nossa própria época.

Contudo, embora tal posição seja coerente e, como afirmei, do agrado de muitos críticos, ela parece contradizer categoricamente outras afirmações que Tribe faz com o mesmo fervor. Em outra parte de seus comentários sobre as Conferências Tanner de Scalia, por exemplo, Tribe endossa uma modalidade muito forte de fidelidade textual. "Não obstante, compartilho com o juiz Scalia a crença em que o texto escrito da Constituição tem *primazia* e deve ser considerado como o ponto de partida fundamental, que nada de irreconciliável com o texto pode ser adequadamente tido como parte da Constituição; e que algumas partes da Constituição não podem, de modo plausível, estar sujeitas a interpretações significativamente diferentes"[10]. É uma afirmação muito forte de fidelidade textual – mais forte do que eu próprio endossaria, porque, como afirmei, ao longo do tempo o precedente e a prática podem, em princípio, suplantar até mesmo um exemplo tão básico de dados interpretativos quanto o texto constitucional; quando não se puder encontrar nenhuma forma de conciliar texto e prática em uma interpretação construtiva geral. Concordo, porém, com a afirmação de Tribe de que o texto deve ter um papel muito importante: devemos visar a um conjunto de princípios constitucionais que possamos defender por considerá-los compatíveis com a interpretação mais plausível que tivermos acerca do que o próprio texto diz, e relutar muito em aceitar qualquer outra coisa.

Um texto, porém, não é apenas uma sequência de letras e espaços: ele é composto de proposições, e não podemos atribuir "primazia" a um texto – nem, na verdade, qualquer outro lugar hierárquico – sem uma *semântica*, isto é, sem uma interpretação que especifique o que as letras e os espaços significam (se é que significam algo). Enquanto não interpretarmos as letras e os espaços dessa maneira, não poderemos ter nenhuma ideia do que é ou não "irreconciliável" com o texto, nem saber se o texto é vago ou ambíguo, nem se pode estar "sujeito, de modo plausível, a interpretações significativamente diferentes". Portanto, as observações de Tribe sobre a primazia do texto pressupõem uma estratégia semântica. Que estratégia será essa?

A estratégia natural é aquela que há pouco descrevi: decidimos quais proposições um texto contém ao atribuirmos intenções semânticas aos que o criaram, e, para tanto, tentamos conferir o melhor sentido possível ao que eles fizeram, quando o fizeram. Contudo, se Tribe realmente pretende discordar de mim e de Scalia, ele rejeita essa estratégia. Quais são as alternativas? Alguém poderia replicar que não devemos interpretar um texto antigo como o da Constituição tentando entender o que seus criadores disseram, e sim pressupondo que ele significa o que se pretendeu que ele significasse no passado. Há problemas de regressão em tal estratégia, mas não precisamos explorá-las porque a estratégia não é, de modo algum, uma maneira de conceder ao texto a primazia pretendida por Tribe. Ao contrário, ela nega que o texto tenha qualquer papel independente na interpretação contemporânea.

Consideremos, portanto, esta possibilidade diferente (talvez sugerida pela observação de Tribe sobre alternativas "plausíveis"). Alguém poderia dizer que a primazia textual requer apenas que uma interpretação constitucional só seja considerada aceitável se as sequências de caracteres e espaços que constituem o texto puderem ser usadas, em qualquer circunstância, para expressar a proposição nela contida. Essa restrição extremamente frágil permitiria que os juízes declarassem um amplo direito constitucional "moral" de liberdade de expressão, quer os constituintes pretendessem ou não formular um princípio moral abstrato na Primeira Emenda, pois a sequência de letras e espaços por eles usada *poderia* ter sido usada para enunciar um princípio abrangente. (Numa concepção análoga da primazia do texto na poesia, poderíamos interpretar *Paraíso perdido** como um texto homofóbico, uma vez que as letras que formam a palavra *gay* são hoje usadas para formar uma palavra que se refere aos homossexuais.) Mas essa estranha estratégia interpretativa é arbitrária e imotivada na esfera dos princípios jurídicos ou políticos. Que importância teria o fato de as inscrições encontradas na Constituição poderem ou não ser usadas para enunciar uma proposição particular, a menos que pensemos que essa é a proposição que eles estavam habituados a enunciar? Não seria igualmente sensato dizer, em vez disso, que o texto deve ser fundamental em sentido anagramático – que se pode entendê-lo como se proibisse qualquer coisa que o *reagrupamento* de suas letras proibisse?

Portanto, é extremamente difícil conciliar as alegações de fidelidade textual de Tribe com qualquer estratégia interpretativa, com exceção da estratégia natural. Mas é essa que ele deve rejeitar se realmente discorda de mim e de Scalia. Mas os problemas não param por aí. Em muitos outros trechos, Tribe admite expressamente que a estratégia correta é a natural, e que realmente faz sentido presumir que os constituintes pretendiam dizer uma coisa e não outra quando as palavras que empregavam podiam ser usadas para di-

---

* *Paraíso perdido*, poema épico em versos brancos criado pelo poeta inglês John Milton (1608-74), que aborda a história judaico-cristã da Queda do Homem, ou seja, a tentação de Adão e Eva por Lúcifer e sua expulsão do Jardim do Éden. (N. do T.)

zer qualquer uma delas. Ele acrescentou a seu texto publicado, por exemplo, a argumentação que apresentei na conferência e que repito aqui: a confiança de Scalia em outras partes da Declaração de Direitos como evidência de que a Oitava Emenda não proíbe de modo algum a pena capital é incompatível com o originalismo semântico por ele professado[11]. Porém, minha acusação de incompatibilidade depende totalmente de uma afirmação sobre o que os constituintes pretenderam dizer na Oitava Emenda. Se eles pretenderam enunciar a proposição que, como afirmei, Scalia presumiu que lhes enunciaram – que as penas incomuns e cruéis, de acordo com a opinião predominante na época, são proibidas –, o argumento textual de Scalia não seria inconsistente; ao contrário, seria convincente. Só podemos declará-lo inconsistente se pudermos estar seguros, como Tribe certamente parece estar nesse contexto, que os constituintes não pretendiam enunciar essa disposição legal datada, e sim uma disposição abstrata. Ao adotar o argumento, ele se fundamenta exatamente no tipo de juízo que critica, em mim e em Scalia, por imaginar que possamos emiti-la.

Esses trechos tampouco esgotam o mistério. Tribe é um hábil debatedor, e não comete a leviandade de desprezar argumentos favoráveis à sua posição. Ele diz que admite que a Primeira Emenda afirma um princípio de moralidade política. Por que, então, rejeita o argumento de que, segundo a melhor interpretação, o que se pretendia era expressar tal princípio? Por que ele afirma ter, comigo e com Scalia, uma divergência que ele tem de se esforçar para tornar autêntica, que tornaria boa parte do restante do que ele diz incoerente se ele fosse bem-sucedido, e que suprime argumentos aparentemente sólidos de muitas de suas convicções constitucionais? A resposta é fortemente sugerida no início de outro trecho: ele diz que deseja impedir que a interpretação constitucional "degenere na imposição das preferências ou dos valores pessoais de cada um sob o disfarce da exegese constitucional (...)"[12]. Embora, como afirmei, os juízes que interpretam uma Constituição moral abstrata não apenas submetam questões morais à sua própria consciência, isso é certamente parte do que eles devem fazer. Tribe gostaria de poder desautorizar qualquer confiança naquilo que os constituintes pretendiam fazer cumprir porque, como eu, acredita que, do ponto de vista mais convincente, eles pretendiam promulgar uma Constituição que não deixasse aos juízes e juristas fiéis outra escolha além de fazer aquilo que ele receia ser ilegítimo.

Mas ele não tem como fugir desse enigma. Vejam como ele conclui a frase cujo início citei há pouco: "(...) é preciso admitir que a tarefa é difícil; evitar toda presunção de que se possa reduzi-la a um processo passivo de *descobrir*, e não de *construir*, uma interpretação, e substituir tal presunção por uma descrição sem rodeios, por mais incompleta e inconclusa que possa ser, do porquê de se considerar como digna de aceitação a construção do texto proposta por alguém à luz da Constituição como um todo e da história de sua interpretação"[13]. Em outras palavras, o fim da frase não atenua de modo algum a preocupação contida no início, mas tão somente a confirma. Mesmo os juízes que consideram "a Constituição como um todo e a história de sua interpretação", como a integridade exige que eles façam, devem, não obstante, utilizar suas próprias convicções de moralidade política ao discutirem por que suas interpretações são mais "dignas de aceitação" do que outras que também passariam nesse teste, e, embora a franqueza "sem rodeios" seja certamente uma virtude, ela em nada altera o objeto de tal franqueza.

Apesar de semelhantes às de Scalia, as dificuldades de Tribe tomam a direção oposta. Embora queira ser visto como alguém que acolhe a fidelidade, Scalia acaba por rejeitá-la. Tribe pretende rejeitar a fidelidade, mas acaba por aceitá-la. Que conclusão é a certa? Essa é a questão que adiei e que devo agora retomar. Devidamente compreendida, a fidelidade constitucional é uma virtude política ou um vício político?

[Mesmo a fidelidade] à Constituição abstrata, que é disciplinada pela integridade, exige que os juízes, juristas, legisladores e outros que interpretam a Constituição emitam novos juízos morais sobre questões que dividem profundamente os cidadãos, como o aborto, o auxílio ao suicídio e a justiça racial. Sem dúvida, a opinião de qualquer autoridade pública sobre essas questões não será apenas polêmica, mas odiada por muitos. Talvez nossos juízes fariam melhor em pôr de lado a fidelidade. Talvez eles nos servissem melhor se seu objetivo fosse não o de aplicar a Constituição que temos, mas o de criar outra melhor ou, de qualquer modo, diferente. Talvez se Bush de fato tivesse em mente o contrário do que disse, estivesse certo.

Porém, que bases teríamos a oferecer para descartar a fidelidade? O que poderia superar a fidelidade? Consigo pensar em três virtudes que podem ser consideradas mais importantes no contexto constitucional. Em primeiro lugar, em determinadas circunstâncias a fidelidade pode ser superada pela justiça. Uma sociedade política poderia ver-se sobrecarregada por um acordo constitucional que muitos de seus membros hoje consideram muito injusto, e, em certas circunstâncias, os juízes dessa comunidade poderiam decidir, de boa-fé, simplesmente ignorar essa Constituição. Eles poderiam mentir, afirmando publicamente que suas decisões eram ditadas pela fidelidade, embora soubessem, e talvez admitissem privadamente, que o contrário era verdadeiro. Ou poderiam (caso sua situação permitisse) simplesmente declarar que, legalmente, não tinham mais nenhum comprometimento com ela. Muitas pessoas hoje acreditam, por exemplo, que os juízes do período pré-Guerra da Secessão que eram instados a declarar a Lei dos Escravos Fugitivos (Fugitive Slave Act) inconstitucional deveriam tê-lo feito, a despeito do fato de que (na opinião desses críticos) a fidelidade exigisse o resultado contrário. Podemos imaginar facilmente um desses juízes dizendo a si mesmo que, embora a Constituição não condenasse as leis que exigiam que os cidadãos devolvessem os escravos fugidos, tais leis eram, não obstante, demasiado monstruosas para serem aplicadas. Todavia, só menciono a justiça como um possível trunfo sobre as exigências da fidelidade para pô-la de lado, pois o suposto problema que identificamos não é que a fidelidade exija que os juízes defendam leis que considerem imorais. É quase o contrário disso: acredito que, uma vez que a Constituição contém princípios morais abstratos, a fidelidade dá aos juízes uma excessiva liberdade de movimento para condenar leis que lhes pareçam injustas, embora tenham sido endossadas por um legislativo devidamente eleito.

Um possível segundo trunfo sobre a fidelidade está agora muito mais em pauta. É a própria democracia. A fidelidade a uma Constituição moral não implica que os juízes devam ser os árbitros decisivos do que essa Constituição exige em controvérsias concretas. Ainda assim, em nosso sistema político, os juízes federais são as autoridades decisivas do direito constitucional, e muitos estudiosos, juízes e cidadãos acreditam não ser democrático que os juízes emitem o tipo de juízo moral que a verdadeira fidelidade exigiria, porque numa verdadeira democracia as pessoas deveriam decidir as questões fundamentais de moralidade política por si próprias. Segundo essa objeção, se nos importamos com nossa democracia faremos vista grossa à fidelidade, pelo menos no caso das grandes cláusulas abstratas da Constituição, e insistiremos em atribuir um papel mais modesto aos nossos tribunais.

Será que esse argumento é bem fundado? Tudo depende do que se quer dizer por democracia. Isso porque podemos distinguir dois conceitos de democracia, um dos quais certamente justificaria essa queixa, o que o outro já não faria. O primeiro baseia-se na premissa majoritária. De acordo com tal concepção, a essência da democracia é que todas as questões de princípio devem ser decididas pelo voto majoritário: em outras palavras, a democracia é a regra da maioria em sentido pleno. Se for esse o significado da democracia, certamente um modelo de controle de constitucionalidade que confira aos juízes o poder de ignorar os juízos de moralidade política aprovados por uma maioria é antidemocrático. Pensemos, porém, em uma definição diferente de democracia: democracia significa autogoverno com a participação de todas as pessoas, que atuam conjuntamente como membros de um empreendimento comum, em posição de igualdade. Em minha opinião, trata-se de um modo muito mais atraente de entender a força da democracia do que aquele representado pela regra da maioria. A regra da maioria só é democrática quando certas condições prévias – as condições democráticas de igualdade dos membros – são atendidas e mantidas.

Que condições são essas? Tentei defini-las com alguma profundidade em meu livro *O direito da liberdade*[14]. Em primeiro lugar, não pode haver democracia, concebida como uma associação em parceria em autogoverno, a menos que se dê a todos os cidadãos uma igual oportunidade de desempenhar um papel na vida política, e isso significa não apenas o mesmo direito de voto, mas também a igualdade de voz tanto nas deliberações públicas formais quanto nos intercâmbios morais informais. Esse é o direito assegurado, em princípio, pela Primeira Emenda. Em segundo lugar, não pode haver democracia assim concebida a menos que as pessoas tenham, enquanto indivíduos, uma igual participação no governo. É preciso entender que os interesses de todos devem ser levados em consideração da mesma maneira quando se determina onde fica o interesse coletivo. Acredito que essa exigência está na base da Cláusula de Igual Proteção, devidamente entendida. Em terceiro lugar, não pode haver uma parceria democrática a menos que se assegure aos indivíduos uma esfera privada na qual eles sejam livres para tomar as decisões mais religiosas e éticas por si próprios, respondendo a sua própria consciência e a seu próprio julgamento, e não ao da maioria. Nenhuma pessoa pode ver a si mesma como membro pleno e igual de uma associação em parceria que reivindique autoridade para decidir por ela aquilo que, de seu ponto de vista, o respeito de si mesma exija que ela decida. Esta é a base da garantia de liberdade de religião da Primeira Emenda, e também a garantia oferecida pelo devido processo legal – até agora compreendido apenas de maneira imperfeita – em termos de independência nas opções éticas fundamentais que definem a percepção de cada indivíduo do porquê de sua vida ser valiosa e o que significaria vivê-la bem.

Segundo a concepção alternativa de democracia – podemos chamá-la de democracia coparticipativa –, a regra da maioria não é nem mesmo legítima, muito menos democrática, a menos que essas condições sejam ao menos substancialmente atendidas. Portanto, caso se adote essa concepção coparticipativa de democracia, o argumento de que o controle de constitucionalidade é, por natureza, incompatível com a democracia, cai por terra. Como já afirmei, não quero dizer que a democracia constitucional exija expressamente uma estrutura como a nossa, uma estrutura que registre as condições democráticas em um documento escrito e fundamental e atribua a autoridade interpretativa final aos tribunais, que deveriam então declarar se essas condições foram atendidas. Poder-se-ia pensar que teria sido melhor ter atribuído essa responsabilidade a algum grupo especial de indivíduos eleitos, que não foi sábia a decisão que tomamos ou ratificamos no século XIX atribuindo tal responsabilidade a juízes não eleitos*. Mas esta é uma questão diferente. Não se pode dizer que a maioria tem um direito automático, contumaz, de tomar essas decisões interpretativas sem incorrer em petição de princípio, porque, sem dúvida, a maioria só tem o direito de governar se as condições forem atendidas. Incorre-se em petição de princípio quando se pensa que o conceito de democracia pode determinar a quais instituições se deve

---

*Ver *Marbury vs. Madison*, 1 Cranch (5 U.S.) 137 (1803). (N. do R. T.)

ou não atribuir autoridade interpretativa final. Como afirmo em *O direito da liberdade*, essa decisão deve ser tomada em outras bases.

Acabamos de examinar dois supostos trunfos sobre a fidelidade. Pusemos de lado o primeiro – que uma Constituição poderia ser tão injusta que não se interessasse pela fidelidade – por não considerá-lo pertinente à presente argumentação. Estudamos o segundo – que dentro de nossa estrutura de governo, que atribui a autoridade interpretativa final aos juízes, a fidelidade às cláusulas morais abstratas da Constituição confere um poder não democrático a essas autoridades. Pretendo discutir agora, ainda que brevemente, um terceiro fundamento para superar a fidelidade, que podemos chamar de pragmatismo jurídico[15]. O pragmatismo exerceu uma certa influência sobre a teoria jurídica norte-americana durante várias décadas, e hoje passa por algo como um renascimento, particularmente no que diz respeito à teoria constitucional.

O pragmatismo jurídico – ou, pelo menos, uma de suas vertentes mais importantes – sustenta que as decisões judiciais devem ser breves, criteriosas e experimentais. Tal afirmação é feita não por uma preocupação com a democracia, mas sim por uma convicção de que os juristas e os juízes farão o melhor para a sociedade ao tentarem descobrir o que realmente funciona na prática, em vez de tentarem inferir decisões concretas a partir de afirmações de princípio extensas, longas e abstratas, do tipo que seria exigido pela fidelidade ao texto constitucional. Os juízes, afirmam os pragmatistas, devem concentrar-se nas circunstâncias reais e limitadas dos casos concretos, tentando apenas encontrar soluções conciliatórias para questões e interesses que são bem-sucedidos nesse contexto limitado. Acima de tudo, os juízes devem ter o cuidado de não tomar mais decisões do que já precisam tomar em determinado momento. É melhor que o direito, inclusive o direito constitucional, se desenvolva de maneira lenta e gradual, mais por meio da analogia do que por meio de um princípio grandioso, testando cada um de seus passos, tentando aos poucos fazer com que o direito funcione melhor. A fidelidade à nossa Constituição abstrata exige o contrário. Exige que os juízes elaborem interpretações em grande escala de grandiosos princípios morais. Desse ponto de vista, ela nos dirige exatamente para a direção errada.

O pragmatismo jurídico não parece maravilhosamente sábio? Parece muito norte-americano, empiricista, até mesmo obstinado – particularmente quando se levam em consideração os principais protagonistas da concepção, tudo muito à maneira de *Chicago*: um açougueiro muito alto e corpulento, ou qualquer coisa do gênero*. Todavia, com a devida mudança de dicção e nuance, sua voz também é a de Oliver Wendell Holmes, o santo padroeiro da abordagem, que afirmou que a vida do direito não é a lógica, mas a experiência. É a voz dos realistas jurídicos norte-americanos, como passaram a ser chamados aqueles que, a partir da década de 1930, transformaram a educação jurídica norte-americana ao insistirem que o direito acadêmico devia se tornar mais prático, mais saturado de fatos, menos teórico e abstrato.

Até certo ponto, essa voz pragmatista oferece conselhos muito sensatos (ainda que pouco surpreendentes). Ela nos lembra que é bom ser o mais bem informado possível e não perder de vista as consequências ao fazermos ou decidirmos alguma coisa. Mas será que, de fato, oferece algum

---

* No original, "... very *Chicago*. Broad-shouldered hog butcher to the world, and all of that." Em seu poema *Chicago*, o poeta norte-americano Carl Sandburg (1878-1967), nascido nessa cidade, descreve-a como "Hog Butcher for the World," e "City of the Big Shoulders:" ("O açougueiro do mundo"/"Cidade dos ombros largos.") A referência é também à Escola de Chicago (Universidade de Chicago), conhecida por aplicar a economia ao comportamento não mercadológico. Ver Richard A. Posner, *Economics of Justice*, Cambridge, Harvard University Press, 1981, cap. 1; ver, também, do mesmo autor, "Law and Economics Movement in Commmon-Law, Civil-Law, and Developing Nations", *Ratio Juris*, vol. 17, n. 1, março de 2007, pp. 66-79. (N. do T.)

argumento para se superar a fidelidade constitucional e ignorar as grandes questões de princípio político abstrato que, ao mobilizar o espírito de fidelidade, a decisão constitucional exige?

Devemos distinguir duas situações nas quais uma comunidade política pode se encontrar. Na primeira, ela tem uma boa ideia de quais objetivos pretende perseguir por meio de seu direito constitucional e de outras áreas do direito – poderíamos dizer, uma consciência aguçada do lugar a que pretende chegar. Deseja manter a inflação em níveis baixos e, ao mesmo tempo, desfrutar de um crescimento sustentado, por exemplo. Anseia por um discurso político eloquente, um baixo índice de criminalidade e menos tensão racial. Saberia quando já tivesse alcançado esses objetivos, mas está agora incerta quanto ao modo de tentar alcançá-los. Em alguns casos assim, talvez fosse útil dizer a tal comunidade que não tente resolver seus problemas elaborando primeiro grandiosos princípios morais e econômicos e, em seguida, agindo conforme suas injunções, mas que, em vez disso, tente ser experimental – tente uma coisa depois da outra, exatamente para ver o que funciona.

Na segunda situação, porém, o problema da comunidade não é que ela não saiba elaborar os melhores meios para chegar a fins já identificados. Ao contrário, ela não sabe que objetivos *deve* perseguir, que princípios *deve* respeitar. Quer ser uma sociedade imparcial e justa, mas não sabe se isso significa uma maior liberdade para as pessoas tomarem decisões de natureza sexual por elas mesmas, por exemplo, ou se significa dar preferência à contratação e educação de membros de grupos minoritários. Sua dificuldade não reside no fato de ela não possuir a base factual que lhe permita prever as consequências da concessão de uma maior liberdade sexual ou da adoção de programas de ação afirmativa – ou, pelo menos, não é esse o seu único problema. Seu problema mais profundo está em não saber se essas consequências seriam avanços gerais ou novas falhas na justiça e imparcialidade de suas estruturas. Em tais circunstâncias, não é óbvio que os conselhos zelosos e convictos do pragmatista – seus conselhos práticos e empíricos de prudência e abstinência teórica – não têm valor algum? Quando nos encontramos na segunda situação, não conseguimos evitar os princípios gerais perguntando a nós mesmos se qualquer passo específico "funciona". Não podemos fazer isso porque ninguém pode ter opinião alguma sobre o que *é* funcionamento enquanto não tiver endossado, ainda que experimentalmente, um princípio geral que identifique um passo como um passo à frente, e não como um passo atrás. Se a maior liberdade sexual ou a ação afirmativa tornam uma sociedade mais justa é algo que não se pode decidir sem que antes se tenha decidido quais negações da liberdade ou distinções de tratamento são injustas, e por que o são.

É verdade que podemos propor a nós mesmos um teste alternativo. Podemos dizer que um programa social ou jurídico está funcionando se reduzir a tensão social, se aparentemente nos ajudar a viver juntos com menos tensões. Mas essa estratégia pressupõe que uma diminuição da tensão é sinal de um aumento da justiça social, e o contrário pode ser verdadeiro. Talvez, se impusermos uma maior repressão às aspirações sociais e profissionais das minorias, como fizemos por muitas décadas, não haverá nenhum incêndio desta vez nem da próxima. Poder-se-ia dizer que, quando as leis Jim Crow* não mais funcionavam, depois da Segunda Guerra Mundial, o país abandonou-as de acordo com o espírito do pragmatismo. Mas aquelas longas déca-

---

* As leis Jim Crow eram leis estaduais e locais decretadas nos estados sulistas e limítrofes nos Estados Unidos, em vigor entre 1876 e 1965, e que discriminavam afro-americanos, asiáticos e outros grupos minoritários. As leis mais importantes exigiam que os locais, escolas e transportes públicos tivessem instalações separadas para brancos e negros.

Jim Crow era o nome de um personagem representado por Daddy Rice, um comediante da década de 1830 que pintava seu rosto com carvão vegetal e dançava e cantava caricaturando uma pessoa negra tola, que fazia e dizia disparates. Tornou-se depois também um apelido para as leis e atos racistas. (N. do R. T.)

das de submissão foram décadas de injustiça, e não conseguimos explicar o porquê disso sem elaborarmos uma exposição da igualdade de cidadania que deve, pela natureza do caso, ser um princípio geral de dimensão constitucional. Tampouco ajudaria propor que os casos constitucionais fossem decididos por analogia, e não por princípios, uma vez que (parafraseando Kant) as analogias sem princípios são cegas. Que analogia a Suprema Corte deveria ter adotado quando instada a responder se as mulheres têm direito ao aborto em fase inicial de gestação? Em certos sentidos, o aborto é semelhante a um infanticídio, em outros se assemelha a uma apendicectomia, e em outros é como a destruição de uma obra de arte. Qual dessas comparações – se é que alguma – é, de fato, apropriada, é algo que vai depender de uma vasta rede de argumentações: não há, nesse caso, nada a "ver". Podemos usar analogias para enunciar conclusões a que chegamos por meio de princípios, mas não como caminhos diferentes para essas conclusões.

Que dizer da velha premissa do saber jurídico convencional que afirma que os juízes nunca devem tentar elaborar um princípio constitucional que extrapole o que é exigido pelo caso em pauta – que eles não devem lançar-se em cogitações profundas para decidir questões de princípio que não estejam imediatamente diante deles? Se interpretarmos a Constituição do modo que recomendo, como uma carta de princípios, e se insistirmos que a responsabilidade dos juízes consiste em dar nome a esses princípios e definir seu grau de extensão e alcance, deveremos aconselhá-los a desonrar esse antigo conselho?

Não necessariamente. Os juízes se eximem do dever de manter-se fiéis à Constituição ao obterem, no caso que se lhes apresenta, o resultado que, em sua opinião refletida, decorre da melhor interpretação de um princípio abstrato de moralidade constitucional. A fidelidade em si não exige que eles enunciem o princípio com mais amplitude do que é necessário para aquele propósito restrito. Devemos notar, contudo, que a afirmação de um princípio amplo o bastante para mostrar por que, de fato, tal princípio *se aplica* à questão em pauta, muitas vezes irá implicar uma afirmação suficientemente ampla que justifique conclusões sobre outros casos, e, pelo menos às vezes, não há ganho evidente, mas sim um certo custo evidente, na recusa dos juízes em chamar atenção para esse fato. Veja-se, por exemplo, o caso *Romer vs. Evans*, de 1996, em que a Suprema Corte declarou inconstitucional a disposição constitucional do estado do Colorado que impedia suas cidades e subdivisões de assegurar aos homossexuais direitos civis contra a discriminação.

A decisão da Corte sequer mencionava o caso *Bowers vs. Hardwick*, sua vergonhosa decisão de uma década atrás em que declarava constitucional uma lei da Geórgia que criminalizava a sodomia praticada com mútuo consentimento entre dois adultos. Muitas pessoas aplaudiram a reticência da Corte em recusar-se expressamente a revogar a decisão anterior, a despeito do fato de que o princípio no qual ela se baseou em *Evans* era obviamente incompatível com a decisão anterior[16]. Elas disseram que, no caso da Geórgia, a questão era tecnicamente independente, muito embora o mesmo princípio se aplicasse a ambos.

A Corte revogou *Bowers* mais tarde, em 2003, no caso *Lawrence vs. Texas*. Talvez houvesse algo a ser dito em favor da espera de sete anos da Corte. Contudo, quando estão em jogo direitos constitucionais, existe um risco enorme e permanente que se coloca contra quaisquer motivos que possam existir para os tribunais postergarem o reconhecimento das implicações plenas de suas decisões de princípio. É o risco de injustiça que corre um grande número de pessoas até que chegue para elas o momento propício. A administração do tempo constitucional afeta não apenas a doutrina, mas o modo como as pessoas vivem e morrem. Esperar por sete anos significou que cidadãos homossexuais foram obrigados a viver outro segmento de suas vidas, de resto irrecuperável, como cidadãos de segunda classe. As vidas não param enquanto as virtudes passivas e pragmáticas se enfeitam com epigramas e se envaidecem em artigos dos periódicos jurídicos. Nossa grande experiência como nação, nossa mais fundamental contribuição à moralidade política, é uma grande ideia que forma uma tríade com as seguintes proposições. Primeiro, a democracia não consiste em uma simples regra da maioria, mas em uma coparticipação no autogoverno. Segundo, essa parceria é estruturada e viabilizada por uma Constituição moral que garante a todos os indivíduos os requisitos necessários à sua plenitude enquanto membros de suas comunidades. Terceiro, estamos comprometidos, por meio de nossa história, com a estratégia institucional de pedir aos juízes – homens e mulheres com formação jurídica – que façam cumprir essas garantias de igual cidadania. É claro que essa grande aventura política envolve muitos riscos, como acontece em qualquer grande ambição política. Porém, apesar desses riscos, temos sido invejados por nossa aventura e somos cada vez mais copiados em todo o mundo, de Estrasburgo à Cidade do Cabo, de Budapeste a Nova Déli. Não vamos perder nossa força exatamente no momento em que, em todas as partes do mundo, as pessoas que seguiram nosso exemplo estão se fortalecendo cada vez mais.

Capítulo 6
O pós-escrito de Hart
e a questão da filosofia política

Arquimedianos

O projeto de Hart

Quando o professor H. L. A. Hart morreu, foi encontrado em meio a seus papéis o esboço de um longo comentário sobre meu trabalho na teoria do direito, que ele aparentemente pretendia publicar, quando o concluísse, como epílogo de uma nova edição de seu mais famoso livro, *O conceito de direito*. Não imagino até que ponto ele estivesse ou não satisfeito com o esboço, uma vez que nele há muita coisa que Hart talvez não tenha considerado totalmente satisfatória. Mas o esboço acabou sendo publicado como Pós-escrito de uma nova edição do livro*. Neste capítulo, discutirei a acusação central e mais importante do Pós-escrito. Em *O conceito de direito*, Hart se propôs dizer o que é o direito e como o direito válido deve ser identificado, e enfatizou, nesse projeto, a existência de duas características im-

---

* Hart dedicou os dez últimos anos de sua vida a elaborar uma resposta detalhada às objeções de Ronald Dworkin, explorando alguns dos mais recentes desenvolvimentos na teoria do direito desde a publicação da primeira edição de seu livro *O conceito de direito*, em 1961. Isso, porém, não foi possível. Hart faleceu em 1994, mas Joseph Raz e Penelope Bullock revisaram e organizaram um rascunho entregue pela família de Hart, e publicaram-no em 1994 como Pós-escrito à segunda edição de *O conceito de direito*. (N. do R. T.)

portantes. Em primeiro lugar, disse ele, trata-se de um projeto descritivo, sem avaliações de natureza moral ou ética: pretende compreender, mas não avaliar, as complexas e onipresentes práticas sociais do direito. Em segundo lugar, trata-se de um projeto filosófico, e não jurídico. Compete aos juristas tentar descobrir o que é o direito em casos específicos – se alguém que leva um leão para passear em Piccadilly está afrontando o direito inglês, por exemplo. Contudo, a identificação da natureza geral do direito não constitui apenas um exercício jurídico particularmente ambicioso, mas sim um exercício filosófico que exige métodos totalmente diversos daqueles usados pelos juristas no dia a dia de sua profissão.

Contestei ambas as afirmações. Afirmei que uma teoria geral sobre como o direito válido deve ser identificado, a exemplo da teoria do próprio Hart, não constitui uma descrição neutra da prática jurídica, mas uma interpretação dela que pretende não apenas descrevê-la, mas também justificá-la – mostrar por que a prática é valiosa e como deve ser conduzida de modo a proteger e enfatizar esse valor[1]. Se assim for, isso significa que a própria teoria jurídica baseia-se em julgamentos e convicções morais e éticos. Afirmei também que os argumentos jurídicos habituais têm a mesma natureza: um juiz ou um cidadão que precisa decidir o que é o direito quando se vê diante de alguma questão complexa, deve interpretar o direito do passado para descobrir quais princípios melhor o justificam, e, em seguida, decidir o que tais princípios exigem no novo caso. Portanto, uma teoria do direito de um filósofo do direito não é diferente, em sua natureza – embora seja, sem dúvida, bem mais abstrata –, das alegações jurídicas comuns que os advogados fazem nos casos em que atuam.

No Pós-escrito, Hart insiste que eu estava errado em ambas as avaliações: eu não tinha o direito, afirma ele, de negar a seu projeto o caráter filosófico e descritivo especial que ele alegava ter. Minhas ruminações sobre o modo como os juízes devem decidir os casos difíceis no direito são morais e engajadas, segundo Hart, porque ao fazê-las estou criticando e avaliando as atividades desses juízes. Mas ele, ao contrário, simplesmente descreve essas atividades em termos gerais e filosóficos, e descreve-as a partir de uma posição externa, não como um participante ativo das batalhas jurídicas, mas como um erudito que as observasse sem nenhum engajamento. A filosofia do direito tem espaço para esses dois projetos, afirmou ele, mas trata-se de projetos diferentes.

A concepção de Hart acerca de sua própria metodologia é típica de boa parte da filosofia contemporânea. Áreas especializadas da filosofia, como a metaética e a filosofia do direito, florescem, cada qual supostamente em torno de algum tipo ou segmento da prática social, mas sem nenhuma participação ativa. Os filósofos lançam um olhar de superioridade, de fora e de cima, sobre a moral, a política, o direito, a ciência e a arte. Eles fazem distinção entre o discurso de primeira ordem da prática que estudam – o discurso de não filósofos refletindo e apresentando argumentos sobre o que é certo ou errado, legal ou ilegal, verdadeiro ou falso, belo ou prosaico – e sua plataforma de segunda ordem de "meta"discurso, na qual os conceitos de primeira ordem são definidos e explorados e as afirmações de primeira ordem são classificadas e atribuídas a categorias filosóficas. Chamei essa concepção de filosofia de "arquimediana", e esta é a idade de ouro do arquimedianismo.

A mais conhecida dessas filosofias especializadas é a chamada "metaética". Esse conjunto de princípios discute o *status* lógico dos "juízos de valor" que as pessoas comuns emitem quando dizem, por exemplo, que o aborto é moralmente errado ou que a discriminação racial é iníqua, ou que é melhor trair o próprio país do que os amigos. Alguns filósofos metaéticos dizem que esses juízos de valor ou são verdadeiros ou são falsos, e que, se forem verdadeiros, isso significa que descrevem algum fato moral que independe da mente. Outros negam essa afirmação: dizem que os juízos de valor não são descrições de uma realidade independente, mas sim expressões de preferências emocionais ou pessoais, ou recomendações de comportamento, ou algo de subjetivo de natureza semelhante. Contudo, os filósofos de ambos os grupos insistem que suas próprias teorias – a teoria de que os juízos de valor são objetivamente verdadeiros e a teoria contrária, segundo a qual eles apenas exprimem emoções – não são, elas próprias, juízos de valor. As teorias filosóficas de segunda ordem sobre os juízos de valor, insistem os filósofos, são neutras, filosóficas e não comprometidas. Não tomam posição alguma sobre a moralidade do aborto, a discriminação, a amizade ou o patriotismo. São conceituais ou descritivas, e não substantivas e engajadas.

Apresentei uma argumentação contrária a essa concepção da metaética em um artigo anterior: acredito que as teorias filosóficas sobre a objetividade ou a subjetividade das opiniões morais só são inteligíveis enquanto juízos de valor, conquanto muito gerais ou abstratos[2]. As afirmações de Hart sobre seus próprios métodos ilustram uma forma de arquimedianismo um tanto diferente, apesar de análoga, que é mais proeminente na filosofia política e na filosofia jurídica que na filosofia moral. A distinção-chave, repetindo o que já afirmei, dá-se entre níveis de discurso: neste caso, entre os "juízos de valor" de primeira ordem, substantivos, que as pessoas comuns emitem sobre liberdade, igualdade, democracia, justiça, legalidade e outros ideais políticos, e as análises de segunda ordem, neutras e filosóficas, que são feitas pelos filósofos políticos. As pessoas comuns – políticos e jornalistas, cidadãos e presidentes – discorrem acerca da importância relativa desses ideais. Elas discutem se às vezes é necessário transigir com a legalidade, a fim de assegurar o primado da justiça, ou se a liberdade deve às vezes ser limitada a fim de se chegar à igualdade ou de se preservar a comunidade. Ao contrário delas, os filósofos tentam descrever o que é realmente a legalidade, a liberdade, a igualdade, a democracia e a justiça, isto é, sobre o que as pessoas discutem e divergem. Uma vez mais, o trabalho dos filósofos, em sua opinião, é neutro no contexto das controvérsias. O que a liberdade e a igualdade são, e por que o conflito entre elas é inevitável é uma questão descritiva ou conceitual, e qualquer teoria filosófica que responda a essas questões de segunda ordem é neutra relativamente a qual desses valores é mais importante do que os outros, e em quais circunstâncias qual deve ser preferido ou sacrificado.

Essa versão do arquimedianismo também é equivocada. Defenderei aqui que as definições ou análises dos conceitos de igualdade, liberdade, direito etc. são tão substantivas, normativas e engajadas quanto qualquer das opiniões contrárias presentes nos embates que campeiam em torno desses ideais. A ambição hartiana de uma solução puramente descritiva dos problemas centrais da filosofia do direito é equivocada, assim como as ambições semelhantes de muitos filósofos políticos de primeira linha.

O caso Sorenson

Preciso expor de maneira mais detalhada a versão de Hart sobre o arquimedianismo, e, para tanto, é útil ter à mão um exemplo de uma questão jurídica complexa[3]. A sra. Sorenson sofria de artrite reumatoide e, durante muitos anos, tomou um medicamento genérico – Inventum – para aliviar seu sofrimento. Ao longo desse período, o Inventum foi fabricado e comercializado com diferentes nomes comerciais por onze laboratórios farmacêuticos diferentes. Na verdade, o medicamento apresentava efeitos colaterais graves e não divulgados, dos quais os fabricantes deveriam ter tido conhecimento, e a sra. Sorenson passou a ter problemas cardíacos permanentes. Ela não conseguiu provar quais comprimidos de qual fabricante havia tomado, nem quando, e é evidente que também não conseguiu provar quais comprimidos de que fabricante tinham, de fato, causado seu problema. Ela processou de uma só vez todos os laboratórios que haviam fabricado o Inventum, e seus advogados argumentaram que todos eram responsáveis perante ela de acordo com sua participação no mercado do medicamento durante os anos de tratamento da sra. Sorenson. Os laboratórios farmacêuticos contestaram que a petição da demandante era totalmente inédita e contradizia a antiga premissa da responsabilidade civil de que ninguém é responsável por danos que não se consiga provar que tenha causado. Para eles, uma vez que a sra. Sorenson não tinha como comprovar que nenhum demandado em particular a havia prejudicado, ou mesmo fabricado o Inventum por ela tomado, não era possível exigir que ela fosse indenizada por nenhum deles.

Como os advogados e os juízes poderiam decidir qual das partes – a sra. Sorenson ou os laboratórios farmacêuticos – estava certa em suas afirmações sobre o que é, de fato, exigido pelo direito? Em minha opinião, como já afirmei aqui, eles deveriam tentar identificar os princípios gerais que fundamentam e justificam o direito estabelecido de responsabilidade civil do fabricante de um produto, e depois aplicar esses princípios ao caso. Eles poderiam descobrir, como insistiam os laboratórios, que o princípio de que nenhuma pessoa é responsável por danos que não se possa provar que tenham sido causados por essa pessoa ou por qualquer outra encontra-se tão solidamente arraigado no precedente que a sra. Sorenson deve, portanto, ter suas pretensões categoricamente recusadas. Por outro lado, eles também poderiam encontrar apoio considerável a um princípio antagônico – por exemplo, aquele segundo o qual quem lucrou com algum empreendimento também deve arcar com seus custos – que possa justificar a ação judicial para o problema inédito de participação de mercado[4]. Portanto, do ponto de vista que defendo, a sra. Sorenson poderia, mas não necessariamente, obter o melhor resultado em sua ação judicial. Tudo depende da melhor resposta à difícil questão de saber que conjunto de princípios oferece a melhor justificação para essa área do direito como um todo.

A resposta de Hart a casos semelhantes ao da sra. Sorenson era bem diferente. No Pós-escrito ao qual me referi, ele resumiu essa resposta nos seguintes termos:

> De acordo com minha teoria, a existência e o conteúdo do direito podem ser identificados por meio de referência às fontes sociais do direito (por exemplo, a legislação, as decisões judiciais, os costumes sociais) e sem referência à moral, a não ser nos casos em que o direito assim identificado tenha incorporado, ele próprio, critérios morais para sua própria identificação.[5]

(Chamarei esta concepção – sobre o modo de identificar o direito em casos difíceis como o da sra. Sorenson – de "tese das fontes" de Hart.) Hart e eu divergimos, portanto, no que diz respeito a determinar até que ponto e em que sentido os juristas e juízes devem emitir seus próprios "juízos de valor" a fim de identificar o direito em casos particulares. Em minha opinião, o argumento jurídico é um argumento típica e completamente moral. Os juristas devem decidir qual desses conjuntos concorrentes de princípios oferece a melhor justificação da prática jurídica como um todo, isto é, que seja mais peremptória em termos morais. Por outro lado, segundo a tese das fontes de Hart, o argumento jurídico substantivo só é normativo quando as fontes sociais tornam os critérios morais parte do direito. Nenhuma Assembleia Legislativa ou decisão judicial do passado tornou a moral pertinente no caso da sra. Sorenson, de modo que, para Hart, nenhum juízo ou deliberação moral entra na questão de saber se ela tem o direito ao que pediu. No que diz respeito ao direito, diria Hart, ela deve perder a causa.

Uma vez que Hart e eu temos opiniões diferentes sobre a mesma questão – como decidir acerca da validade ou não do pedido da sra. Sorenson –, fica difícil dar crédito à afirmação dele de que, na verdade, não estamos divergindo, ou que não estamos tentando responder às mesmas perguntas. Contudo, permanece a questão de como se poderia caracterizar o projeto que compartilhamos. Em seu Pós-escrito, ele declarou que sua exposição "é descritiva no sentido que não procura justificar ou enaltecer, em bases morais ou de outra natureza, as formas e estruturas que aparecem em minha exposição geral do direito"[6]. Ele diz ser possível que eu esteja certo e ele errado sobre o modo como se deve identificar o direito. Talvez eu esteja certo ao pensar que juristas e juízes devam emitir juízos de valor para encontrar o direito em todos os casos difíceis. Porém, caso eu esteja certo a esse respeito, insiste Hart, só o estaria porque minha exposição da prática jurídica de primeira ordem é melhor enquanto uma descrição de segunda ordem dessa prática do que a dele. Portanto, divergimos não apenas sobre o modo de identificar o direito, mas também sobre que tipo de teoria constitui uma resposta geral a essa questão. Ele acreditava que tal teoria é apenas e puramente uma descrição da prática jurídica. Eu acredito que ela é uma interpretação da prática jurídica que faz alegações morais e éticas e nelas se fundamenta.

Sob determinado aspecto, porém, estamos no mesmo barco. Ambos acreditamos que entenderemos melhor a prática e os fenômenos jurídicos se nos propusermos a estudar – não o direito em alguma de suas manifestações específicas, como a responsabilidade civil do fabricante de produtos na Escócia, mas o próprio conceito de direito. Nossas afirmações diferentes sobre a natureza e os métodos adequados desse estudo conceitual poderiam, contudo, ser consideradas misteriosas, ainda que por razões diferentes. As investigações conceituais devem geralmente ser comparadas com as investigações empíricas. Como Hart pode pensar que seu estudo conceitual é "descritivo"? Que sentido de "descritivo" terá ele em mente? É comum que as investigações conceituais também sejam comparadas com as valorativas. Como posso pensar que uma análise seja tanto conceitual como valorativa? De que maneira a decisão sobre como o direito deveria ser pode nos ajudar a ver aquilo que, em sua própria natureza, ele realmente é? Essas questões têm importância suficiente para justificar a mudança de tema ao longo de várias páginas.

Conceitos políticos

Os filósofos políticos elaboram definições ou análises de conceitos políticos fundamentais: justiça, liberdade, igualdade, democracia etc. John Stuart Mill e Isaiah Berlin, por exemplo, definiram a liberdade (em termos aproximados) como a capacidade de fazer o que se quer sem a restrição ou a coerção dos outros, e essa definição é muito conhecida entre os filósofos. Desse ponto de vista, as leis que proíbem o crime violento são violações da liberdade de todas as pessoas. Quase todos os filósofos que admitem essa proposição acrescentam rapidamente que, embora essas leis realmente violem a liberdade, elas são plenamente justificáveis – a liberdade, insistem eles, às vezes deve dar lugar a outros valores. Esse novo juízo é um juízo de valor: toma partido quanto à importância relativa da liberdade e da segurança, e é possível que alguns libertários radicais o rejeitem. Porém, insiste Berlin, a própria definição, segundo a qual as leis contra a violência realmente comprometem a liberdade, não é um juízo de valor: não é uma aceitação, uma crítica ou uma atenuação da importância da liberdade, mas apenas uma afirmação politicamente neutra do que a liberdade devidamente entendida realmente é. Algumas conclusões importantes decorrem dessa afirmação supostamente neutra: em especial, o fato de que as duas virtudes políticas de liberdade e igualdade devem, inevitavelmente, entrar em conflito na prática. A escolha entre elas, afirma Berlin, quando de fato conflitam entre si, é uma questão de valor sobre a qual as pessoas divergem. Mas o fato de que elas devem entrar em conflito, de modo que alguma escolha seja necessária, não representava para ele uma questão de juízo moral ou político, mas uma espécie de fato conceitual.

Berlin era, portanto, um arquimediano em filosofia política: o projeto de analisar o que a liberdade realmente significa, pensava ele, deve ser buscado por alguma forma de análise conceitual que não envolva juízos, pressupostos ou raciocínios normativos. Outros filósofos insistem que a liberdade é, entre outras coisas, uma função do dinheiro, de modo que a tributação dos ricos diminui sua liberdade. Essa definição, insistem eles, deixa totalmente em aberto a questão de saber se a tributação é, por princípio, justificada, apesar de seu impacto sobre a liberdade. Ela permite o juízo de valor de que a tributação é perversa, mas também o juízo de valor contrário, aquele segundo o qual a tributação, a exemplo da criminalização da violência, é um comprometimento justificável da liberdade. Outros filósofos políticos têm tratado outros valores políticos de modo semelhante. Por exemplo, existe uma ideia muito popular de que a democracia significa o governo da maioria. Diz-se que essa definição deixa em aberto, no que diz respeito à decisão e à argumentação substantivas, questões como a excelência ou a falta de qualidades da democracia, ou se é preciso impor-lhe uma solução conciliatória por meio de restrições ao governo da maioria que poderiam incluir, por exemplo, um sistema constitucional de direitos individuais contra a maioria imposto pelo controle judicial de constitucionalidade. Segundo o ponto de vista arquimediano, estas últimas questões são substantivas e normativas, mas a questão inicial, que diz respeito ao que é a democracia, é conceitual e descritiva. Essas diferentes versões da liberdade e da democracia são arquimedianas porque, embora sejam teorias sobre uma prática social normativa – a prática política comum de discutir a liberdade e a democracia –, não se colocam como teorias normativas. Ao contrário, afirmam ser teorias filosóficas ou conceituais que só são descritivas da prática social e neutras no âmbito das controvérsias que constituem essa prática.

Essa afirmação se complica, porém, devido a duas dificuldades correlatas. Em primeiro lugar, a argumentação política frequentemente inclui, não apenas como um ponto de partida neutro das controvérsias substantivas, mas como elemento central de tais controvérsias, uma argumentação sobre as próprias questões conceituais que os filósofos estudam. Em segundo lugar, o termo "descritivo" é ambíguo – há muitas maneiras ou dimensões nas quais uma prática social pode ser "descrita". Portanto, os arquimedianos devem escolher um sentido mais preciso de descrição caso pretendam tornar sua posição defensável. Só que eles não podem fazê-lo: cada sentido de "descrição", individualmente considerado, mostra-se claramente inaplicável. De nossa parte, devemos examinar essas objeções independentemente fatais.

A controvérsia sobre conceitos

É comum que as controvérsias dos filósofos também sejam de natureza política. Hoje mesmo, existe um intenso debate – não só nos Estados Unidos, mas em todo o mundo – no qual se discute se o controle judicial de constitucionalidade é incompatível com a democracia. Os juristas e políticos que discutem o assunto não pressupõem apenas que a democracia signifique o governo da maioria, de modo que o controle judicial de constitucionalidade seja por definição não democrático e a única questão que fique por resolver é em saber se, ainda assim, ele se justifica. Ao contrário, os juristas e políticos discutem sobre o que é, de fato, a democracia: alguns deles insistem que o controle judicial de constitucionalidade não é incompatível com a democracia porque ela não significa apenas governo da maioria, mas o governo da maioria sujeito às condições que o tornam justo[7]. A maioria dos que se opõem ao controle judicial de constitucionalidade rejeita essa definição mais complexa de democracia e insiste que democracia significa apenas governo da maioria ou, talvez, governo da maioria limitado apenas por uns poucos direitos procedimentais, entre os quais a liberdade de expressão, e não pelo pleno conjunto de direitos que atualmente costumam ser protegidos nas constituições nacionais e internacionais. Os políticos que defendem a tributação não admitem que ela viole a liberdade. Ao contrário, negam isso e insistem que a tributação em si não tem absolutamente qualquer impacto sobre a liberdade. Concordo que alguns políticos e críticos declaram enfaticamente que a tributação ludibria a liberdade, mas, pelo menos nos Estados Unidos, todos os que o fazem são políticos que odeiam a tributação e gostariam de pôr-lhe um fim. Se a definição de democracia ou liberdade é, de fato, um assunto – um ponto de partida – neutro sem implicações para o debate e a decisão substantivos, então por que os políticos e cidadãos devem perder tempo com tal discussão? Por que o senso comum não ensinou as pessoas comuns a simplesmente aceitar uma definição padronizada desses conceitos – que democracia significa governo da maioria, por exemplo –, de modo que possam poupar suas energias para questões verdadeiramente substantivas, como a de saber se às vezes é ou não necessário conciliar democracia com outros valores? Pode-se dizer, em resposta, que as pessoas se sentem atraídas pelas definições que parecem sustentar mais naturalmente suas próprias posições substantivas. Mas tal resposta permite a seguinte objeção: se as definições realmente são neutras, por que se deveria pensar que qualquer definição específica é uma vantagem argumentativa?

A versão arquimediana ignora o modo como os conceitos políticos realmente funcionam na argumentação política. Eles servem de patamares abstratos para o consenso. Quase todos concordam que os valores em questão têm, no mínimo, alguma importância, e talvez uma importância muito grande, mas esse consenso deixa em aberto questões substantivas cruciais sobre o que, mais precisamente, esses valores são ou significam. Percebemos isso mais dramaticamente no caso do conceito político mais abstrato de todos: a justiça. As pessoas não discutem muito a importância da justiça: em geral, trata-se de uma objeção decisiva a uma decisão política injusta. As controvérsias sobre a justiça geralmente assumem a forma de uma argumentação, não sobre quão importante a justiça é ou quando deve ser sacrificada em nome de outros valores, mas sobre o que ela realmente é. É esse o tema principal. Portanto, seria extremamente implausível tratar uma teoria filosófica *desse* conceito como arquimediana: isto é, seria implausível presumir que uma teoria informativa sobre a natureza da justiça pudesse ser neutra quando confrontada com questões de argumentação política substantiva. Sei bem que os filósofos da justiça céticos – os que argumentam que a justiça está apenas nos olhos do espectador, ou que as alegações de justiça não passam de projeções de emoções – muitas vezes supõem que suas próprias teorias são neutras. Contudo, seria muito surpreendente encontrar um filósofo que defenda uma concepção positiva de justiça – que afirme, por exemplo, que a justiça política consiste nas providências que maximizam a riqueza de uma comunidade – que acreditasse que sua própria teoria não fosse uma teoria normativa. Os filósofos da justiça reconhecem que estão tomando partido: que suas teorias são tão normativas quanto as afirmações sobre justiça e injustiça que fazem os políticos, os líderes, os escritores e os cidadãos. Os mais densos conceitos políticos de liberdade, igualdade e democracia desempenham o mesmo papel na argumentação política, e as teorias sobre a natureza desses conceitos também são normativas. Concordamos que a democracia é de grande importância, mas divergimos sobre qual concepção de democracia melhor exprime e explica essa importância. Nenhum dos estudiosos que discutem se o controle judicial de constitucionalidade é ou não incompatível com a democracia admitiria que a questão relativa ao que é, de fato, a democracia devidamente entendida, seja um problema descritivo a ser resolvido mediante o estudo, por exemplo, de como a maioria das pessoas emprega a palavra "democracia". Eles reconhecem que sua discussão é profunda e essencialmente substantiva[8].

Devo enfatizar a diferença entre a posição que agora defendo e a opinião mais conhecida de diversos filósofos, aquela segundo a qual os principais conceitos políticos são conceitos descritivos e normativos "mistos". Segundo essa conhecida concepção, os conceitos de democracia, liberdade etc. têm tanto componentes emocionais quanto descritivos, e os filósofos podem desenredá-los. O significado emocional é uma questão de prática e expectativa sociais: em nossa cultura política, declarar que alguma prática não é democrática é algo quase inevitavelmente recebido e entendido como uma crítica, e um estranho que não compreendesse isso teria deixado passar algo de crucial acerca do conceito. Segundo essa concepção, porém, ainda assim a democracia tem um sentido descritivo e neutro totalmente dissociável: ela significa (de acordo com uma descrição) governo de acordo com a vontade da maioria, e não haveria contradição, a despeito da surpresa que provocaria, em alguém dizer que os Estados Unidos são uma democracia, e tanto pior para eles que assim o seja. Desse ponto de vista, portanto, os filósofos políticos arquimedianos que insistem que suas teorias sobre os valores políticos cruciais são politicamente neutras não estão incorrendo em erro algum. Eles certamente têm consciência da força ou do peso político de que tais conceitos são portadores, mas ignoram esse peso ao porem a descoberto o significado descritivo subjacente e, em si mesmo, neutro.

Afirmo que a verdade é diferente. Os conceitos de liberdade, democracia etc. funcionam, no pensamento e no discurso comuns, como conceitos interpretativos de *valor*: seu sentido descritivo é contestado, e a contestação gira em torno de qual especificação de um sentido descritivo melhor apreende ou melhor dá conta desse valor. O significado descritivo não pode ser removido da força valorativa porque o primeiro depende do segundo desse modo particular. É claro que um filósofo ou um cidadão podem insistir que, afinal de contas, não há valor na democracia, na liberdade, na igualdade ou na legalidade. Mas ele não pode defender esse ponto de vista simplesmente escolhendo uma entre as muitas versões questionadas da liberdade, por exemplo, e em seguida insistir que a liberdade entendida dessa maneira não tem valor. Ele deve afirmar não apenas que a liberdade é inútil nos termos de determinada concepção, mas que ela é inútil nos termos da melhor concepção defensável, e esse é um empreendimento muito mais ambicioso, que não separa os sentidos descritivo e valorativo, mas tira partido da inter-relação entre eles.

Descritivo em que sentido?

A segunda dificuldade que mencionei torna-se evidente quando perguntamos em que sentido de "descritivo" o projeto filosófico supostamente de segunda ordem de identificar um valor político é um projeto descritivo, e não normativo. Será o suposto projeto uma análise semântica que tem por finalidade desvendar os critérios que as pessoas comuns realmente usam, talvez sem qualquer consciência disso, quando descrevem alguma coisa como uma violação da liberdade ou como algo não igualitário, antidemocrático ou ilegal? Ou será um projeto estrutural que pretende descobrir a verdadeira essência do que as pessoas descrevem daquela maneira, algo como o projeto científico de identificar a verdadeira natureza de um tigre em sua estrutura genética ou a verdadeira natureza do ouro em sua estrutura atômica? Ou será uma busca de algum tipo de generalização estatística de grande magnitude – talvez uma busca ambiciosa que depende da descoberta de alguma lei sobre a natureza ou o comportamento humanos, que leve as pessoas a denunciar o mesmo ato como não liberal, por exemplo, ou talvez um tipo menos ambicioso de generalização que simplesmente afirme que, na verdade, a maioria das pessoas realmente considera como não liberal um tipo específico de decisão política?

Devemos conduzir nosso trabalho ao longo dessa breve relação de possibilidades. A sugestão semântica pressupõe determinados antecedentes factuais. Pressupõe que o uso de "liberdade", "democracia" e os outros nomes de conceitos políticos é regido – em nossa linguagem – por critérios comuns que determinam se um uso é correto ou incorreto, ou se fica em alguma área limítrofe entre os dois. Pode não ser óbvio, de início, o que são esses critérios – na verdade, se vale a pena realizar o projeto filosófico, isso não será óbvio. Contudo, uma cuidadosa atenção, auxiliada pela indagação intelectual acerca do que pareceria certo dizer em situações específicas, fará com que esses critérios ocultos aflorem à superfície. Esses pressupostos semânticos são plausíveis em alguns casos: quando estamos estudando o conceito de um artefato, por exemplo. Se eu descrevesse uma única folha de papel com algo impresso como um livro, estaria cometendo um erro, pois existem critérios comuns para a aplicação do conceito de livro, e eles excluem uma única página. O fato de eu empregar ou não a palavra "livro" corretamente vai depender de como a palavra é habitualmente usada, e, se eu disser que uma única página de texto é um excelente livro, terei feito uma afirmação falsa.

Alguns filósofos cometeram o erro, acredito, de pensar que todos os conceitos são regidos dessa maneira por critérios comuns, ou, pelo menos, o erro de pressupor, de um ponto de vista acrítico, que os conceitos que eles estudam são regidos desse modo[9]. Porém, muitos conceitos são claramente de natureza diversa, inclusive aqueles de maior importância para os filósofos políticos. O pano de fundo dos critérios comuns não se aplica – retomando nosso exemplo mais fácil – ao conceito de justiça. Na verdade, podemos imaginar afirmações sobre a justiça ou a injustiça que, com base na semântica, pareceriam descartadas. Eu estaria cometendo um erro conceitual se insistisse, e pretendesse afirmar literalmente, que sete é o mais injusto dos números primos[10]. Mas não podemos imaginar o descarte, dessa maneira, de afirmações sobre a justiça, nem mesmo das que contêm muito pouca importância ou conteúdo polêmico.

Isso também é verdade, como já vimos, em relação aos conceitos mais densos de igualdade, liberdade, democracia, patriotismo, comunidade etc. Uma vez mais, podemos apresentar exemplos tolos de erros de linguagem que envolvessem esses conceitos: a afirmação, por exemplo, de que um país se torna automaticamente menos democrático quando sua precipitação atmosférica anual aumenta. Não há, porém, critérios-padrão de uso a partir dos quais se poderia concluir, de uma maneira ou de outra, se o controle judicial de constitucionalidade põe a democracia em perigo, ou se todas as leis criminais violam a liberdade das pessoas, ou se a tributação compromete a liberdade. Tampouco alguém pensa que o uso-padrão possa resolver essas controvérsias. O fato de o controle judicial de constitucionalidade ser ou não incompatível com a democracia não depende do que pensa ou como fala a maioria das pessoas; além disso, as pessoas têm divergências genuínas acerca da democracia, da liberdade e da igualdade, a despeito do fato de cada uma utilizar uma concepção um tanto diferente desses valores políticos. Na verdade, as divergências políticas das pessoas são particularmente profundas quando elas divergem sobre o que é, de fato, a democracia, a liberdade ou a igualdade.

Devemos, portanto, retomar a segunda possibilidade de nossa relação. Alguns de nossos conceitos não são regidos pelos pressupostos que servem como pano de fundo para os critérios comuns que há pouco descrevi, mas por um conjunto totalmente diverso de pressupostos de fundo: aqueles segundo os quais a atribuição correta do conceito é determinada por certo tipo de fato sobre os objetos em questão, fatos que podem ser objeto de erros muito comuns. O que os zoólogos chamam de "espécies naturais" nos fornece exemplos bastante claros. As pessoas usam a palavra "tigre" para descrever certo tipo de animal. Mas os zoólogos podem descobrir, por meio de uma análise genética apropriada, que somente alguns desses animais que as pessoas chamam de tigres são, de fato, tigres; alguns deles podem ser um animal diferente, com uma composição genética muito diversa, mas cuja aparência em nada difere da dos tigres. Desse modo, ao identificar o DNA característico do tigre, os cientistas podem ampliar nosso entendimento da natureza ou essência dos tigres. Podemos apresentar um exemplo semelhante sobre outras espécies naturais, inclusive, por exemplo, o ouro. As pessoas podem estar totalmente equivocadas quanto àquilo que, talvez unanimemente, chamam de ouro. Uma análise química sofisticada pode mostrar que alguma parte (ou mesmo tudo) daquilo que a maioria das pessoas hoje chama de ouro não é realmente ouro, mas sim pirita ou "ouro de tolo".

Os conceitos políticos de democracia, liberdade, igualdade etc. serão assim? Esses conceitos descrevem, se não espécies naturais, pelo menos espécies políticas que, como no caso das naturais, se pode pensar que tenham uma estrutura ou essência básica inerente? Ou, pelo menos, uma estrutura que seja passível de descoberta mediante algum processo totalmente científico, descritivo, não normativo? Os filósofos podem esperar descobrir o que a igualdade ou a legalidade realmente é por meio de algo semelhante ao DNA ou à análise química? Não. Isso é absurdo. Pode ser que pretendamos ter uma ideia desse tipo. Podemos fazer uma relação de todos os sistemas de poder político, passados e presentes, cuja natureza democrática admitiríamos e, em seguida, perguntar quais características, dentre aquelas que tais exemplos compartilham, são essenciais à sua condição de democracia, e quais são apenas secundárias e dispensáveis. Mas essa reformulação pseudocientífica de nossa pergunta em nada nos ajudaria, pois ainda assim precisaríamos de uma descrição do que é que torna uma característica de um sistema social ou político essencial à sua natureza enquanto democracia, e outra característica apenas contingente, e, uma vez rejeitada a ideia de que a reflexão sobre o significado da palavra "democracia" poderia nos fornecer tal distinção, nada mais poderá fazê-lo.

Isso é verdadeiro não apenas em relação aos conceitos políticos, mas a todos os conceitos de diferentes tipos de sistemas ou instituições sociais. Suponhamos que uma força-tarefa fosse criada para compilar uma longa lista dos diferentes tipos de sistema jurídico e social ao longo dos séculos que atualmente descreveríamos como exemplos de casamento, a despeito de suas grandes diferenças institucionais e de outras naturezas. Suponhamos que descobrimos que, em todos os casos de nossa imensa lista, detectássemos a ocorrência de uma cerimônia, e que em nenhum caso essa cerimônia se teria realizado para unir duas pessoas do mesmo sexo. Surge então a questão – imaginem que pela primeira vez – de saber se uma sociedade conjugal de fato é realmente um casamento ou se os homossexuais podem, em termos conceituais, unir-se em matrimônio. Não seria uma loucura imaginar que essas questões sobre a natureza mesma do casamento pudessem ser resolvidas mediante o exame, por mais longo que fosse, da lista que compilamos?

Portanto, não se pode demonstrar que a análise filosófica dos conceitos políticos seja descritiva nos moldes da investigação científica das espécies naturais. A liberdade não tem DNA. Voltemo-nos, então, para a terceira possibilidade de nossa lista. Suponhamos agora que a filosofia política arquimediana seja científica em sentido mais informal. Como ela só tem em mira as generalizações históricas, assim como poderíamos dizer que, na verdade, nenhum casamento homossexual foi reconhecido em lugar algum no passado, também poderíamos dizer, caso nossas evidências sustentassem tal proposição, que no passado as pessoas sempre consideraram o controle judicial de constitucionalidade como algo incompatível com a democracia. Mas isso parece não apenas mais frágil do que as afirmações conceituais que os filósofos fazem, mas frágil demais para distinguir a filosofia política da história social ou da antropologia política. Isaiah Berlin não afirmou apenas que a liberdade e a igualdade têm sido frequentemente consideradas conflitantes entre si, mas que, de fato, elas são conflitantes por natureza, e ele não poderia ter defendido essa ambiciosa afirmação simplesmente assinalando (mesmo que isso fosse verdade) que quase ninguém jamais a pôs em dúvida. É bem verdade que poderíamos aumentar o interesse dessas generalizações sociológicas mediante a tentativa de explicá-las segundo o direito ou a teoria biológica, cultural ou econômica. Mas isso não seria de grande utilidade. O fato de insistir que existem boas explicações darwinianas ou econômicas do porquê de o casamento homossexual ter sido rejeitado em toda parte não fornece nenhum argumento sólido em favor da proposição de que o casamento é, por sua própria natureza ou essência, restrito aos casais heterossexuais.

Conceitual e normativo?

Ainda assim, do mesmo modo como há alguma coisa claramente diversa entre o argumento de um jurista sobre a possibilidade ou não de a sra. Sorenson ganhar sua causa e a argumentação de um filósofo sobre o que é o direito, também há algo de diferente entre o modo como um político apela à liberdade, à democracia ou à igualdade e a concepção cuidadosamente pensada que um filósofo tem desses ideais. Se não podemos distinguir entre os dois supondo que a iniciativa do filósofo é descritiva, neutra e descompromissada, então como poderemos identificar a diferença? Poderemos dizer que o engajamento do filósofo é conceitual de um modo que o do político não é? Como pode um argumento normativo ser também conceitual? E, se puder, por que o argumento do político não é igualmente conceitual?

Retomemos por instantes o argumento que apresentei sobre as espécies naturais: de fato, há semelhanças elucidativas entre as espécies naturais e os conceitos políticos que ignorei nesse argumento. As espécies naturais têm as propriedades importantes que apresento a seguir. Elas são reais: nem sua existência nem suas características dependem da invenção, da crença ou da decisão de quem quer que seja. Elas têm uma estrutura profunda – seu perfil genético ou seu caráter molecular – que explica o restante de suas características, inclusive as características superficiais por meio das quais as identificamos, tenhamos ou não consciência dessa estrutura profunda. Identificamos a água em parte por ela ser líquida e transparente à temperatura ambiente, por exemplo, e a estrutura profunda da água – sua composição molecular – explica por que ela tem essas características. Os valores políticos e de outra natureza são, em quase todos esses aspectos, semelhantes às espécies naturais. Em primeiro lugar, os valores políticos também são reais: a existência e a natureza da liberdade como valor não dependem da invenção, da crença ou da decisão de ninguém. Bem sei que esta afirmação é polêmica: muitos filósofos a questionam. Mas vou supor que é verdadeira[11]. Em segundo lugar, os valores políticos têm uma estrutura profunda que explica suas manifestações concretas. Se a tributação progressiva é injusta, é injusta em virtude de alguma propriedade mais geral e fundamental das instituições justas da qual carece a tributação progressiva. Esta afirmação também é polêmica: seria rejeitada pelos "intuicionistas", que acreditam que os fatos morais concretos são simplesmente verdadeiros em si e por si mesmos, do modo como são, na opinião deles, apreendidos como verdadeiros. Uma vez mais, porém, vou supor que isso seja verdade.

A diferença entre espécies naturais e valores políticos que enfatizei certamente subsiste depois que nos demos conta dessas semelhanças. A estrutura profunda das espécies naturais é física. A estrutura profunda dos valores políticos não é física – é normativa. Porém, assim como um cientista pode ter por objetivo, como um tipo específico de projeto, revelar a natureza mesma de um tigre ou do ouro ao expor a estrutura física fundamental dessas entidades, assim também um filósofo político pode pretender revelar a natureza mesma da liberdade ao expor sua essência normativa. Em cada caso, se for essa a nossa vontade, podemos descrever o empreendimento como conceitual. O físico nos ajuda a ver a essência da água; o filosofo nos ajuda a ver a essência da liberdade. A diferença entre esses projetos, tão grandiosamente descritos, e projetos muito mais prosaicos – entre descobrir a essência da água e descobrir a temperatura em que ela congela, ou entre identificar a natureza da liberdade e decidir se a tributação compromete a liberdade – é, enfim, apenas uma diferença de grau. Contudo, a abrangência e a natureza fundamental do estudo mais ambicioso – seu objetivo autoconsciente de descobrir uma explicação fundamental – justifica que ele conserve a designação de conceitual. Não podemos alegar, de maneira sensata, que a análise filosófica de um valor é conceitual, neutra e desengajada. Mas podemos alegar sensatamente que ela é normativa, engajada e conceitual.

O que há de bom nisso? (I)

Uma afirmação conceitual sobre um valor político pretende mostrar, como afirmei, o valor *intrínseco* a ele: pretende oferecer uma certa descrição de seu valor que seja comparavelmente fundamental, como forma de explicação, à estrutura molecular de um metal. Portanto, uma teoria geral sobre a justiça tentará apreender, em um nível adequadamente fundamental, o valor da justiça: tentará mostrar a justiça, como poderíamos dizer, em sua melhor luz. Mas como podemos fazer isso sem incorrer em petição de princípio? Não seria igual a tentar explicar a cor vermelha sem nos referirmos à sua vermelhidão? Podemos dizer que a justiça é indispensável porque somente a justiça evita a injustiça, ou que a democracia é valiosa porque oferece às pessoas a possibilidade de se governarem a si próprias, ou que a liberdade tem valor porque torna as pessoas livres, ou que a igualdade é boa porque trata as pessoas de modo a atribuir-lhes a mesma importância. Essas proposições, porém, não são úteis, porque utilizam a ideia que pretendem explicar. Como poderíamos esperar fazer melhor que isso? Poderíamos tentar uma justificação instrumental – a justiça é boa porque a injustiça degrada as pessoas, ou a democracia é boa porque geralmente promove a prosperidade, por exemplo. Mas essas afirmações instrumentais não oferecem resposta: queremos saber o que há de inequivocamente bom na justiça e na democracia, e não que outros tipos de benefício elas oferecem. A descrição "mista" dos valores políticos que há pouco mencionei pretende furtar-se a essa dificuldade: permite que os filósofos reconheçam o aspecto de "valor" do significado da democracia, como uma espécie de fato nu e cru, e que em seguida se concentrem na revelação da parte puramente "descritiva". Como afirmei, porém, isso também não funciona: se queremos entender realmente o que é a liberdade, a democracia, o direito ou a justiça, devemos enfrentar a difícil questão de saber como identificar o valor de um valor. Só podemos esperar fazê-lo – como afirmarei – se situarmos o lugar do valor em uma rede mais ampla de convicções. Porém, não posso iniciar essa argumentação sem antes introduzir outra importante distinção.

Valores autônomos e integrados

Queremos entender melhor o que significam justiça, democracia e liberdade porque acreditamos que podemos todos viver melhor, juntos, se chegarmos a esse entendimento e a uma posição consensual sobre ele. Contudo, há duas concepções que podemos assumir acerca da relação entre entender um valor e viver melhor em consequência disso. Em primeiro lugar, podemos tratar o valor como algo autônomo em relação a nossa preocupação de viver bem e determinado independentemente dela: devemos respeitá-lo simplesmente porque ele constitui, em si mesmo, algo de valor que, de nossa parte, será um erro ou uma impropriedade não reconhecer. Ou, em segundo lugar, podemos tratar o valor como algo integrado ao nosso interesse em viver bem: podemos pressupor que se trata de um valor, e que tem o caráter que tem, porque o fato de aceitá-lo como um valor dotado de tal caráter enriquece a nossa vida de algum outro modo.

As religiões ortodoxas adotam a primeira concepção dos valores centrais de sua fé: tratam-nos como autônomos. Elas insistem que viver bem exige a devoção a um ou mais deuses, mas negam que a natureza desses deuses, ou sua posição como deuses, derive de alguma forma do fato de que uma vida feliz consiste em respeitá-los, ou que podemos aprofundar nosso entendimento de sua natureza ao perguntarmos como, mais exatamente, eles teriam de ser a fim de tornar o respeito a eles bom ou melhor para nós. Assumimos o mesmo ponto de vista a respeito da importância do conhecimento cientifico. Achamos que, para nós, é melhor entender a estrutura fundamental do universo, mas não achamos – a menos que formos pragmatistas vulgares ou loucos – que essa estrutura dependa daquilo que, de alguma forma, seria bom para nós que fosse. Poderíamos dizer que somos acessórios de um mundo físico que já possuía, por si só, e de maneira independente, toda a estrutura física fundamental que possui agora, quando aqui estamos. Portanto, embora nossos interesses práticos sejam estímulos e sinais em nossa ciência – ajudam-nos a decidir o que investigar e quando nos dar por satisfeitos com alguma afirmação ou justificação –, eles não contribuem para a verdade da afirmação nem para o poder de convencimento da justificação.

Muitas pessoas adotam a mesma concepção acerca do valor da arte. Somos acessórios, dizem elas, ao universo desse valor: somos responsáveis pela descoberta do que existe de maravilhoso na arte e pelo respeito a seu encantamento, mas devemos ter cuidado de não cometer a falácia de supor que alguma coisa é bela porque o fato de apreciá-la torna nossa vida melhor, ou que podemos identificar e analisar sua beleza levando em consideração o que, sob outros aspectos, seria bom que admirássemos no modo como admiramos a arte. G. E. Moore defendia uma forma bastante radical da concepção de que o valor da arte é autônomo: dizia que a arte conservaria todo o seu valor ainda que todas as criaturas que pudessem apreciá-la se fossem deste mundo para nunca mais voltar. Não precisamos ir tão longe para presumir que o valor da arte é autônomo; contudo, podemos dizer que uma pintura não teria valor se não tivesse nenhum significado nem exercesse qualquer impacto sobre qualquer sensibilidade, sem presumir também que seu valor depende do impacto que ela realmente exerce, ou do valor independente desse impacto para qualquer criatura.

Por outro lado, seria totalmente implausível tratar as virtudes e as realizações pessoais que tornam meritória uma vida como se elas tivessem apenas valor autônomo. Ser uma pessoa divertida ou interessante são virtudes a ser cultivadas e admiradas, mas somente devido à contribuição que dão ao desfrute de nossa vida e das vidas alheias. É mais difícil identificar a contribuição de virtudes mais complexas, como a sensibilidade e a imaginação, por exemplo, mas é igualmente implausível que nosso reconhecimento delas enquanto virtudes sobrevivesse a um entendimento geral de que elas não oferecem absolutamente nenhuma contribuição independente. A maioria das pessoas aprecia a amizade: elas consideram que uma vida em que não existem relações estreitas com os outros é muito pobre. Mas não pensamos que a amizade apenas é o que é, como um planeta, e que sua única ligação com uma vida desejável é o fato de que uma vida desejável é aquela que a reconhece, qualquer que seja o seu desdobramento. Não quero dizer, por certo, que relacionamentos como a amizade só são valiosos pelos escassos benefícios que trazem aos amigos, como a cooperação na conquista de objetivos. Seu valor, porém, não independe do modo como elas enriquecem a vida de outras maneiras; podemos ter opiniões divergentes sobre que maneiras são essas, precisamente – a amizade é um conceito interpretativo[12] –, mas ninguém acredita que a amizade continuaria sendo importante caso se concluísse que ela nada faz pela vida dos amigos, a não ser torná-los amigos.

Contudo, embora seja implausível supor que alguma qualidade ou conquista pessoal só tenha valor autônomo, muitas vezes é difícil, como alguns desses exemplos sugerem, identificar o modo como o valor dessa virtude ou conquista está ligado à ideia mais abrangente de uma vida feliz. Consideramos a integridade, o estilo, a independência, a responsabilidade, a modéstia, a humildade e a sensibilidade como virtudes, por exemplo, e a amizade, o conhecimento teórico e o amor-próprio como conquistas importantes. Um cientista social darwiniano ousado pode demonstrar, um dia, que essas características e ambições tinham valor de sobrevivência nas savanas ancestrais. Mas não é assim que elas se nos apresentam: não achamos que a sensibilidade, a integridade pessoal ou a conquista de algum entendimento da ciência de nossa época são importantes porque uma comunidade seria menos próspera ou correria mais riscos de invasões inimigas se seus cidadãos não as considerassem como uma virtude ou um objetivo. Em vez disso, consideramos esses valores como aspectos ou componentes de uma vida atraente e plenamente bem-sucedida, e não como recursos instrumentais para vir a tê-la.

Seria igualmente pouco sensato tratar os valores políticos que até aqui discutimos, como justiça, liberdade, legalidade e democracia, como valores autônomos. A justiça não é um deus ou um ícone: nós a valorizamos, se o fazemos, devido a suas consequências para as vidas que levamos enquanto indivíduos e coletivamente. É verdade que a tradição arquimediana às vezes parece supor que a liberdade, por exemplo, assim como a grande arte, é simplesmente o que é, e que, embora talvez devamos consultar nossas próprias necessidades e interesses para decidir quão importante é a liberdade, tais necessidades e interesses não são pertinentes para se tomar decisões acerca de sua natureza. Ou o que realmente significam a democracia, a igualdade ou a legalidade. Nada senão esse pressuposto poderia explicar a declaração confiante de Berlin, por exemplo, de que a liberdade e a igualdade, exatamente como vem ao caso, são valores conflitantes; ou a afirmação de outros filósofos de que a liberdade, devidamente compreendida, é comprometida mesmo pela tributação justa. Não obstante, parece profundamente contra-intuitivo que valores políticos importantes, que quase todos devem, às vezes, sacrificar-se para proteger, tenham apenas valor autônomo, e, até onde tenho conhecimento, nenhum dos arquimedianos políticos chegou a fazer tal afirmação.

O que há de bom nisso? (II)

Esse fato aparentemente irresistível – o de que os valores políticos são integrados e não autônomos – nos faz remontar diretamente à dificuldade com que nos deparamos anteriormente. Como podemos explicar o que há de bom nesses valores sem incorrer em petição de princípio? Essa exigência é menos ameaçadora no caso dos valores autônomos do que no dos valores integrados. Podemos considerar que é uma loucura até mesmo imaginar, por exemplo, que a questão do motivo de a grande arte ter valor poderia ser respondida sem recorrer à petição de princípio. Se o valor da arte se encontra exatamente em seu próprio valor autônomo, então na verdade seria igualmente tão estranho pedir uma descrição desse valor em outros termos quanto pedir, também em outros termos, uma definição do vermelho. Afinal de contas, nada nos impede de pôr em dúvida a afirmação de que a arte realmente tem valor. Mas não seria sensato afirmar, como prova de que tal valor inexiste, de que é impossível especificar tal valor de uma maneira não circular. Contudo, não podemos nos livrar tão facilmente da dificuldade no caso dos valores integrados, uma vez que não pressupomos apenas que a existência de um valor integrado depende de uma contribuição que ele dá a algum outro tipo de valor independentemente especificável, como a boa qualidade das vidas que as pessoas podem levar, mas também que a caracterização mais precisa de um valor integrado – por exemplo, a descrição mais precisa do que é, de fato, a liberdade – depende de se identificar essa contribuição. Imagine uma discussão sobre alguma virtude: a modéstia, por exemplo. Perguntamos se a modéstia é, afinal, uma virtude, e, se a resposta for positiva, qual é a linha divisória entre a virtude e o vício da abnegação. Seria perfeitamente apropriado esperar, ao longo dessa reflexão, que se nos apresentassem algumas vantagens da modéstia, e, se não se encontrasse nenhuma além daquela em que se enuncia que a modéstia constitui a sua própria recompensa, teríamos de considerar essa ausência fatal para as alegações de virtude.

Portanto, não podemos evitar, e devemos agora enfrentar, a questão de saber como o valor dos valores integrados, inclusive os valores políticos, podem ser identificados. Alguns valores integrados, como a beleza, podem ser considerados totalmente instrumentais. Os mais interessantes, porém, como a amizade, a modéstia e os valores políticos, não são instrumentais em nenhum sentido evidente. Não valorizamos a amizade apenas pelas vantagens limitadas que ela pode trazer, nem a democracia apenas porque ela é boa para os negócios. Se pudéssemos ordenar esses diferentes valores integrados em uma estrutura hierárquica, talvez conseguíssemos explicar a contribuição dos que ficam mais embaixo na hierarquia ao demonstrar de que modo eles contribuem com os mais altos ou ajudam a realçá-los. Poderíamos ser capazes de mostrar, por exemplo, que a modéstia é uma virtude porque contribui de alguma forma para a capacidade de amar ou fazer amigos. Mas esse projeto parece impossível, pois – embora seja possível constatar que alguns valores éticos dão sustentação a outros de alguma maneira – a sustentação parece mais mútua do que hierárquica. Uma pessoa modesta poderia, por esse motivo, ter uma capacidade maior de amar e fazer amigos, mas o amor e a amizade profundos também podem contribuir para tornar as pessoas modestas. Nenhum aspecto único daquilo que consideramos como uma vida atraente e bem-sucedida parece suficientemente dominante para tornar plausível que todos os outros objetivos e virtudes que reconhecemos estejam apenas a serviço dele. Creio que é possível especular sobre a natureza geral de uma vida feliz. Já afirmei em outro livro, por exemplo, que deveríamos adotar um modelo de desafio para a ética – viver bem significa ter bom desempenho em resposta a um desafio que pode ser bem resolvido sem, por outro lado, afetar a história humana – em vez de um modelo que, para avaliar o êxito de uma vida, tenha de perguntar em que medida ela melhorou a historia humana[13]. Todavia, nenhum modelo geral para a ética pode servir de teste final ou definitivo para objetivos e virtudes secundários. Podemos admitir que viver bem significa reagir bem a uma modalidade específica de desafio sem, com isso, decidir se viver com inteligência significa reagir bem ou apenas cuidar-se bem, ou se, em determinadas circunstâncias, a humildade é, de fato, subserviência, ou se a nobreza é aviltada por interesses comerciais, ou se a democracia nada mais é que o governo da maioria.

Se quisermos entender melhor os valores integrados não instrumentais da ética, devemos tentar compreendê-los de modo holístico e interpretativo, cada um à luz dos demais, organizados não hierarquicamente, mas na forma de uma cúpula geodésica. Devemos tentar determinar o que é a amizade, a integridade ou o estilo, e quão importantes são esses valores, percebendo que concepção de cada um e que atribuição de importância a eles melhor se ajustam a nossa percepção das outras dimensões do viver bem, de ser bem-sucedidos diante do desafio de viver nossas vidas. A ética é uma estrutura complexa com diferentes objetivos, realizações e virtudes, e a parte que cada um desempenha nessa estrutura complexa só pode ser compreendida mediante a elaboração de seu papel em um projeto geral estabelecido pelos outros. Enquanto formos incapazes de perceber de que modo nossos valores éticos permanecem unidos dessa maneira, de modo que cada um possa ser testado em comparação com nossa descrição provisória dos outros, não conseguiremos entender nenhum deles. Não obstante, duas das imagens filosóficas mais desgastadas pelo uso são adequadas neste contexto. Nas questões de valor e de ciência, reconstruímos nosso barco em alto-mar, uma tábua de cada vez. Ou, se preferirem, a luz espalha-se lentamente sobre a totalidade.

A filosofia política que pretende compreender melhor os valores políticos deve incorporar seu próprio trabalho nessa grande estrutura. Deve almejar, primeiro, elaborar concepções ou interpretações de cada um desses valores que fortaleçam os outros – por exemplo, uma concepção de democracia que seja útil à igualdade e à liberdade, e concepções de cada um desses outros valores que sejam úteis à democracia assim concebida. Além disso, seu objetivo deve ser elaborar essas concepções políticas como parte de uma estrutura de valor ainda mais inclusiva, que ligue a estrutura política não apenas à moral em termos mais gerais, mas também à ética. Tudo isso, sem dúvida, parece impossivelmente e, talvez, até mesmo desagradavelmente holístico. Mas não vejo de que outra maneira os filósofos podem abordar a tarefa de atribuir o máximo possível de sentido crítico a quaisquer segmentos dessa vasta estrutura humanista, que dirá dela toda. Se compreendermos que essa tem sido a responsabilidade coletiva dos filósofos ao longo do tempo, cada um de nós perceberá melhor nossos próprios papéis individuais, periféricos e incrementais.

Devo admitir que esta concepção de filosofia política se opõe a dois dos mais notáveis exemplos da pesquisa contemporânea nessa área: o liberalismo "político" de John Rawls e o pluralismo político associado a Isaiah Berlin. Minha recomendação é semelhante ao método de equilíbrio reflexivo de Rawls, que pretende alinhar nossas intuições e teorias sobre a justiça. Todavia, a diferença com a metodologia de Rawls é mais surpreendente do que as semelhanças, pois o equilíbrio que, acredito, a filosofia deva procurar, não fica restrito, como no caso dele, aos fundamentos constitucionais da política, mas abrange o que ele chama de teoria "abrangente", que inclui tanto a moral pessoal quanto a ética. Se a filosofia política não for abrangente em suas ambições, deixará de resgatar a percepção crucial de que os valores políticos são integrados, e não autônomos.

Não posso aprofundar aqui a descrição da filosofia política assim concebida, mas recomendo meu livro *Sovereign Virtue* [*A virtude soberana*] como um exemplo de texto no qual, ao menos de modo autoconsciente, pode-se encontrar essa mesma disposição de espírito[14]. Devo enfatizar que esse projeto abrangente não se baseia na premissa absurda de que, na filosofia política ou na teoria dos valores em termos mais gerais, a verdade seja uma questão de coerência. Certas teorias sobre a moralidade política, mesmo quando elegantes e primorosamente coesas, podem ser falsas, quando não repulsivas. Não visamos à coerência pela coerência, mas sim à convicção e ao máximo de coerência que pudermos obter. Esses objetivos afins podem – na verdade, acho que frequentemente devem – fortalecer-se mutuamente. É mais fácil encontrar um sentido profundo de exatidão em um conjunto de valores unificados e integrados do que em uma lista de compras. Não devemos perder de vista, porém, que os dois objetivos podem trazer problemas um ao outro. Podem fazê-lo, por exemplo, quando nossa percepção inicial da natureza de dois valores – o patriotismo e a amizade no famoso exemplo de E. M. Forster*, por exemplo, ou a liberdade e a igualdade do modo como Berlin as explica – mostra que eles estão em conflito. Podemos ser capazes de ela-

---

* A frase em questão encontra-se no romance *Two Cheers for Democracy*, de 1951: *I hate the idea of causes, and if I had to choose between betraying my country and betraying my friend, I hope I should have the guts to betray my country.* ("Odeio a ideia de causas, e se tivesse de optar entre trair meu país e trair meu amigo, gostaria de ter a coragem de trair meu país.") (N. do T.)

borar concepções de patriotismo e amizade, ou de liberdade e igualdade, que eliminem o conflito. Mas essas concepções podem não falar à nossa alma: podem parecer artificiais, estranhas ou simplesmente erradas. Deveríamos aprofundar nossas reflexões, se as circunstâncias nos permitirem e se dispusermos de tempo suficiente, além de imaginação e habilidade: deveríamos tentar encontrar uma concepção imperiosa de amizade e patriotismo, por exemplo, que mostre que eles não estão em conflito. É possível, porém, que não consigamos fazê-lo[15]. Teremos então de acreditar em qualquer coisa que não possamos deixar de acreditar – que o patriotismo e a amizade são, ambos, essenciais, mas que talvez não possamos ter ambos em sua plenitude ou nem mesmo na medida adequada: Mas então não poderemos pensar que nossa reflexão foi bem-sucedida, que conquistamos o direito de parar. Estaremos apenas impedidos de prosseguir, o que é diferente.

O direito

A defesa de Hart

O direito é um conceito político: as pessoas utilizam-no para fazer alegações *de* direito, isto é, alegações de que o direito deste ou daquele lugar proíbe, permite ou exige certas ações, ou provê determinados fundamentos de um direito, ou tem outras consequências. Uma imensa prática social foi criada em torno da elaboração, contestação, defesa e interpretação judicial dessas alegações. Sua natureza, porém, é enganosa. Que significa, de fato, a afirmação de que "o direito" exige alguma coisa? O que torna esta afirmação verdadeira quando é verdadeira e falsa quando é falsa? O direito inglês exige que as pessoas paguem impostos periodicamente, e que paguem indenizações quando rompem seus contratos, a não ser em determinadas circunstâncias. Essas proposições são verdadeiras, dirão os juristas ingleses, devido ao que foi promulgado pelo Parlamento e ao que os juízes ingleses decidiram no passado. Mas por que essas instituições específicas (ao contrário, por exemplo, de uma congregação de reitores das principais universidades) têm o poder de tornar essas proposições verdadeiras? Além disso, juristas e advogados afirmam frequentemente que determinada proposição de direito é verdadeira – por exemplo, que a sra. Sorenson tem direito a uma indenização por perdas e danos a ser paga por cada um dos laboratórios farmacêuticos – quando nenhuma Assembleia Legislativa ou nenhum juiz do passado assim o declarou ou determinou. O que mais, além dessas fontes institucionais, pode tornar verdadeira uma alegação de direito? Os juristas frequentemente divergem sobre a questão de saber se uma alegação de direito é verdadeira, inclusive esta há pouco citada, mesmo quando eles conhecem todos os fatos relativos ao que foi decidido pelas instituições no passado. Qual é, então, o objeto de sua divergência? Além disso, queremos responder a essas questões não apenas no contexto de um sistema jurídico particular, como o direito inglês, mas também no do direito em termos gerais, seja o do Alabama, do Afeganistão ou o de qualquer outra parte do mundo. Podemos dizer algo geral sobre o que torna uma alegação de direito verdadeira onde quer que seja verdadeira? Pode haver alegações de direito verdadeiras em lugares com instituições políticas muito diferentes das nossas? Ou onde não haja absolutamente nenhuma instituição política reconhecível como tal? Existe alguma diferença, na Inglaterra ou em qualquer outro lugar, entre a afirmação de que o direito exige que alguém honre os contratos que assinou e uma previsão de que as autoridades irão punir tal pessoa caso ela não o faça? Ou entre essa afirmação e a afirmação aparentemente diferente de que ela tem o dever moral de honrar seus contratos? Se uma alegação de direito é diferente tanto de uma previsão de consequências quanto de uma afirmação de dever moral, de que maneira, exatamente, ela é diferente?

Hart dedicou-se a responder a essas velhas perguntas em *O conceito de direito*. Já citei aqui sua própria síntese de sua resposta – a tese das fontes. Os detalhes dessa tese são bem conhecidos entre os filósofos do direito. Hart achava que em toda comunidade em que se fazem alegações de direito, a grande maioria das autoridades da comunidade aceita, como uma espécie de convenção, alguma regra de reconhecimento dominante que identifica quais fatos ou eventos históricos, ou de outra natureza, tornam verdadeiras as alegações de direito. Essas convenções podem ser muito diferentes de um sistema jurídico para outro: em um lugar, a convenção dominante pode identificar Assembleias Legislativas e decisões judiciais do passado como a fonte das verdadeiras alegações de direito, enquanto em outro a convenção pode identificar como fonte o costume, ou mesmo a integridade moral. A forma assumida pela convenção em qualquer comunidade específica é uma questão de realidade social: tudo depende do que a maioria das autoridades dessa comunidade passou a considerar como critério fundamental. Contudo, faz parte do próprio conceito de direito o fato de que em toda comunidade alguma convenção dominante existe e determina o que vale como direito para tal comunidade.

A tese das fontes de Hart é polêmica: como já afirmei, defendo uma opinião muito diferente sobre o que torna as alegações de direito verdadeiras quando elas são verdadeiras. O importante agora, porém, não é a adequação da teoria de Hart, mas a sua natureza. A prática jurídica ordinária, de primeira ordem, pode consistir em juízos de valor antagônicos: assim será, afirma Hart em seu Pós-escrito, se a regra de reconhecimento dominante na comunidade utilizar critérios morais como parte do teste para a validação das alegações de direito. Mas sua própria teoria, insiste ele, que descreve a argumentação jurídica ordinária, não é uma teoria normativa ou valorativa – não é nenhum tipo de juízo de valor. Trata-se, antes, de uma teoria empírica ou descritiva que elucida os conceitos que essa argumentação jurídica ordinária põe em prática. A posição de Hart é um caso especial da concepção arquimediana clássica segundo a qual existe uma divisão lógica entre o uso ordinário dos conceitos políticos e a sua elucidação filosófica.

Portanto, sua posição está sujeita às mesmas objeções que apresentamos contra o arquimedianismo em geral. Em primeiro lugar, é impossível distinguir suficientemente os dois tipos de alegações – distinguir, na prática jurídica, as alegações de primeira ordem dos juristas das alegações de segunda ordem dos filósofos sobre a maneira de identificar e testar as alegações de primeira ordem – para que possamos situá-los em diferentes categorias lógicas. No caso da sra. Sorenson, por exemplo, a tese das fontes de Hart está muito longe de ser neutra entre as partes. Nenhuma "fonte" do tipo que Hart tinha em mente determinara que as pessoas na situação da sra. Sorenson tinham o direito de ser indenizadas com base na participação de mercado, nem estipulara um critério moral que pudesse ter esse desfecho ou consequência. Portanto, se Hart estiver certo, a sra. Sorenson não pode afirmar que o direito está do seu lado. Na verdade, os advogados dos laboratórios farmacêuticos apresentaram, no tribunal, exatamente a mesma argumentação que Hart apresenta em seu livro. Eles disseram que a reivindicação dela era insuficiente porque, no direito explícito do Estado, nada que se pudesse identificar por convenções jurídicas estabelecidas apoiava tal reivindicação. Os advogados da sra. Sorenson apresentaram uma argumentação contrária. Negaram a tese das fontes: disseram que os princípios gerais inerentes ao direito habilitavam sua cliente a vencer a causa. Portanto, a concepção de Hart não é neutra na argumentação: ela toma partido. Na verdade, em toda controvérsia jurídica difícil, ela toma partido em favor daqueles que insistem que os direitos jurídicos das partes devem ser totalmente estabelecidos mediante a consulta às fontes tradicionais do direito.

Desse modo, a primeira dificuldade do arquimedianismo político também se sustenta na versão jurídica de Hart.

O mesmo acontece com a segunda dificuldade. Em que sentido se supõe que a tese das fontes sociais de Hart seja "descritiva"? Sem dúvida, como ele e seus partidários reconhecem, a própria descrição sempre é uma iniciativa normativa em *algum* sentido: qualquer teoria descritiva opta por uma explicação de alguns fenômenos como mais reveladora, evidente, útil ou algo do gênero. Hart concorda que essa análise do direito era normativa no sentido de que qualquer explicação de qualquer coisa é normativa: ele queria dizer que sua teoria é descritiva e não moral ou eticamente valorativa. Porém, como vimos no caso da liberdade, igualdade etc., há várias modalidades de descrição, e devemos perguntar em relação a quais dessas modalidades ele queria dizer que sua teoria é descritiva. Embora ele e seus seguidores tenham protestado enfaticamente, afirmando que minha crítica do trabalho deles baseia-se em um entendimento equivocado de seus métodos e ambições, é difícil encontrar quaisquer afirmações positivas acerca do que sejam seus métodos e ambições, e menos ainda qualquer um que explique sua pretensão a um *status* descritivo. Em uma frase notoriamente desconcertante na versão original de *O conceito de direito*, ele afirmou que esse livro deveria ser entendido como "um exercício de sociologia descritiva". Mas ele não aprofundou essa afirmação vazia, e, como veremos, está longe de ser evidente o que ele pode ter pretendido dizer com ela.

Uma vez mais, precisamos usar nossa própria imaginação. Já diferenciei aqui três maneiras pelas quais alguém pode achar que uma análise conceitual de um conceito político é uma iniciativa descritiva, e devemos retomar cada uma delas, agora no presente contexto. A tese das fontes é uma afirmação semântica que pretende fazer aflorar critérios linguísticos que os juristas de toda parte, ou pelo menos a maioria deles, realmente adotam quando fazem e julgam alegações de direito? Hart não pretendeu, por certo, apresentar uma mera definição de dicionário nem um conjunto de sinônimos de qualquer palavra ou expressão específica. A mim, contudo, parece plausível que ele pretendeu fazer uma afirmação filosófica mais ambiciosa, elucidando critérios de aplicação que juristas e congêneres poderiam identificar, depois que ele os tivesse apontado, como as regras que eles de fato seguem quando se pronunciam sobre o que o direito exige ou permite. Em meu livro *O império do direito*, proponho que seja esta a maneira de entender o que ele quis dizer; afirmei que, se minha apreciação estivesse correta, a intenção dele estava condenada porque não existem critérios comuns, nem mesmo ocultos, que possam endossar ou rejeitar proposições de direito, inclusive entre os juristas de jurisdições específicas, e menos ainda entre aqueles de outros lugares quaisquer. Em seu Pós-escrito, Hart nega veementemente que tenha tido a intenção de dizer qualquer coisa desse tipo; diz que não entendi quase nada de seu projeto. O ataque me atingiu mas não me dobrou: ainda acho que minha apreciação das intenções de Hart em *O conceito de direito* continua sendo a melhor dentre as disponíveis[16]. Contudo, tendo em vista que Hart ridicularizou minha apreciação de seu projeto no seu Pós-escrito, devemos buscar outros elementos de análise.

Será que ele poderia ter pensado que as proposições de direito constituem um tipo de espécie natural, como os tigres e o ouro, de modo que se pudessem fazer descobertas sobre elas que contestassem o que a maioria das pessoas pensa sobre sua veracidade ou falsidade? Assim como podemos descobrir, nos zoológicos, que muitos animais rotulados de "Tigre" não são, de fato, tigres, segundo essa concepção podemos descobrir que, seja o que for que as pessoas pensem, qualquer coisa que não se ajuste à tese das fontes não pode ser chamada de "direito". As grandes descobertas sobre as espécies naturais parecem ser, na verdade, ao mesmo tempo conceituais – o DNA do tigre pode muito bem ser chamado de essência da "condição de tigre" – e descritivas. Portanto, essa hipótese, caso a aceitemos, explicaria a crença aparente de Hart de que uma investigação conceitual do direito pudesse ser descritiva mas não semântica. Mas não precisamos nos incomodar com isso, pois Hart não poderia ter pensado que as verdadeiras alegações de direito formam uma espécie natural. Se a liberdade não tem DNA, tampouco o tem o direito.

Resta-nos a terceira possibilidade que distingui: a de que a tese das fontes de Hart pretende ser descritiva nos moldes de algum tipo de generalização empírica. Seria perfeitamente possível que uma legião de antropólogos do direito coletasse todos os dados que a história tem a oferecer sobre as diferentes ocasiões em que as pessoas fizeram, aceitaram ou rejeitaram aquilo que vemos como alegações de direito. Algum sociólogo provido de um computador do tamanho de uma sala e de um gordo orçamento poderia tentar analisar esse monte Everest de dados, não para descobrir a essência ou a natureza do direito, mas simplesmente para descobrir padrões e repetições na vastidão da história. Se fosse mais ambicioso, ele poderia pretender identificar as leis que regem a natureza humana: por exemplo, se descobrisse que as pessoas só aceitam as proposições de direito quando avalizadas pela tese das fontes, ele poderia ter esperanças de explicar esse extraordinário fato por meio de princípios darwinianos, talvez, ou de equações econômicas, ou de qualquer coisa do gênero. Ou poderia ser bem menos ambicioso – poderia simplesmente chamar a atenção para a regularidade, o que sem dúvida seria bem interessante por si só, e não tentar explicá-la.

Devemos entender o arquimedianismo de Hart como sendo empírico em qualquer desses dois sentidos, o mais ou o menos ambicioso? Existe uma insuperável objeção inicial: nem Hart nem seus seguidores sequer começaram a fazer os estudos empíricos necessários, que levariam toda uma vida para ser feitos. Eles não produziram nem um formigueiro de dados, e muito menos um monte Everest. Há outra objeção preliminar, pelo menos no caso do próprio Hart. Seria estranhíssimo referir-se a tal estudo ou generalização empírica como algo voltado para a descoberta do conceito, da natureza ou da própria ideia do direito, e muito estranho intitular um livro que supostamente contivesse essas descobertas de *O conceito do direito*. Imagine, por exemplo, se um economista dissesse que as leis de Ricardo* expõem o próprio conceito de salário ou lucro. Por trás dessas dificuldades preliminares encontra-se um terceiro e ainda maior obstáculo. Se concebermos as teorias de Hart – ou as de seus seguidores – como generalizações empíricas, teremos de admitir de imediato que elas também são fracassos espetaculares. Creio que só uma montanha de dados seria capaz de sustentar a tese das fontes como uma generalização empírica, mas bastam alguns contraexemplos para refutá-la, e eles estão por toda parte. Vivenciamos hoje, nos Estados Unidos, um vigoroso debate sobre a constitucionalidade ou inconstitucionalidade da pena capital. A argumentação depende de saber se a Oitava Emenda à Constituição, que proíbe as "penas cruéis e incomuns", incorpora algum critério moral para as punições apropriadas e que pena capital se poderia pensar como passível de ser malsucedida, ou se, ao contrário, não incorpora nenhum critério moral, mas, em vez disso, proíbe apenas as punições que os estadistas e políticos que criaram a emenda – ou o grande público, a quem é dirigida – consideravam cruéis. Se admitirmos que a pena capital é, de fato, inaceitavelmente cruel, mas que quase ninguém pensava assim no século XVIII, então os juristas que aceitam a primeira dessas interpretações pensarão que o direito constitucional proíbe a pena capital, e aqueles que aceitam a segunda pensarão que ele permite a pena capital. Os que defendem a primeira interpretação, ou interpretação moral, contradizem a tese das fontes, uma vez que nenhuma fonte social determinou que a Oitava Emenda fosse interpretada como se incorporasse a moral. Porém, como nenhuma fonte social decretou que a moral é irrelevante, os que assumem posição contrária à interpretação moral também contradizem essa tese.

---

* David Ricardo (1772-1823), economista inglês considerado um dos grandes representantes da economia política clássica; os temas presentes em suas obras incluem a teoria das relações entre o lucro e os salários. (N. do T.)

Hart afirmou que a moral se torna pertinente para a identificação do direito quando alguma "fonte" tiver determinado que ela deve exercer esse papel, citando as cláusulas constitucionais abstratas da Constituição norte-americana como exemplo. Mas ele interpretou mal a situação do direito constitucional norte-americano. Não existe consenso nem a favor nem contra a interpretação moral da Constituição: ao contrário, essa questão é objeto de feroz divergência. Incluo-me entre aqueles que endossam a interpretação moral que Hart parece ter em mente[17]. Outros, porém, inclusive Antonin Scalia, juiz da Suprema Corte dos Estados Unidos, e um famoso ex-juiz, Robert Bork*, declaram a interpretação moral como um profundo equívoco[18]. Não há consenso geral a favor ou contra tal interpretação, nenhuma regra fundamental de reconhecimento a partir da qual um dos lados possa pretender corroborar as proposições de direito constitucional que, não obstante, cada um dos grupos afirma serem verdadeiras.

O valor da legalidade

Legalidade

Um recomeço? Já afirmei aqui que os conceitos políticos são conceitos de valor e que os filósofos políticos deveriam pretender demonstrar, para cada um deles, onde se en-

---

* Em 23 de outubro de 1987, o Senado dos Estados Unidos rejeitou a indicação do juiz Robert H. Bork para a Suprema Corte. A rejeição de Bork foi motivada não pelas qualidades pessoais do indicado, mas por suas posições em matéria de interpretação constitucional. Esteve em causa, sobretudo, o originalismo defendido pelo governo Reagan, por meio do Procurador-Geral Edwin Meese III, e assumido com veemência por Bork durante sua sabatina. Alguns juristas norte-americanos afirmam que a rejeição deu-se em parte por ter Bork posto em evidência as incoerências e as dificuldades com que se defronta o originalismo. Tempos depois, Bork publicou um livro expondo a doutrina do originalismo, sustentando a coerência desse método e apontando os equívocos de teóricos como John Hart Ely e Ronald Dworkin. Ver *The Tempting of America: the political seduction of law*, Nova York, Free Press, 1997. (N. do R. T.)

contra exatamente esse valor. Afirmei que, como os valores políticos são integrados e não autônomos, esse projeto deve encontrar o lugar ocupado por cada valor numa rede de convicção maior e mutuamente comprobatória que demonstre as conexões concludentes entre os valores morais e políticos em termos gerais e que, em seguida, os situe no contexto ainda mais amplo da ética. Essa imagem da filosofia política não é apenas extraordinariamente ambiciosa – só pode, inclusive, ser imaginada em sentido cooperativo –, mas também, como admiti, profundamente contrária à tendência contemporânea. Seu espírito não é aquele do despretensioso pluralismo de valores. Em vez disso, almeja um objetivo utópico e sempre irrealizado – a unidade de valores de Platão.

É desse modo que devemos tentar abordar os antigos enigmas do direito. Precisamos, porém, encontrar um valor político que esteja vinculado a esses enigmas da maneira certa. Esse valor tem de ser real, como a liberdade, a democracia etc., e amplamente aceito como um valor real, pelo menos se nosso projeto pretende ter alguma possibilidade de influência. Não obstante, esse valor deve funcionar em nossa comunidade como um valor interpretativo – os que o aceitam como valor devem, não obstante, divergir quanto ao tipo de valor de que se trata exatamente; em decorrência disso, devem divergir, pelo menos até certo ponto, acerca de quais ordenamentos políticos suprem as necessidades dele, ou quais dentre eles o fazem com maior ou menor competência. Deve ser um valor claramente jurídico, tão fundamental para a prática jurídica que seu melhor entendimento irá nos ajudar a compreender melhor o que as alegações de direito significam e o que as torna verdadeiras ou falsas. Temos de ser capazes de perceber, por exemplo, como uma concepção específica do valor geraria a tese das fontes, e como outras concepções gerariam as teorias de direito muito diferentes que também fazem parte da literatura acerca da Teoria do Direito. Precisamos ser capazes de perceber de que modo a adoção de uma concepção de valor em detrimento de outra significaria a tomada de uma decisão e não de outra no caso da sra. Sorenson.

A esta altura deve estar claro que valor é esse: é o valor da legalidade – ou, como às vezes é mais pomposamente chamado, o valor do Estado de Direito. A legalidade é um valor real, e um valor especificamente jurídico. Muitos pensam, por exemplo, que os julgamentos de Nuremberg nos quais os líderes nazistas foram julgados e condenados após a Segunda Guerra Mundial agrediram a legalidade, embora fossem justificáveis por outros valores políticos – a justiça ou a conveniência, por exemplo. Além disso, a legalidade é um valor muito popular. Ao longo dos séculos, tem sido adotada de maneira muito mais ampla do que os outros valores que já examinei aqui, e é amplamente considerada como tendo uma importância mais fundamental do que a desses outros. Os filósofos clássicos e medievais analisaram e exaltaram a legalidade muito antes de outros filósofos terem exaltado a liberdade, para não falar da igualdade.

Além disso, desde o início a legalidade foi um ideal interpretativo, e assim continua sendo para nós. Existem várias maneiras de afirmar abstratamente esse valor. Podemos dizer que a legalidade é acionada quando as autoridades políticas utilizam o poder de coerção do Estado diretamente contra pessoas, corporações ou grupos – prendendo-os ou punindo-os, por exemplo, ou obrigando-os a pagar multas ou indenizações. A legalidade insiste que esse poder só seja exercido segundo critérios estabelecidos da maneira correta antes de serem acionados. Por sua natureza, porém, essa formulação abstrata é quase inteiramente não informativa, uma vez que não especifica que tipos de critério atendem às exigências da legalidade, e o que tem importância enquanto determinação anterior e correta de um critério. As pessoas discordam visivelmente acerca dessas questões. Algumas dizem, como observei há pouco, que os julgamentos de Nuremberg foram uma agressão à legalidade, tenham ou não se justificado, em última análise, por algum outro valor. Outras, porém, afirmam que os julgamentos protegeram ou enfatizaram os verdadeiros ideais de legalidade. As pessoas divergem atualmente, em termos semelhantes, a respeito dos julgamentos de ditadores depostos por atos desumanos não condenados pelo direito local na ocasião em que foram praticados, e a respeito dos julgamentos dos déspotas dos Bálcãs nos tribunais penais internacionais. Essa diversidade de pontos de vista representa uma adesão comum ao valor da legalidade, mas também concepções diferentes sobre o que é a legalidade.

Tampouco pode haver muita dúvida sobre a relação entre o valor da legalidade e o problema da identificação das alegações de direito verdadeiras ou válidas. As concepções de legalidade diferem, como afirmei, no que diz respeito aos tipos de critérios suficientes para satisfazer a legalidade, e de que maneira esses critérios devem ser determinados com antecedência; as alegações de direito são alegações acerca de que critérios corretos foram estabelecidos da maneira correta. Portanto, uma concepção de legalidade é uma descrição geral sobre a maneira de se decidir quais alegações de direito específicas são verdadeiras: a tese das fontes de Hart é uma concepção de legalidade. Poderíamos atribuir pouco sentido tanto à legalidade quanto ao direito se negássemos essa relação estreita entre as concepções de legalidade e a identificação das verdadeiras alegações de direito. Podemos pensar sensatamente que, embora o direito rejeite o pedido de indenização da sra. Sorenson baseada na participação de mercado, a justiça o aprova. Ou (menos plausivelmente) podemos pensar o contrário, ou seja, que o direito convalida sua reivindicação, mas que a justiça a condena. Mas seria absurdo pensar que, embora o direito devidamente compreendido lhe assegure o direito à indenização, o valor da legalidade argumente contra ele. Ou que, embora o direito devidamente compreendido lhe recuse o direito à indenização, o princípio de legalidade seria atendido ao se fazer com que os laboratórios a indenizassem.

Podemos resgatar as importantes questões de filosofia do direito do obscurantismo arquimediano ao abordá-las dessa maneira diferente. Entenderemos melhor a prática jurídica e daremos mais inteligibilidade às proposições de direito se nos lançarmos em um projeto explicitamente normativo e político: o de aprimorar e defender as concepções de legalidade e formular testes para alegações de direito concretas a partir de concepções preferenciais. Não se trata de considerar as teorias jurídicas assim concebidas como meramente "descritivas". Elas são conceituais, mas apenas no sentido normativo e interpretativo em que as teorias da justiça, bem como as da democracia, liberdade e igualdade, também são conceituais. A exemplo dessas teorias, elas podem ser mais ou menos ambiciosas. As mais ambiciosas tentam encontrar apoio a suas concepções de legalidade em outros valores políticos – ou, antes, uma vez que não se trata de um processo de mão única, elas tentam encontrar apoio a uma concepção de legalidade num conjunto de outros valores políticos afins, cada um dos quais, por sua vez, é compreendido de uma maneira que reflete e apoia essa concepção de legalidade.

Ofereço meu livro *O império do direito* como um exemplo mais elaborado daquilo que tenho em mente, pelo menos em termos de tentativa. Nesse livro não enfatizei a palavra "legalidade", mas recorri ao valor: afirmei que uma teoria filosófica do direito deve começar por um certo entendimento da questão da prática jurídica como um todo. Na época, eu não estava tão preocupado em isolar e aprimorar os outros valores que estariam implícitos em qualquer descrição convincente do que há de essencial no direito. Contudo, a descrição mais ambiciosa da teoria do direito que aqui apresentei ajuda-me a entender melhor e, espero, a abordar com mais profundidade questões que desenvolvi de maneira incipiente no livro, quando não as ignorei. Nele afirmei, por exemplo, que identificar as verdadeiras proposições de direito é uma questão de interpretar dados jurídicos de modo construtivo, e que uma interpretação construtiva tem como finalidade tanto ajustar-se aos dados quanto justificá-los. Adverti que "ajuste" e "justificação" são apenas termos designativos de duas dimensões aproximadas da interpretação, e que seu aprimoramento exigiria uma análise mais cuidadosa de outros valores políticos independentes que nos permitissem aprofundar o entendimento dessas dimensões, de modo a descobrir, por exemplo, um modo de integrá-las a uma avaliação geral da superioridade interpretativa quando elas tomam direções opostas. Parece-me agora que os conceitos políticos fundamentais que devem ser assim explorados são os que remetem à imparcialidade processual, que constitui a essência da dimensão do ajuste, e à justiça substantiva, que constitui a essência da justificação política. Em outras palavras, compreender melhor o conceito de legalidade significa ampliar a discussão da decisão judicial de modo a incluir um estudo desses outros valores, embora fosse surpreendente que esse aprofundamento do estudo não alterasse de alguma forma nosso entendimento do direito, também seria surpreendente que nosso entendimento do direito também deixasse de produzir pelo menos algumas concepções um tanto diferentes da imparcialidade e da justiça. Uma reinterpretação muito abrangente dos valores políticos não deixa nada exatamente como era antes.

A teoria do direito revisitada

Podemos interpretar as principais tradições ou escolas da teoria do direito como se refletissem diferentes concepções de legalidade (e considerá-las, portanto, como diferentes entre si a esse respeito?) Esse valor insiste que o poder de coerção de uma comunidade política só deve ser utilizado contra seus cidadãos de acordo com critérios estabelecidos antes de sua utilização. Que tipo de critérios? Estabelecidos de que maneira? Para abordar essas questões, propomos uma certa interpretação do valor da legalidade – algum aspecto da vida humana que hipoteticamente se beneficia da restrição do uso coercitivo do poder político –, e essa interpretação deve implicar, como já afirmei várias vezes até o momento, outros valores por nós reconhecidos. Se for suficientemente ambiciosa, implicará muitos deles naquilo que chamei anteriormente de rede de convicções. Não obstante, concepções diferentes vão selecionar valores relacionados diferentes como os mais importantes nessa mistura: podemos dizer que as concepções irão diferir segundo a importância que cada uma atribuir aos diferentes valores na criação do campo magnético local em que situar a legalidade.

As escolas ou tradições de teoria do direito são formadas por grandes diferenças quanto à natureza dessas escolhas. Na verdade, três tradições importantes foram formadas pelas escolhas antagônicas, como valores de influência local, dos valores políticos de exatidão, eficiência e integridade. Examinarei cada uma dessas três tradições à luz desse fato, mas antes disso quero deixar bem claro que não estou sugerindo que qualquer dessas tradições que descreverei tenha optado por um desses três valores como a explicação exclusiva da legalidade, e rejeitado ou negligenciado todas as outras. Afirmo, por exemplo, que a tradição do positivismo jurídico enfatiza a relação entre legalidade e eficiência, mas não pretendo dizer com isso que os positivistas se mostrem insensíveis ao bom ou ao mau governo. Os positivistas diferem entre si não apenas por defenderem concepções um pouco diferentes sobre o que significa eficiência política e por que ela é valiosa, mas também porque têm pontos de vista diferentes, que se refletem nos detalhes de suas posições, acerca da natureza e da força de muitos outros ideais políticos, e mencionarei alguns dos outros valores aos quais diferentes positivistas têm recorrido para formular e fortalecer sua confiança predominante na eficiência. Minha divisão tríplice distingue os centros de gravidade de diferentes escolas ou grupos teóricos, e não pretende esgotar a complexidade nem explicar os detalhes de nenhuma teoria.

Exatidão. Por exatidão entendo a capacidade das autoridades políticas de exercer o poder de coerção do Estado de maneira inequivocamente justa e criteriosa. A legalidade estimulará a exatidão sempre que os atos oficiais forem mais criteriosos ou justos por serem regidos por critérios estabelecidos do que se representarem apenas a avaliação contemporânea de alguma autoridade a respeito do que seria justo ou criterioso. Não fica imediatamente claro que esse será sempre – ou mesmo geralmente – o caso. Platão afirmou que a legalidade seria um obstáculo à exatidão se as autoridades cujo poder ela limitasse fossem pessoas de grande conhecimento, discernimento e caráter, porque elas saberiam mais sobre o caso imediato do que aquelas que tivessem formulado as leis no passado, e seriam sensíveis a aspectos distintos do caso que pudessem exigir ou justificar algum tratamento diferente. Mas há pelo menos duas razões possíveis para se pensar que, ainda assim, a legalidade realmente favorece a exatidão. A primeira delas recorre a razões institucionais, históricas ou circunstanciais para afirmar que, a despeito de seu distanciamento de alguma questão ou problema contemporâneo, a opinião de legisladores do passado tem possibilidades reais de ser melhor do que a intuição ou a decisão de uma autoridade contemporânea. Platão defendia a legalidade a despeito da reserva que há pouco expus, e o fazia por esse motivo. Os reis filósofos raramente estão no poder, dizia ele, e, em particular numa democracia, as pessoas que realmente detêm o poder são mal informadas, incompetentes, corruptas ou interesseiras, ou tudo isso ao mesmo tempo. Nessas circunstâncias lamentáveis, afirmava Platão, é melhor que as autoridades sejam obrigadas a seguir o que se determinou no passado, pois não se pode confiar em sua capacidade de tomar, por si mesmas, boas decisões na época em que vivem. Conservadores políticos como Burke e Blackstone frequentemente defenderam a legalidade em termos muito parecidos. Para eles, o direito estabelecido era um repositório de sabedoria acumulada e pensamentos claros, o que o tornava mais confiável do que as decisões de indivíduos de caráter, conhecimento e habilidade limitados, particularmente aquelas tomadas no calor da hora.

A segunda razão para supor que a legalidade melhora a exatidão é muito diferente: não se baseia em nenhuma razão circunstancial para supor que os critérios estabelecidos sejam mais sábios e justos do que as decisões tomadas nos casos atuais, e sim numa concepção de legalidade que permite que os critérios para os padrões estabelecidos favoreçam, ou mesmo assegurem, esse resultado. Os jusnaturalistas medievais pensavam que o bom governo significava governo de acordo com a vontade de Deus, que a vontade de Deus se expressava nas leis morais da natureza e que os sacerdotes e os governantes dotados de inspiração divina eram guias confiáveis nos caminhos que levavam a tais leis. Podemos então dizer que eles se sentiam naturalmente atraídos por uma concepção da legalidade que enfatizava essas auspiciosas relações entre legalidade e virtude política, e, consequentemente, por critérios jurídicos que incluíam a exigência de valor ou aceitabilidade moral. No conceito abstrato de legalidade não há nada que exclua essa relação, e, se o verdadeiro valor da legalidade só for identificado através de uma concepção que o formalize, então tal concepção parecerá irresistível àqueles que aceitam os conjuntos de percepções aos quais ele se ajusta. Em suas diferentes formas e manifestações, a tradição do direito natural tem como premissa esse modo de entender por que a legalidade tem o valor que tem.

Eficiência. Todavia, Jeremy Bentham* – que no mínimo foi o fundador da forma inglesa de positivismo jurídico – não se

---

* Bentham foi um filósofo muito profícuo e sua obra é formada por inúmeros escritos, muitos ainda não publicados. Grande parte desse material foi organizada e publicada durante o século passado, mas sua fidelidade é questionável. O *Bentham Project*, desenvolvido na Faculdade de Direito do University College, de Londres, e fomentado por algumas importantes instituições britânicas, está organizando uma edição definitiva da obra de Bentham prevista para totalizar 40 volumes. (N. do R. T.)

sentia atraído por nenhum desses dois conjuntos de pressupostos. Para ele, os critérios antigos não eram bons; ao contrário, Bentham era um inovador obstinado, até mesmo radical. Ele não acreditava que a lei moral fosse evidente na natureza de Deus; ao contrário, achava que a própria ideia de direitos naturais era um grande absurdo. Sua concepção da virtude da legalidade não estava baseada na exatidão, mas na eficiência. A moralidade política, pensava ele, encontra-se no bem maior para o maior número, e a melhor maneira de assegurar que isso aconteça não é por meio das diferentes decisões coercitivas ou políticas tomadas por diferentes autoridades com base em seus julgamentos imediatos e divergentes, mas sim por meio de esquemas políticos detalhados cujas consequências complexas podem ser objeto de um cuidadoso estudo preliminar, e que podem ser formulados detalhadamente, de preferência em complexos códigos jurídicos, e aplicados ao pé da letra. Somente desse modo se podem resolver os enormes problemas de coordenação com que se depara o governo de uma sociedade complexa. O positivismo jurídico é um resultado natural dessa compreensão do ponto fundamental e do verdadeiro valor da legalidade. Para ele, quando se incluem critérios morais entre os critérios jurídicos, a legalidade torna-se objeto de concessões ou vai sendo destruída aos poucos porque os critérios morais permitem que os cidadãos e as autoridades que divergem, em geral ferrenhamente, acerca das exigências da moral, sobreponham seu próprio julgamento àquele já estabelecido: a desorganização resultante não produzirá utilidade, mas caos. Portanto, Bentham e seus seguidores insistiam que o direito é tudo o que tenha sido decretado por um governante ou Parlamento soberanos – e nada além disso: a lei para onde termina o decreto. Somente esse modo de entender as coisas pode proteger a eficiência do direito.

Os positivistas posteriores se mantiveram leais a essa crença: todos eles enfatizam o papel do direito na substituição das incertezas das imprecações morais ou consuetudinárias por uma orientação firme e decisiva. Hart escreveu, de modo muito afinado com Thomas Hobbes, um positivista de uma era anterior, que a legalidade corrige as deficiências de um estado mítico de natureza ou costume que é muito anterior ao Estado de Direito. Joseph Raz afirma que a essência da legalidade é a autoridade, e que a autoridade será prejudicada ou solapada a menos que se possam identificar suas diretrizes sem recorrer aos tipos de motivos para agir que os cidadãos apresentam antes que a autoridade se tenha manifestado. Ele insiste em afirmar que a autoridade só pode atender a suas finalidades se suas diretrizes substituírem os motivos alegados pelas pessoas, em vez de apenas virem somar-se a eles.

Como afirmei, a eficiência não é o único valor que os positivistas levam em consideração para formar suas concepções de legalidade; vale a pena mencionar alguns dos outros. Bentham, por exemplo, considerava importante que o público mantivesse um saudável sentimento geral de desconfiança, e mesmo de ceticismo, a respeito do valor moral de suas leis: as pessoas deviam entender a diferença entre o direito como ele é e como deveria ser. Ele se preocupava com a possibilidade de que, se os juízes pudessem apelar de maneira adequada à moral para decidir o que é o direito, essa linha divisória crucial se tornaria confusa: as pessoas poderiam presumir que qualquer coisa que os juízes declarem como direito não pode ser muito ruim por ter passado por esse teste moral. Entre os positivistas contemporâneos, Liam Murphy apelou à importância da vigilância pública ao defender sua própria compreensão positivista do valor da legalidade[19]. Hart não estava preocupado apenas com a eficiência, mas com um aspecto independente da imparcialidade política. Se o direito de uma comunidade pode ser determinado simplesmente descobrindo-se o que foi declarado pelas fontes sociais pertinentes – pelo poder legislativo, por exemplo –, então os cidadãos devem ficar atentos ao momento em que o Estado vai intervir em seus interesses com o objetivo de ajudar, dificultar ou punir. Por outro lado, se as decisões dessas fontes forem submetidas a uma complementação ou atenuação por meio de considerações e princípios morais, os cidadãos não vão poder, tão facilmente ou com o mesmo grau de confiança, saber em que pé se encontram. Nos Estados Unidos, alguns constitucionalistas se deixam atrair por uma versão do positivismo por um motivo totalmente diverso. Caso se admita que a moral se encontra entre os critérios do direito, então os juízes cujas opiniões morais seriam decisivas nos casos constitucionais têm um poder muito maior sobre os cidadãos comuns do que teriam se a moral fosse considerada irrelevante a seu ofício. Particularmente quando os juízes são nomeados, e não eleitos, e não podem ser depostos pela vontade popular, esse aumento de seu poder é antidemocrático[20].

Portanto, os positivistas jurídicos podem defender sua concepção da legalidade, que insiste que a moral não é pertinente à identificação do direito, demonstrando quão bem a legalidade assim compreendida serve à eficiência, e também a esses outros valores. Essa defesa pressupõe, por certo, concepções particulares desses outros valores, e essas concepções podem ser e têm sido questionadas. Poder-se-ia argumentar que eficiência política significa coordenar o comportamento de uma população de modo a encaminhá-la para objetivos virtuosos, por exemplo, e não simplesmente para quaisquer objetivos; que se faça a devida advertência, pelo menos em alguns contextos, por meio da promessa ou da ameaça de que os critérios morais serão aplicados na avaliação de comportamentos específicos; que o juízo crítico do grande público é estimulado, e não diminuído, por um entendimento "protestante" do direito que lhe permite divergir, em parte por motivos morais, das declarações oficiais sobre o que é exigido pelo direito; e que a democracia significa não apenas governo da maioria, mas governo da maioria sujeito às condições, que são condições morais, que conferem imparcialidade a essa forma de governo. O positivismo rejeita essas e outras leituras alternativas – isto é, não apenas escolhe os valores políticos a serem enfatizados na elaboração de uma representação da legalidade, como também interpreta esses outros valores, de modo controvertido, à luz de sua própria concepção de legalidade. Não há nada de ameaçadoramente circular nessa complexa interação conceitual; ao contrário, trata-se exatamente daquilo que requer o projeto filosófico de situar um valor político como a legalidade em uma rede de valores mais ampla.

Integridade. A eficiência do Estado, em qualquer concepção plausível do que isso signifique, é sem dúvida um importante produto da legalidade, e qualquer explicação plausível do valor da legalidade deve enfatizar esse fato. Nenhum governante, nem mesmo um tirano, sobrevive por muito tempo ou realiza seus objetivos, mesmo quando da pior qualidade, se abandonar totalmente a legalidade por capricho ou terror. Mas há outro valor importante ao qual a legalidade também poderia aparentemente servir, não em competição com a eficiência, mas com suficiente independência desta para oferecer, àqueles que o consideram de grande importância, uma concepção diferente dos objetivos da legalidade. Refiro-me à integridade política, que significa igualdade perante o direito não apenas no sentido de que ele seja imposto conforme escrito, mas no sentido mais pertinente de que o Estado deve governar de acordo com um conjunto de princípios em princípio aplicável a todos. A coerção ou a punição arbitrária infringe essa dimensão crucial da igualdade política ainda que, de vez em quando, realmente torne o governo mais eficiente.

A integridade tem sido um ideal popular entre os filósofos políticos há séculos, e sua relação com a legalidade tem sido frequentemente notada. A relação às vezes é expressa pelo preceito segundo o qual, no Estado de Direito, nenhum homem está acima da lei; mas a força dessa afirmação, como deixam claro as diversas discussões que lhe dizem respeito, não se esgota com a ideia de que cada lei deve ser aplicada contra cada indivíduo em seus próprios termos. Essa estipulação seria atendida por leis que, segundo seus próprios termos, se aplicasse somente aos pobres ou isentasse os privilegiados de deveres, impostos, obrigações etc., e os filósofos que descrevem a legalidade desse modo têm em mente a igualdade substancial perante a lei, e não a mera igualdade formal. A. V. Dicey, por exemplo, em seu estudo clássico sobre a Constituição inglesa, faz a seguinte distinção:

> Queremos dizer, em segundo lugar, quando nos referimos ao Estado de Direito, (...) não apenas que, para nós, nenhum homem está acima da lei, mas (o que é diferente) que sob esse aspecto cada homem, qualquer que seja sua classe ou condição social, está sujeito à lei ordinária do reino (...).

e, mais adiante, refere-se a isso como "a ideia de igualdade jurídica"[21]. F. A. Hayek faz uma afirmação muito parecida, muito embora – o que não nos surpreende – ele a associe à liberdade, e não à igualdade. Em uma obra clássica, ele escreveu:

> A concepção de liberdade de acordo com os critérios da lei, que constitui a preocupação central deste livro, baseia-se na alegação de que, quando obedecemos a leis, no sentido de regras gerais abstratas estabelecidas a despeito de sua aplicabilidade a nós, não estamos sujeitos à vontade de outro homem e somos, portanto, livres (...). Contudo, isso só será verdadeiro se, por "lei", entendermos as regras gerais que se aplicam igualmente a todos. Essa generalidade talvez seja o aspecto mais importante desse atributo do direito que chamamos de "abstratividade". Assim como uma verdadeira lei não deve especificar qualquer detalhe particular, tampouco deve ter como alvo qualquer pessoa ou grupo específico de pessoas.[22]

Se associarmos a legalidade à integridade dessa maneira, estaremos favorecendo uma concepção da primeira que reflete e estimula a associação. Preferimos uma descrição do que é o direito, e de como se pode identificá-lo; uma descrição que incorpore o valor – a integridade – cuja pertinência e importância reconhecemos. Se uma maneira de decidir o caso da sra. Sorenson é tratá-la como igual perante o direito, no sentido assumido pela integridade, e se outra não o fizer, daremos preferência a uma concepção de legalidade que estimule a primeira decisão e desestimule a segunda. Tentei elaborar uma concepção de direito semelhante em *O império do direito*; já a descrevi resumidamente neste ensaio e não vou ampliar a descrição agora. Em vez disso, quero enfatizar que *O império do direito* apresenta apenas um modo pelo qual a integridade e a legalidade podem ser mutuamente compreendidas em seus termos, e que os leitores insatisfeitos com minha elaboração não devem rejeitar o projeto geral por esse motivo.

Imagino, porém, que devo antecipar uma objeção diferente que alguém poderia fazer a esse respeito. Essa pessoa pode alegar que a decisão correta no caso da sra. Sorenson depende do que o direito realmente é, e não do que gostaríamos que fosse por nos sentirmos atraídos por algum outro ideal, como a integridade. Porém, como venho tentando afirmar há muitas páginas, não podemos identificar os critérios corretos para se decidir o que é, de fato, o direito sem apresentar e defender uma concepção de legalidade, e não podemos fazer isso sem decidir o que a legalidade realmente tem de bom, se é que tem algo. A teoria do direito é um exercício de moralidade política substantiva. Sem dúvida, não seremos bem-sucedidos se propusermos uma análise da legalidade que não tenha relação alguma com a prática jurídica: uma descrição bem-sucedida de qualquer valor deve permitir que a vejamos como uma descrição *desse* valor do modo como ele existe e funciona no contexto de um esquema de valores que compartilhamos. Assim como uma afirmação sobre os direitos jurídicos da sra. Sorenson deve ajustar-se à prática jurídica da jurisdição em que o caso se apresenta, qualquer afirmação sobre o que é a legalidade deve ajustar-se à prática jurídica em termos mais gerais. Contudo, não existe apenas uma concepção de legalidade capaz de ajustar-se bem; é por esse motivo que temos diferentes filosofias judiciais representadas até mesmo em um mesmo tribunal. A parte mais decisiva de um argumento jurídico é seu elemento moral.

Positivismo interpretativo

As dificuldades que até o momento descrevi sobre a metodologia preconizada pelo próprio Hart, que insiste que as teorias do direito são descritivas e neutras, podem ser resolvidas se reformularmos os argumentos dele à maneira interpretativa que venho sugerindo. Esforçamo-nos para entender a legalidade por meio do entendimento do que existe nela de importante e valioso, e nos sentimos atraídos, de início, pela ideia de que a legalidade é importante porque confere autoridade em circunstâncias nas quais a autoridade se faz necessária. Essa afirmação, porém, dá origem a uma nova questão conceitual. A autoridade também é um conceito contestado: precisamos de uma descrição da autoridade que nos mostre que valor ela contém. A chave para essa nova questão encontra-se na mistura de outros valores que os positivistas jurídicos tradicionalmente exaltam, e, em particular, na eficiência que essa autoridade traz consigo. Como os positivistas desde Hobbes até Hart têm assinalado, e como tem sido amplamente confirmado pela história, a autoridade política torna possíveis as diretrizes políticas e a coordenação, e muito embora diretrizes políticas e coordenação possam não funcionar tendo em vista o bem geral, trata-se de algo que fazem frequentemente – ou mesmo habitualmente. Somos guiados por essa matriz mais ampla de ideias ao estabelecermos as concepções dos conceitos distintos que ela implica: os conceitos de legalidade, eficiência e autoridade. Devemos estabelecer concepções desses conceitos que lhes permitam desempenhar seu papel no contexto mais amplo.

É por isso que adotamos uma concepção positivista "exclusiva" de legalidade, que insiste que a moral não desempenha papel algum na identificação das verdadeiras alegações de direito, bem como a concepção "de serviço" da autoridade, assim designada por Joseph Raz, que insiste que a autoridade só é exercida quando o que se determinou pode ser identificado sem a necessidade de recorrer às razões que, imagina-se, a própria instância determinante tem condições de solucionar e substituir[23]. Já não presumimos que essas afirmações conceituais sejam escavações neutras e arquimedianas de regras enterradas em conceitos passíveis de entendimento por qualquer pessoa com pleno entendimento do conceito ou total conhecimento da linguagem. Também podemos afirmar, fazendo coro com os positivistas, que identificamos os aspectos proeminentes de nossos conceitos que nos ajudam a entender melhor nós mesmos, nossa prática ou nosso mundo. Mas agora tornamos explícito o que é obscuro nessas afirmações inúteis: o melhor conhecimento de nós mesmos e de nossas práticas se dá de um modo específico – pela elaboração de concepções de nossos valores que mostram aquilo que, após um processo de reflexão, encontramos de mais valioso neles, individualmente e no todo. Não pretendemos que nossas conclusões sejam definitivas ou não sofram a influência de decisões políticas concretas. Se nossas formulações mostrarem que a maior parte do que as pessoas pensam sobre o direito é um erro – se mostrarem que as alegações de direito feitas pelas duas partes no caso Sorenson estão erradas porque nenhuma delas respeita a tese das fontes –, concluiremos que isso não representa um constrangimento para nós, do mesmo modo como não nos sentiríamos constrangidos se nossas conclusões sobre a igualdade demonstrassem que a maioria das pessoas se equivoca profundamente quanto ao verdadeiro significado da igualdade.

Em minha opinião, isso é o melhor que podemos fazer pelas afirmações fundamentais do positivismo jurídico. Sei que parece insignificante e artificial, porque na verdade nosso direito não se tornaria mais exato ou previsível, nem nosso governo mais eficiente ou efetivo se, de repente, nossos juízes se convertessem ao positivismo jurídico e passassem a defender, explícita e rigorosamente, a tese das fontes. Ao contrário, nesse caso os juízes se fundamentariam muito menos em alegações de direito do que o fazem hoje. Se estou certo, os juízes norte-americanos seriam obrigados a declarar que não existe absolutamente direito algum nos Estados Unidos, a não ser as palavras simples e não interpretadas da Constituição[24]. Ainda que, de alguma forma, evitassem essa assustadora conclusão, eles seriam obrigados a subverter a legalidade em vez de servi-la, mesmo nos termos da concepção positivista dessa virtude, uma vez que seriam obrigados a declarar, com demasiada frequência, ou que o direito nada diz sobre a questão em litígio, ou que o direito é por demais injusto, insensato ou ineficaz para ser aplicado. Os juízes que considerassem intolerável a inexistência de solução jurídica para Sorenson, por exemplo, seriam obrigados a declarar que, apesar do fato de o direito favorecer os laboratórios demandados, eles ignorariam o direito e, portanto, a legalidade, e lhe concederiam a indenização reivindicada. Eles declarariam ter o "poder discricionário" de modificar o direito (ou, o que vem a dar no mesmo, de preencher alguma lacuna que descobrissem nele) mediante o exercício de um novo poder legislativo que contradiz o mais elementar entendimento das exigências da legalidade.

Portanto, pode parecer impróprio ou, no mínimo, pouco generoso de minha parte atribuir aos positivistas uma defesa de seus pontos de vista que já traz em si o próprio fracasso. Mas devemos mencionar então o fato de que, quando o positivismo foi proposto pela primeira vez, e quando era uma força concreta entre juristas e juízes e não apenas uma atitude acadêmica, a situação política era muito diferente. Bentham, por exemplo, escreveu em uma época em que os negócios eram mais simples e estáveis, e em que vigorava uma cultura moral mais homogênea: é perfeitamente compreensível que ele esperasse, como de fato o fez, por codificações de leis que raramente deixariam brechas ou exigiriam interpretações controvertidas. Em tais circunstâncias, os juízes que brandiam critérios morais para o direito representavam uma ameaça diferente à eficiência utilitarista, que podia ser evitada de maneira muito simples, negando-lhes tal poder. Mesmo nos primórdios do século XX, havia juristas progressistas que compartilhavam os pontos de vista de Bentham: o progresso, pensavam eles, podia ser alcançado por meio de órgãos administrativos que atuassem de acordo com delegações político-parlamentares de grande abrangência, promulgando legislações detalhadas que pudessem ser aplicadas e executadas por técnicos. Ou, nos Estados Unidos, por meio de códigos uniformes e minuciosos compilados por um instituto nacional de direito cujos membros seriam treinados por juristas acadêmicos, cuja adoção deveria ser proposta aos estados. Repetindo, em tal atmosfera, os juízes que reivindicassem o poder de extrair princípios morais do antigo e inadequado *common law* pareceriam arcaicos, conservadores e caóticos. O perigo de uma reivindicação dessas foi brilhantemente ilustrado pela decisão *Lochner*, tomada pela Suprema Corte em 1904, que sustentava que a concepção de liberdade inserida na Décima Quarta Emenda tornava inconstitucional a legislação progressista que limitava o número de horas diárias de trabalho que se podia impor aos padeiros[25]. O positivismo jurídico, pensavam os progressistas, salvou o direito dessa moral reacionária.

O positivismo de Oliver Wendell Holmes era uma doutrina jurídica funcional: ele citava o positivismo quando divergia de decisões da Suprema Corte nas quais, em sua opinião, os juízes haviam presumido um poder ilegítimo de criar seu próprio direito ao pretenderem encontrar princípios inseridos no direito como um todo. "O *common law* não é uma onipresença contemplativa no céu", declarou ele em um famoso voto dissidente, "mas sim a voz articulada de algum soberano ou quase soberano que pode ser identificado; embora algumas decisões das quais tenho discordado me pareçam ter se esquecido desse fato"[26]. Na teoria do direito, o debate entre positivismo e teorias jurídicas mais antigas estava no centro da longa controvérsia em que se pretendia decidir se os juízes federais, quando só tinham jurisdição porque as partes eram de estados diferentes, estavam constitucionalmente obrigados a aplicar o *common law* de um desses estados porque esse direito havia sido declarado pelos próprios tribunais do estado, ou se eles tinham permissão para decidir de modo diferente, encontrando e aplicando princípios de direito "geral" não reconhecidos por nenhum tribunal estadual. No caso *Erie Railroad vs. Tompkins*, a Suprema Corte finalmente decidiu que não existia nada que se pudesse considerar como esse direito "geral": existia apenas o direito conforme declarado por estados específicos.[27] Falando em nome da Suprema Corte, o juiz Brandeis* citou outra célebre passagem de Holmes:

> O direito, no sentido em que os tribunais a ele se referem atualmente, não existe sem alguma autoridade definitiva em sua retaguarda. (...) A autoridade, e a única autoridade, é o estado, e, se assim for, a voz adotada pelo estado como própria [quer provenha de seu Poder Legislativo, quer de sua Suprema Corte] deve dar a última palavra.

Brandeis deixou clara a importância prática de sua concepção do direito: o ponto de vista contrário, há muito seguido pelos tribunais federais, punha fim à uniformidade porque produzia resultados diferentes a respeito dos mesmos problemas nos tribunais estaduais e federais, estimulando demandantes de fora do estado a entrar com ações nos tribunais federais sempre que isso lhes fosse vantajoso. É claro que a Suprema Corte poderia ter chegado ao mesmo resultado – por essas razões de ordem prática – sem

---

* Louis Dembitz Brandeis foi indicado para a Suprema Corte norte-americana em 1916 pelo presidente Woodrow Wilson, permanecendo no cargo até 1939. É geralmente posto ao lado de Oliver Wendell Holmes, Benjamin N. Cardozo e Learned Hand como um dos melhores juízes norte-americanos de todos os tempos. (N. do R. T.)

adotar o positivismo, mas a vigorosa retórica dessa doutrina jurídica tinha um forte apelo porque permitia que Holmes, Brandeis, Learned Hand[28] e outros "progressistas" retratassem seus adversários mais conservadores como vítimas de uma metafísica incoerente. Contudo, as mudanças de expectativa da sociedade acerca do direito e dos juízes já estavam na iminência de concretizar-se, mesmo na década de 1930, quando eles escreveram, e mais rapidamente ainda nas décadas seguintes, tornando a concepção geral de legalidade do positivismo cada vez mais implausível e condenada ao ostracismo. Os complexos sistemas estabelecidos por lei tornaram-se cada vez mais importantes como fontes de direito, mas esses sistemas não eram – não podiam ser – códigos detalhados. Eram cada vez mais constituídos por afirmações gerais de princípios e diretrizes políticas que precisavam ser elaborados em decisões administrativas e judiciais concretas; se os juízes tivessem continuado a dizer que o direito parava onde a orientação explícita e soberana terminava, eles teriam tido que declarar constantemente, como afirmei, que a legalidade era ou irrelevante para seus julgamentos ou sujeita a acomodações.

Além disso, na década de 1950 vários juízes da Suprema Corte introduziram no direito norte-americano uma nova reviravolta que transformou a teoria jurídica em uma empolgante questão de política nacional. Eles começaram a interpretar as cláusulas abstratas da Constituição, inclusive as cláusulas do devido processo legal e da igual proteção, como se elas afirmassem princípios morais gerais que conferem a cada cidadão importantes direitos contra o governo federal e os governos estaduais, direitos cuja existência pressupunha que o direito não se limitava à promulgação deliberada, e cujos contornos só podiam ser identificados por meio de um julgamento moral e político substantivo. Essa iniciativa inverteu subitamente a valência política da argumentação sobre a teoria do direito: os conservadores se converteram em positivistas que afirmavam que a Corte estava criando novos direitos constitucionais de igualdade racial e liberdade em decisões referentes à reprodução, por exemplo, e, portanto, subvertendo a legalidade. Alguns dos liberais que aprovaram a orientação da Corte passaram então do positivismo para uma concepção diferente da legalidade, que enfatizava a integridade baseada em princípios do sistema constitucional norte-americano. Nas últimas décadas, os juízes mais conservadores da Suprema Corte forjaram uma nova mudança de valência: cada vez mais suas iniciativas exigem que eles ignorem boa parte dos precedentes da Suprema Corte, motivo pelo qual eles encontram uma melhor justificação no princípio político conservador do que em qualquer versão ortodoxa do positivismo jurídico.

Quando escreveu *O conceito do direito*, Hart já não podia contar, como Bentham e Holmes podiam, com o apelo contemporâneo da concepção positivista de legalidade. A descrição de Hart da eficiência positivista é uma história fantástica extraída de um passado remoto e imaginário: uma suposta transição pré-histórica do caos da ineficiência tribal regida por normas primárias para a autoridade nítida das normas secundárias incorporadas por uma explosão libertadora e quase uniforme de posições consensuais. Os que seguiam sua liderança continuaram a escrever sobre autoridade, eficiência e coordenação. Mas eles tampouco podem confirmar suas afirmações na prática política concreta, o que talvez explique por que recorreram, assim como Hart, a autodescrições que parecem distanciar suas teorias de tal prática. Eles dizem que estão investigando o próprio conceito ou a natureza do direito, que permanecem os mesmos apesar dos aspectos mutáveis da prática ou da estrutura política, ou que, de qualquer modo, oferecem apenas relatos descritivos do que é essa prática, eximindo-se de emitir quaisquer juízos sobre o que ela deveria ser ou se tornar. Essa é a camuflagem metodológica que questionei neste ensaio. Se, como afirmei, a autodescrição não pode tornar-se nem inteligível nem defensável, devemos então nos concentrar na justificação mais abrangente que tentei introduzir em seu lugar – a descrição positivista e substantiva do valor da legalidade que há pouco descrevi. Em minha opinião, constitui uma virtude dessa descrição o fato de conferir visibilidade à atração que, no passado, o positivismo exerceu sobre juristas, juízes e eruditos, em campos substantivos do direito, quando sua concepção de legalidade parecia mais plausível do que hoje.

Considerações finais

Venho enfatizando as semelhanças entre o conceito de legalidade – como fundamento da filosofia jurídica – e outros conceitos políticos, e encerrarei chamando a atenção para uma importante diferença. A legalidade é sensível, em sua aplicação, em muito maior grau do que a liberdade, a igualdade ou a democracia, à história e às práticas estabelecidas da comunidade que se propõe respeitar o valor, porque a comunidade política revela a legalidade, entre outras maneiras de fazê-lo, ao se manter fiel, em certos aspectos, ao seu passado. Para a legalidade, é crucial que as decisões executivas de um governo sejam guiadas e justificadas por normas já estabelecidas, e não por outras, criadas *ex post facto*; além disso, essas normas devem incluir não apenas leis substantivas, mas também normas institucionais que confiram autoridade aos diferentes servidores públicos para que possam criar, aplicar e avaliar essas normas no futuro. A revolução pode ser compatível com a liberdade, a igualdade e a democracia. Pode ser, e tem sido frequentemente, necessária a fim de se alcançar até mesmo um nível razoável desses valores. Mas, mesmo quando promete aperfeiçoar a legalidade no futuro, a revolução quase sempre implica uma agressão imediata a ela.

Portanto, qualquer descrição mesmo moderadamente detalhada daquilo que, em termos concretos, a legalidade exige em alguma jurisdição específica, deve observar cuidadosamente a história e as práticas institucionais dessa jurisdição, e mesmo uma descrição moderadamente detalhada do que se exige em um lugar será diferente, e talvez muito diferente, de uma descrição equivalente do que se exige em outros lugares. (A discussão e a decisão acerca dessas exigências concretas numa comunidade específica é o trabalho cotidiano de seus advogados praticantes, em determinado nível, e de seus juristas, em outro.) Isso também se aplica, ainda que um pouco menos, a outras virtudes políticas: os arranjos institucionais concretos, muito importantes para se aperfeiçoar a democracia, estimular a igualdade ou proteger a liberdade em um país com demografia e história políticas específicas, podem ser bem diferentes em outro país, no que diz respeito a aspectos que lhe sejam igualmente importantes.

Porém, ainda que, em comparação com essas outras virtudes, a legalidade seja claramente mais sensível, nos detalhes, às características específicas da prática e da história políticas, daí não se segue – tanto em relação à legalidade quanto às outras virtudes – que nada de importante possa ou deva ser feito para explorar o valor em um nível filosófico que transcenda a maioria dos detalhes relativos a este ou aquele lugar. Isso porque, assim como podemos explorar o conceito geral de democracia através da formulação de uma atraente concepção abstrata desse conceito, também podemos querer formular uma concepção de legalidade com o mesmo grau de abstração e, num segundo momento, tentar perceber, através de proposições concretas, os resultados obtidos em âmbito local. Não existe nenhuma diferença conceitual ou lógica claramente definida do tipo que os arquimedianos pretendem encontrar, entre a filosofia do direito assim concebida e as preocupações mais comuns com as quais devem lidar, em seu dia a dia, os advogados e estudiosos do direito que há pouco mencionei. Existe, porém, uma diferença suficiente, no nível de abstração e das habilidades pertinentes, para explicar por que as questões filosóficas parecem diferentes das questões mais concretas, e por que delas geralmente se ocupam pessoas que receberam outro tipo de formação.

Qualquer tentativa de chegar a uma concepção ecumênica da legalidade terá de se haver com pressões provenientes de dois lados. É preciso que ela tenha conteúdo suficiente para evitar a falta de sentido, mas também um nível de abstração suficiente para evitar o provincianismo[29].

Os críticos ingleses afirmam frequentemente que meu projeto tem inspiração provinciana – que pretende apenas explicar a prática jurídica de meu país – ou que é claramente provinciano em seus resultados, porque de algum modo se pode perceber, sem grandes reflexões ou pesquisas, que ele só se ajusta a essa prática jurídica[30]. Na verdade, minha exposição aspira a uma grande generalidade, e em que medida esse objetivo é bem-sucedido é algo que só pode ser avaliado por um trabalho muito mais exaustivo de interpretação jurídica comparativa do que o que foi realizado por esses críticos. Há pouco, ao discutir outros valores políticos, afirmei que não podemos dizer de antemão até que ponto podemos ser bem-sucedidos na tentativa de encontrar concepções plausíveis desses valores que os reconciliem entre si em vez de deixá-los em conflito, como geralmente se diz que estão. Devemos nos empenhar ao máximo para depois ver em que medida nos saímos bem. Devemos adotar o mesmo ponto de vista em relação à questão distinta de descobrir que grau de abstração uma exposição informativa da legalidade consegue alcançar. É preciso esperar para ver.

Isso me leva a uma última história. Há algum tempo, conversando com o professor John Gardner, da Universidade de Oxford, afirmei que, na minha opinião, a filosofia do direito deveria ser interessante. Ele caiu em cima de mim. "Está vendo?", respondeu. "É esse o seu problema." Sou culpado dessa acusação que ele me fez. Contudo, permitam-me explicar o que quero dizer por "interessante". Acredito que a filosofia do direito deva ser do interesse tanto de disciplinas que são mais quanto das que são menos abstratas do que ela própria. Deve ser do interesse de outros campos da filosofia – da filosofia política, sem dúvida, mas também de outros segmentos –, e deve ser objeto de interesse de juristas e juízes. Na verdade, grande parte da filosofia jurídica tem-se mostrado de grande interesse para advogados e juízes. Atualmente presenciamos uma explosão do interesse pela filosofia jurídica, não apenas nos Estados Unidos, mas também na Europa, na África do Sul e na China, por exemplo. Mas essa explosão não está acontecendo nos cursos intitulados "teoria do direito", os quais, receio, continuam sendo um tanto enfadonhos, mas sim em áreas substantivas do direito: no direito constitucional, por certo, cujas preocupações teóricas já vêm de longa data, mas também nos domínios da responsabilidade civil, dos contratos, dos processos judiciais, da jurisdição federal e, mais recentemente, até mesmo do direito tributário. Não quero dizer apenas que esses cursos tratam de questões ao mesmo tempo teóricas e práticas: eles tratam exatamente das questões que venho discutindo: acerca do conteúdo da legalidade e de suas implicações para o conteúdo do direito. Em minha opinião, porém, os filósofos do direito que consideram seu trabalho descritivo ou conceitual, e não normativo, perderam a oportunidade de se juntar a esses debates e discussões, e, em decorrência disso, o domínio da filosofia do direito vem perdendo terreno em algumas universidades.

Em ocasiões assim, fica difícil resistir a falar diretamente aos jovens estudiosos que ainda não se aliaram a um exército doutrinário. Portanto, vou concluir com um apelo àqueles de vocês que planejam se dedicar à filosofia do direito. Quando o fizerem, assumam as legítimas responsabilidades da filosofia e abandonem o manto da neutralidade. Falem em nome da sra. Sorenson e de todas as outras pessoas cujo destino depende de novas afirmações acerca daquilo que o direito já é. Ou, se não puderem falar em nome delas, pelo menos falem com elas e expliquem por que elas não têm direito àquilo que reivindicam. Falem com os juristas e juízes que terão de se haver com a nova Lei dos Direitos Humanos do Reino Unido. Não digam aos juízes que eles devem exercer seu poder discricionário como acharem melhor. Eles querem saber como entender essa lei enquanto direito, como decidir, e a partir de qual fonte, de que modo a liberdade e a igualdade passaram a ser vistas em nossos dias, não apenas como ideais políticos, mas também como direitos jurídicos. Se vocês os ajudarem, se falarem ao mundo dessa maneira, permanecerão mais fiéis ao gênio e à paixão de Herbert Hart do que se seguirem suas ideias estreitas sobre a natureza e os limites da filosofia analítica do direito. Devo, porém, adverti-los de que, se for esse o caminho que escolherem, estarão correndo o grande risco de se tornarem... bem, de se tornarem interessantes.

Capítulo 7
Trinta anos depois

Introdução

Em *The Practice of Principle* [A prática de princípio], o professor Jules Coleman, da Faculdade de Direito de Yale, defende o que chama de "uma versão do positivismo jurídico"[1]. Uma forma clássica dessa teoria jurídica afirma que o direito consiste apenas naquilo que seus legisladores declararam como tal, de modo que é um erro presumir que alguma força ou instância não-positiva – por exemplo, a verdade moral objetiva, Deus ou o espírito de uma época, a indefinida vontade do povo ou a marcha da história através dos tempos – possa ser uma fonte de direito, a menos que os legisladores assim o tenham declarado.

Coleman situa sua discussão em um contexto histórico limitado. Há cerca de trinta anos, publiquei uma crítica do positivismo[2]. Argumentei que essa doutrina não é fiel às práticas concretas dos cidadãos, dos juristas e dos juízes em comunidades políticas complexas: na prática, afirmei, as pessoas que discutem o conteúdo do direito se baseiam em considerações morais, e o positivismo é incapaz de explicar isso. Coleman trata meu artigo como um importante catalisador dos avanços posteriores da posição que critiquei. Ele diz que embora meu questionamento fosse "equivocado em vários sentidos" (p. 67), e que "atualmente ninguém considera essa argumentação convincente" (p. 105), apesar disso, ela tem dominado a teoria do direito recente porque deu origem a "duas estratégias diferentes e incompatíveis de resposta" (p. 67), e essas estratégias produziram duas versões do positivismo e uma disputa estimulante e esclarecedora entre elas.

A primeira delas é o positivismo "exclusivo", que insiste na tradicional tese positivista de que aquilo que o direito exige ou proíbe não pode jamais depender de qualquer critério moral. Coleman chama o professor Joseph Raz, de Oxford, de principal patrocinador contemporâneo do positivismo exclusivo, e discute as opiniões de Raz com certa profundidade. A segunda modalidade de positivismo é o positivismo "inclusivo", que permite a introdução de critérios morais no texto para identificar o direito válido, mas somente se a comunidade jurídica tiver adotado uma convenção que assim o determine. Coleman responde pela segunda modalidade, e dedica boa parte de seu livro à afirmação de que sua versão do positivismo inclusivo é superior a qualquer forma de positivismo exclusivo, e muitíssimo superior a minha interpretação alternativa e não positivista do direito.

O livro de Coleman é claro, filosoficamente ambicioso e contém uma densa argumentação. Por isso, representa uma boa ocasião para se verificar o estado em que se encontra o positivismo jurídico três décadas depois do questionamento a que ele se refere como "catalisador". Qualquer uma das formulações subsequentes do positivismo jurídico teve êxito em conciliar essa teoria com a prática jurídica concreta? Se assim foi, que formulação é a mais bem-sucedida? Afirmarei que os argumentos que Coleman propõe e os que ele atribui a outros positivistas não são bem-sucedidos. O positivismo exclusivo, pelo menos na versão de Raz, é dogma ptolemaico: apresenta concepções artificiais de direito e autoridade cujo único valor parece estar na tentativa de manter o positivismo vivo a qualquer preço. O positivismo inclusivo é pior: não é positivismo nenhum, mas apenas uma tentativa de manter o termo "positivismo" para uma concepção de direito e da prática jurídica que é totalmente estranha ao positivismo. Se eu estou certo ao fazer essas críticas severas, temos uma nova questão. Por que os positivistas jurídicos estão tão ansiosos para defender o positivismo se não conseguem encontrar nenhum argumento bem-sucedido em sua defesa? Mais adiante, apresentarei o que considero ser pelo menos parte da resposta: os positivistas são atraídos por essa concepção de direito não por seu apelo inerente, mas porque essa doutrina lhes permite tratar a filosofia do direito como uma disciplina autônoma, analítica e autossuficiente.

Positivismo pickwickiano*

Coleman afirma que sua versão do positivismo jurídico inclusivo oferece uma melhor compreensão do direito do que minha teoria, motivo pelo qual é estranho que seu texto seja tão incrivelmente semelhante ao meu. Na verdade, é difícil perceber alguma diferença real[3]. Afirmei que o conteúdo do direito não é determinado por nenhum comportamento ou convicção uniforme de juristas e juízes, mas que geralmente é considerado como algo controverso entre eles; que, quando os juristas divergem sobre o direito, eles às vezes defendem suas posições diferentes e tentam resolver suas divergências recorrendo a considerações de natureza moral; e que, quando a divergência é particularmente profunda, essas considerações morais podem incluir afirmações sobre a melhor compreensão do ponto ou do objetivo fundamental da prática do direito como um todo[4].

---

* Alusão ao romance *The Pickwick Papers*, do romancista inglês Charles Dickens (1812-1870). Devido às características da maior parte de seus personagens, o adjetivo *pickwickian* passou a ser usado para qualificar palavras ou ideias cujo sentido é diferente de seu sentido óbvio ou original, bem como para descrever o uso intencional ou involuntariamente idiossincrático de determinada interpretação ou expressão. (N. do T.)

A título de comparação, veja-se a formulação de Coleman. A estrutura da prática jurídica, diz ele,

> é criada e mantida pelo comportamento dos participantes, mas o conteúdo das regras que constitui a prática não é. As regras são resultado de um conjunto contínuo de negociações. Portanto, pode muito bem haver divergências acerca de seu conteúdo – divergências que, além do mais, são substantivas e importantes, e que, dada a estrutura em questão, poderiam muito bem ser resolvidas mediante o apelo a uma argumentação moral substantiva sobre como se deve proceder, e que podem convidar à discussão dos aspectos principais da referida prática. (p. 99)

Portanto, "não surpreende que, para resolver essas divergências, as partes apresentem concepções conflitantes da prática da qual participam conjuntamente, concepções que apelam a ideias que divergem de sua finalidade ou função principal. Ao agirem desse modo, elas podem criar argumentos morais substantivos" (pp. 157-8).

Isso não parece positivismo; parece mais Hércules e seus colegas trabalhando[5]. Não obstante, Coleman insiste que sua teoria do direito é muito diferente da minha, e que a dele é uma espécie de positivismo jurídico, por uma única razão, na qual ele baseia toda a sua argumentação. A essência do positivismo, diz ele, é a tese de que os critérios para o direito "são e devem ser" questões de convenção, e a diferença entre nós está em que na concepção dele, porém não na minha, a prática jurídica que descrevemos de modo tão parecido é totalmente uma prática convencional (p. 100). Sem dúvida, se Coleman afirmasse simplesmente que as interpretações correntes e incontestes entre juristas e juízes desempenham um importante papel nos sistemas jurídicos conhecidos – que o sistema jurídico norte-americano não funcionaria com tanta eficiência se os juristas norte-americanos não concordassem que as exigências da Constituição fazem parte do direito norte-americano, por exemplo – sua afirmação seria incontroversa; nem eu nem nenhum outro teórico do direito discordaríamos dele. Se ele acrescentasse apenas que essas interpretações correntes constituíam convenções, sua afirmação seria mais controversa, mas dificilmente surpreendente. Sua afirmação é vigorosa porque ele insiste na tese mais forte de que os critérios do direito se limitam às convenções: que o raciocínio jurídico válido consiste *apenas* na aplicação de convenções jurídicas especiais a circunstâncias factuais específicas. Se ele fosse capaz de sustentar essa afirmação mais forte, é evidente que conseguiria demonstrar uma diferença importante entre nossas posições, e, na verdade, teria o direito de descrever sua análise como positivista.

Coleman segue essencialmente a influente versão do positivismo de H. L. Hart. Hart afirmava que todo sistema jurídico depende necessariamente de uma regra dominante, ou "regra de reconhecimento", para identificar toda e qualquer proposição de direito válida. Essa regra só existe porque é aceita (pelo menos pelas autoridades públicas) como uma questão de convenção[6]. Se essa tese estiver correta, o positivismo estará justificado, pois as convenções jurídicas são formadas pelos comportamentos e atitudes complexos das autoridades e de outros participantes do processo de formação e aplicação do direito, e por mais nada. Contudo, é exatamente por esse motivo que a afirmação de Coleman de que o direito se fundamenta na convenção parece estar em conflito com sua admissão de que os juristas e os juízes frequentemente divergem sobre o que é o direito de uma maneira que reflete divergência moral, inclusive divergência sobre o real propósito das instituições jurídicas. A convenção se constrói sobre o consenso, não sobre a divergência. Os filósofos frequentemente usam, como exemplo de convenção, a ideia de que as pessoas devem dirigir na pista direita de uma pista de mão dupla. Essa convenção existe porque quase todos dirigem na pista direita, reclamam quando alguém dirige na pista esquerda e imaginam que uma parte essencial do motivo para se dirigir na pista direita e reclamar quando as pessoas não o fazem encontra-se no fato de que quase todos dirigem na pista direita e reclamam quando outros não fazem o mesmo. Quando um grupo de pessoas diverge sobre qual comportamento é exigido ou apropriado, parece estranho afirmar que elas dispõem de uma convenção que decide o problema. Suponhamos que numa comunidade na qual as pessoas dirigem à direita não exista consenso sobre a possibilidade de os motoristas usarem a esquerda para ultrapassar. Alguns motoristas o fazem, mas outros não: eles esperam até que apareça uma terceira pista com essa finalidade, e criticam aqueles que usam a pista esquerda para dirigir de maneira inadequada. Em tal comunidade, pelo menos de acordo com a concepção geralmente aceita, não existe convenção sobre a "etiqueta" da ultrapassagem. Coleman, porém, insiste que os juízes estão seguindo uma convenção sobre o modo de identificar o que o direito exige quando divergem acerca do que ele exige. Portanto, ele se vê diante do desafio de explicar como isso é possível.

Ele usa o que acredito tratar-se de duas estratégias distintas para tentar superar esse desafio (muito embora não enfatize ou nem mesmo pareça reconhecer a diferença entre as duas). A primeira depende de uma distinção entre dois tipos de divergência que as partes de uma suposta convenção poderiam descobrir que há entre elas. Poderiam descobrir que divergem sobre o conteúdo da suposta convenção, isto é, sobre quais são, na verdade, as regras de tal convenção. Ou poderiam descobrir que, embora concordem no que diz respeito a quais são as regras, discordam quanto a saber se determinada regra se aplica a algum caso específico, o que significa que divergem quanto à aplicação da convenção. Em defesa dessa estratégia, Coleman admite que, se os juízes divergirem sistematicamente quanto ao conteúdo das regras que teriam de seguir para identificar o direito, sua afirmação de que este se baseia necessariamente em uma convenção deve ser malsucedida, uma vez que esse tipo de divergência mostra que tal convenção não existe. Ele diz que, se devemos interpretar divergências judiciais profundas sobre o modo de identificar o direito como divergências sobre conteúdo,"teremos, sem dúvida, de concordar com a conclusão de Dworkin de que a regra de reconhecimento deve ser uma regra'normativa', e não social" (p. 117). Mas ele insiste que a divergência judicial, mesmo quando portadora de uma dimensão moral, é sempre uma questão de aplicação, e não de conteúdo.

Em alguns casos, a distinção entre conteúdo e aplicação é suficientemente clara, e podemos descrever com segurança uma divergência como um desacordo que diz respeito à aplicação. Se os juízes de um órgão colegiado concordarem que devem terminar a deliberação diária antes das sete da noite, mas discordam quanto à hora exata, estarão em desacordo sobre a aplicação, e não sobre o conteúdo de sua convenção. Contudo, as divergências judiciais que Coleman tem em mente são muito diferentes, e pareceria estranho descrever as mais importantes delas apenas como divergências de aplicação. Suponhamos que os juízes de determinado tribunal aceitem, por uma questão de convenção, que devem seguir as decisões antigas de tribunais superiores, mas divirjam quanto a saber se devem seguir as decisões que eles próprios tomaram no passado. Pareceria natural dizer que eles não compartilham nenhuma convenção sobre a deferência devida a suas próprias decisões anteriores. Poderíamos, porém, evitar essa conclusão e considerar a divergência entre eles como um desacordo relativo à correta aplicação de uma convenção, fazendo-o por meio do que chamarei de estratégia de abstração. Poderíamos tentar uma nova descrição de sua convenção, desta vez em termos morais abstratos; diríamos, por exemplo, que eles compartilham uma convenção que os obriga a seguir os precedentes nas circunstâncias em que, para eles, seria "o correto,""apropriado" ou "desejável" que assim procedessem após uma análise criteriosa de todos os fatos em questão. Poderíamos então dizer que eles só divergem sobre a correta aplicação dessa convenção mais abstrata – que sua divergência só diz respeito a saber se, de fato, para eles seria correto ou desejável seguir sempre seus próprios precedentes. Podemos usar essa estratégia para transformar qualquer divergência que qualquer grupo possa ter acerca dos critérios que devem reger sua conduta em uma suposta divergência acerca das aplicações de alguma convenção moral mais abstrata que eles compartilhem. Os motoristas que citei, por exemplo, que divergem quanto a ultrapassar pela faixa oposta, sem dúvida concordam que os motoristas devem dirigir de modo "prudente." Portanto, podemos dizer que sua divergência sobre a ultrapassagem pela faixa oposta é apenas uma divergência sobre a correta aplicação de uma convenção – a convenção que exige prudência no ato de dirigir – à questão especifica de ultrapassar pela faixa oposta.

Coleman usa essa estratégia de abstração para defender sua afirmação de que todo direito se baseia na convenção. Como afirmei, ele admite que juristas e juízes frequentemente divergem sobre o direito, mesmo quando estão de acordo quanto a todos os fatos pertinentes: eles discordam, por exemplo, no que diz respeito a saber se certas leis que discriminam os homossexuais são válidas. Mas ele insiste em dizer que esta é apenas uma discordância sobre a aplicação de uma regra mais abstrata para se reconhecer o direito que todos compartilham, uma regra de reconhecimento que se estrutura em termos morais. Ele ilustra essas regras abstratas da seguinte maneira:

> [Uma] regra de reconhecimento que afirma que nenhuma norma pode ser jurídica *a menos que* seja justa parece tratar a moral como uma condição necessária da legalidade. Uma regra de reconhecimento que afirma que certas normas são jurídicas *porque* expressam uma dimensão de justiça ou imparcialidade trata a moral como condição suficiente de legalidade.
>
> Cláusulas como a da Igual Proteção, da Décima Quarta Emenda à Constituição dos Estados Unidos, ou disposições legais semelhantes que se encontram na Carta Cana-

dense de Direitos e Liberdades são, certamente, exemplos de regras de reconhecimento que tratam certas características da moralidade de uma norma como condição necessária de sua legalidade. Por outro lado, poder-se-ia pensar que o princípio "Ninguém deve se beneficiar de sua própria torpeza" é jurídico porque expressa uma dimensão de justiça ou imparcialidade, caso em que o fato de fazê-lo parece ser o bastante para configurar sua condição de legalidade. (p. 126)

Na opinião de Coleman, portanto, as divergências sobre a correta aplicação da Cláusula de Igual Proteção são controvérsias sobre a aplicação de uma convenção moral abstrata – a de que as leis escritas injustas não são válidas – a casos específicos. Coleman insiste em dizer que todos os juízes da Suprema Corte acatam essa convenção, e, quando não chegam a uma posição consensual sobre a validade ou não das leis que criminalizam a homossexualidade, estão simplesmente divergindo sobre a aplicação da convenção a essas leis. Portanto, até mesmo as questões de direito constitucional norte-americano que mais convidam à divergência moral se baseiam, na verdade, na convenção.

Contudo, a estratégia de abstração de Coleman banaliza o positivismo em pelo menos três maneiras distintas. Em primeiro lugar, como não há limite ao grau de abstração de uma convenção que podemos atribuir aos juristas, é possível usar a estratégia para considerar qualquer prática jurídica como convencional, não importa quanto ela pareça desafiar os requisitos tradicionais do positivismo. Imagine uma comunidade cujos juízes só estejam de acordo com o fato de que devem decidir seus casos de maneira "apropriada", "desejável" ou "imparcial", mas que divergem radicalmente quanto aos métodos para determinar o direito que resultam em decisões apropriadas, imparciais ou desejáveis, uma vez que divergem radicalmente quanto ao que seja apropriado, desejável ou imparcial. Segundo a estratégia de abstração, a prática deles satisfaz o teste positivista para verificar a validade de uma norma em um sistema jurídico, pois eles compartilham uma regra de reconhecimento convencional – a regra moral abstrata segundo a qual qualquer coisa apropriada, imparcial ou desejável constitui direito – e só divergem quanto à aplicação dessa regra supostamente convencional a casos específicos.

Em segundo lugar, o positivismo assim resgatado não pode mais alegar que mostra o que há de singular no direito e no raciocínio jurídico porque, uma vez que aceitemos a estratégia, podemos facilmente considerar que as práticas morais de qualquer comunidade estão baseadas na convenção da mesma maneira. Embora os norte-americanos divirjam em relação a uma grande variedade de questões morais, quase todos concordam que as pessoas devem se comportar de maneira "correta", "apropriada" ou "justa", de modo que suas divergências menos abstratas são, todas, divergências sobre a correta aplicação da convenção mais abstrata que compartilham.

Em terceiro lugar, a estratégia enfraquece a própria ideia de convenção. Uma convenção só existe quando cada pessoa age de determinada maneira porque outras o fazem do mesmo modo que ela; uma convenção torna a adequação de comportamento dependente do comportamento convergente dos demais. É por isso que é positivista a afirmação de que o direito como um todo se baseia, em última instância, na convenção. Mas é implausível pensar que a convicção de qualquer juiz de que deve decidir seus casos de modo "apropriado" depende do comportamento convergente de outros juízes. Um juiz sempre vai achar que deve decidir de maneira apropriada a despeito do que façam ou pensem outros juízes. Qual seria a alternativa? Decidir de maneira imprópria?

Talvez Coleman negasse que sua estratégia de abstração não exija que ele atribua a juristas e juízes convenções tão abstratas quanto as que venho imaginando. Porém, uma vez que suba o primeiro degrau da escada da abstração – uma vez que declare que qualquer divergência particular sobre os critérios apropriados para se identificar o direito é, na verdade, uma divergência sobre a correta aplicação de uma convenção mais abstrata –, ele não tem como limitar o grau de abstração que a estratégia pode usar. De qualquer modo, ele deve adotar um nível muito mais alto de abstração do que parece admitir, até mesmo para mostrar que a maioria dos sistemas jurídicos conhecidos, inclusive o norte-americano, na verdade se baseia exclusivamente na convenção. Sua afirmação que há pouco citei sugere que os juízes norte-americanos admitem, por questões de convenção, que a Cláusula de Igual Proteção e outras disposições constitucionais fazem com que a validade de leis específicas dependa de critérios morais, e só divergem a respeito do que esses critérios morais realmente exigem. Mas isso é certamente falso. Ao contrário, a proposição de que a Cláusula de Igual Proteção põe o direito na dependência da moral é, ela mesma, profundamente controvertida. Muitos juristas, inclusive alguns juízes da Suprema Corte, insistem que isso é verdadeiro, enquanto outros, inclusive outros juízes da Suprema Corte, negam-no enfaticamente. Dentre estes últimos, muitos insistem que a cláusula leva o direito a depender de fatos históricos relativos ao que os autores da Constituição consideravam injusto, ou ao que os norte-americanos em geral consideram injusto, ou a qualquer coisa do gênero. Se Coleman tentasse criar uma convenção jurídica fundamental que se ajustasse às concepções de quase todos os juristas e juízes norte-americanos sobre como se deve interpretar as cláusulas morais abstratas da Constituição, ele estaria muito próximo de fazer alguma coisa tão inconvincente quanto minha imaginária "convenção" de que os juízes devem interpretar a Constituição da maneira "apropriada" – isto é, da maneira que a melhor teoria política pudesse justificar. Todavia, até mesmo essa convenção hipotética não seria abstrata o suficiente para apreender toda a prática jurídica norte-americana, uma vez que a maior parte das controvérsias de moralidade política sobre como identificar o direito norte-americano válido não se reporta substancialmente, de maneira nenhuma, ao texto da Constituição[7].

Do modo como a entendo, a segunda estratégia de Coleman não depende de nenhuma distinção entre o conteúdo e a aplicação de uma convenção, e, portanto, não exige uma estratégia de abstração. Ao contrário, ele afirma que todo empreendimento judicial em uma comunidade em que o direito esteja presente constitui, *em si*, um tipo de convenção; em outras palavras, o direito tem por base a convenção não porque todas as autoridades públicas aceitem alguma regra de reconhecimento fundamental, mas porque todas elas aceitam que seu empreendimento é coletivamente cooperativo. Ele usa o conceito de "atividade cooperativa compartilhada" (SCA*), tomado de empréstimo ao professor Michael Bratman[8]. Coleman descreve uma SCA como "algo que fazemos juntos – passear juntos, construir uma casa juntos e cantar juntos um dueto são exemplos de SCA" (p. 96). Essas atividades conjuntas revelam três traços característicos: solidariedade mútua (cada participante é "solidário com os atos e intenções dos outros"); compromisso com a atividade conjunta ("cada participante tem um compromisso apropriado (ainda que possa tê-lo por diferentes razões) com a atividade conjunta) e compromisso com o apoio mútuo (cada um "se compromete a apoiar o empenho dos outros em desempenhar seu papel na atividade conjunta") (p. 96). Coleman afirma ser possível considerar que a atividade das autoridades públicas em qualquer sistema jurídico constitui uma SCA com as características acima descritas. "As autoridades", diz ele, "podem divergir, e divergem, quanto ao *conteúdo* dos critérios de legalidade (...) e [acreditam] que essas divergências são passíveis de solução por meio da argumentação moral substantiva" (p. 158)[9]. Não obstante, essa divergência "é perfeitamente compatível com a regulamentação, por meio da regra de reconhecimento, de uma prática social convencional e, portanto, com o fato de a regra de reconhecimento ser uma regra convencional", porque "o sentido em que a SCA é convencional é claro.

---

* *Shared cooperative activity*. (N. do T.)

Sua existência não depende dos argumentos apresentados em sua defesa, e sim do fato de ser praticada – do fato de que os indivíduos demonstrem as atitudes que constituem as intenções compartilhadas" (p. 158). Coleman acredita que essas duas afirmações – que uma SCA está necessariamente enraizada na convenção, e que a prática jurídica constitui, necessariamente, uma SCA – conciliam, com elegância, todos os argumentos diferentes que ele tem apresentado ao longo dos anos em favor do positivismo inclusivo (p. 99). Mas cada uma dessas afirmações é surpreendentemente malsucedida. Primeiro, os exemplos que Coleman cita de atividades que revelam as características atribuídas às SCAs, como caminhar ou construir uma casa juntos, não precisam, em absoluto, constituir nem implicar convenções. Duas pessoas caminhando juntas poderiam achar útil adotar ou observar convenções – sobre qual delas passa primeiro por um atalho estreito em uma estradinha de floresta, por exemplo –, mas elas não precisam fazer isso e, se não precisam, não se vai inferir daí que elas não estejam envolvidas com a atividade, ou que não sejam sensíveis a suas respectivas intenções, ou que não estejam comprometidas com o projeto, ou que não se apoiem mutuamente em caso de necessidade. Elas precisam, de fato, comunicar-se entre si e ajustar constantemente seu comportamento à luz do que a outra faz. Mas a convenção não precisa desempenhar nenhum papel nesse projeto. De qualquer maneira, a atividade conjunta pode certamente prosseguir sem que tenha por base alguma convenção fundamental e determinante do tipo que seria necessária para sustentar uma formulação convencionalista do ato de, digamos, construir juntos uma casa. Cada uma das partes de uma atividade cooperativa compartilhada pode avaliar por si mesma o que lhe é apropriado fazer a cada momento, a partir da observação do que os outros estão fazendo, e sem nenhuma orientação de nenhuma convenção constituída pelo comportamento passado ou esperado das outras pessoas.

Em segundo lugar, dificilmente se pode conceber como uma necessidade conceitual que os agentes dos processos de formação e aplicação do direito de qualquer país demonstrem a mistura de atitudes que Coleman arrola como definidoras de uma SCA. Ele diz que "é uma verdade conceitual sobre o direito que as autoridades públicas precisam coordenar seu comportamento mútuo de diferentes maneiras, todas elas sensíveis aos atos e às intenções dos outros" (p. 98). Contudo, essa formulação demasiado abstrata ajusta-se a praticamente qualquer forma de vida social – as pessoas que se consideram morais também admitem que devem coordenar seu comportamento com os demais "de diferentes maneiras", ainda que discordem quanto às reais exigências desse comprometimento abstrato. As condições de Bratman, como seu artigo deixa claro, exigem muito mais do que isso como forma de cooperação concreta, e constitui uma questão empírica saber se as autoridades públicas de qualquer comunidade satisfazem essas condições mais rigorosas – se os juízes compartilham mais ambições concretas, por exemplo, e até que ponto cada um se compromete a apoiar, e não a solapar, os esforços de seus pares. Alguns juízes norte-americanos esperam reverter décadas de direito constitucional aumentando o poder dos estados contra o governo federal, enquanto outros estão engajados em fazer o máximo possível para frustrar essa mudança. Alguns juízes esperam fazer do direito um instrumento mais eficiente para assegurar a prosperidade nacional, enquanto outros, que rejeitam totalmente essa ambição, esperam usar o direito para atenuar o sofrimento dos mais pobres. Os juízes norte-americanos estão mais divididos do que unidos por essas ambições. Eles dão seus passeios e constroem suas casas sozinhos ou em grupos, mas não com a participação de todos.

Coleman não é bem-sucedido em nenhuma de suas vigorosas tentativas de demonstrar que os sistemas jurídicos devem se basear em alguma convenção organizativa fundamental, por uma questão de necessidade conceitual. Contudo, devo mencionar pelo menos um argumento filosófico adicional que ele apresenta sobre a relação entre uma convenção e as regras que ela "estabelece" (p. 81). Poderíamos pensar que esse novo argumento desse sustentação à sua tese sobre a convenção, mas na verdade configura uma ameaça a essa tese. Ele me atribui a ideia "equivocada" de que a convergência de comportamento [que constitui uma convenção] *determina totalmente o conteúdo* da regra" instituída pela convenção (p. 79 n.10). Ele não é capaz, contudo, de fazer distinção entre duas afirmações diferentes, uma das quais realmente faço, e outra que é equivocada. Podemos pensar, como faço, que uma comunidade não possui uma regra convencional que exija um comportamento específico a menos que a maioria de seus membros apresente tal comportamento: por exemplo, que não existe nenhuma convenção que estabeleça uma regra proibindo a ultrapassagem pela esquerda em uma via de duas pistas quando metade da população não vê nada de errado nisso e o faz aberta e alegremente, sem demonstrar qualquer arrependimento. Esta é a afirmação que preciso para sustentar meu ponto de vista de que, se os juízes divergem fundamentalmente sobre os critérios para a identificação do que é direito válido, então eles não compartilham da convenção que estipula critérios para se fazer tal identificação. Ou se poderia pensar, o que não é meu caso, que para uma convenção é suficiente estabelecer uma regra específica de que *existe* um comportamento convergente que é compatível com ela.

O argumento que Coleman apresenta para demonstrar meu equívoco, que ele vai buscar em Wittgenstein, mostra apenas que a segunda dessas afirmações é equivocada. Suponhamos que os juízes de uma comunidade particular decidam todas as ações civis a favor da parte mais velha no caso, e que sempre ofereçam, a título de justificação, o fato de que o ganhador é a parte mais velha. Não poderíamos concluir que todos esses juízes estão observando uma regra que exige que eles sempre decidam a favor da parte mais velha. Talvez (para adaptar a sugestão de Wittgenstein) metade deles esteja seguindo essa regra enquanto a outra metade segue uma regra diferente, que exige que decidam a favor da parte mais velha desde que o caso seja apreciado antes de 31 de dezembro de 2004, e que decidam a favor da parte mais jovem se o caso for apreciado após a data. Portanto, para considerarmos que um grupo de juízes compartilha uma regra convencional sobre o modo de identificar o direito, "eles devem tender a concordar (...) sobre qual comportamento futuro estará de acordo com a regra, e qual não estará" (p. 80)[10]. Coleman acrescenta que os juízes podem divergir até certo ponto quanto ao modo exato de formular a regra que estão seguindo, "especialmente se eles pedirem que a descrevam detalhadamente, ou a projetem de modo a abranger um grande número de casos hipotéticos difíceis" (p. 81). O importante, insiste ele, é que os juízes realmente cheguem às mesmas decisões quando os casos hipotéticos difíceis se apresentarem concretamente, apesar das diferenças de formulação da regra: "Se a mesma regra estiver sendo seguida, então os participantes devem compartilhar uma compreensão ou um entendimento da regra que se reflete (...) no comportamento convergente" (p. 81). "Em outras palavras, eles devem estar propensos a concordar sobre qual comportamento futuro estará de acordo com a regra, e qual não estará" (p. 80). Esses comentários parecem admitir aquilo que, posteriormente, Coleman faz um esforço para rejeitar: que o fato de compartilhar uma regra requer, no mínimo, que se compartilhe um entendimento do que a regra exige, de modo real e concreto, em situações factuais plenamente especificadas.

Resumindo: a versão de Coleman do positivismo jurídico é mais bem descrita como antipositivismo. Ele abandonou completamente o legado filosófico que se propõe a defender, e cobre sua retirada afirmando que se mantém fiel ao princípio fundamental do positivismo: aquele segundo o qual o direito é sempre uma questão de convenção. Contudo, seu uso da convenção persegue a vitória por meio da capitulação. Sua primeira estratégia banaliza a ideia de convenção, tornando-a inútil em termos práticos e teóricos. Sua segunda estratégia, que espera transformar cooperação em convenção, fracassa porque a cooperação não precisa depender da convenção, e porque um sistema jurídico não precisa, como questão de necessidade conceitual, depender da cooperação plena. Não fizemos progressos no entendimento da persistência dos acólitos do positivismo – no entendimento, por exemplo, da razão pela qual Coleman se mostra tão ansioso por desfraldar a bandeira do positivismo que, ao fazê-lo, parece propenso a abrir mão de todos os seus artigos de fé.

Positivismo ptolomaico

Meu objetivo neste ensaio é avaliar os argumentos jurídicos que os positivistas apresentaram ao longo dos últimos trinta anos em defesa de sua posição. Portanto, devo discutir a estratégia de defesa que Coleman identifica como sua principal concorrente. Ele chama essa estratégia de positivismo "exclusivo", e designa Joseph Raz como sua personificação. O positivismo exclusivo sustenta que os critérios ou considerações morais não podem constar dos critérios para a identificação das verdadeiras proposições de direito. A argumentação de Raz em defesa dessa ousada proposição é complexa; tentarei explicá-la com algum detalhe, mas num primeiro momento talvez seja útil resumi-la. Ele declara, primeiro, que faz parte do próprio conceito de direito o fato de este pretender ter uma autoridade legítima sobre algum grupo; segundo, que essa pretensão pressupõe que as diretrizes jurídicas são possíveis de adquirir *status* oficial; e, terceiro, que nenhuma diretriz pode ter esse atributo a menos que seu conteúdo – aquilo que se exige que as pessoas façam – possa ser determinado sem fazer qualquer julgamento moral. Mesmo nessa forma incipiente, o argumento pode soar estranho ao leitor. Em termos práticos e políticos, é importante determinar o que os juízes podem e devem fazer no exercício de sua responsabilidade de aplicar o direito, e distinguir este de outros atos e decisões judiciais que devem ter como fundamento um tipo de justificação diferente e mais controvertido. Seria bizarro que uma distinção prática tão crucial dependesse de uma análise abstrata do conceito de autoridade.

Na verdade, cada passo da argumentação que resumi é extremamente problemático. O problema começa com a personificação inicial: "Vou presumir", afirma Raz, "que necessariamente o direito, qualquer sistema jurídico que esteja em vigor em algum lugar, tem autoridade *de facto*. Isso implica que o direito afirma possuir autoridade legítima, ou que se considera que a possua, ou ambas as coisas"[11]. O que pode significar a afirmação de que "o direito" reivindica autoridade legítima? Esse tipo de personificação é comumente usado em filosofia como uma maneira sucinta de afirmar o significado ou o conteúdo de uma classe de proposições. Um filósofo poderia dizer, por exemplo, que a moral pretende impor exigências categóricas, ou que a física alega revelar a estrutura profunda do universo físico. Ele quer dizer que uma proposição só será uma verdadeira proposição da moral se descrever com exatidão as exigências categóricas (e não apenas hipotéticas), ou que só será uma verdadeira proposição da física se descrever corretamente a estrutura física. Se interpretarmos a personificação de Raz desse modo familiar, entenderemos que ele quer dizer que nenhuma proposição de direito será verdadeira se não descrever, com êxito, um exercício de autoridade legítima. Mas isso implicaria não que a moral não pode ser um critério de direito, como afirma Raz, mas que ela *deve* ser um critério de direito, uma vez que, como ele reconhece, nenhum exercício de autoridade será legítimo "se as condições morais ou normativas para que as diretrizes de cada um sejam autorizadoras estiverem ausentes"[12].

É difícil encontrar uma interpretação alternativa sensata da personificação de Raz. Ele às vezes sugere que, ao afirmar que o "direito" reivindica autoridade legítima, está querendo dizer que as autoridades legais reivindicam essa autoridade; as autoridades legais fazem isso quando insistem que têm "o direito" de impor obrigações aos cidadãos, e que estes "lhes devem obediência" e "devem obedecer à lei"[13]. Uma coisa é supor que as autoridades legais fazem comumente essas reivindicações; outra, bem diferente, é supor que, a menos que façam tais reivindicações, o direito não existe necessariamente. Na verdade, muitas autoridades não as fazem. Oliver Wendell Holmes, por exemplo, considerava a própria ideia de obrigação moral uma confusão. Para ele, as promulgações de leis não substituíam as razões habituais que as pessoas têm para agir de acordo com uma diretriz dominante que lhes impõe obrigações; ao contrário, ele achava que, ao aumentarem o preço a pagar por se agir de determinadas maneiras essas promulgações acrescentam novas razões às habituais. O fato de uma comunidade ter ou não direito não depende de quantas de suas autoridades legais compartilham as ideias de Holmes. Portanto, não podemos compreender a personificação crucial de Raz supondo que ela se refere às crenças ou atitudes concretas das autoridades. É verdade que ele apresenta uma alternativa: basta, diz ele no trecho que há pouco citei, que se considere que o direito "seja portador" de autoridade legítima. Ele provavelmente quer dizer que já é suficiente que todos os cidadãos considerem que seu direito possui essa autoridade. Mas isso tampouco parece necessário. Suponhamos que os cidadãos, como as autoridades, estejam de acordo com a concepção de Holmes. O direito então deixará de existir, para só ressurgir quando uma teoria do direito diferente e melhor for instaurada? Não é mais sensato dizer que Holmes estava errado e que, se tivesse convertido alguém a sua concepção, todos teriam incorrido em erro? Que o direito norte-americano em geral impõe, de fato, obrigações morais de obediência a seus cidadãos, acreditem eles ou não que isso acontece?

Permanece, portanto, o mistério de saber como devemos desconstruir a figura de linguagem de Raz. Vamos presumir, porém, no interesse da argumentação, que ele pretende fazer a asserção empírica de que toda autoridade legalmente constituída acredita que as leis por ela promulgadas cria obrigações morais, e vamos admitir, também, que essa asserção é verdadeira. Examinemos agora o segundo passo de Raz. Ele assinala que as afirmações das autoridades só seriam sensatas se as leis por elas criadas fossem dotadas de autoridade legítima, e conclui que algo só é direito se for dotado de autoridade legítima. Essa conclusão contém pelo menos duas falhas. Em primeiro lugar, do fato de algumas leis serem dotadas de autoridade legítima – que é tudo que devemos admitir para pressupor que as afirmações das autoridades são sensatas – não se pode inferir que algo só é direito se for dotado de tal autoridade. Os legisladores que insistem que todas as leis que criam impõem obrigações morais podem não acreditar que todas as leis também o façam, ou mesmo que todas as leis, em todos os lugares, sejam capazes da mesma proeza. Eles podem achar que, apenas como uma questão conceitual, estariam legislando se promulgassem uma lei escrita determinando que as marés interrompessem o fluxo e o refluxo, ainda que, ao fazê-lo, estivessem criando uma lei tola que certamente não seria capaz de criar qualquer tipo de obrigação moral.

Em segundo lugar, ainda que todas as autoridades acreditem, de fato, que as leis devem necessariamente ser capazes de impor obrigações morais e, portanto, de possuir autoridade legítima, essa opinião pode mostrar simplesmente que elas estão equivocadas acerca do conceito que empregam. É muito comum que as pessoas façam afirmações sinceras que se baseiam em equívocos conceituais. Muitas acreditam, por exemplo, que mesmo a tributação justificada compromete necessariamente a liberdade dos contribuintes. Em minha opinião, essas pessoas estão incorrendo em um erro conceitual: elas não compreendem a natureza de suas afirmações porque entendem a liberdade de maneira equivocada[14]. Mesmo que praticamente todos fizessem essa afirmação, dela não se seguiria que a tributação compromete necessária ou intrinsecamente a liberdade. Raz afirma, com otimismo, que as autoridades não podem ser "sistematicamente" confundidas acerca do conceito de autoridade porque,"dada a centralidade das instituições jurídicas em nossas estruturas de autoridade, suas afirmações e concepções são formadas por nosso conceito de autoridade e contribuem para sua formação[15]. Contudo, pode não haver nenhuma concepção de autoridade que conte como "nossa" concepção. Assim como pessoas diferentes, inclusive pertencentes a uma mesma comunidade, podem defender diferentes concepções de liberdade, elas também podem defender diferentes concepções de autoridade. Mesmo vastos segmentos dessas pessoas podem defender concepções equivocadas[16]. Como logo veremos, a concepção de autoridade do próprio Raz é excêntrica. Mesmo que ele esteja certo ao considerá-la como a melhor concepção, ou como uma concepção que os juristas deveriam adotar, daí não se segue (e é uma inverdade inequívoca) que se trata da concepção que já foi adotada por todos eles.

Vamos supor que admitimos, de novo apenas à guisa de argumentação, que Raz está certo ao afirmar que o direito deve necessariamente ser"capaz"de constituir autoridade legítima. Isso pareceria significar, pelo menos à primeira vista, que nada será lei a menos que satisfaça todas as condições necessárias para se ter autoridade legítima. Raz acredita que existem várias convenções desse tipo. Algumas delas são condições morais: se um sistema jurídico "carece dos atributos morais exigidos para dotá-lo de autoridade legítima, então ele não tem nenhuma"[17]. Raz provavelmente concordaria, então, que uma lei hipotética não tem autoridade legítima se determinar o que é moralmente iníquo, ou se decorrer de um poder ilegítimo como o de um ditador que usurpe o poder estabelecido. Outras condições de autoridade legítima são não morais. Nada pode exercer autoridade legítima, lembra-nos Hart, se, como uma árvore, não puder se comunicar com outros. Raz acredita que outra condição não moral para a conquista de autoridade legítima por uma lei está no fato de se poder identificar seu conteúdo sem a necessidade de recorrer a argumentos ou juízos morais. (Este é o terceiro passo crucial da argumentação que há pouco resumi, e logo iremos examiná-lo.) As condições morais que Raz identifica colocam um problema sério para ele. Se aceitasse o que parece possível inferir de seus pressupostos anteriores – o fato de que uma verdadeira lei deve atender a todas as condições necessárias de autoridade legítima, inclusive as de natureza moral –, ele não poderia ser um positivista exclusivo. O fato de uma lei ser excessivamente má para poder ser legítima é uma questão moral, e um positivista exclusivo não pode admitir que a existência da lei dependa da resposta correta a uma questão moral.

Raz se dá conta dessa dificuldade, pois tem o cuidado de declarar que o ser "capaz" de autoridade legítima requer que se atendam a todas as condições não morais dessa condição, mas não requer que se atenda a nenhuma das condições morais. Ele diz que essa distinção é "natural", embora não explique por que[18]. Ela impediria que sua argumentação viesse abaixo como direito natural, mas parece não ter qualquer mérito independente. Como podemos dizer que uma lei é "capaz" de alcançar autoridade legítima se lhe falta até mesmo uma única condição necessária à autoridade legítima – se ela provavelmente não poderia ter autoridade legítima quaisquer que fossem as outras condições atendidas ou as outras circunstâncias vigentes? Tampouco ajuda afirmar que as condições não morais são conceituais de uma forma que as condições morais não são. Essa distinção é ao mesmo tempo equivocada e irrelevante. É equivocada porque faz todo o sentido estruturar uma resposta à questão moral pertinente em forma de afirmação conceitual: podemos afirmar, de maneira sensata, que o fato de uma lei de má qualidade não poder ter autoridade legítima decorre do próprio conceito de autoridade legítima. De qualquer modo, a distinção é irrelevante porque, nessa etapa de sua argumentação, a afirmação crucial de Raz diz respeito a capacidade, não a conceito. Ele pressupõe que o fato de o direito ser capaz de ter autoridade legítima é uma verdade conceitual, e a questão agora se resume a saber o que é necessário a essa capacidade. Podemos dividir esse raciocínio em duas questões: O que é necessário à autoridade? O que é necessário à legitimidade? Raz afirma que devemos usar nosso próprio conceito de autoridade para determinar as condições necessárias à autoridade[19]. Mas por que, então, não devemos usar nossas próprias ideias sobre a legitimidade para decidir quais são as condições necessárias à legitimidade? Se aceitarmos a afirmação de Raz de que o direito deve ser necessariamente capaz de autoridade legítima, e se acreditarmos que o direito jamais terá autoridade legítima se for intrinsecamente mau, teremos então de concluir que o direito não pode ser intrinsecamente mau, o que implica afirmar que o positivismo é falso.

Devemos agora examinar o terceiro – e mais importante – passo que apresentei em minha síntese inicial da argumentação de Raz. Uma vez mais, devemos levar em consideração suas afirmações anteriores no sentido de se testar esse terceiro passo independentemente, de modo que agora presumimos, como uma verdade conceitual, que o direito reivindica autoridade legítima e deve ser capaz de obtê-la, e que isso significa apenas que ele deve atender às condições não morais da autoridade legítima. Na citação abaixo, Raz sintetiza o que vê como as duas mais importantes dentre essas condições não morais:

> Em primeiro lugar, uma diretriz só pode ser uma fonte obrigatória de direito se se tratar da opinião de alguém a respeito do modo como seus súditos devem comportar-se, ou, pelo menos, se for apresentada como tal. Em segundo lugar, deve ser possível perceber que a diretriz foi emitida pela suposta autoridade sem depender dos motivos ou considerações a respeito das quais a diretriz pretende tomar determinações judiciais.[20]

A primeira dessas duas condições é enigmática. Se a tomarmos ao pé da letra, ela significa que só uma parte insignificante da legislação ou do *common law* dos Estados Unidos pode ser considerada como portadora de autoridade. Uma lei ordinária é um meio-termo das concepções de muitos legisladores distintos e de outros agentes com influência sobre o processo político, como, por exemplo, indústrias, lobistas e grupos de cidadãos. Raramente representa ou é apresentada como as concepções de um único legislador sobre o modo como os cidadãos "devem comportar-se". Uma doutrina de *common law* é uma acessão de muitas decisões precedentes. É improvável que represente a opinião de um único juiz acerca do modo como os cidadãos devem proceder, e raramente é assim representada. Talvez Raz queira dizer que nada é obrigatório como legislação ou *common law* a menos que possa ser apresentado como a concepção do legislativo ou do *common law* enquanto instituições, e não enquanto grupos de indivíduos. Contudo, nem o Congresso nem o *common law* possuem uma mente ou concepções, de modo que temos em mãos outra personificação problemática. Poderíamos tentar entender a personificação de maneira inócua, como se ela apenas quisesse dizer que devemos ser capazes de sintetizar o conteúdo de qualquer promulgação do Congresso ou de qualquer doutrina do *common law* nos seguintes termos: "Por determinação do Congresso (ou do *common law*), as pessoas devem se comportar da seguinte maneira: (...)". Nada mais fácil; basta colocarmos essa introdução antes de nossa interpretação favorita da legislação ou do *common law*. Mas essa interpretação inócua da personificação de Raz não conseguiria apreender o sentido por ele pretendido. Ele declara sem rodeios que minha formulação do direito infringe sua primeira condição[21], e explica que, em minha opinião, a identificação do direito muitas vezes é uma questão de encontrar a melhor justificação para decisões legislativas do passado, acrescentando em seguida que "a melhor justificação, ou alguns de seus aspectos, podem não ter sido nunca pensados, quanto mais endossados, por quem quer que seja"[22]. Mas eu certamente posso afirmar que a lei endossa um princípio que nenhum dos legisladores tinha em mente se eu apenas quiser dizer que podemos, sensatamente, atribuir esse princípio, a título de justificação, à própria lei. Portanto, ao estabelecer sua primeira condição não moral Raz deve ter em mente alguma coisa menos trivial. Mas o que tal coisa poderia ser continua sendo um mistério. Os juristas às vezes falam como se uma Assembleia Legislativa, enquanto instituição, tivesse uma mente coletiva formada pelos estados mentais dos legisladores, ligados entre si de alguma maneira nunca especificada. Raz, porém, não defende um ponto de vista tão ingênuo. Sem dúvida, se o positivismo exclusivo estivesse certo eu estaria errado em pressupor que o julgamento moral às vezes é apropriado para se decidir o que uma lei escrita realmente quer dizer, ou o que é, de fato, a "concepção" do *common law*[23]. Contudo, Raz oferece a primeira condição não moral de autoridade legítima como parte de sua argumentação em defesa do positivismo exclusivo, e não como uma determinação autoritária e despótica que pressuponha a verdade dessa doutrina.

A segunda das condições não morais de autoridade de Raz – que o conteúdo de uma diretriz dotada de autoridade deve ser identificável sem que se precise recorrer a um julgamento moral – constitui, sem dúvida, o cerne de seu positivismo exclusivo. Essa condição resume sua concepção característica do ponto principal da autoridade: a autoridade, diz ele, desempenha "um papel mediador entre os preceitos da moralidade e sua aplicação pelas pessoas em seu comportamento"[24]. Antes do exercício da autoridade por alguma autoridade, as pessoas estão em contato direto, por assim dizer, com uma variedade de razões morais e de outra natureza a favor e contra as ações de cuja prática podem cogitar. A autoridade se interpõe entre as pessoas e suas razões ao avaliar e comparar essas razões e, em seguida, expedir uma nova diretriz consolidadora que *substitua* aquelas razões morais e de outra natureza por uma instrução única e excludente. A partir daí, os que aceitarem a autoridade irão excluir de seus próprios cálculos, como razões para agir, as razões que a autoridade avaliou para eles, e adotarão apenas a nova diretriz portadora de autoridade[25]. Antes da adoção de qualquer lei que regulamente a questão, por exemplo, as pessoas podem ter um grande número de razões a favor ou contra o fato de alguém desfilar com um leão em Piccadilly. Ao promulgar uma lei que proíbe a prática, a autoridade determina que as razões que qualquer pessoa possa ter contra essa prática são mais fortes, em conjunto, que as razões que qualquer pessoa possa ter a favor dela. Aceitar a determinação como portadora de autoridade não significa reavaliar as diferentes razões nem comparar a diretriz supostamente portadora de autoridade com essas razões, mas simplesmente considerar a diretriz como *a* razão para não desfilar com um leão em Piccadilly. A norma não seria autorizadora se as pessoas ainda tivessem de avaliar as razões que sempre tiveram a favor ou contra o desfile público com leões a fim de poderem decidir o que a lei diz ou quer dizer. A lei não teria substituído essas razões; na verdade, tê-las-ia deixado ativas e vigorosas.

Essa descrição da natureza e do essencial da autoridade insiste em uma certa atitude em relação à autoridade. As pessoas devem decidir se aceitam determinada instituição como portadora de autoridade. Para tomar essa decisão, elas devem se perguntar se, em termos gerais, a instituição está mais bem situada para avaliar razões em seu nome, do que elas próprias. Se elas concluírem que a instituição está mais bem situada, devem aceitá-la como autoridade exclusiva. É claro que elas não podem fazer essa pergunta e tomar essa decisão retrospectivamente, perguntando, em um caso específico, se a decisão tomada pela autoridade mostra que é ela que tem melhores condições de avaliar as razões a favor e contra essa mesma decisão. Agir desse modo subverteria totalmente o ponto central da autoridade, pois as pessoas teriam de considerar e avaliar as razões morais anteriores a fim de decidir se deveriam aceitar ou não uma decisão específica em lugar dessas mesmas razões anteriores. Elas devem decidir em termos gerais e com antecedência. Portanto, a opção de aceitar as diretrizes de uma instituição enquanto portadora de autoridade não estaria sequer em aberto, imagina Raz, se a instituição não aceitasse essa segunda condição não moral – a de que o conteúdo de uma diretriz portadora de autoridade deve ser identificável sem que seja necessário recorrer ao julgamento moral.

Esta é uma descrição coerente do ponto central da autoridade. Mas ela pressupõe um grau de deferência para com a autoridade legal instituída que quase ninguém demonstra nas democracias modernas. Não tratamos nem mesmo as leis que consideramos perfeitamente válidas e legítimas como excludentes e passíveis de substituir as razões que, no passado, levaram os autores dessas leis a considerar e propor sua adoção. Em vez disso, consideramos essas leis como criadoras de direitos e deveres que normalmente superam aquelas outras razões. As razões permanecem, e às vezes precisamos consultá-las para decidir se, em determinadas circunstâncias, não acontece de elas serem tão extraordinariamente poderosas ou importantes que o trunfo da lei não deveria prevalecer. A Constituição norte-americana (pelo menos na opinião da maioria de seus estudiosos) permite que apenas o Congresso, e não o presidente por si só, suspenda a garantia do *habeas corpus*, e fica evidente que os autores dessa cláusula levaram em consideração as razões que um presidente poderia ter para suspender essa garantia por vontade própria. A maioria de nós trata a Constituição como um texto ao mesmo tempo legítimo e portador de autoridade. Não obstante, muitos analistas acham que Abraham Lincoln estava moralmente certo ao suspender o *habeas corpus* durante a Guerra de Secessão, enquanto outros consideram que agiu ilegalmente ao fazê-lo. Raz afirma que as pessoas que aceitam a autoridade podem, ainda assim, ignorá-la "se inesperadamente surgirem novas evidências de grande importância"[26]. Contudo, as exigências prementes da guerra dificilmente poderiam ser vistas como novas evidências: afinal, os autores da Constituição também travaram sua própria guerra. Lincoln não negou a autoridade da Constituição ao tomar sua decisão; ele simplesmente comparou essa autoridade com as razões de outra natureza que os constituintes também haviam levado em consideração e que conservavam sua vitalidade. Lincoln descobriu que, dadas as circunstâncias, estas últimas eram fortes o suficiente para sobrepujar a primeira em importância e influência.

Contudo, devemos agora examinar a descrição de autoridade feita por Raz de um modo diferente, pois ele a apresenta não como uma recomendação de deferência para com a autoridade constituída que as pessoas são livres para aceitar ou rejeitar, mas como uma verdade conceitual. Faz parte do próprio conceito ou da própria essência da autoridade, insiste ele, que nada pode ser considerado como uma autoridade se aqueles supostamente submetidos a ela tiverem de se entregar à reflexão moral para decidir se devem obedecer a ela ou ao que ela disse. Dadas as conclusões dos passos anteriores da argumentação de Raz, o que se depreende dessa verdade conceitual é que nada pode valer como direito se os cidadãos tiverem de recorrer ao julgamento moral para identificar seu conteúdo. Considerem este exemplo exagerado. Suponhamos que o poder legislativo de um país adote uma lei que declare que, a partir daquele momento, sob pena de rigorosas punições criminais, as pessoas nunca mais devem agir de modo imoral em quaisquer aspectos de suas vidas. Trata-se de uma lei extremamente tola, e a vida nesse país passará a ser tão repulsiva quanto perigosa. De acordo com Raz, porém, seria um erro conceitual descrever essa lei como direito em qualquer sentido possível. Mesmo no caso desse exemplo exagerado, a afirmação dele parece forte demais. Afinal, a lei tem consequências normativas para as pessoas que se disponham a acatar sua autoridade. Elas agora têm um motivo a mais para refletir cuidadosamente sobre a qualidade moral de tudo que fizerem e para agir escrupulosamente, não só porque agora estão sujeitas à sanção a ser imposta pelo Estado, mas também porque sua comunidade declarou, em seu direito penal, a importância fundamental do zelo moral. Elas não estariam cometendo um erro conceitual se dissessem que estavam se comportando de maneira diferente em deferência à autoridade da nova lei. Contudo, elas não diriam que a lei tinha simplesmente atribuído competência às autoridades para julgar sua conduta de acordo com os próprios critérios morais delas. Se elas fossem presas por um ato que considerassem escrupulosamente moral, insistiriam na arbitrariedade de seu encarceramento.

Como admite Coleman – é a essência de seu positivismo "inclusivo" –, não há nada, no conceito ordinário de autoridade, que nos impeça de tratar como dotados de autoridade uma regra ou um princípio que incorporem um critério moral. Suponhamos que um comerciante em cujos negócios impere o lema *caveat emptor** se converta a uma religião cujos textos sagrados exortem seus adeptos a agir "de modo justo e imparcial" nos negócios. Ele adotará um comportamento diferente e dirá, corretamente, que ao fazê-lo está se submetendo à autoridade de sua nova religião – ainda que, para decidir o que essa autoridade determina, ele deva recorrer às mesmas razões às quais sempre recorreu. Suponhamos que ele se pergunte, certo dia, se seria desonesto não revelar um defeito óbvio a um comprador que não o tenha percebido. Se decidir que seria desonesto e mostrar o defeito, estará certo ao afirmar que se submeteu à autoridade religiosa. O texto sagrado proíbe a desonestidade; não mostrar o defeito é desonesto; portanto, o texto sagrado exige que ele o mostre. Seria incorreto dizer que o texto sagrado não o levou a mostrar o defeito, mas apenas a se perguntar se sua não revelação seria desonesta. Sua religião lhe diz para evitar a desonestidade, não

---

* Trata-se de um princípio do *common law* segundo o qual cabe ao comprador se certificar da qualidade daquilo que está comprando. (N. do R. T.)

para evitar o que ele julga ser desonesto. Se ele decidir, depois de uma profunda reflexão, que o fato de não mostrar o defeito é perfeitamente honesto, mas que mude de ideia alguns anos depois, ele então pensará que certa vez desobedeceu a uma determinação religiosa.

Não devemos, porém, nos alongar nesses casos extremos em que uma diretriz simplesmente incorpora um frágil conceito moral por referência, porque o uso que a prática jurídica contemporânea faz da moral é muito mais complexo e seletivo. Uma lei pode determinar que nenhum contrato que restrinja "irrazoavelmente" a atividade comercial seja aplicável, por exemplo, ou uma Constituição pode descartar qualquer processo penal que negue o "devido" processo. Os cidadãos, juristas e autoridades públicas que decidem o que essas medidas exigem na prática devem, de fato, refletir sobre algumas das mesmas questões que considerariam se estivessem preocupados apenas em agir em conformidade com parâmetros morais – mas apenas sobre algumas delas, e de forma diferente. Eles devem perguntar que força se deve atribuir a essas considerações morais no contexto da regulamentação em questão, e contra o plano de fundo geral de outras leis e regulamentações. Em resumo, eles devem adotar o que chamei de interpretação construtiva de regulamentações específicas em um contexto específico. Embora (como há muito insistem os críticos do positivismo) essa interpretação construtiva tenha, de fato, uma dimensão moral, ela não passa em revista nenhum processo de raciocínio que não diga respeito somente à lei em questão e a seu contexto jurídico[27].

A moral desempenha o mesmo papel complexo e sutil na decisão judicial do *common law*. Imaginem um juiz que precisa decidir, para obter uma primeira impressão, se uma paciente que sofreu danos por ter tomado um medicamento fabricado de maneira negligente durante muitos anos – mas que não consegue demonstrar qual, dentre os vários fabricantes do medicamento, produziu os comprimidos que ela tomou – tem o direito de ser indenizada por todos os fabricantes, proporcionalmente à sua participação de mercado nos anos em questão[28]. O juiz irá naturalmente considerar e comparar duas questões de justiça: se é justo negar totalmente a indenização a uma paciente em tal situação, e se é justo considerar um fabricante responsável pela indenização por danos que não se conseguiu provar terem sido causados por ele. Não obstante, em sua avaliação geral o juiz irá submeter-se de várias maneiras à autoridade do direito estabelecido, e seu julgamento poderá muito bem diferir de outro que ele faria se fosse instado a votar, como legislador, a favor de uma lei que resolvesse a questão de uma maneira ou de outra. Ele poderia pensar, por exemplo, que, tendo em vista os diversos precedentes e outros aspectos do histórico jurídico, ele não deveria levar em conta o impacto exercido pela responsabilidade baseada na participação de mercado sobre a saúde econômica da indústria farmacêutica ou sobre a pesquisa médica. Não quero dizer que seria necessariamente correto que ele excluísse tais considerações ao decidir o que o direito exige, ou que um legislador que escrevesse numa folha em branco, após passar uma esponja no passado, estaria necessariamente certo ao incluí-las. Quero dizer apenas que o exemplo confirma a autoridade do direito sobre as decisões judiciais, a despeito do papel que a moral desempenha quando se vai decidir exatamente o que o direito, como autoridade, requer ou permite.

Raz deve ter em mente, portanto, uma concepção especial e excêntrica de autoridade quando insiste que o direito não poderia ter autoridade alguma se as questões morais contribuíssem para estabelecer o que ele requer, mesmo dessa maneira difusa. Ele chama sua concepção de autoridade de concepção "de serviço", e admite que outras concepções, talvez mais conhecidas, não têm essa implicação[29]. Por que, então, ele insiste que somente sua concepção "de serviço" pode elucidar a natureza ou o conceito de direito? É claro que a questão seria diferente se houvesse outra razão premente para se preferir o positivismo exclusivo a qualquer outra teoria do direito. Mas imagina-se que a argumentação percorra um caminho inverso; supõe-se que nos deixamos persuadir pelo positivismo exclusivo porque já admitimos a concepção de serviço. Precisamos de uma ocorrência independente a favor dessa concepção, e não encontro nenhuma nos argumentos de Raz.

Além disso, a extravagante artificialidade da concepção de autoridade de Raz é enfatizada quando nos damos conta do quanto ela contradiz o senso comum. Já vimos aqui, quando discutimos o positivismo inclusivo de Coleman, que as cláusulas abstratas da Constituição dos Estados Unidos, como as cláusulas de Igual Proteção e Devido Processo, e as disposições que protegem a liberdade de expressão e a liberdade religiosa, apresentam problemas evidentes para qualquer modalidade de positivismo. Como vimos, Coleman acredita que essas cláusulas incorporam critérios morais, e, portanto, fazem a validade de qualquer outro tipo de lei depender da resposta certa a uma questão moral. Contudo, uma vez que Raz é um positivista exclusivo que nega que o juízo moral tenha qualquer relevância para a identificação do direito, ele não pode defender esse ponto de vista. Que ponto de vista, então, ele pode adotar a respeito da força jurídica dessas cláusulas constitucionais abstratas? Coleman relata que, na opinião de Raz, essas cláusulas não invalidam por si sós nenhum outro tipo de direito, mas apenas ajudam os juízes a determinar se leis específicas não devem ser aplicadas a despeito do fato de serem perfeitamente válidas (p. 110). Essa tese põe em xeque a opinião corrente: a maioria dos juristas e dos leigos não acredita que as leis sobre segregação escolar fossem perfeitamente válidas até a Suprema Corte decidir que elas não deveriam ser aplicadas, e sim que a Corte declarou nula essas leis por considerá-las, acertadamente, constitucionais. Além disso, quando a Corte declara inconstitucional uma lei, quase sempre trata essa lei como se nunca houvesse existido, negando que tivesse alguma força de lei mesmo antes de tê-la assim declarado. Assim, se Coleman expõe corretamente a formulação de Raz das cláusulas constitucionais abstratas, ela seria, de fato, contrária ao que o senso comum sugere.

Não fica claro, porém, se Raz realmente sustenta o ponto de vista que Coleman lhe atribui. Raz afirma que nenhuma interpretação das cláusulas constitucionais é válida enquanto direito, a menos que tal interpretação seja autorizada por uma regra de interpretação jurídica intrinsecamente válida em bases positivistas exclusivas – isto é, uma interpretação estabelecida por uma prática jurídica quase uniforme[30]. Como vimos anteriormente, porém, nenhuma regra pertinente de interpretação constitucional foi estabelecida dessa maneira nos Estados Unidos. Alguns juristas interpretam as cláusulas abstratas como se elas proscrevessem a legislação que contradiz certos princípios morais; outros juristas interpretam-nas como se proscrevessem a legislação que contradiz o entendimento dos autores da Constituição sobre o que esses princípios proíbem. Raz afirma que, dada tal divergência, a força de lei das cláusulas abstratas deve ser considerada "pendente"[31]. Talvez ele pense que as palavras da Cláusula de Igual Proteção, por exemplo, façam parte do nosso direito porque todos concordam que assim o é. Todavia, a suposição de que essas palavras autorizassem a Suprema Corte a declarar nula alguma legislação específica exigiria a aceitação de uma interpretação controvertida da Cláusula e a rejeição de outras. É possível, portanto, que Raz tome o partido dos críticos mais implacáveis que afirmam que há quase dois séculos a Suprema Corte vem exercendo um poder que nenhuma autoridade jurídica lhe conferiu.

A conclusão parece problemática, mas nenhuma das alternativas que estão abertas a ele coloca menos problemas. Suponhamos que ele afirme, por exemplo, que mesmo que a prática anterior de controle de constitucionalidade por parte da Suprema Corte não fosse autorizada pelo direito – porque nenhuma regra estabelecida de interpretação constitucional justificava a interpretação de que a Constituição outorgava de tal poder – o poder da própria Corte de criar direitos por meio do precedente significa que essa prática inicial, apesar de breve, conferiu-lhe a autoridade que ela agora reivindica. Quais serão, então, os limites dessa autoridade? Quando a Corte cometeria um erro jurídico ao declarar nula uma lei? O direito atual autoriza a Corte, se por alguma razão considerar criterioso o procedimento, a tratar as leis de trânsito de alguns Estados como se não fossem leis válidas? Talvez pareça natural afirmar pelo menos isto: as Cláusulas do Devido Processo e da Igual Proteção não conferem à Corte nenhum poder de declarar nulas leis que nenhuma pessoa sensata poderia considerar profundamente injustas. Raz, contudo, é incapaz de aceitar até mesmo essa limitação da autoridade da Corte para declarar nula uma legislação, e isso depois de ter reconhecido plenamente essa autoridade, porque é uma questão moral saber se os anarquistas em cuja opinião as leis de trânsito subvertem uma liberdade fundamental são pessoas razoáveis, ainda que a resposta à pergunta pareça clara. Portanto, Raz deve escolher entre negar enfaticamente que a Constituição é direito e negar que nada além da Constituição é direito. Por que ele se mantém fiel a uma teoria do direito que tem consequências tão embaraçosas?

Positivismo e provincianismo

Jeremy Bentham, o primeiro filósofo a apresentar uma versão sistemática do positivismo jurídico, tinha grandes preocupações políticas[32]. Ele esperava acabar com o poder político dos juízes que afirmavam ter descoberto o direito nos direitos naturais ou nas antigas tradições que extrapolavam o que o Parlamento, como Congresso do povo, havia declarado explicitamente. À época, o positivismo tinha um quê democrático, e quando a democracia se tornou supostamente mais progressista, o positivismo tornou-se parte do hino desse progresso. Oliver Wendell Holmes e Learned Hand recorreram ao positivismo para defender a legislação econômica e social progressista contra os juízes conservadores da Suprema Corte que, para justificar seu ponto de vista de que tal legislação era inconstitucional invocavam supostos direitos naturais que protegiam o direito de propriedade existente. Em 1938, no apogeu da importância prática do positivismo, a Suprema Corte adotou-o para ajudar a justificar uma das decisões mais importantes de sua história[33]. A Corte sustentava que, quando os tribunais federais têm jurisdição em determinada questão somente porque as partes pertencem a estados diferentes, eles não podem apelar a nenhum *corpus* independente e abrangente de tradição jurídica, mas devem aplicar a lei conforme declarada pelas autoridades de um dos estados envolvidos. O juiz Brandeis citou uma das primeiras formulações que Holmes fez do credo positivista:

> No sentido em que os tribunais se referem a ele atualmente, o direito não existe sem alguma clara autoridade por trás dele. (...) A autoridade primeira e única é o estado, e, se assim for, a voz que o estado adotar como própria (quer proceda de seu Poder Legislativo, quer de sua Suprema Corte) deve ter a última palavra.[34]

Contudo, a influência política do positivismo jurídico diminuiu muito nas últimas décadas, e esse sistema filosófico deixou de ser uma força importante tanto na prática jurídica quanto na educação jurídica. O Estado se tornou demasiado complexo para adequar-se à austeridade positivista. A tese de que o direito de uma comunidade consiste apenas nas determinações explícitas dos órgãos legislativos parece natural e conveniente quando os códigos legislativos explícitos podem pretender suprir toda a legislação de que uma comunidade necessita. Contudo, quando a transformação tecnológica e as inovações comerciais superam o provimento do direito positivo – como ocorreu intensamente nos anos que se seguiram à Segunda Guerra Mundial –, os juízes e as outras autoridades judiciais devem voltar-se para princípios mais gerais de estratégia e justiça, de modo a adaptar e fazer o direito evoluir em resposta às novas necessidades. Portanto, parece artificial e despropositado negar que esses princípios também participam da definição do que é o direito. Além disso, depois da guerra difundiu-se muito a ideia de que os direitos morais que as pessoas têm contra as instituições legislativas possuem força de lei, de modo que, se o poder legislativo condenar uma categoria de cidadãos a uma posição de segunda classe, seu ato será não apenas errado, como também nulo. Repetindo, parecia cada vez mais sem sentido declarar que essas restrições morais ao Estado não eram, em si, parte do direito da comunidade. De maneira correspondente, o apelo do positivismo exauriu-se. Não mais se associava ao progresso democrático, mas ao maiorismo conservador; eram os juízes liberais que apelavam à moralidade para justificar uma maior proteção jurídica aos direitos individuais. A maioria dos juristas acadêmicos presumia que, se uma teoria geral sobre a natureza do direito fosse realmente necessária, deveria ser mais sutil do que o positivismo jurídico.

Os defensores do positivismo jurídico nos meios acadêmicos, como Coleman e Raz, persistem. Mas seus argumentos, como tentei demonstrar, têm o artificialismo e a premência que os defensores de uma crença sagrada criam quando se veem diante de evidências constrangedoras. O que é essa crença sagrada? Os positivistas remanescentes não são conservadores políticos que esperam resistir à expansão dos direitos individuais e minoritários por meio da insistência em uma concepção majoritária do direito. Ao contrário, eles afirmam que o positivismo jurídico não impõe limites ao que fazem, de fato, os juízes e as autoridades judiciais: eles já se distanciaram muito de Bentham e do caso *Erie Railroad vs. Tompkins*. Eles exaltam o positivismo como uma representação exata do próprio conceito de direito, ou como a representação teórica mais iluminadora dos fenômenos jurídicos ao longo do tempo. Às vezes, eles os tratam como se fossem exatamente a mesma coisa. Mas não apresentam nenhuma explicação séria do tipo de análise conceitual que têm em mente, assim como nenhuma comprovação empírica que pudesse sustentar amplas generalizações sobre as formas e o histórico das instituições jurídicas. Empenham-se muito pouco em associar sua filosofia do direito tanto à filosofia política em geral quanto à prática jurídica, à erudição e à teoria substantivas. Oferecem cursos restritos à "filosofia do direito" ou à teoria analítica, nos quais distinguem e comparam diferentes versões contemporâneas do positivismo, participam de congressos dedicados a esses temas e, em seus próprios periódicos especializados, comentam, nos mínimos detalhes, as ortodoxias e heresias de cada um.

Por quê? Parte da resposta, acredito, está na contínua influência de dois talentosos filósofos que há muito tempo publicaram duas análises influentes do positivismo: H. L. A. Hart, no mundo anglo-saxão, e Hans Kelsen, no resto do mundo. Mas essa resposta parcial também aprofunda o enigma: por que esses filósofos – que, a exemplo da coruja de Minerva, alçaram voo no crepúsculo de suas tradições – ainda impõem respeito e estimulam o isolamento intelectual?*

Não sei, mas hoje desconfio que pelo menos uma parte da explicação se encontra não no apelo do positivismo

---

* No prefácio à sua *Rechtsphilosophie* [*Filosofia do direito*], Hegel afirma que "Wenn die Philosophie ihr Grau in Grau malt, dann ist eine Gestalt des Lebens alt geworden, und mit Grau in Grau lässt sie sich nicht verjüngen, sondern nur erkennen; die Eule der Minerva beginnt erst mit der einbrechenden Dämmerung ihren Flug." ("Quando a filosofia pinta cinza sobre cinza, então uma forma de vida envelheceu e não se deixa rejuvenescer pelo cinza sobre cinza, mas apenas reconhecer. A coruja de Minerva só alça voo com o início do crepúsculo.") Hegel quer dizer que a filosofia, como pensamento do mundo, só aparece quando a realidade completou seu processo formativo, quando já está pronta. Desse modo, segundo ele, a história confirmaria a concepção de que só quando a realidade amadurece o ideal se apresenta como equivalente do mundo real, apreendendo-o em sua substância e configurando-o como reino do intelecto. Em outras palavras, a filosofia chega sempre tarde demais para dizer o que deve ser feito; só pode dizer algo sobre o mundo, através da linguagem da razão, depois que os acontecimentos que haviam de acontecer realmente aconteceram. (N. do T.)

enquanto teoria do direito, mas no da filosofia jurídica enquanto tema e profissão independentes e autossuficientes. Desde Hart, os positivistas (inclusive o próprio, no Pós-escrito de seu livro *O conceito do direito*[35], que foi publicado depois de sua morte) defenderam com grande fervor uma afirmação corporativista: a de que sua obra é conceitual e descritiva de um modo que a diferencia de um grande número de outros ofícios e profissões. De seu ponto de vista, a filosofia do direito é diferente não apenas da prática concreta do direito, mas também do estudo acadêmico dos campos substantivo e processual do direito, porque tanto a prática quanto o estudo acadêmico dizem respeito às modalidades de direito de alguma jurisdição particular, ao passo que a filosofia jurídica remete ao direito em geral. Ela também é distinta e independente da filosofia política normativa porque é conceitual e descritiva, e não substantiva e normativa. É diferente da sociologia do direito ou da antropologia jurídica porque estas são disciplinas empíricas, enquanto a filosofia do direito é conceitual. Em resumo, trata-se de uma disciplina que pode ser praticada de modo independente e que carece tanto de experiência anterior quanto de formação específica em, ou mesmo de familiaridade com, qualquer literatura ou pesquisa que extrapole seu universo limitado e seus poucos discípulos. Uma vez mais, a analogia com a teologia escolástica é tentadora.

Em sua busca de exclusividade corporativista, os positivistas devem travar uma batalha em várias frentes. Em que sentido a filosofia do direito é conceitual? Se é conceitual, em que sentido, pode ser igualmente descritiva? A defesa do positivismo feita por John Austin no século XIX pretendia ser ao mesmo tempo conceitual e descritiva em um sentido antiquado, mas de fácil compreensão – ele apresentava uma definição da palavra "direito" do modo como ela aparece na argumentação e no discurso jurídicos[36]. Há quinze anos, considerei o objetivo de Hart em *O conceito do direito* como uma forma mais sofisticada da mesma ambição: afirmei que ele pretendia explicar o conceito de direito fazendo aflorar os critérios comuns seguidos por juristas e por leigos, em geral inadvertidamente, quando avaliam proposições de direito[37]. O próprio Hart rejeitou essa interpretação de seus métodos em seu Pós-escrito[38] publicado depois de sua morte, como também o fizeram vários de seus seguidores (p. 200)[39]. Porém, continuo achando que minha interpretação confere mais sentido à sua obra do que qualquer formulação de seus objetivos que ele ou outros tenham sugerido. É verdade que Hart afirmou que considerava seu livro como um exercício de "sociologia descritiva"[40]. Essa observação, porém, é mais nebulosa do que esclarecedora. Que tipo de sociologia é conceitual? Qual delas não recorre à comprovação empírica? Qual delas, ao definir-se, afirma estudar não apenas as práticas e instituições jurídicas aqui e ali, mas sim o próprio conceito de direito em toda parte?

Os positivistas aparentemente se fixaram, pelo menos temporariamente, em uma resposta a esses questionamentos que, segundo eles, mostra de que modo a filosofia do direito pode ser ao mesmo tempo conceitual, descritiva e global. Coleman relata claramente essa solução (p. 10 n. 13): os exemplos do direito, onde quer que apareçam e qualquer que seja a sua forma, compartilham uma "estrutura" comum (p. 10, n. 13) que pertence à própria essência do direito, e cabe à teoria conceitual e descritiva do direito revelar essa estrutura comum. Em certo sentido, portanto, a teoria do direito é normativa – pretende apreender, de modo elegante e revelador, o que há de verdadeiramente importante e fundamental na estrutura do direito, e não o que lhe é meramente contingente ou circunstancial. Não é, porém, normativa à maneira da filosofia política substantiva, pois não avalia a estrutura que revela nem escolhe entre as estruturas de modo a aperfeiçoar a prática jurídica. "E quando uma interpretação dworkiniana está empenhada em mostrar o direito em sua 'melhor luz'", afirma Coleman, "o método aqui utilizado não está; seu compromisso é apenas com a identificação de quais princípios – se é que algum – revelam a verdadeira estrutura e o verdadeiro conteúdo da inferência prática no direito" (p. 10 n. 13). Existe um sentido em que a teoria do direito é conceitual – ela nos ensina aquilo que pertence à própria essência da estrutura fundamental do direito. Mas não o é *a priori*, e não diz nada sobre o uso adequado ou inadequado da palavra "direito". A teoria do direito é, em certo sentido, empírica – ela é uma extensão dos estudos empíricos do direito, os quais fornecem a matéria-prima para seus juízos sobre a estrutura do direito. Mas vai além daquilo que se entende normalmente como empírico, uma vez que também organiza essa matéria-prima na forma de uma descrição sistemática e reveladora da essência do direito. "A sociologia descritiva", diz Coleman, "não entra no estágio da elaboração teórica do conceito, e sim no estágio preliminar da apresentação da matéria-prima sobre a qual se pretende teorizar" (p. 200).

Cada uma dessas afirmações, porém, cria problemas para as outras. Coleman exalta a contribuição que as ciências sociais podem dar à filosofia do direito: "Se ficarmos atentos a essas indagações externas à filosofia ou que a extrapolam, podemos obter uma imagem rica e valiosa das formas de governança e de organização que foram consideradas como elementos formadores do direito em épocas e lugares diferentes, e sob circunstâncias muito diversas" (p. 201). Contudo, sua argumentação não usa nem sequer menciona qualquer dos materiais "ricos e valiosos" da antropologia jurídica, por exemplo – o que também não ocorre na obra de Hart ou de qualquer dos positivistas que Coleman discute –, e é difícil perceber que uso ele poderia lhes dar. Como poderia a indução de um sem-número de casos diferentes de instituições jurídicas, e dos motivos e pressupostos variáveis de milhares de agentes em épocas e lugares diferentes, revelar a "essência" ou a "própria natureza" da estrutura do direito? Poderíamos, da mesma forma, declarar que a união heterossexual representa a "essência" do casamento porque este sempre foi heterossexual (caso isso seja, de fato, verdade), de modo que o casamento homossexual seja excluído em "bases conceituais".

Existe, porém, um problema ainda mais profundo. Embora os positivistas hoje escrevam, como faz Coleman, sobre a revelação da estrutura essencial do direito mediante a demonstração do que permanece inalterável nessa instituição ao longo do tempo, eles não disseram nada em defesa da misteriosa ideia na qual se fundamenta tudo isso, ou seja, a ideia de que o direito *tem* uma estrutura essencial que pode ser exposta unicamente através da descrição. Os átomos ou o DNA animal têm estruturas físicas inerentes, e faz sentido pressupor que elas determinam a "essência" do hidrogênio ou de um leão. Mas não existe nada comparável no que diz respeito a uma prática social complexa: onde deveríamos buscar sua "essência" ou natureza? Que fato físico, histórico ou social poderia demonstrar, por exemplo, que faz parte da "estrutura" ou "essência" ou "natureza" do direito o fato de ele ser convencional, como alega Coleman, ou de ser investido de autoridade, conforme estipulado por Raz em sua concepção "de serviço" da autoridade? O que, no mundo físico, histórico ou social nos impõe essas "verdades" conceituais, de maneira completamente independente de nossos propósitos políticos ou morais? Os positivistas devem responder a essas perguntas ou desistir de sua alegação, tornada popular da noite para o dia, de que eles estão investigando alguma profunda realidade histórica, social, antropológica ou psicológica. Enquanto alguém não reabilitar essa alegação por meio de uma formulação inteligível da "natureza" ou "essência" do direito, ela continuará sendo apenas um mantra reconfortante: o flogístico do positivismo.

Devo acrescentar, por último, que Coleman esfrega sal nessas feridas autoinfligidas ao afirmar, no subtítulo de seu livro e ao longo dele, que sua formulação do direito é "pragmatista". Sua explicação do pragmatismo, porém, compõe-se de uma lista de pressupostos semânticos e metodológicos (pp. 3-12), poucos dos quais prestam algum serviço real à sua argumentação, e todos os quais seriam aceitos por filósofos que estão muito distantes da tradição pragmatista. De fato, nada poderia estar mais distante do espírito do verdadeiro pragmatismo norte-americano do que sua convicção de que podemos descobrir verdades "conceituais" sobre uma prática política sem levar em consideração qual entendimento de tal prática melhor atende aos desígnios de nossos objetivos práticos, morais e políticos.

Apêndice: questões de privilégio pessoal

Já afirmei que o livro de Coleman discute minha própria obra. Devo acrescentar que ele o faz exaustivamente e de modo particularmente problemático. Ele faz afirmações abrangentes, porém injustificadas, acerca de minhas "confusões filosóficas" (p. 155), meus erros "profundamente arraigados" (p. 181) e meus argumentos "à maneira Disney" (p. 185). Ele me atribui pontos de vista importantes que, até onde me lembro, nunca defendi nem expressei. Em vários momentos (alguns dos quais já mencionei) ele utiliza meus próprios argumentos contra mim. A esses erros vem somar-se uma carência quase total de citações: minhas alegadas crenças e confusões são frequentemente mencionadas sem nenhuma referência ao lugar em que foram supostamente afirmadas ou cometidas. Certamente cometi erros de citação, mas nunca, acredito, numa escala tão grande. Deixei minhas queixas para esta seção à parte porque elas têm pouco interesse geral. Mas descobri, no passado, que afirmações equivocadas e não corrigidas e críticas não respondidas adquirem vida própria na literatura da teoria do direito. Por esse motivo, vou tentar corrigir o que me parecem ser os erros mais graves de Coleman em termos de atribuição e crítica[41].

1. Começarei por sua descrição de minha síntese do positivismo jurídico, não porque seus erros sejam particularmente importantes para sua própria argumentação, mas

porque se trata de uma queixa comum entre os positivistas, sempre feita sem documentação, de que desvirtuei suas ideias e criei um espantalho para atacar. Coleman, por exemplo, refere-se a um dos meus argumentos "como mais um exemplo da caracterização equivocada que Dworkin faz do projeto [dos positivistas], em uma tentativa de desacreditá-los em última instância" (p. 155). A acusação é grave, mas os poucos exemplos que ele apresenta, espalhados aqui e ali em seu livro, claramente não conseguem sustentá-la. Ele afirma que atribuo aos positivistas "a afirmação de que cada norma que entra na categoria 'direito' deve ser uma regra" (p. 104), e em seguida acrescenta que "na verdade, nenhum positivista jurídico jamais defendeu o ponto de vista de que todos os padrões jurídicos são regras", e que Hart "negou a afirmação muito antes de Dworkin tê-la atribuído a ele" (p. 107). Contudo, defini "regra" (rule) no contexto da terminologia especializada do direito, e não é provável que Hart tenha sido capaz de negar qualquer afirmação que fiz sobre regras "muito antes" de eu tê-la feito. Não afirmei, em minha definição específica, que os positivistas sustentavam que todos os padrões jurídicos eram regras – não sei quantos acataram essa definição –, mas sim que os princípios do positivismo que descrevi somente se ajustariam às regras assim definidas[42]. Ele diz que atribuo ao positivismo "duas teses, nenhuma das quais qualquer positivista defende ou deve defender" (p. 155). A primeira delas é minha afirmação de que Hart estava engajado em um projeto de análise semântica. É verdade, como já afirmei aqui, que Hart rejeitou essa formulação em seu Pós-escrito publicado postumamente. Contudo, como também afirmei, outros autores sustentaram minha interpretação, concordando comigo que nela se encontra o melhor entendimento do que Hart havia, de fato, escrito em *O conceito do direito*. Coleman não tenta responder nem aos argumentos deles nem aos meus. A segunda de minhas caracterizações supostamente equivocadas é a de que "a semântica com a qual o positivista está comprometido é 'criteriológica'" (p. 155).

De fato, a despeito das aspas usadas por Coleman, não usei essa palavra ao descrever os equívocos do positivismo. O que fiz foi descrever certos pressupostos que, conforme afirmei, alguns positivistas sustentam sobre as condições nas quais se pode dizer que as pessoas compartilham um conceito. Mas não afirmei que o positivismo estava comprometido com esses pressupostos; ao contrário, descrevi um conjunto diferente de pressupostos que permitiriam ao positivismo reafirmar-se de maneira mais vigorosa[43]. Além disso, quando Coleman explica meu suposto erro de caracterização com mais detalhes, Coleman não nega que alguns positivistas tenham defendido o conceito, compartilhando pressupostos que lhes atribuí. Fazendo eco ao que afirmei, ele diz apenas que esses pressupostos não são necessários ao positivismo, e em seguida descreve uma base semântica alternativa para o positivismo que, como logo veremos, é exatamente a base que lhes recomendei (pp. 156-7). Ele não faz nada para esclarecer ou defender a conhecida afirmação dos positivistas jurídicos de que eu deturpei o ponto de vista deles. Espero que o próximo positivista a me acusar seja mais sincero.

2. Coleman afirma que sou responsável por uma confusão primária entre duas afirmações muito diferentes: a de que a moral não é necessariamente uma condição do direito, e a de que a moral é, necessariamente, uma condição alheia ao direito (pp. 151-2). Contudo, ele não apresenta nenhuma citação que comprove minha responsabilidade, e, na verdade, o que fiz foi insistir nessa distinção. Aceitei a primeira dessas afirmações e apenas questionei os filósofos que defendem a segunda[44].

3. Ele declara que um dos meus argumentos, ao qual se refere como o argumento do "aguilhão semântico", está "repleto de confusões filosóficas" (p. 155). Mas ele identifica apenas uma dessas supostas confusões: "O problema com o argumento do aguilhão semântico é que ele descreve equivocadamente aquilo que os indivíduos devem compartilhar a fim de terem o mesmo conceito" (pp. 156-7). Se-

gundo Coleman, eu sugiro que as pessoas só podem compartilhar um conceito quando estão de acordo com os critérios para sua aplicação, enquanto ele insiste que "os indivíduos podem compartilhar o mesmo conceito se estiverem de acordo não com critérios de aplicação, mas com um conjunto de casos ou exemplos paradigmáticos do conceito. Por sua vez, cada um desses casos paradigmáticos é, em princípio, passível de revisão, ainda que não se possa submeter todos, ou quase todos, à revisão ao mesmo tempo" (p. 157). As pessoas que compartilham um conceito desse modo "paradigmático", prossegue Coleman, podem divergir fundamentalmente no que diz respeito à melhor maneira de se entender por que esses paradigmas são, de fato, paradigmas, e podem, portanto, divergir sobre a possibilidade de o conceito ser ou não aplicável a casos novos ou controvertidos. O objetivo de meu argumento do "aguilhão semântico" era defender exatamente esse ponto: compartilhar um conceito não implica necessariamente compartilhar os critérios para sua aplicação, mas poderia, ao contrário, significar o compartilhamento de paradigmas como base para afirmações de natureza interpretativa[45]. Na verdade, a formulação que Coleman faz do compartilhamento de conceitos por meio de paradigmas é quase idêntica à minha, com o emprego de muitos dos mesmos termos, inclusive "paradigma"[46]. Ele acrescenta que essa formulação do compartilhamento de conceitos é "uma concepção pragmatista corrente" (p. 157), mas de novo não apresenta nenhuma citação de nenhum texto em que essa concepção "corrente" do compartilhamento de conceitos esteja realmente descrita. Sem dúvida, não reivindico originalidade para a minha formulação, e a ideia de paradigma é amplamente usada pelos filósofos. Mas desconheço qualquer outra exposição do compartilhamento de conceitos por meio de paradigmas que seja tão semelhante à minha quanto a de Coleman, e eu ficaria muito grato se fosse feita pelo menos uma citação.

4. Ele declara que só vejo o direito a partir da perspectiva dos litigantes e dos juízes, e que por esse motivo igno-

ro o importante papel "diretivo" que o direito desempenha junto às pessoas em geral (p. 166). Na verdade, enfatizei a importância do direito como uma diretriz cotidiana para as pessoas em geral, e foi por essa razão que defendi o que chamei de entendimento "protestante" do direito[47]. Em uma comunidade complexa e mutável, o direito desempenha essa função diretiva muito melhor com base nesse entendimento protestante do que no pressuposto da maioria dos positivistas, para os quais, quando questões novas e controvertidas se apresentam, não existe direito, mas sim uma ocasião propícia a um poder discricionário do juiz que só pode ser exercido em caso de litígio. Contudo, Coleman desenvolve sua estranha ideia de que eu não levo em consideração o papel diretivo do direito, e o faz por meio de uma argumentação elaborada que ele chama de "devastadora" (p. 167 n. 23):

> Suponhamos que, para alguém, seja uma verdade conceitual sobre o direito o fato de que alguma coisa só possa ser chamada de direito se for capaz de ter um papel diretivo, e que uma norma, uma decisão ou uma regra só seja capaz de ter um papel diretivo se as pessoas que são destinatárias do direito puderem saber, de antemão, o que lhes é por ele exigido. (p. 167)

Do meu ponto de vista, diz ele, nunca se pode determinar com absoluta certeza, de antemão, que qualquer proposição de direito – por mais amplamente aceita e inconteste que seja – é verdadeira, pois sempre é possível que alguém demonstre que tal proposição é falsa por meio de uma melhor interpretação do direito estabelecido. Em minha opinião, portanto, o direito não é capaz de apresentar uma conduta diretiva. O pressuposto citado é, contudo, ambíguo. Poderia significar que nenhuma proposição de direito pode ser verdadeira a menos que as pessoas consigam formar a opinião de que é verdadeira, com base nos argumentos de que elas dispõem. Tal proposição é bastante inócua: eu não teria motivos para divergir dela (embora eu sofismasse caso a descrevesse como uma verdade "conceitual"). Ou a citação poderia significar que nenhuma proposição de direito é verdadeira a menos que as pessoas consigam saber, no sentido imperioso de poder demonstrar conclusivamente a todos, sem medo de cair em contradição, que ela é verdadeira. Por que alguém pensaria em alguma coisa tão tola assim? Como Coleman, que acredita tão enfaticamente quanto eu que as verdadeiras proposições de direito podem ser controversas, pôde pensar isso?

5. A mais desconcertante das imputações equivocadas de Coleman se estende por muitas páginas e é o predicado para algumas de suas mais mesquinhas acusações (p. 163). O problema começa com a seguinte descrição dos "elementos" de minha "teoria do conteúdo do direito" (p. 163):

> Um desses elementos é a ideia de Dworkin de que as autoridades cuja tarefa consiste em determinar o conteúdo do direito afirmam que a autoridade que exercem é legítima. Isso equivale à afirmação de que seu exercício da autoridade coerciva do Estado é justificada. Um segundo elemento subsidiário da formulação é a ideia de Dworkin de que o princípio de caridade* requer que tratemos a maioria dessas alegações de legitimidade como verdadeiras. (p. 163)

Uma vez mais, não há nenhuma citação desses "elementos" surpreendentes. O primeiro não é grave, mas é inexato. Desconheço que alguma vez tenha feito qualquer afirmação sobre as crenças das autoridades em sua própria legitimidade. Não sei, por exemplo, quantos juízes sul-africanos achavam que o poder por eles exercido na época do *apartheid* fosse legítimo, embora saiba que muitos achavam que não. O segundo "elemento" é ainda mais enigmático. Não fiz referência alguma a qualquer princípio de caridade

---

* No original, "principle of charity". A expressão significa que a capacidade de um falante interpretar outro falante pressupõe que o intérprete considere a maioria das crenças do sujeito interpretado como verdadeiras ou, pelo menos, que estejam de acordo com suas próprias crenças. (N. do T.)

que nos imponha o pressuposto de que as ações da maioria das autoridades são legítimas. A obscuridade aumenta algumas páginas adiante, quando Coleman se refere ao "modo como se imagina que o princípio da caridade – que Dworkin toma de empréstimo a Donald Davidson – é aplicado holisticamente a toda a gama de decisões judiciais sancionadoras" (p. 168). O princípio de caridade de Davidson, que desempenha um papel central em sua própria formulação de sentido e verdade, nada tem a ver com minha explicação do direito. O próprio Davidson aparece uma única vez na argumentação que desenvolvo em *O império do direito*: como fonte de um exemplo que nada tem a ver com caridade[48]. Coleman inventou meu apego a um princípio e, em seguida, me censura quase o tempo todo por meu apego a ele. Talvez ele tenha confundido meu apelo à virtude política da integridade[49] ou minha formulação da interpretação construtiva no direito[50] com um apelo à caridade davidsoniana acerca da verdade. Se assim for, ele entendeu muito mal meus argumentos ou os de Davidson, ou ambos. Outra vez, uma citação de minha suposta invocação de Davidson ou de seu princípio teria sido extremamente útil.

6. Seu conjunto seguinte de críticas retoma o argumento do "aguilhão semântico". Uma vez mais, a introdução é severa: "Devemos, primeiro, examinar uma confusão fundamental no cerne da argumentação [de Dworkin]. (...) Trata-se da confusão entre *o conteúdo do conceito de direito* e *o conteúdo do direito de uma comunidade específica*" (p. 180). De fato, há uma relação óbvia e importante entre essas duas ideias. Quando um jurista declara, por exemplo, que em sua jurisdição "é lei" o fato de os contratos com tabelamento de preços serem ilegais, ele está usando o conceito de direito para afirmar o conteúdo do direito de uma comunidade específica. Tomei por base essa relação para formular a seguinte pergunta: se dois juristas parecem divergir substancialmente sobre o conteúdo do direito, como frequentemente acontece, estarão eles, portanto, defendendo

diferentes conceitos de direito – caso em que a divergência seria ilusória? Afirmei que eles não podem compartilhar o mesmo conceito de direito se aceitarmos o que Coleman chama de concepção "criteriológica" do compartilhamento de conceitos, o que significa que as pessoas só compartilham o mesmo conceito quando concordam, pelo menos substancialmente, com os critérios para a aplicação bemsucedida desse conceito a casos específicos. Concluí que, como os juristas obviamente divergem, de fato, sobre o conteúdo do direito de sua jurisdição e, portanto, realmente compartilham um conceito de direito, a concepção criteriológica do modo como eles compartilham esse conceito deve estar errada. Propus a concepção diferente à qual me referi acima. Os juristas compartilham o conceito de direito no sentido do que chamo de conceito interpretativo (ou essencialmente contestado). Eles não concordam com os critérios para a aplicação do enunciado "é o direito que"; em vez disso, oferecem interpretações antagônicas de proposições paradigmáticas dessa forma que ambos aceitam, e, em seguida, extraem dessas proposições paradigmáticas critérios diferentes para a aplicação do raciocínio "é o direito que" a casos novos em relação aos quais poderiam divergir. Como afirmei no último parágrafo, Coleman também endossa essa visão de como os juristas empregam o conceito de direito. Portanto, qual é minha confusão "fundamental" – ou, como ele também diz, "profundamente arraigada" (p. 181)? Sua explicação se resume ao seguinte: se estou certo em afirmar que os juristas compartilham o conceito de direito como um conceito interpretativo, então, ao contrário do que afirmo, eles na verdade concordam acerca dos critérios para a aplicação desse conceito. Eles concordam que o conceito deve ser aplicado da maneira interpretativa que descrevi (p. 182)[51]. Essa explicação, porém, desvirtua o que eu tinha em mente quando afirmei que os juristas não compartilham critérios; claramente, o que eu quis dizer foi que eles não concordam com um único conjunto de critérios para se decidir quais proposições de direito são verdadeiras. Uma vez que Coleman concorda, permanece o mistério de saber por que ele pensa que sou confuso.

7. Coleman conclui sua discussão de minha obra com uma série de observações sobre a natureza da filosofia do direito. Em minha opinião, assim como os juristas devem engajar-se na interpretação construtiva de aspectos do direito estabelecido e da prática jurídica – o que frequentemente terá uma dimensão moral –, para decidir o que é o direito quando se vê diante de questões específicas, os filósofos do direito e os filósofos políticos também devem utilizar a interpretação construtiva da prática jurídica como um todo – o que também terá uma dimensão moral – para defender concepções específicas do próprio conceito de direito. Esta é a sugestão que ele chama de "à maneira Disney" (p. 185). "Esse é um argumento em favor da correta teoria normativa do direito", acrescenta ele, "mas até que ponto podemos levá-lo a sério? A cada ponto crucial, as inferências parecem surgir do nada" (p. 184). Ele ignora a longa argumentação que na verdade apresentei em defesa desse ponto de vista, que está presente em quase todo *O império do direito* e se fundamenta em teorias de interpretação, integridade, comunidade e igualdade. Ele repete a afirmação grotesca de que meus argumentos dependem de uma compreensão equivocada do princípio de caridade de Davidson, o que me leva a repetir que em momento algum recorri a esse princípio. Mas ele não trata de nenhum dos meus argumentos. Portanto, os leitores de seu livro que talvez se impressionem com minha suposta escamoteação ao fazer inferências a partir do nada ficarão decepcionados, caso se deem ao trabalho de verificar, com a natureza inequivocamente laboriosa e tangível daquilo que realmente afirmei.

Capítulo 8
Os conceitos de direito

O aguilhão semântico

Neste capítulo, escrito recentemente para ser incluído neste livro, examino de maneira mais detalhada certas questões filosóficas levantadas em capítulos anteriores. Enfatizei o tempo todo a importância de se fazer distinção entre os diferentes conceitos que as pessoas utilizam para falar sobre o direito: o conceito doutrinário, que usamos para afirmar o que o direito de alguma jurisdição requer, proíbe ou permite ("A ignorância não é defesa perante o direito"); o conceito sociológico, que usamos para descrever uma forma específica de organização política ("Os romanos desenvolveram uma forma complexa e sofisticada de direito"); o conceito taxonômico, que usamos para classificar uma regra ou um princípio específico como um princípio jurídico, e não de outro tipo ("Embora a regra de que sete mais cinco são doze conste de alguns argumentos jurídicos, em si mesma ela não constitui uma regra de direito"); e o conceito aspiracional, que usamos para descrever uma virtude política particular ("O Tribunal de Nuremberg preocupava-se com a natureza da legalidade"). Cada um desses conceitos pode ser enunciado como um conceito de direito, e todos eles se interconectam claramente de diferentes maneiras. Não obstante, são diferentes entre si, e, embora todos gerem questões acerca da relação entre direito e justiça, essas questões são muito diferentes.

Observei, na Introdução, que os conceitos se prestam a diferentes tipos de funções no pensamento e no discurso das pessoas que os compartilham e utilizam. Alguns conceitos funcionam tipicamente como criteriológicos, como o conceito de solteiro; outros, como conceitos de espécies naturais, como o conceito de tigre; outros, ainda, como conceitos interpretativos, como os conceitos de justiça e democracia. As diferenças entre essas funções são cruciais para se considerar que forma poderia assumir uma análise elucidativa de um conceito ou da natureza dos objetos ou fenômenos assimilados pelo conceito. Se tratarmos um conceito específico – o de celibato, por exemplo – como algo que atende a uma função criteriológica, nossa análise consistirá em uma afirmação dos critérios corretos para a utilização desses conceitos, ou na forma de uma definição clássica, ou de uma formulação das regras que as pessoas que compartilham o conceito seguem, talvez inadvertidamente, quando se trata de aplicá-lo. Se o conceito for impreciso, seria um erro forçar a análise a adentrar a área de imprecisão afirmando, por exemplo, que um jovem de dezoito anos não pode, necessariamente, ser um celibatário. Nossa análise deve simplesmente relatar que os critérios compartilhados do conceito não determinam claramente se ele pode ou não ser. Em minha opinião, como afirmei, o conceito sociológico de direito é um conceito criteriológico impreciso; e a argumentação com que outrora se procurava saber se os nazistas dispunham ou não de um sistema jurídico – argumentação, de resto, muito cara aos filósofos do direito da época – é inútil exatamente por esse motivo. Contudo, se pudermos tratar um conceito como um conceito de espécie natural, teremos ao nosso dispor um tipo muito diferente de análise desse conceito. Podemos pressupor que os objetos que ele reúne possuem uma natureza intrínseca –, uma estrutura essencial sem a qual não seriam o tipo de coisa que são – ainda que possamos não saber de que coisa se trata. Portanto, uma análise útil do conceito pode muito bem consistir não em um enunciado dos critérios que as pessoas utilizam para identificar exemplos, mas em uma formulação física ou biológica dessa natureza essencial. Os conceitos que funcionam como interpretativos também são diferentes dos conceitos criteriológicos, mas de maneira diversa. Descrevi os conceitos interpretativos na Introdução e no Capítulo 6. Compartilhar um conceito interpretativo não exige nenhum acordo ou convergência subjacentes acerca de critérios ou casos ilustrativos. Liberais e conservadores compartilham o conceito de justiça, mas eles não chegam a uma posição consensual nem sobre os critérios para a formulação de juízos de valor sobre a justiça nem sobre quais instituições são justas e quais são injustas. Eles compartilham o conceito porque participam de uma prática social que julga os atos e as instituições como justos e injustos, e porque cada um deles têm opiniões, articuladas ou desarticuladas, acerca de como se devem entender os pressupostos mais básicos dessa prática, seu traço característico e sua finalidade. Desses pressupostos eles extraem opiniões mais concretas sobre a maneira correta de dar continuidade à prática em determinadas ocasiões: os julgamentos corretos a fazer e o comportamento apropriado em resposta a esses julgamentos. Uma análise esclarecedora do conceito de justiça deve ser uma teoria interpretativa exatamente desse tipo. O analista precisa pôr em prática sua própria percepção dos valores aos quais se deve presumir que a prática tem de servir, bem como as concepções dos conceitos em jogo que melhor atendam a esses valores. Uma análise de um conceito criteriológico ou de espécie natural deve ser neutra no contexto das diferentes controvérsias normativas nas quais o conceito está presente: se os celibatários devem ou não ser estimulados a casar ou se os tigres devem ou não ser protegidos como uma espécie ameaçada de extinção. Contudo, uma análise profícua de um conceito interpretativo – para além da mera afirmação de que é interpretativo e de uma formulação muito geral das práticas nas quais se inclui – não pode ser neutra. Deve contribuir com questões na esfera das controvérsias que espera esclarecer.

Afirmei, durante muitos anos, que em muitas circunstâncias os fatos morais se incluem entre as condições básicas de veracidade das proposições de direito. Nos Capítulos 6 e 7 discuto uma afirmação antagônica: o positivismo analítico-doutrinário, que sustenta que, como questão conceitual, os fatos morais não podem aparecer entre essas condições básicas de veracidade. Em um livro anterior, *Levando os direitos a sério*, afirmei que o positivismo analítico desfigura as práticas concretas de juristas e juízes nos sistemas jurídicos contemporâneos, e que, portanto, resulta em um entendimento inadequado dessas práticas[1]. Em *O império do direito*, ofereci uma explicação do motivo pelo qual os positivistas analíticos cometem esse erro[2]. Aventei a hipótese de que eles pressupõem que todos os conceitos, inclusive o conceito doutrinário de direito, são conceitos criteriológicos, e que a análise apropriada do conceito doutrinário deve, portanto, consistir na elucidação dos critérios que os juristas compartilham, a não ser nos casos limítrofes, para avaliar se as proposições de direito são ou não verdadeiras. Chamei esse pressuposto – a de que todos os conceitos são criteriológicos – de "aguilhão semântico". Em seguida, apresentei uma análise do direito como um conceito interpretativo, e não criteriológico, para mostrar de que modo as divergências entre os juristas podem ser genuínas mesmo quando eles não chegam a um consenso sobre os critérios para identificar as verdadeiras proposições de direito.

Em 1986, adaptei essa formulação do aguilhão semântico de modo a ajustá-lo aos argumentos em defesa do positivismo jurídico, então corrente. Todavia, uma nova geração de filósofos do direito tornou-se mais sofisticada na filosofia da linguagem, que só fez avançar desde que escrevi, e minha descrição mostrou-se demasiado estreita[3]. Devo agora definir mais amplamente o aguilhão: esse conceito inscreve-se no pressuposto de que todos os conceitos dependem de uma prática linguística convergente do tipo que descrevi na Introdução: uma prática que demarca a extensão do conceito ou por meio de critérios comuns de aplicação ou pela vinculação do conceito a um tipo natural distinto. A infecção provocada pelo aguilhão semântico, devo dizê-lo agora, consiste no pressuposto de que todos os conceitos de direito, inclusive o doutrinário, dependem de uma prática convergente em uma dessas duas formas. A patologia do aguilhão semântico permanece a mesma. Os juristas que forem aguilhoados vão supor que uma análise do conceito de direito deve ajustar-se – e não mais que isso – àquilo que, para a quase totalidade dos juristas, constitui o direito.

A falácia de Dworkin

Em "Dworkin's Fallacy, or What the Philosophy of Language Can't Teach Us about the Law" [A falácia de Dworkin, ou o que a filosofia da linguagem não pode nos ensinar], Michael Stephen Green define uma falácia à qual dá meu nome. "A falácia de Dworkin", escreve ele, "consiste em usar a teoria interpretativa do significado para justificar uma teoria interpretativa do direito."[4] Minha própria versão da falácia, acredita Green, consiste em supor que, tendo em vista que o conceito doutrinário de direito é um conceito interpretativo, a melhor formulação das condições de veracidade das proposições de direito deve ser, ela própria, interpretativa, ou seja, que as proposições de direito são verdadeiras quando decorrem da melhor interpretação da parte mais substancial do direito estabelecido, pertinente e válido.

É claro que isso é uma falácia. Mas é preciso dar-lhe outro nome, porque não sou responsável por ela e, na verdade, muito me empenhei em alertar contra ela. Acredito piamente que o conceito doutrinário de direito é um conceito interpretativo, e também acredito que as condições de veracidade das proposições de direito são interpretativas nesse sentido. Mas não acredito que a segunda dessas crenças decorra da primeira. Ao contrário, passei três capítulos de meu livro *O império do direito* examinando outras teorias bastante diferentes sobre as condições de veracidade das proposições de direito que, afirmei, também são compatíveis com a abordagem do conceito doutrinário como interpretativo. Uma delas é uma forma de pragmatismo jurídico, a teoria cuja discussão aprofundei em uma parte anterior deste livro. Outra é a que chamei de convencionalismo, que é uma versão do positivismo jurídico apresentada no mesmo espírito que descrevi no Capítulo 6, isto é, como sendo, ela própria, uma interpretação da prática contemporânea. Afirmei que minha resposta interpretativa à questão colocada no estágio doutrinário da teoria jurídica é melhor porque oferece a melhor interpretação desse tipo, não porque o conceito doutrinário seja, ele próprio, um conceito interpretativo.

A leitura surpreendentemente equivocada de Green é mais bem explicada como sintoma de uma lenta infecção provocada pelo aguilhão semântico. Ele discute com alguma profundidade uma querela filosófica entre o que chama de concepções "tradicionalista" e "realista" dos conceitos de ouro, água e tigre. A primeira trata esses conceitos como criteriológicos, e a segunda insiste que não são criteriológicos, mas que, ao contrário, funcionam como conceitos de espécies naturais. Green parece pressupor que se trata de uma querela sobre o modo como *todos* os conceitos devem ser entendidos. Portanto, ele afirma que apresento "argumentos sobre o significado que são semelhantes aos dos realistas, a fim de atacar a posição teórica de que o acordo ou a convenção esgotam o direito"[5]. Isso não é correto, e o equívoco é importante. Na verdade, rejeitei uma formulação criteriológica do conceito doutrinário de direito. Mas não adotei uma semântica baseada em espécies de classes naturais para esse conceito; no Capítulo 6 deste livro, rejeitei explicitamente uma interpretação de espécie natural de qualquer dos conceitos de direito. Ao contrário, afirmei que o conceito doutrinário, a exemplo de outros conceitos políticos importantes, é interpretativo.

Raz sobre os conceitos de direito

No Capítulo 7, situei Joseph Raz entre os principais positivistas analítico-doutrinários contemporâneos e expliquei o que via como erros em sua tentativa de defender o positivismo. Desde que escrevi esse ensaio, Raz publicou um estudo complexo de sua metodologia filosófica com o intrigante título "Can There Be a Theory of Law?" [Pode haver uma teoria do direito?] no qual levanta uma série de interessantes questões conceituais. Ele diz que a teoria jurídica é "uma exploração da natureza do direito" que assume a forma de explicação do conceito de direito, e, portanto, deve atender a uma série de condições, uma das quais consiste em "estabelecer as condições do conhecimento envolvido no domínio completo do conceito, que é o conhecimento de todas as características essenciais da coisa por ele conceitualizada, ou seja, as características essenciais do direito[6].

Raz não faz distinção, nem na descrição de seu projeto nem em sua execução, entre os conceitos sociológicos e doutrinários de direito. Ao contrário, embora reconheça a distinção, ele junta os dois conceitos explicitamente ao pressupor que sua descrição da explicação de um conceito se aplica a ambos. "Aqui e no que vem a seguir", diz ele, "empregarei a palavra 'direito', como comumente se faz, para referir-me às vezes a um sistema jurídico, outras vezes a uma regra de direito ou a uma afirmação de como é o direito em uma ocasião particular. Em outros momentos, empregarei a palavra de maneira ambígua para referir-me a uma ou a outra dessas alternativas, uma vez que não importa, para os propósitos da discussão deste capítulo, de que maneira se entende uma ou outra"[7]. Raz considera que os dois conceitos são da mesma espécie e devem ser explorados filosoficamente da mesma maneira. O resultado é que sua metodologia falha em ambos os casos.

Falha em relação ao conceito sociológico porque esse conceito não é suficientemente preciso para produzir "características essenciais" interessantes do ponto de vista filosófico. Como afirmei, o conceito sociológico, assim como os conceitos de casamento, meritocracia, pugilismo e os outros conceitos criteriológicos que utilizamos para descrever a ordenação social, tem muita margem de manobra para tanto: suas fronteiras são demasiado maleáveis para sustentar uma investigação filosófica na esfera das características essenciais. Suponhamos que nossos antropólogos descrevam uma estrutura social em que as autoridades públicas decidam quem possui o que elas descrevem como a melhor defesa moral em controvérsias pessoais, e que outras autoridades então recorram à força para coagir qualquer parte relutante a obedecer a tais decisões. Nossas práticas linguísticas compartilhadas não exigem que digamos nem que esse sistema constitui um sistema jurídico, nem que não constitui. Para os cientistas sociais talvez fosse melhor, no que diz respeito a seus objetivos de previsão ou explicação, estipular uma definição mais precisa de sistema jurídico que possa decidir a questão. Contudo, não há motivo para que nossos juristas ou cidadãos comuns ajam dessa maneira: de nada nos vale o modo como fazemos a classificação.

A metodologia de Raz é inadequada ao conceito doutrinário por uma razão diferente: não porque não importe se nossas autoridades decidam que a sra. Sorenson tem ou não direito legal à indenização baseada na responsabilidade por participação de mercado – é evidente que importa, e muito –, mas porque o conceito doutrinário é interpretativo. Dois juristas que discordem profundamente sobre o que é exigido pelo direito em diferentes circunstâncias poderiam, não obstante, ter um domínio igualmente bom do conceito de direito. Um deles, pelo menos, está errado acerca do direito, mas está errado porque sua argumentação jurídica é falha, e não porque ele compreende menos que seu rival o conceito de "como é o direito em um determinado aspecto". Portanto, não podemos afirmar que a teoria jurídica deve identificar a natureza essencial daquilo que os juristas, ostentando seu conhecimento profundo, admitem consensualmente em sua identificação do direito. O positivismo analítico-doutrinário mostra que as opiniões dos juristas normalmente coincidem em escala considerável: em geral, existe uma vasta área de direito baseado nas fontes que, durante algum tempo, permanece incontroversa entre eles. Essa modalidade de positivismo considera então que essa área de convergência esgota a extensão do conceito doutrinário de direito; e declara que a natureza essencial do direito, assim identificada, é baseada nas fontes. Trata-se de uma invenção forjada e circular, e não da descoberta de uma natureza essencial.

Raz parece pressupor que os conceitos sociológico e doutrinário de direito funcionam, em nosso pensamento, como algo do tipo dos conceitos de espécies naturais. Esse pressuposto explica por que ele considera tão importante distinguir entre esses dois conceitos de direito em sua análise, e por que, em sua discussão geral das teorias dos conceitos, ele toma como exemplo os conceitos de espécie natural – em particular o conceito de água, que os filósofos que exploram os conceitos de espécies naturais têm utilizado como caso-padrão. Essa é a marca do mais amplo aguilhão semântico. Para Raz, a análise conceitual é importante porque, como ele diz, "Em grande parte, o que estudamos ao investigar a natureza do direito é a natureza do nosso autoentendimento... Essa consciência é parte do que estudamos ao investigarmos a natureza do direito"[8]. Sou cético quanto a essa afirmação favorável à teoria analítica do direito (que me parece exagerada): se queremos estudar nossa autoconsciência, seria muito melhor que nos voltássemos para a ficção, a política, a biografia, a psicologia profunda e a ciência social. Refletimos sobre a natureza do direito para saber o que devemos fazer, não para saber quem somos. Porém, na medida em que Raz está certo ao achar que a teoria do direito é uma lente para perscrutar nossa mente, o aguilhão semântico produz uma feia distorção. Raz retoma algumas questões interessantes sobre os conceitos de direito em seu ensaio metodológico. Ele fala, por exemplo, de "nosso" conceito de direito, que imagina ser diferente de outros conceitos de direito: o conceito medieval, por exemplo, ou o conceito de direito de alguma cultura estrangeira contemporânea. Ele não quer dizer apenas que temos atitudes ou expectativas diferentes para com o direito, ou crenças gerais diferentes sobre sua importância, valor ou origem: essas diferenças importantes, diz ele, constituem o objeto de estudo do sociólogo cultural ou do historiador das ideias, não do filósofo do direito. Uma vez mais, porém, sua incapacidade de distinguir o conceito sociológico de outros conceitos de direito compromete sua discussão. Uma vez que o conceito sociológico é um conceito criteriológico impreciso, fica suficientemente claro como o conceito sociológico medieval pode ter sido um tanto diferente do nosso. Na época, as pessoas podem ter demarcado limites frequentemente arbitrários entre tipos de organização social de modo um tanto diferente do que faz a maioria de nós – ou, talvez, a maioria de nossos cientistas sociais. Talvez eles incluíssem as práticas habituais dos mercadores de uma determinada cidade mercantil na mesma categoria do direito de um Estado político, enquanto a maioria de nós as colocaria em categorias diferentes e designaria apenas a última como "direito". Haveria muito interesse histórico no fato, mas muito pouco interesse filosófico.

Contudo, o que significaria dizer que nosso conceito doutrinário de direito é diferente do conceito medieval? Se nosso conceito doutrinário funcionasse como um conceito de espécie natural, como Raz às vezes afirma ser o caso, ficaria difícil perceber o que isso poderia significar. Se os falantes do inglês desse período histórico empregassem um homônimo de "água" para referir-se a qualquer líquido potável incolor – não somente a água, mas também a vodca – e não empregassem nenhuma palavra para referir-se especificamente à água, eles não teriam tido um conceito de água diferente do nosso. Não teriam tido absolutamente nenhum conceito de água. Se usassem "água" para referir-se à água, mas não conhecessem (como a maioria de nós não conhece) a composição química da água, ainda assim teriam tido "nosso" conceito (isto é, *o* conceito) de água, embora tivessem menos conhecimento sobre a água do que alguns de nós. Se, como acredito, o conceito doutrinário é interpretativo, então seria também enganoso dizer que o período medieval tinha um conceito diferente de direito. Talvez eles tivessem ideias muito diferentes sobre os tipos de material que fazem parte do melhor entendimento do que o direito requer, assim como certamente tinham ideias muito diferentes sobre o que se levava em consideração ao se decidir o que a justiça requeria. Mas, assim como não tinham um outro conceito de justiça, tampouco tinham um outro conceito de direito.

Raz discute a questão adicional de saber se uma teoria doutrinária do direito – uma formulação das condições de veracidade das proposições de direito – deve ser provinciana, adaptada apenas a um sistema jurídico ou a um grupo de tais sistemas que sejam muito semelhantes entre si, ou se pode ser universal. Se uma teoria doutrinária é interpretativa da prática jurídica, não pode haver uma resposta categórica a esta última questão. Podemos formular nossa explicação interpretativa de nossas próprias práticas de modo muito detalhado, caso em que ela seria, por certo, sensível a características de nossa própria prática – nossas regras e práticas de precedente, por exemplo – que nos são peculiares. Ou podemos tornar nossa explicação muito mais abstrata, caso em que ela teria uma aplicação muito mais ampla. Raz afirma que "A teoria do direito de Dworkin já era provinciana desde o início"[9]. Ele tem em mente minha observação, em *O império do direito*, de que uma teoria do direito representa, para nós, uma teoria do nosso direito; eu quis dizer que uma teoria levada ao detalhamento que há nesse livro está adaptada a nossas práticas locais e pode não se ajustar às de outras comunidades políticas[10]. Portanto, o fato de a caracterização que Raz apresenta de minhas concepções ser ou não correta depende do que ele entende por "minha" teoria do direito: quanto mais abstrata ele considera minha teoria, menos exata é a observação dele.

Quão universal pode ser uma teoria interpretativa da doutrina jurídica? Suponhamos que pretendemos formular uma interpretação da prática jurídica que se ajuste a tudo que, em nossa opinião, entre em nosso conceito sociológico de direito. Quão detalhada poderia ser uma interpretação tão abstrata assim? Muito pouco, talvez: pode ser que, uma vez iniciado o processo, quaisquer passos interpretativos que demos automaticamente tornem mais provinciana nossa teoria interpretativa. Podemos descobrir, por exemplo, que as únicas justificações que se harmonizam com o que consideramos como prática jurídica em algum lugar remoto irão produzir, no estágio doutrinário, uma teoria positivista das funções de veracidade do direito. Mencionei essa possibilidade em *O império do direito*: na verdade, imaginei que a melhor interpretação, inclusive de nossas próprias práticas jurídicas, pudesse resultar no que chamei de "convencionalismo"[11]. Não há nada, no conceito doutrinário de direito, que exclua isso nem, é claro, que o assegure. Portanto, imagino que a melhor resposta à questão de saber se minha teoria do direito pretende ser universal ou provinciana é: ambas as coisas.

Raz levanta uma outra questão interessante. Ele pergunta se pode haver direito no sentido sociológico em lugares que carecem do conceito de direito. É evidente que pode haver direito em lugares onde o conceito sociológico é desconhecido. Não é necessário que ninguém, em uma comunidade, entenda que um sistema jurídico é uma forma específica de organização social, e muito menos que tenha alguma ideia sobre quais características poderiam diferenciá-la de outras formas, para que tal comunidade possa ter um sistema jurídico. Porém, pode haver direito onde ninguém tem o conceito doutrinário, isto é, quando ninguém entende a ideia de que alguma coisa é exigida, proibida ou permitida em virtude de uma prática nesse sentido? Esta é uma questão acerca dos limites do conceito sociológico. Imagine (se for capaz) uma comunidade política na qual pessoas trajando togas negras exercem o monopólio do poder de coerção, outras pessoas, que são eleitas pelo povo, formulam algo que oferecem como conselhos sábios a serem seguidos pelo público, e as pessoas de toga negra transformam em prática, por preocupação com a eficiência, o fato de levar em conta esses sábios conselhos em seus veredictos. Mas ninguém pensa que se *exige* que as pessoas de togas negras assim o façam. Elas simplesmente fazem, e as pessoas fazem planos em conformidade com tais atos, e, embora às vezes as pessoas de togas negras surpreendam os cidadãos, esses acontecimentos são tratados como golpes de má sorte, como os furacões. Os membros dessa comunidade carecem do conceito doutrinário de direito: não podemos dizer sobre essas pessoas, como disse a nosso respeito em *O império do direito*, que elas adotam uma atitude interpretativa diante da questão relativa ao que suas práticas exigem delas e de suas autoridades.

Mas *nós* dispomos do conceito doutrinário e podemos, de maneira sensata, pô-lo em prática nas circunstâncias que lhe são inerentes. Disse, na Introdução, que embora nosso conceito sociológico de direito seja criteriológico e impreciso, ele tem limites, e um deles requer que deve fazer sentido supor que direitos, deveres e outras relações normativas possam ser atribuídos ao que consideramos como um sistema jurídico. Os membros da comunidade que imaginei não podem fazer isso se contarem apenas com seus próprios meios, mas nós podemos fazer isso por eles. Podemos dizer que, na verdade, eles têm direitos e deveres legais, e que suas autoridades não apenas surpreenderiam o povo, mas lhe negariam o que lhes é de direito caso repentinamente parassem de aplicar os sábios conselhos formalmente enunciados pelo conselho de sábios. Podemos dizer que eles têm um sistema jurídico a despeito de si mesmos, e fazer nossos próprios enunciados sobre o que o direito deles exige em circunstâncias específicas. Todas estas afirmações seriam certamente acadêmicas e, independentemente de seu interesse filosófico, inúteis: poderiam não exercer efeito algum sobre seus comportamentos. Ainda assim, as afirmações não seriam absurdas.

Poderiam também estar corretas? Essa é uma difícil questão de teoria moral. Exige que investiguemos ligações complexas entre atitude e direitos, questões com as quais nos deparamos, por exemplo, quando pensamos se as mulheres podem ou não ter direito a tratamento igual em uma comunidade em que ninguém, inclusive as mulheres, nem chega a cogitar de tais direitos, ou em uma comunidade ainda mais primitiva em que os próprios direitos sejam desconhecidos. Não pretendo retomar agora o exame dessas questões complexas, mas apenas ilustrar a complexidade dos problemas de teoria do direito que afloram quando temos o cuidado de separar os diferentes conceitos jurídicos.

Conceitos doutrinário e taxonômico de direito

Abordarei agora os diferentes problemas que se colocam quando os filósofos do direito não distinguem com clareza suficiente o conceito doutrinário do direito do conceito taxonômico. Alguns estudiosos sugeriram recentemente que elaborei dois argumentos radicalmente diferentes na crítica ao positivismo jurídico analítico: o primeiro em uma série de artigos que se transformaram em meu livro *Levando os direitos a sério*, de 1977, e o segundo em *O império do direito*, de 1986, também de minha autoria. Em artigo recente, Scott Shapiro, que se sente atraído pelo positivismo analítico, afirma que, em sua opinião, os positivistas jurídicos "conseguiram neutralizar a força" de meus argumentos anteriores, mas que ninguém ainda deu uma resposta convincente a meus argumentos recentes, de modo que minhas críticas gerais ao positivismo permanecem sem resposta[12]. Jules Coleman admitiu em uma conferência pública, que ele já fez circular mas ainda não publicou, que o tipo de argumentos que desenvolvi no Capítulo 7 deste livro demonstraram que sua descrição convencionalista do direito não constitui uma resposta satisfatória a meus argumentos recentes; não obstante ele diz que o Capítulo 7 é "embaraçoso" porque me recuso a admitir que ele e outros responderam efetivamente a meus argumentos anteriores[13]. Em sua recente biografia de H. L. A. Hart, Nicola Lacey sugere que Hart também pensava que eu havia "aumentado o valor" de meu debate com ele em meu livro de 1986, e que até morrer ele teve dúvidas sobre como responder aos novos argumentos que apresentei ali[14]. Em uma resenha da biografia de Lacey, John Gardner, outro positivista jurídico, diz que Hart tinha respostas seguras a meus argumentos anteriores, mas que eu o "constrangi" em *O império do direito* ao apresentar argumentos de "filosofia primeira"* com os quais Hart não estava intelectualmente preparado para lidar[15].

Esse reconhecimento, da parte de importantes filósofos positivistas, de que a crítica fundamental de sua posição ainda não foi respondida, é bem-vindo e deve estimular a discussão. Não acredito, porém, que meus argumentos mais recentes sejam diferentes dos anteriores em qualquer sentido relevante. Shapiro diferencia assim os dois conjuntos de argumentos. Meus argumentos recentes desafiam o positivismo a explicar a divergência jurídica: eles chamam a atenção para o fato de que os juristas frequentemente divergem acerca do que é o direito em determinada questão,

---

* "Há uma disciplina", escreve Aristóteles no quarto livro da sua *Metafísica*, "que teoriza sobre o Ser enquanto ser e sobre as coisas que pertencem ao Ser tomado em si mesmo." A esta disciplina chama Aristóteles "Filosofia Primeira", definindo-a como o conhecimento dos primeiros princípios e das causas supremas. (N. do R. T.)

embora concordem acerca de todos os fatos históricos que os positivistas afirmam ter esgotado as condições de veracidade das proposições de direito. Ao contrário disso, meus argumentos iniciais fazem uma consideração essencialmente taxonômica: a de que os princípios morais que os juízes costumam citar para justificar suas decisões jurídicas (como o princípio de que a ninguém será permitido beneficiar-se com sua própria torpeza, que aparece no caso *Riggs vs. Palmer*, que discuti em *Levando os direitos a sério*) também são princípios jurídicos, e que, portanto, os positivistas taxonômicos erram ao separar princípios jurídicos de princípios morais do modo como o fazem. Shapiro diz que, assim compreendida, minha argumentação inicial foi respondida das duas maneiras que descrevi no Capítulo 7: pelos positivistas "inclusivistas" como Coleman, que afirmam que os princípios morais só se tornam princípios jurídicos quando princípios jurídicos mais básicos, que não incluem princípios morais, os designam como jurídicos; e, alternativamente, pelos positivistas "exclusivistas" como Raz, que negam que todo princípio que desempenha um papel na argumentação jurídica, apenas por esse motivo, seja um princípio jurídico.

Se Shapiro estivesse certo ao interpretar meus argumentos anteriores a *O império do direito* como taxonômicos dessa forma, essas respostas seriam, de fato, pertinentes. Afinal, como afirmei na Introdução e no início deste capítulo, muitas vezes os juízes devem usar a aritmética para decidir que obrigações jurídicas as pessoas têm, ainda que, pelo menos da maneira como a maioria de nós fala, as regras da aritmética não sejam regras jurídicas. Temo que boa parte do que afirmei num artigo publicado em 1967* tenha estimulado a interpretação que Shapiro deu a minha argumentação[16]. Sua interpretação, porém, é in-

---

* "The Model of Rules", publicado originalmente na *University of Chicago Law Review*. Esse artigo foi posteriormente publicado na coletânea intitulada *Levando os direitos a sério*, cap. 2. (N. do R. T.)

correta, como demonstrei num artigo publicado em 1972*. Referindo-me ao artigo de 1967, afirmei:"Não tive a intenção de dizer que 'o direito' contém um número fixo de padrões, alguns dos quais são regras, e outros princípios. Na verdade, quero contrapor-me à ideia de que 'o direito' seja um conjunto fixo de padrões de qualquer espécie. Em vez disso, pretendi afirmar que uma síntese acurada das ponderações que os juristas devem levar em conta ao decidirem uma questão específica de direitos e deveres legais incluiria proposições dotadas da forma e da força dos princípios, e que os próprios juízes e juristas, ao justificarem suas conclusões, empregam frequentemente proposições que devem ser entendidas dessa maneira"[17].

Em outras palavras, meu alvo era o positivismo doutrinário e não o taxonômico. Apresentei o argumento doutrinário de que não podemos entender a argumentação e a controvérsia jurídicas exceto a partir do pressuposto de que as condições de veracidade das proposições de direito incluem considerações morais. Não pretendi apresentar, afirmei, o argumento taxonômico falacioso de que tudo que fizer parte dessas condições de veracidade deve ser considerado como pertencente a um conjunto distinto de regras ou princípios que chamei de jurídicos. De lá para cá, creio que meus textos sobre o positivismo deixaram claro qual é o meu alvo. Portanto, não acredito que as respostas que me levaram a fazer uma afirmação taxonômica realmente ofereceram qualquer resposta a todos os argumentos que, de fato, apresentei. É bem possível que um tempo enorme tenha sido desperdiçado.

A incapacidade de distinguir entre os conceitos taxonômico e doutrinário de direito pode ter causado ainda mais danos à teoria jurídica nas últimas décadas. Raz esclareceu sua posição em outro artigo importante, que conti-

---

* "Social Rules and Legal Theory", publicado originalmente em *The Yale Law Journal*. Esse artigo foi posteriormente publicado na coletânea intitulada *Levando os direitos a sério*, como "Modelo de Regras II", cap. 3. (N. do R. T.)

nuava inédito quando escrevi o Capítulo 7[18]. Ele afirma que, como os juízes são seres humanos, estão sempre sujeitos às exigências da moral em tudo que fazem, exatamente como qualquer outro ser humano, inclusive quando têm de julgar uma causa. Em circunstâncias normais, uma das responsabilidades dos juízes consiste em aplicar as leis criadas pelas autoridades competentes, e essa responsabilidade geralmente eclipsa outras responsabilidades morais que ele teria na ausência de uma legislação pertinente. Esse eclipse, porém, pode ser parcial: a luz moral pode continuar a brilhar sobre o problema através ou em torno do direito criado por essas autoridades.

Raz usa a Constituição norte-americana para ilustrar um modo pelo qual o eclipse do direito pode ser apenas parcial. A Primeira Emenda, diz ele, permite que as exigências morais geradas pelo direito moral à liberdade de expressão continuem obrigatórias para os juízes a despeito de decisões legislativas que pretendam excluir esse direito moral. Ele insiste em afirmar que não devemos dizer que a emenda incorpora um princípio moral que protege a liberdade de expressão e faz dela um princípio jurídico. Devemos dizer, antes, que a emenda leva os juízes a adotar um raciocínio moral sobre a questão de saber se eles devem recusar-se a aplicar uma determinada lei em razão de ela infringir esse direito moral específico. Ele resume essa questão por meio de uma distinção e uma analogia. Devemos distinguir, diz ele, entre raciocinar sobre o direito e raciocinar de acordo com o direito. Quando os juízes concluem que a Primeira Emenda exige que eles decidam questões morais sobre a liberdade de expressão, estão raciocinando sobre o direito. Quando lidam com essas questões morais, não estão mais raciocinando sobre o que é o direito, mas sim sobre o modo como o direito os leva a raciocinar. Se um acidente acontece na Grécia mas alguém abre um processo na Polônia, o direito polonês pode levar os juízes locais a raciocinar sobre o direito grego para chegarem a uma decisão. Contudo, seria enganoso dizer que o direito grego tornou-se, então, parte do direito polonês.

A estratégia de Raz difere da de Coleman de maneira surpreendente: para Coleman, os juízes só estão comprometidos com a moral na medida em que o direito a incorpore, enquanto para Raz eles estão comprometidos com a moral a não ser na medida em que o direito a exclui. Mas, se considerarmos que Raz defende o positivismo doutrinário, sua estratégia será invalidada, apesar disso, pelos mesmos fatos que criam dificuldades para Coleman. Ele só pode proteger o positivismo doutrinário pressupondo que o próprio impacto do direito sobre as obrigações morais de um juiz – o grau do eclipse controlado pelo direito – pode ser determinado sem levar a moral em consideração. Talvez seja esse o motivo pelo qual ele afirma que "em geral se pressupõe" que a Primeira Emenda se refere a "um direito moral à liberdade de expressão"[19]. Ele pressupõe que essa interpretação seja estabelecida por cânones de interpretação constitucional substancialmente aceitos por todos os juristas norte-americanos, de modo que não precisamos apelar a nenhum princípio moral para determinar que a interpretação esteja correta. Ocorre, porém, que o oposto é verdadeiro. Muitos juristas, entre os quais me incluo, acreditam que a Primeira Emenda faz a validade das leis depender de um direito moral[20]. Mas muitos outros juristas rejeitam esse ponto de vista. Eles acreditam que a Primeira Emenda exige que os juízes apliquem a liberdade de expressão não como um princípio moral, mas como um fato histórico: que os juízes são jurídica e moralmente obrigados a aplicar a concepção de liberdade de expressão que foi reconhecida na época em que a Primeira Emenda foi promulgada[21]. Portanto, diante de um desafio apresentado pela Primeira Emenda, um juiz deve escolher entre esses entendimentos antagônicos da força da emenda e, como explico no Capítulo 6, deve fazer essa escolha com base na moralidade política. Os juízes que têm concepções diferentes sobre a natureza e as virtudes da democracia entenderão o papel de uma Constituição em uma sociedade democrática de maneira bem diversa, e suas ideias sobre essa questão moral vão determinar se eles interpretam a Primeira Emenda de uma ou de outra dessas maneiras. O argumento sobre como interpretar as cláusulas constitucionais não perde profundidade em nenhuma regra baseada em fontes; ele é um argumento de moralidade política do princípio ao fim. Portanto, a estratégia de Raz, assim como a de Coleman, não consegue poupar o positivismo doutrinário de um fato admitido por ambos: o de que os juízes frequentemente refletem sobre a moral para chegar a suas decisões. Não fica claro, porém, se Raz pretende poupar o positivismo. Sua analogia favorita mostra por quê. Pareceria realmente estranho afirmar que a responsabilidade civil do direito grego faz parte do direito polonês. Mas o direito grego certamente está incluído nas condições de veracidade da proposição de que, sob o direito polonês, um réu polonês é legalmente responsável por danos resultantes de um acidente ocorrido em Pireu. Nessa questão específica de responsabilidade, os juízes poloneses não poderiam chegar a uma conclusão correta sobre o estado do direito polonês sem levar em conta o direito grego.

O mesmo acontece com a moral. Suponhamos, contrariando os fatos, que Raz esteja certo ao pensar que todos os juristas concordam que a Primeira Emenda faz a validade das leis depender do melhor entendimento do direito moral à liberdade de expressão. Suponhamos também que o Congresso tenha aprovado uma lei que proíbe os candidatos a cargos federais de gastar, em suas campanhas, mais do que uma quantia previamente estipulada. Examinemos agora a proposição de direito de que John Kerry estava legalmente proibido de gastar mais do que a quantia estipulada em sua campanha presidencial[22]. Segundo a formulação de Raz, a verdade ou a falsidade dessa proposição depende da solidez do juízo moral de que o Congresso violou a liberdade de expressão quando promulgou essa regulamentação. Não importa o modo como colocamos essa questão: se dizemos que, em virtude da Primeira Emenda, o direito não impede que a moral tenha esse impacto, ou que a Primeira Emenda determina que a moral deva tê-lo. Tanto na formulação negativa da posição de Raz quanto na positiva a consequência é que a veracidade dessa proposição de direito – e, por certo, uma imensidão de outras proposições de direito – dependem da solução correta de uma questão moral.

Embora possamos apresentar argumentos de que a posição de Raz é compatível com um positivismo doutrinário, nenhum deles será bem-sucedido. Em nada ajudaria dizer que a Primeira Emenda só leva os juízes a refletir sobre a moral de uma maneira ou de outra, e a não refletir bem, como se uma análise moral mal-acabada e falsa dispensasse o dever dos juízes tão bem quanto uma análise moral correta e sofisticada. Do ponto de vista de qualquer interpretação, não é isso que se afirma na Primeira Emenda. Tampouco há ensejo, aqui, para uma distinção entre o direito de um litigante à melhor interpretação moral e seu direito a uma interpretação especifica porque se trata da melhor que existe. Não podemos dizer que, em teoria, ele tem o direito à melhor interpretação, mas que, como a determinação da melhor interpretação requer o emprego do raciocínio moral, ele não tem o direito a nenhuma interpretação concreta específica. Ao contrário das atitudes proposicionais, os direitos e obrigações fornecem um contexto que é transparente à substituição: se um político tem o direito à melhor interpretação da liberdade de expressão, e se a melhor interpretação condena a lei que limita os gastos de campanha, conclui-se que ele tem o direito de fazer gastos ilimitados[23]. Tampouco ajudará dizer que a proposição que citei, referindo-me ao fato de John Kerry não ter o direito a gastos ilimitados, não é, na verdade, uma proposição de direito do tipo que os positivistas doutrinários têm em mente: que se trata apenas de uma proposição singular e não de algo da natureza de uma regra de direito. Podemos tornar a proposição que citei cada vez mais abstrata e geral – afirmando, por exemplo, que para o direito norte-americano os candidatos políticos têm direito a gastos ilimitados –, até que ela adquira toda a generalidade de uma regra de direito com a qual estejamos familiarizados.

Portanto, talvez o positivismo "exclusivo" de Raz não seja, afinal, positivismo doutrinário nenhum. Talvez ele não queira defender a tese de que, como questão conceitual, os direitos e deveres jurídicos podem ser sempre determinados sem reflexão moral, apenas mediante uma consulta às "fontes". É possível que, em vez disso, ele seja um positivista taxonômico. Uma argumentação que leva a uma conclusão específica de direito normalmente implica uma grande variedade de proposições: relatos sobre o que as instituições legislativas têm feito, informações sobre instituições legislativas semelhantes em outras jurisdições, afirmações sobre fatos econômicos, sociais ou históricos, ou sobre circunstâncias pessoais, hipóteses aritméticas, princípios e observações morais etc. O positivista taxonômico insiste numa distinção entre todas essas proposições: uma distinção entre as que descrevem e as que não descrevem "o direito" da jurisdição em questão. O positivista taxonômico "inclusivo" diz que às vezes – quando devidamente incorporados – princípios morais de diferentes tipos contam como parte "do direito", o que é negado pelo positivista taxonômico "exclusivo".

Será que vale a pena discutir isso? Sem dúvida, é importante o que consideramos relevante para decidir que direitos e deveres jurídicos as pessoas e as autoridades públicas têm. Mas nada de importante depende de qual parte do que é relevante nós descrevemos como "o direito". Por que não dizer que dispomos de considerável liberdade de movimento para fazer essa escolha linguística de modo que tanto os termos "inclusivo" e "exclusivo" se tornem aceitáveis? Seria realmente estranho dizer que os princípios aritméticos fazem parte do direito do estado de Massachusetts; queremos dizer que o juiz que calcula danos imaginando que cinco mais sete são onze comete um erro matemático, e não jurídico. Podemos explicar essa preferência linguística de diversas maneiras: a aritmética não é de modo algum especial para o direito, e certamente também não o é para o direito de qualquer jurisdição específica, de modo que seria no mínimo extremamente enganoso, ainda que não ininteligível, afirmar que ela faz parte do direito de Massachusetts. Também podemos explicar nossa relutância em dizer que o direito grego se torna parte do direito polonês quando um acidente grego é julgado por um tribunal polonês. Queremos que nossa linguagem reconheça que o direito grego só tem um lugar nos tribunais poloneses em circunstâncias muito restritas, e que, nos casos de responsabilidade civil, mesmo o conteúdo da parte do direito grego que é pertinente deve ser avaliado pela interpretação da legislação e da prática gregas, e não polonesas. Contudo, algumas escolhas terminológicas parecem mais bem equilibradas do que esses exemplos. Suponhamos que a prática jurídica de alguma jurisdição confira efeito legal às práticas e expectativas tradicionais do costume mercantil, de modo que aquilo que constitui os direitos jurídicos de um comerciante dependa muitas vezes de qual é o costume. Iremos dizer que esse costume é parte do direito ou não? Qualquer escolha seria defensável, e não importaria a escolha que fizéssemos.

Quando determinados princípios morais – como meu exemplo anterior de que a ninguém será permitido beneficiar-se de sua própria torpeza – foram citados ou frequentemente utilizados como fundamentação em uma jurisdição específica, e particularmente, quando são ignorados ou menos citados em outras jurisdições, é tentador afirmar que esses princípios se tornaram parte do direito dessa jurisdição. Assim exposto, porém, esse raciocínio arrisca-se a incorrer no erro para o qual chamei a atenção nas observações de 1972 que citei há pouco: o erro de pressupor que o "direito" de uma comunidade compõe-se de um conjunto finito de regras, princípios e outros parâmetros que, teoricamente, podem ser todos arrolados e levados em consideração. Isso me faz pensar que, se tivesse de escolher, optaria pelo positivismo taxonômico exclusivo, embora ele não more em meu coração. Qualquer uma delas servirá se tivermos o cuidado de evitar os erros que cada uma poderia estimular.

Raz não concorda, e boa parte de seu ensaio recente é dedicada a tentar demonstrar que o debate taxonômico é importante. Ele não afirma que a expressão "parte do direito" descreve uma espécie natural: que seria o mesmo tipo de erro supor que os princípios morais fazem parte do direito como seria supor que alguns cães fazem parte da condição de ser tigre. Ao contrário, ele admite que a linha divisória entre os padrões que se tornaram parte do direito e aqueles que não se tornaram, mas que ainda assim o direito exige que sejam "seguidos", é "particularmente vaga"[24]. Não obstante, ele julga necessário insistir que, mesmo quando os princípios morais se encontram entre as condições de veracidade das afirmações sobre direitos e deveres jurídicos, eles não devem ser considerados como parte do direito. Ele apresenta duas razões. Em primeiro lugar, diz que o direito é contingente – pode deixar de existir –, mas que a moral não pode deixar de existir. Em segundo lugar, numa comunidade onde existe o direito há (ou pelo menos pode haver) direitos e deveres morais que não são direitos e deveres jurídicos. Portanto, deve haver uma linha divisória entre direito e moral.

Nenhuma dessas razões é expressiva. Se decidíssemos afirmar que o princípio de que a nenhuma pessoa será permitido beneficiar-se de sua própria torpeza faz parte do direito de Nova York, não estaríamos negando nem que o direito é contingente nem que a moral não é contingente. Poderíamos perfeitamente acrescentar, e fazê-lo com coerência, que o princípio ainda assim seria verdadeiro mesmo que não fizesse parte do direito de Nova York e, na verdade, mesmo que não existisse nenhum direito de Nova York. Nem mesmo se decidirmos dizer que negamos que existam outros princípios morais que não fazem parte do direito de Nova York – ou que há uma diferença entre direito e moral. Quando dizemos que John Donne tornou certas palavras parte de sua poesia, não negamos que existem palavras que ele não tornou parte de sua poesia nem existe uma diferença entre o conceito da poesia de Donne e o conceito de uma palavra.

Matthew Kramer, que se considera um positivista inclusivo, diz que embora a controvérsia inclusivo-exclusivo tenha deflagrado uma polêmica sobre a melhor maneira de responder à minha crítica do positivismo, ela já adquiriu vida própria[25]. Em certo sentido, esta é uma evolução bem-vinda, pois nenhuma versão do positivismo taxonômico oferece absolutamente resposta alguma a todas as minhas críticas ao positivismo doutrinário. Como Shapiro, Coleman e outros positivistas já afirmaram, essa resposta ainda precisa ser dada, se, de fato, puder ser dada. Porém, a controvérsia é deprimente por si só. É triste que a importante tradição teórica de Bentham, Austin, Holmes e Hart esteja hoje centrada em um debate sobre algo tão acadêmico. Existe, porém, um fio de esperança nesse desalento. Talvez se trate de um sinal de que não há mais muito interesse em defender a proposição que Hart, por exemplo, esteve outrora tão ansioso por demonstrar que, enquanto matéria conceitual, a validade das afirmações de direito só depende de fatos sociais, e não morais. O positivismo doutrinário floresce, mas em sua forma política, e não analítica.

Capítulo 9
Rawls e o direito

Rawls como filósofo do direito

O fato de haver diversas possibilidades de abordagem do tema "Rawls e o Direito" é uma prova inconteste da grandeza de John Rawls como filósofo político. Como políticos do mundo inteiro citam suas ideias, e juízes norte-americanos e de outros países recorrem à sua obra, podemos falar sobre o impacto que ele já exerceu sobre o direito de diferentes países. Ou podemos considerar o impacto que ele poderia ter: podemos perguntar, por exemplo, que mudanças na tributação ou na responsabilidade civil norte-americanas seriam recomendadas por seu famoso princípio da diferença. Trata-se, de fato, de questões que já foram exploradas. Também podemos examinar seu impacto na direção contrária. Podemos especular sobre a importância que teve para o modelo de teoria da justiça de Rawls o fato de ele ter vivido e trabalhado em uma comunidade política tão dominada pelo direito quanto a nossa, e na qual certas questões políticas cruciais – questões básicas de liberdade e de fundamentos constitucionais, se assim o quiserem – saíram da esfera da política comum e tornaram-se uma preocupação especial dos tribunais.

Pretendo discutir sobre Rawls e o direito de maneira diferente: sobre Rawls enquanto filósofo do direito e, na verdade, jurista. Ele não se considerava um filósofo do direito e – embora sua obra esteja repleta de discussões importantes sobre o direito, algumas das quais pretendo mencionar – ele deu suas principais contribuições à teoria jurídica por meio de sua filosofia política, pois a teoria jurídica é um segmento da filosofia política e Rawls escreveu de modo abstrato sobre a disciplina como um todo. Neste capítulo, pretendo identificar *en passant*, mas também avaliar, os aspectos da teoria da justiça de Rawls que falam diretamente a questões tradicionais de teoria do direito.

Começarei por uma breve lista dessas questões tradicionais. Qualquer teoria geral do direito deve responder à antiquíssima pergunta de o que é o direito. Essa pergunta, porém, coloca duas questões distintas. A primeira é metodológica: que tipo de teoria pode dar resposta a essa pergunta? As teorias gerais do direito são teorias descritivas? Se a resposta for positiva, o que elas descrevem? São exemplos de análise conceitual? Se forem, o que torna uma análise do conceito de direito melhor do que outra? São teorias políticas normativas? Caso sejam, como então uma teoria sobre o que é o direito difere de uma teoria sobre o que o direito deveria ser? Os filósofos do direito divergem quanto a essas questões metodológicas. Que concepção – se é que alguma – resulta da filosofia de Rawls?

A segunda questão torna-se, portanto, evidente. Uma vez que uma teoria jurídica tenha adotado uma posição acerca da questão metodológica, ela deve tentar responder à questão substantiva. Tendo em vista o que deve ser uma teoria do direito, qual teoria do direito é a mais bem-sucedida? Durante algum tempo, em linhas gerais essas teorias foram divididas, tanto por seus autores quanto pelos críticos, em dois grupos: as teorias positivistas do direito, que insistem em que aquilo que o direito de qualquer jurisdição exige ou permite é apenas uma questão social de fato, e as teorias antipositivistas, para as quais aquilo que o direito exige depende às vezes não apenas de fatos sociais, mas também de questões normativas controversas que incluem as questões morais. Até onde sei, Rawls não optou explicitamente por nenhuma dessas posições gerais. Contudo, será que suas teorias sustentam uma escolha, e não a outra?

Essa segunda questão leva inevitavelmente a uma terceira. Nos termos de uma teoria tanto positivista quanto antipositivista, o juiz se encontrará muitas vezes diante de casos "difíceis" nos quais aquilo que os juristas consideram como direito estabelecido não resolve o problema imediato. Os positivistas afirmam que, em tal caso, o juiz deve exercer seu poder discricionário para introduzir inovações no direito. Os antipositivistas descrevem a mesma necessidade de maneira distinta: o jurista que, como eu, acredita que os juízes devem visar à integridade em suas decisões, concordará que as exigências da integridade serão quase sempre, talvez muitas vezes, controversas, de modo que será necessário criar um novo modo de decidir. Ambos os lados ou, antes, todas as versões de cada um dos lados, devem enfrentar a questão de que tipos ou fontes de argumento são apropriados a essa responsabilidade judicial.

Que espécies de razões podem ou devem os juízes apresentar para defender suas decisões recém-criadas? Podem recorrer a convicções religiosas? A suas convicções morais pessoais? A sistemas filosóficos de moral ou de escatologia? A fenômenos macroeconômicos – para o juiz, seria um bom argumento afirmar que ele está decidindo de uma maneira particular porque isso ajudará o dólar nos mercados internacionais de moeda? Essas questões cruciais são relativamente negligenciadas pela teoria jurídica. Rawls, porém, elaborou uma doutrina (que chamou de "doutrina da razão pública") sobre os argumentos que as autoridades públicas podem usar com propriedade para justificar suas decisões, e afirmou enfaticamente que a doutrina da razão pública se aplica com força particular aos juízes. Precisamos examinar essa doutrina. Se a considerarmos insatisfatória, como desconfio que seja, deveremos perguntar se alguma outra parte da teoria geral de Rawls é mais útil para se definir a natureza do raciocínio judicial apropriado.

A quarta questão é de fundamental importância para os teóricos do direito nos Estados Unidos e em outras democracias maduras nas quais os tribunais constitucionais têm o poder de declarar nulas leis adotadas por legisladores eleitos pelo povo e que, portanto, lhe devem prestar contas de seus atos. Será esse poder compatível com os princípios democráticos? Se não for, será injusto por esse motivo? Rawls abordou explicitamente essa questão em diferentes ocasiões, e devemos examinar o que ele afirmou. Recentemente, porém, ele emitiu sua opinião sobre o que é, em muitos sentidos, uma questão ainda mais premente e importante, uma questão que poderíamos definir como de estratégia constitucional, e não de legitimidade. Um tribunal constitucional deve eximir-se de decidir certas questões – que dizem respeito ao aborto ou ao suicídio assistido, por exemplo – porque seu país não está preparado para dar-lhe uma solução judicial? A Corte deve cruzar os braços para permitir que políticos comuns atenuem a natureza dissentânea da questão e, talvez, cheguem a uma solução conciliatória mais aceitável a toda a comunidade? Muitos juristas de renome endossaram a sugestão, e Rawls afirmou que considerava o argumento deles "bom". Devemos pensar por que razão ele o considerava bom.

Por último, gostaria de abordar uma questão que pode parecer bem mais abstrata. As afirmações controversas sobre o que é exigido pelo direito podem ser objetivamente verdadeiras, e não apenas subjetivamente verdadeiras? Não se trata de uma questão que preocupe os juristas e juízes em sua prática cotidiana. Não obstante, tem importância prática considerável, pois muitas questões de orientação jurídica e cívica dependem dela, inclusive a questão de saber se o Estado de Direito é, de fato, diferente do governo de homens e mulheres dotados de poder, se faz sentido pressupor que temos uma obrigação moral geral de obedecer às leis e se o controle judicial de constitucionalidade de atos legislativos é realmente legítimo. Algumas teorias jurídicas são, de fato, criadas a partir do pressuposto de que a prática jurídica é essencialmente subjetiva: por exemplo, o influente movimento chamado "realismo jurídico norte-americano", que, em nossa época, se transformou num verdadeiro frenesi, ainda que passageiro, dos estudos jurídicos críticos. Rawls escreveu bastante sobre verdade e objetividade, em alguns momentos de maneira inconclusa e mesmo obscura, mas boa parte do que escreveu é muito útil quando os juristas se voltam para a abordagem dessas questões mais explicitamente filosóficas.

A natureza da filosofia do direito

Imaginemos, por um momento, como fazem quase todos os juristas, que uma proposição sobre os direitos e deveres legais possa ser verdadeira. Se assim for, uma teoria do direito deve nos dizer em que circunstâncias tal proposição é verdadeira. Que coisa pode tornar verdadeiro, por exemplo, o fato de que o limite de velocidade por aqui é de 120 quilômetros por hora, ou que a Microsoft violou as leis antitruste, ou que a ação afirmativa é inconstitucional? Os filósofos do direito defendem teorias gerais do direito que tentam responder essa questão. Os positivistas jurídicos afirmam que uma proposição de direito só pode ser verdadeira em virtude de fatos sociais: por exemplo, a respeito do que uma assembleia legislativa proclamou ou um juiz decidiu num caso anterior. Logo mais direi alguma coisa sobre os méritos desse ponto de vista, mas primeiro devemos examinar uma questão anterior. Que tipo de afirmação estão fazendo eles, os positivistas? O que poderia fazer com que a afirmação *deles* sobre as condições de veracidade do direito seja, ela própria, verdadeira?

Muitos filósofos do direito acreditam que suas teorias do direito são teorias descritivas sobre as práticas ou convenções sociais que a maior parte dos juristas segue ao criar, defender e julgar as proposições de direito. Sem dúvida, os juristas frequentemente divergem em relação a quais proposições de direito são verdadeiras e quais são falsas. Eles divergem, por exemplo, sobre a situação jurídica de uma mulher que sofreu efeitos colaterais de um medicamento que sua mãe havia tomado muitos anos atrás, mas que não consegue identificar o fabricante da medicação específica que sua mãe havia tomado em algum momento da vida porque o comprimido foi fabricado por diversos laboratórios farmacêuticos e ela não sabe de qual deles, e quando, ela tomou o comprimido[1]. Terá ela o direito de ser indenizada por todas as companhias que fabricam o medicamento, proporcionalmente à sua participação no mercado? Contudo, esses filósofos do direito presumem que, se esse tipo de divergência for genuíno, os juristas devem então concordar acerca de uma questão mais básica, ou seja, devem concordar quanto aos critérios apropriados a ser utilizados para se decidir se uma proposição de direito é verdadeira; de outro modo – se juristas diferentes usarem critérios diferentes – eles estariam simplesmente falando para as paredes. Se esse pressuposto estiver correto, isso significa que uma teoria filosófica do direito deve ter por objetivo a descrição desse consenso anterior. Ela deve nos dizer o que é o direito dizendo-nos que critérios os juristas realmente usam para identificar as proposições de direito verdadeiras ou bem fundamentadas.

Desse ponto de vista, a filosofia do direito é mais bem compreendida como um exercício descritivo: trata-se de um exercício de sociologia jurídica. Na verdade, porém, é extremamente difícil explicar qualquer teoria geral do direito se a considerarmos descritiva nesse sentido. Examinemos a versão do positivismo jurídico desenvolvida por H. L. A. Hart[2]. Ele postulou o que chamava de tese "das fontes", que sustenta (em resumo) que as proposições de direito são verdadeiras quando, mas apenas quando, podem ser inferidas de decisões explícitas tomadas por instituições legalmente constituídas, como as assembleias legislativas, que são autorizadas por convenção a tomar tais decisões[3]. Se um jurista puder demonstrar que se pode inferir, daquilo que o legislativo competente afirmou, que a mulher de nosso exemplo tem direito à indenização baseada na responsabilidade por participação de mercado, ele terá demonstrado que ela realmente tem o direito. Porém, se essa proposição não decorrer de nada que tenha sido dito ou feito por uma instituição autorizada, ela não será verdadeira.

Em um Pós-escrito publicado postumamente em seu livro *O conceito de direito*, Hart insistiu que sua tese das fontes é puramente descritiva[4]. Mas é um mistério saber em que sentido se poderia considerá-la descritiva. Hart não pretendia, e insistiu nisso, que ela fosse uma descrição do modo como os juristas falam, de como empregam a palavra "direito". Afinal, é evidente que não faz parte do próprio sentido de "direito" que o direito só possa ser válido em decorrência de aprovação positiva. Tampouco ele poderia tê-la concebido como uma descrição daquilo que todos os juristas admitem pertencer ao próprio conceito de direito, como admitimos ser inerente ao conceito de celibatário o fato de um celibatário não ser casado. Isso porque os juristas não chegam a um acordo no que diz respeito a saber se a tese das fontes é correta: os juristas que acham que a mulher do nosso exemplo tem direito jurídico à indenização baseada na responsabilidade por participação de mercado rejeitam claramente a tese das fontes, pois nenhuma instituição declarou tal responsabilidade antes que juristas imaginativos[5] a defendessem. Se esses juristas estiverem errados, seu erro é jurídico, e não conceitual. Pelo mesmo motivo, tampouco poderia Hart ter pretendido afirmar sua tese das fontes como a hipótese sociológica de que, na verdade, os juristas de toda parte só afirmam ter o direito a seu lado quando a tese das fontes teve seus preceitos atendidos. Essa hipótese também é claramente falsa.

Como, então, devemos entender uma teoria do direito como a tese das fontes? (p. 246) Rawls utilizou um exemplo – sua análise do conceito de justiça – para referir-se explicitamente a essa questão. Ele não presumiu que todos os que compartilham e utilizam o conceito de justiça compartilham algum entendimento substancial anterior acerca do que torna uma instituição justa ou injusta. Ao contrário, insistiu que os indivíduos têm concepções de justiça radicalmente diferentes, e admitiu que, de fato, eles compartilham um certo entendimento muito abstrato que transforma todas essas concepções em concepções de justiça, e não de outra virtude qualquer. Contudo, esse entendimento comum é extremamente frágil, quase vazio de conteúdo real. O que torna possível a divergência sobre a justiça é o fato de as pessoas concordarem o suficiente acerca de certos exemplos ou casos ilustrativos específicos – todos estão de acordo que a escravidão é injusta, que o arrocho salarial é injusto, e assim por diante. Rawls recomendou, portanto, que os filósofos da justiça se engajassem no projeto interpretativo que chamou de "busca do equilíbrio reflexivo". Tentamos criar princípios que tinham um certo alcance geral e harmonizar esses princípios gerais com os julgamentos concretos sobre o que é justo e injusto com os quais começamos, mudando nossas concepções tanto sobre os princípios quanto sobre os julgamentos concretos, ou sobre ambos, na medida em que se torne necessário chegar a um ajuste interpretativo.

Podemos reformular esse exercício interpretativo como um método para a filosofia do direito. Podemos identificar o que aparentemente nem é preciso dizer que faz parte de nosso direito – o limite de velocidade, o código tributário, as regras de propriedade do dia a dia, os contratos etc., coisas com as quais estamos todos familiarizados. Podemos dizer que se trata de paradigmas do direito. Em seguida, podemos criar o outro polo de um equilíbrio interpretativo, pois compartilhamos um ideal abstrato que pode desempenhar, na teoria jurídica, o mesmo papel que o conceito de justiça desempenhava para Rawls. Este é o conceito de direito – ainda que às vezes, quando enfatizamos seu caráter político, o descrevamos de outro modo, como o conceito de legalidade ou o conceito de Estado de Direito. Podemos, então, tentar criar uma concepção adequada de legalidade, isto é, uma concepção de legalidade que equilibre nossos diferentes pressupostos pré-analíticos sobre proposições concretas de direito com os princípios gerais de moralidade política que pareçam explicar melhor a natureza e o valor da legalidade. Assim, poderemos inscrever uma teoria sobre as condições de veracidade das proposições de direito em uma concepção mais ampla do valor que consideramos convincente. Uma teoria positivista do direito apresentará uma tese sobre as condições de veracidade de tais proposições, como a tese das fontes, que é sustentada por uma concepção positivista da legalidade que, por sua vez, é sustentada por uma teoria mais geral e apropriada da justiça. Esse modelo interpretativo fornece a melhor maneira de se entender os argumentos apresentados pelos principais filósofos do direito. Em certo sentido, a filosofia jurídica assim concebida é descritiva porque começa com algum tipo de entendimento sobre o que é tido como certo pela comunidade à qual se destina, mas em outros sentidos é substantiva e normativa porque procura alcançar um equilíbrio com princípios julgados por recurso independente. Já de início, portanto, a obra de Rawls é uma contribuição fundamental para o autoentendimento da filosofia do direito.

O que é o direito?

Retomemos agora o aspecto substantivo da antiga pergunta. Que entendimento do direito – um entendimento positivista ou de outra natureza – é mais bem-sucedido como concepção do conceito de legalidade? Para demonstrar as implicações das ideias de Rawls sobre essa nova questão, podemos inseri-la em seu constructo imaginário da justiça como equidade. Suponhamos que se peça aos representantes da "posição original"[6] por ele descrita para escolherem, além do princípio geral de justiça, uma concepção de legalidade. Para simplificar as coisas, oferece-se a eles uma lista com apenas duas opções. Eles podem optar por uma descrição positivista simplificada de legalidade, que especifique que os juízes utilizem um critério particular para as verdadeiras proposições de direito, ou uma descrição não positivista interpretativa e simplificada.

No caso da descrição positivista simples, os juízes devem aplicar regras criadas pelo poder legislativo na medida em que elas não sejam nem possam tornar-se ambíguas, mediante consulta à história legislativa e a outras fontes oficiais de intenção legislativa. Mas quando, como frequentemente acontece, as regras estabelecidas e interpretadas apenas nesse sentido são insuficientes para decidir o caso, então os juízes devem declarar que o direito não oferece nenhuma resposta e, a partir daí, legislar por conta própria para preencher a lacuna então existente. Contudo, eles devem legislar de maneira modesta e limitada, e do modo como acreditam que o poder legislativo hoje vigente legislaria se estivesse incumbido da solução do problema. Isto é, os juízes devem fazer o que acreditam que o parlamento pertinente teria feito. No caso da descrição concorrente, a interpretacionista simples, os juízes devem aplicar as regras criadas pelo poder legislativo, interpretadas da mesma maneira; porém, quando se virem diante de uma suposta lacuna, não devem tentar legislar como o poder legislativo o faria, mas tentar identificar os princípios procedimentais e substanciais de justiça que melhor justificam o direito da comunidade como um todo e aplicar esses princípios ao novo caso.

Suponhamos agora que, ao contrário do pressuposto de Rawls, os representantes tenham estabelecido uma concepção utilitarista de justiça geral completamente abrangente. Nesse caso, eles acreditarão ter um bom motivo para optar pela concepção positivista de direito em detrimento da concepção não positivista simplificada. Isso porque há uma forte afinidade entre uma concepção utilitarista de justiça e uma concepção positivista de legalidade: não é por acaso que os dois fundadores do positivismo jurídico moderno, Bentham e Austin, eram utilitaristas por excelência*.

---

* Há na obra de Jeremy Bentham uma parte conceitual e uma parte normativa. A parte conceitual, o positivismo jurídico, foi aperfeiçoada por filóso-

Como Bentham enfatizou, a legislação utilitarista bem fundada deve ser organizada e direcionada a partir de uma única fonte: o melhor programa para se maximizar a utilidade é um programa integrado em que diferentes leis e diretrizes políticas podem ser adaptadas e coordenadas de modo a produzir o impacto máximo em termos de utilidade[7]. O poder legislativo é a melhor instituição para se obter esse impacto máximo, porque ele pode examinar exaustivamente a arquitetura do direito e da política, e porque sua composição e seus processos de escolha tendem a produzir informações sobre a mistura de preferências na comunidade que são indispensáveis à exatidão dos cálculos das trocas e compensações necessárias à obtenção da máxima utilidade agregada. Os juízes são essenciais à aplicação concreta e particular das regras que se destinam a maximizar a utilidade ao longo do tempo, mas sua atuação como arquitetos de diretrizes políticas deve ser a menor possível, uma vez que isso seria ineficaz de diversas maneiras. Portanto, é preciso dizer-lhes que quando a ordem legislativa se esgota sem uma decisão, eles devem declarar que suas decisões não são guiadas por nenhuma fonte que não a legislativa. Devem enunciar que existe uma lacuna, a qual eles tentarão preencher da maneira mais despretensiosa possível, como representantes de seus mestres políticos e com a disposição de espírito que orientaria a atuação deles, avançando – como afirmou o positivista e utilitarista por excelência Oliver Wendell Holmes, do molar para o molecular[8].

Esse é o argumento positivo em favor do positivismo a partir da perspectiva utilitarista. Há um argumento negativo, contra o interpretacionismo, a partir dessa mesma perspectiva: que ele é irracional. Para os utilitaristas, os princípios morais e políticos são simplesmente regras práticas para se obter a máxima utilidade a longo prazo, e não pode

---

fos e juristas como John Austin e H. L. A. Hart. A parte normativa, o utilitarismo, foi aprimorada pela Análise Econômica do Direito, tendo como maior expositor na atualidade o juiz norte-americano Richard A. Posner. (N. do R. T.)

haver nenhum valor independente – e sim muito prejuízo – em se buscar uma coerência de princípios simplesmente por considerá-la desejável. A utilidade é sem dúvida mais bem servida por uma concentração exclusiva no futuro, sem olhar para o passado, a não ser na medida em que isso seja prudente do ponto de vista estratégico.

Agora, porém, suponhamos que os representantes da posição original façam, de fato, a escolha que Rawls pressupõe que fariam. Eles rejeitam o utilitarismo em favor dos dois princípios de justiça, um dos quais dá prioridade a certas liberdades fundamentais, e outro que procura melhorar a situação do grupo social menos privilegiado. Pareceria então natural que eles também escolhessem o interpretacionismo em detrimento do positivismo, uma vez que, a longo prazo, o interpretacionismo seria uma aposta melhor para se alcançar a justiça, tanto em pequena quanto em grande escala. Os dois princípios exigem a implementação em níveis sucessivos de detalhamento. Eles exigem, primeiro, um estágio constitucional em que as instituições sejam projetadas de modo a produzir, com a maior probabilidade possível, os resultados que os dois princípios fundamentais determinam. Em seguida, no estágio que Rawls chama de legislativo, exigem que essas instituições tomem decisões mais específicas sobre leis e diretrizes políticas, orientadas por princípios mais específicos de justiça a serviço dos princípios básicos. As pessoas que colocam a prioridade lexical na igualdade de liberdade, e depois também consideram prioritário o amparo à situação do grupo social menos privilegiado, serão particularmente sensíveis à possibilidade de ocorrer um pior desempenho nesse estágio legislativo. Elas se preocuparão com o fato de que um legislativo dependente de aprovação majoritária seja muito pressionado a promover os interesses de alguns grupos em detrimento de outros. Portanto, vão sentir-se atraídas pela ideia de um judiciário com poderes e responsabilidades independentes. Serão atraídas pela ideia do controle judicial de constitucionalidade – discutirei mais tarde as implicações dos argumentos de Rawls a esse respeito[9]. Mas se sentirão igualmente atraídas pela ideia de que os juízes também devem exercer uma supervisão menos enérgica, mas ainda assim importante, da aplicação e do desenvolvimento cotidiano do direito por parte dos poderes legislativos. E pela ideia adicional de que eles devem exercer esse poder tendo em vista a igualdade perante a lei, isto é, insistindo que, na medida em que assim o permita uma doutrina bem fundada da supremacia legislativa, quaisquer princípios inferidos a partir do que o legislativo fez em prol de alguns grupos também possam estar ao alcance de todos. Elas vão ter esse motivo forte para favorecer uma concepção interpretacionista do direito que considera que as pessoas têm o direito não apenas àquilo que as instituições legislativas determinaram especificamente, mas também à elaboração baseada em princípios de tais determinações. A coerência é a melhor proteção contra a discriminação. Esta é, afinal, a premissa da Cláusula da Igual Proteção da Décima Quarta Emenda de nossa Constituição.

Rawls não criou esse argumento a favor do interpretacionismo; na verdade, até onde eu sei, ele não criou nenhum argumento explícito a favor de qualquer concepção do direito. Mas ele endossou explicitamente o princípio que, como afirmei, sustenta o interpretacionismo, e endossou esse princípio ao longo de uma discussão da legalidade ou do Estado de Direito. Permitam-me citá-lo:

> O preceito de que se devem tomar decisões semelhantes em casos semelhantes limita significativamente o poder discricionário dos juízes e de outras autoridades. O preceito obriga-as a justificar as distinções que fazem entre pessoas fazendo referência às normas e princípios jurídicos relevantes. Em qualquer caso particular, se as normas forem demasiado complicadas e precisarem de interpretação, pode ser fácil justificar uma decisão arbitrária. Porém, à medida que aumenta o número de casos, torna-se mais difícil apresentar justificações plausíveis de julgamentos parciais. A exigência de coerência aplica-se, sem dúvida, à interpretação de todas as normas e às justificações em todos os níveis.[10]

Observe-se a ênfase de Rawls na complexidade como uma limitação em si mesma, e sua insistência em que a coerência se aplica, como ele afirma, a "todas as normas (...) em todos os níveis"[11]. Os cidadãos ficam mais bem protegidos contra a arbitrariedade e a discriminação quando os juízes que interpretam o direito e elaboram-no nos casos difíceis são responsáveis pela coerência, não simplesmente com doutrinas específicas aqui e ali, mas, da melhor maneira possível, com a coerência baseada em princípios que abrangem toda a estrutura do direito.

Alguém poderia objetar que, apesar da afinidade histórica que mencionei, um positivista não precisa ser utilitarista. Ao contrário, podemos pressupor a existência de um juiz positivista que não seja utilitarista e esteja disposto, nos casos em que acredita possuir poder discricionário, a adotar a norma que, em sua opinião, melhor convém à justiça a partir de alguma outra forma de entendimento. Por que as pessoas que optaram pelos dois princípios de justiça de Rawls na posição original não escolheriam também essa caracterização do papel de um juiz? Por que essa não é uma melhor escolha com base no que Rawls chamou de justiça procedimental imperfeita? Essa sugestão, porém, não leva em conta o fato de que os juízes, mesmo quando visam unicamente à justiça, divergem frequentemente acerca do que é a justiça, e que os próprios juízes podem ser influenciados por ideias preconcebidas, preconceitos ou os outros inimigos da justiça imparcial. Ao optarem por uma concepção de direito, as pessoas não têm por que pensar que uma decisão em seu próprio caso irá refletir melhor a justiça, seja qual for a concepção que dela se tenha, se os juízes forem livres para desconsiderar a coerência baseada em princípios com aquilo que outras autoridades públicas e juízes fizeram, do que se lhes for pedido que respeitem a coerência baseada em princípios. Elas podem muito bem pensar que estão mais bem protegidas contra a arbitrariedade ou a discriminação se não instruírem os juízes a fazer justiça do modo como a veem, mas procurarem disciplinar os juízes insistindo que eles deem o melhor de si para respeitar a coerência baseada em princípios do modo como eles a veem. Como afirmei, este é o pressuposto da Cláusula da Igual Proteção[12].

As limitações do raciocínio jurídico

Vou agora abordar uma questão específica que deve ser enfrentada por todas as concepções de direito, mas que é particularmente difícil para algumas. Como os juízes devem raciocinar nos casos difíceis? Nos termos da combinação simples de positivismo e utilitarismo que descrevi, os juízes devem introduzir novas formas de julgamento para preencher as lacunas do direito, mas a combinação determina o caráter desse raciocínio judicial ao sustentar que os juízes devem tentar fazer o que o legislativo teria feito. O interpretacionismo, assim como outras teorias jurídicas, também pressupõe que os juízes inovem em seus julgamentos de moralidade política nos casos difíceis, orientando-os a buscar um equilíbrio interpretativo entre o conjunto de decisões legislativas e judiciais que representam a estrutura jurídica e os princípios gerais que parecem constituir a melhor maneira de justificar essa estrutura. Como afirmei em outro livro, esse é, na verdade, o método tradicional do *common law*[13]. Haverá, porém, quaisquer limitações ao tipo de princípios que os juízes podem citar ao elaborarem esse equilíbrio interpretativo, isto é, ao justificarem o histórico do direito como um todo?

Para eles, sem dúvida pareceria errado empregar determinados tipos de argumentos. Eles não devem apelar a seus interesses pessoais ou aos interesses de algum grupo ao qual estejam ligados. Essa limitação óbvia parece ser parte da própria ideia de uma justificação. Mas poderão eles apelar a suas convicções religiosas, caso as tenham, ou às doutrinas de sua igreja, caso pertençam a alguma? Afinal, alguns juízes pensam, motivados por sua mais profunda convicção, que a religião oferece a mais forte justificação, quando não a única justificação verdadeira, da moralidade política, e, consequentemente, a mais forte ou a única verdadeira dentre as justificações de decisões jurídicas tomadas no passado. Nos Estados Unidos, poder-se-ia pensar que a argumentação religiosa está excluída do raciocínio judicial por conta da Primeira Emenda. Mas o que acontece em outros lugares? Por exemplo, em países como o Reino Unido ou Israel, onde existe uma religião estabelecida? Se até neles a religião também constitui um fundamento inadmissível para a atividade judicial, será que essa limitação refere-se exclusivamente à religião? Ou será uma decorrência única de algum princípio mais geral de moralidade política? Que dizer, por exemplo, dos argumentos de filosofia moral? No âmbito de suas opiniões, um juiz pode recorrer conscienciosamente às doutrinas filosóficas de Immanuel Kant ou John Stuart Mill? Pode apelar, como na verdade já fizeram vários juízes norte-americanos, aos escritos filosóficos de John Rawls?[14] Pode um juiz apelar à política macroeconômica? Pode decidir que um princípio justifica melhor a estrutura jurídica como um todo porque a observação desse princípio ajudará a controlar a inflação ou a estimular a poupança?

A doutrina de Rawls da razão pública dedica-se justamente a definir os tipos de argumentos que são permissíveis às autoridades públicas em uma comunidade politicamente liberal, e ele insiste que a doutrina se aplica com um rigor especial aos juízes. Todavia, considero a doutrina da razão pública difícil de definir e de defender. Tentarei, aqui, fazer um resumo de minhas dificuldades. Há duas maneiras de afirmar o que a doutrina requer. A primeira e mais básica apela à importante ideia de reciprocidade. A doutrina só admite as justificações que todos os membros sensatos da comunidade política podem aceitar de modo plausível. A segunda talvez seja o desfecho desse critério mais básico. A razão pública requer que as autoridades apresentem justificações baseadas nos valores políticos da comunidade e não em doutrinas religiosas, morais ou filosóficas abrangentes. Portanto, a doutrina requer que os juízes procurem encontrar uma justificação da estrutura do direito que lhes permita evitar as doutrinas religiosas, morais ou filosóficas controversas.

Não consigo ver, porém, o que a doutrina da reciprocidade exclui. Se acredito que determinada posição moral controversa é inequivocamente certa – por exemplo, que os indivíduos devem cuidar de suas próprias vidas e assumir a responsabilidade financeira por quaisquer erros que venham a cometer –, como posso, então, não acreditar que outros membros de minha comunidade podem aceitar a mesma concepção de maneira sensata, seja ou não provável que eles venham a aceitá-la? Talvez Rawls queira dizer que os juízes não devem recorrer a ideias que alguns cidadãos sensatos não pudessem aceitar sem abrir mão de algumas de suas convicções – suas convicções X. Aparentemente, porém, não temos nenhuma base para determinar o que são essas convicções X. Admito que as convicções religiosas sejam especiais por diversas razões. Sem dúvida, alguém que acredita que a verdade religiosa só é alcançável por meio da graça divina ou de alguma outra forma privilegiada de acesso, não pode defender o ponto de vista de que todos os cidadãos sensatos possam, de maneira sensata, adotar suas próprias convicções religiosas. Rawls, porém, não apresenta razões que nos levem a crer que o critério de reciprocidade exclua quaisquer convicções sensatas além das convicções religiosas.

Também tenho muitas dificuldades com a distinção entre valores políticos, por um lado, e convicções morais abrangentes, por outro. A própria concepção de justiça como equidade de Rawls depende criticamente do que parecem ser posições morais controversas. O princípio da diferença, por exemplo, é gerado e defendido de modo equilibrado por um conjunto de pressupostos, inclusive por aqueles acerca da irrelevância moral fundamental do esforço ou da responsabilidade: se a estrutura que maximiza a posição do grupo em pior situação financeira acabar premiando os indolentes e ociosos, isso não apresenta uma dificuldade. Em defesa dessa conclusão, Rawls pressupõe que o esforço seja influenciado pelo talento natural[15]. E é mesmo, só que este último não o esgota, e a questão de como vai se dar a interação entre ambos parece uma mistura de psicologia e moral que é exatamente do tipo que divide as concepções morais diferentes e abrangentes acerca da responsabilidade pessoal. A posição de Rawls certamente é polêmica em nossa comunidade, e algumas pessoas a rejeitam em favor de uma teoria da justiça distributiva que dependa mais da responsabilidade pessoal*.

A meu ver, essas dificuldades são confirmadas pelos exemplos que Rawls oferece sobre a ideia de razão pública em funcionamento. Ele discute a controvérsia sobre o aborto em diversas ocasiões, ainda que em cada uma delas só o faça de maneira breve. Sua discussão pressupõe que a questão de saber se o feto em fase inicial de concepção tem direitos e interesses próprios, inclusive o direito à vida, é uma questão que remete a uma posição moral, religiosa ou filosófica abrangente, e que não é estabelecida por nenhum valor político de uma comunidade liberal. De que maneira, porém, podemos nos posicionar quanto à questão de saber se as mulheres norte-americanas têm direito constitucional ao aborto – como pôde a Suprema Corte decidir os casos *Roe vs. Wade*[16] e *Planned Parenthood of Southeastern Pennsylvania vs. Casey*[17] – sem nos posicionarmos diante de questão de tamanha amplitude? Não parece haver, aí, uma posição consensual. A concepção de que um feto não tem interesses e direitos próprios provém de uma posição tão abrangente quanto aquela que afirma o contrário, e não podemos chegar a uma decisão sobre o aborto sem adotar

---

* Para Dworkin, a teoria de Rawls mostra-se muito insensível quanto aos atributos naturais das pessoas e insuficientemente sensível quanto às suas ambições. Sua proposta pretende superar ambos os problemas. Ver Ronald Dworkin, *A virtude soberana: a teoria e a prática da igualdade*, São Paulo, Martins Fontes, 2005, sobretudo o capítulo 2. (N. do R. T.)

uma dessas duas concepções. A Cláusula da Igual Proteção aplica-se a todas as pessoas, e meu argumento de que a mulher tem um direito constitucional ao aborto no primeiro trimestre de gravidez deve negar que o feto seja uma "pessoa" no contexto do significado dessa cláusula[18].

Portanto, duvido que a doutrina da razão pública de Rawls possa nos ajudar muito a desenvolver uma concepção de legalidade e da decisão judicial. Devemos procurar em outra parte. Em minha opinião, podemos encontrar os limites necessários ao argumento judicial na concepção de direito que, como afirmei, os argumentos gerais de Rawls sugerem: o interpretacionismo. Se admitirmos uma concepção interpretacionista, não precisaremos de uma doutrina à parte, como aquela da razão pública. Os juízes talvez não apelem a convicções ou objetivos religiosos nas sociedades liberais porque essas convicções não podem fazer parte de uma justificação geral e abrangente da estrutura jurídica de uma comunidade pluralista, liberal e tolerante. Esse limite interpretativo não pode, contudo, excluir as convicções morais por considerá-las distintas das convicções religiosas. Os juízes que interpretam uma série de casos que envolvem responsabilidade civil podem recorrer à teoria da justiça de Rawls como base para rejeitar uma interpretação utilitarista de decisões e doutrinas antigas em favor de uma interpretação mais solidamente baseada em uma concepção de igualdade[19].

Uma última questão: nesta discussão da razão pública, Rawls diz que, seja como for, os juízes não podem apelar a suas convicções morais pessoais. Se isso significa que um juiz não pode afirmar que uma justificação do direito pregresso é superior porque ele pensa desse modo, então existe aí um acerto evidente. A biografia intelectual de um juiz não é um argumento jurídico. Porém, se significa que um juiz não pode introduzir quaisquer opiniões morais controversas em seu julgamento, pois assim ele estaria citando pontos de vista morais que ele, mas não outros, considera certos, estaremos diante de uma exigência impossível. Não há nenhuma concepção de direito – positivista ou interpretacionista – na qual os juízes de comunidades pluralistas complexas possam se basear para fazer frente a suas responsabilidades institucionais sem levar em conta as convicções morais controversas[20].

Constitucionalismo

A instituição do controle judicial de constitucionalidade, sob a qual os juízes nomeados têm o poder de declarar nulas as leis aprovadas pelo poder legislativo e outras instituições representativas em razão de elas violarem as garantias dos direitos individuais, é frequentemente citada como antidemocrática porque permite que alguns juristas não eleitos e praticamente indestituíveis ignorem os veredictos criteriosos e amadurecidos dos representantes eleitos. O próprio Rawls abordou essa antiga queixa em diversas ocasiões. Em primeiro lugar, ele deixou claro que, de acordo com a concepção de justiça como equidade que ele defende, as diferentes instituições que uma comunidade cria no nível por ele chamado de constitucional, à luz de princípios de justiça escolhidos por detrás do véu de ignorância, são escolhidas com uma disposição de espírito voltada para a justiça perfeita, e não para a justiça procedimental. Ou seja, são escolhidas de olho nos resultados. Os princípios de justiça estabelecem as liberdades básicas e sua prioridade, e a questão a ser decidida no estágio constitucional é de natureza instrumental: que sistema de instituições é mais bem equipado para proteger essas liberdades?

É claro que, entre as liberdades iguais que as instituições devem ter em mira a proteger encontram-se as liberdades políticas, que incluem o direito ao voto e à participação política. Porém, como Rawls afirma em *Justice as Fairness: a Restatement**, essas e as outras liberdades básicas de-

---

* Trad. bras. *Justiça como equidade: uma reformulação*, São Paulo, Martins Fontes, 2003. (N. do R. T.)

vem ser vistas, elas mesmas, como quase instrumentais[21]. Elas se impõem como essenciais para o desenvolvimento e o exercício das duas capacidades morais fundamentais, isto é, a capacidade de conceber um senso de justiça e de agir de acordo com ele, e de criar uma concepção do bem e agir de acordo com ela. Do modo como a entendo, essa questão significa que, embora as pessoas tenham um direito básico a procedimentos amplamente democráticos, pois os direitos amplos de votar e participar da política são clara e inevitavelmente necessários ao desenvolvimento dessas capacidades morais, elas não têm nenhum direito básico a qualquer forma específica de democracia, e, portanto, nenhum direito básico de que as instituições democráticas sigam qualquer propósito particular ou tenham qualquer poder particular. A questão consiste, antes, em saber qual estrutura e poder parlamentar apresenta as melhores perspectivas de assegurar os outros resultados desejados ou determinados.

Portanto, não há nada na concepção de Rawls de justiça como equidade que sustente a chamada objeção "majoritária" ao controle de constitucionalidade em sua forma mais abrangente. Contudo, no nível constitucional de interpretação, sua teoria deixa espaço para a objeção mais limitada de que, de fato, o sistema norte-americano de constitucionalismo e controle judicial de constitucionalidade não pode ser justificado desse modo instrumental, de que as liberdades básicas, inclusive as liberdades políticas, seriam mais bem servidas por algum outro sistema, que poderia ser a pura soberania parlamentar ou um caso misto como o do Reino Unido depois da promulgação da Lei de Direitos Humanos, que permite que o Parlamento, em seus atos legislativos, viole os direitos especificados pela Lei, desde que declare explicitamente sua intenção de fazê-lo. Embora Rawls não tenha proposto, contra os seus rivais mais maioristas, nada que se assemelhe a um argumento totalmente baseado em resultados para o modelo norte-americano, ele expõe diversos argumentos que parecem sustentar, *grosso modo*, o modelo norte-americano. Ele faz distinção, por exemplo, entre soberania parlamentar e popular, e afirma que o modelo norte-americano é compatível com a soberania popular. Esse modelo fomenta as capacidades morais básicas do povo, diz ele, uma vez que o povo em geral não apenas endossou a Constituição original como também apoiou e fiscalizou seus principais progressos desde então – por exemplo, no período da Reconstrução* e durante o *New Deal***. (Em suas próprias palavras, nesse ponto de vista ele segue os argumentos de Bruce Ackerman[22].)

Em segundo lugar, ele chama a atenção para um outro modo pelo qual o constitucionalismo e o controle judicial de constitucionalidade ajudam, em vez de limitar, o desenvolvimento das duas capacidades morais. Ele diz que o fato de a Suprema Corte agir como foro de princípio estimula e põe em foco a discussão política pública de questões morais cruciais[23].

Posso retomar agora a questão incomum que mencionei antes: não a legitimidade do controle judicial de constitucionalidade, mas sua estratégia apropriada. A Suprema Corte é frequentemente pressionada a reconhecer um direito constitucional concreto que não reconheceu antes, e cujo reconhecimento enquanto direito é muito questionado pelas pessoas de bom senso do país. Se ela reconhece e aplica esse novo direito, sua decisão será objeto de um descontentamento maciço, e até mesmo sua posição e legitimidade poderão ser questionadas. A Corte enfrentou essa situação no caso *Brown vs. Board of Education*[24] e nos outros casos anteriores de discriminação racial na década de 1950.

---

* Período marcado, nos Estados Unidos, pela reincorporação dos estados confederados à União após a Guerra de Secessão e por tentativas de integração social, econômica e política dos negros. (N. do R. T.)

** Programa ou pacto político-econômico do presidente norte-americano Franklin D. Roosevelt, com o objetivo de promover a recuperação econômica e as metas governamentais na década de 1930, nos Estados Unidos. (N. do T.)

Enfrentou-a nos casos sobre a prece nas escolas*, nos casos de aborto a partir de *Roe vs. Wade*[25] e nos casos mais recentes sobre suicídio assistido de doentes terminais**. Há muitos prós e contras acerca do fato de que, em tais situações, a Corte deveria recusar-se a reconhecer o novo direito a fim de dar ao processo político mais tempo para considerar os méritos da questão por meio da política e das decisões locais, que poderiam variar de estado para estado e que, portanto, poderiam produzir um tipo de experiência naquilo que o juiz Brandeis, da Suprema Corte, chamava de "laboratórios dos diferentes estados"[26]. Ela poderia fazê-lo em alguns casos, graças a seu juízo restrito de admissibilidade; poderia recusar-se a julgar um caso que a forçasse a decidir questões básicas de direitos individuais por considerar mais sensato deixar que tais questões se introduzam mais tarde no cenário político. Na maioria dos casos, porém, um ou mais tribunais inferiores terão se referido à questão de modo a exigir que a Suprema Corte decida se a Constituição assegura o direito pretendido. Nesse caso, a estratégia passiva ou cautelosa que descrevi exigiria que a Corte afirmasse a inexistência do direito controverso reivindicado, como na verdade o fez, por exemplo, nos casos de suicídio assistido[27].

O próprio Rawls insistiu que a Suprema Corte reconhecesse um direito limitado ao suicídio assistido; ele e vários outros filósofos e juristas assinaram uma petição exigindo essa decisão na qualidade de *amicus curiae*[28]. Posteriormente, porém, ele afirmou que o argumento da cautela é o que ele chamou de "bom" argumento a favor da decisão que a Corte tomou contra seu conselho, e também o chamou de "bom" argumento contra a decisão tomada pela Corte em 1973, reconhecendo um direito limitado ao aborto em *Roe*

---

* Ver, por exemplo, *Engel vs.Vitale*, 370 U.S. 421 (1962); *Board of Education of Westside Community School vs. Mergens*, 374 U.S. 203 (1963); e *Abington Township School District vs. Schempp*, 374 U.S. 203 (1963). (N. do R. T.)
** Ver, por exemplo, *Washington vs. Glucksberg*, 521 U.S. 702 (1997) e *Vacco vs. Quill*, 521 U.S. 793 (1997). (N. do R. T.)

vs. Wade[29], o que por certo não significa que ele tenha terminado por considerá-lo como um argumento convincente[30]. Contudo, a mim parece tratar-se de um argumento rawlsiano poderoso e objetivo – até mesmo decisivo – contra o argumento da cautela. Nesses casos litigiosos, um demandante ou um grupo de demandantes alega que alguma lei ou prática nega suas liberdades básicas e, desse modo, viola o primeiro princípio de justiça ao qual, na justiça como equidade, se dá prioridade sobre qualquer outra coisa, aí provavelmente incluídas a paz e a tranquilidade civis. É claro que qualquer juiz da Suprema Corte poderia não acreditar que o direito ou a prática visada não nega uma liberdade básica. Devemos, porém, presumir que Rawls, como juiz da Suprema Corte, seria convencido pelo argumento que ele próprio apresentou, por exemplo, na "Petição dos Filósofos". É fácil perceber como um utilitarista que se denomina de pragmatista poderia se deixar atrair pelo argumento da cautela. Mas por que isso aconteceria com Rawls? Por que ele pensaria que o argumento da cautela chega a ser, inclusive, um "bom" argumento?

Uma das respostas pode ser epistêmica. Talvez Rawls considerasse defensável o fato de que, ao reconhecer os temíveis Fardos da Razão*, um juiz da Suprema Corte admitisse que seu próprio julgamento pudesse ser falho, que o processo político poderia, ao longo dos anos, pôr em prática uma solução conciliatória diferente, de ampla aceitação, e que essa solução conciliatória, caso se conseguisse alcançá-la, constituiria uma descrição mais exata ou razoável da liberdade básica em questão do que aquela que a maioria dos juízes da Suprema Corte poderia, de antemão, conceber por si própria. Essa resposta, contudo, apresenta várias dificuldades evidentes, e podemos apresentá-las utilizando mais uma vez, como exemplo, a questão do aborto.

---

* A ideia de Rawls de um desacordo razoável exige um esclarecimento acerca das origens, fontes ou causas de desacordo entre pessoas razoáveis. A essas fontes e causas Rawls dá o nome "fardos da razão". Ver John Rawls, The Domain of the Political and Overlapping Consensus, *New York University Law Review*, vol. 64, n. 2, maio de 1989, pp. 235-8. (N. do R. T.)

Primeiro, parece improvável que uma solução conciliatória que não produza dissensão teria sido logo alcançada na política deste país. Em termos gerais, os europeus chegaram a uma posição que, com formalidades cosméticas, permite o aborto quando solicitado[31]. Isso não provocou uma controvérsia interminável lá, mas isso porque a Europa não está infestada por movimentos religiosos fundamentalistas nem por qualquer suscetibilidade fundamentalista séria. Mas essa infestação campeia nos Estados Unidos, como uma vez mais ficou demonstrado com a recente legislação que proibiu o chamado aborto com nascimento parcial[32*]. A única solução que atenuaria a objeção militante dos fundamentalistas neste caso seria um rigoroso regime antiaborto que não seria tolerado pelos movimentos feministas, que podem ser quase igualmente militantes. Em segundo lugar, ainda que se chegasse a uma solução política conciliatória que se mostrasse razoavelmente aceitável a todos, não haveria por que pensar que tal solução teria identificado, de modo mais exato ou racional, as liberdades básicas em questão. Ao contrário, qualquer que seja a concepção dessas liberdades básicas que se adote, parece provável que uma posição contemporizadora significaria injustiça para alguns. Suponhamos, por exemplo, que a maioria das pessoas parasse de se opor tão enfaticamente às leis antiaborto em seus próprios estados somente porque as mulheres que quisessem abortar pudessem viajar para outro estado onde o aborto fosse legal. Isso negaria o igual valor da liberdade às pessoas demasiado pobres para arcar com os diversos gastos da viagem.

Será que Rawls poderia ter pensado que é difícil determinar se existe uma liberdade básica de aborto, de contar

---

* Técnica usada quase exclusivamente para interromper a gravidez avançada (entre 20 e 26 semanas), que coloca a mãe em situação de alto risco. Também é chamada de aborto por dilatação e extração ou aborto por ECI (esvaziamento craniano intrauterino), e é mais comumente indicada em casos de morte do feto, risco de morte para a mãe, risco para a saúde da mãe e malformações fetais que tornem inviável a vida extrauterina. (N. do T.)

com o suicídio assistido ou de ter uma escola livre de prece? Se a resposta for positiva, ele então poderia ter concluído que existe um bom argumento a favor de se deixar essas questões a cargo da política, uma vez que esta é superior à decisão judicial sempre que, de um modo ou de outro, a justiça procedimental quase em estado puro é tudo de que se dispõe. Contudo, é extremamente implausível que Rawls pensasse que questões dessa natureza são questões de indeterminação, uma vez que ele próprio adotou determinadas posições sobre várias dessas questões. Tampouco ele poderia coerentemente pressupor (como, na verdade, vários estudiosos já o fizeram) que a política estado-por-estado é um veículo mais apropriado do que a decisão judicial quando se tem em vista o desenvolvimento das diferentes virtudes públicas por ele reconhecidas. Seu argumento de que a decisão judicial da Suprema Corte estimula o desenvolvimento das duas capacidades morais parece aplicar-se tão completamente aos casos que geram dissensão quanto aos menos dramáticos; na verdade, a ambos, porém mais intensamente naqueles casos.

Poderia ele ter apelado à virtude da civilidade, sustentando o ponto de vista de que é melhor não tomar decisões que pareçam profundamente ofensivas a alguns cidadãos? Essas decisões, porém, vão parecer igualmente ofensivas à parte perdedora se lhes forem impostas pelos poderes legislativos estaduais, não pelos tribunais. De qualquer modo, esse tipo de civilidade tem em vista um mero *modus vivendi*, que Rawls rejeita por considerar inadequado, e não outra coisa qualquer que se pudesse teoricamente defender. É evidente que, se a autoridade da Suprema Corte ou do sistema constitucional como um todo estivesse, de fato, em jogo, as coisas seriam diferentes. Poderíamos entender a sabedoria de um conselho prudente em tal caso: é melhor ignorar os direitos de alguns do que sacrificar o sistema que protege os direitos de todos no longo prazo. Sem dúvida, porém, não é esta a situação. Ao contrário das preocupações do juiz Felix Frankfurter*, da Suprema Corte, a autoridade da Corte sobreviveu ao caso *Brown vs. Board of Education*[33] e aos casos de miscigenação[34]; sobreviveu também a *Roe vs. Wade*[35] e às decisões relativas à prece nas escolas[36]. Poderia ter sobrevivido a uma decisão favorável a um direito limitado ao suicídio assistido. Na verdade, sinto-me tentado a dizer que, tendo sobrevivido à vergonha do caso *Bush vs. Gore*[37], ela pode sobreviver a praticamente tudo.

Verdade e objetividade

Por fim, gostaria de mencionar – ainda que deva fazê-lo de maneira bastante sucinta – o último aspecto das concepções de Rawls que afirmei ser de particular importância para a teoria jurídica. Uma objeção frequente aos louvores ao Estado de Direito sustenta que as decisões judiciais, particularmente nos casos difíceis, não podem ser descrições de nenhuma verdade objetiva, mas que exprimem tão somente o estado de aprovação ou desaprovação psicológica de quem as tomou. Embora seja uma conhecida concepção cética da moral e de outras esferas do valor, ela tem uma importância prática particular no direito, pois se considera que oferece um argumento substantivo em diferentes controvérsias: por exemplo, no que diz respeito a saber se as pessoas têm o dever moral de obedecer à lei ou se o controle judicial de constitucionalidade da legislação majoritária é defensável.

Em *Political Liberalism* [Liberalismo político], Rawls apresentou uma concepção de objetividade que considerava apropriada às reivindicações políticas, boa parte da qual, dizia ele, também se aplica às alegações de direito sujeitas a controvérsia. Ele insistia que a objetividade, no sentido que atribuía ao termo, não depende de nenhum pressuposto de que

---

* Indicado para a Suprema Corte norte-americana em 1939 pelo presidente Franklin Roosevelt, permaneceu no cargo até 1962. (N. do R. T.)

o raciocínio político ou jurídico é um caso de percepção, isto é, que uma afirmação política ou jurídica só pode ser objetivamente verdadeira quando a crença de que é verdadeira é causada pela situação que ela expõe. Os fatos jurídicos não têm nenhuma relação causal com o sistema nervoso central dos juristas. Mas por que se deveria inferir que uma proposição de direito controversa – por exemplo, a de que os fabricantes de um medicamento perigoso são responsáveis pelos danos, perante o direito, de maneira proporcional à sua participação de mercado – não pode ser objetivamente verdadeira? O fato de uma proposição enunciar ou não verdades objetivas depende de seu conteúdo. Ela afirmará uma verdade objetiva se afirmar que sua verdade independe da crença ou da preferência de quem quer que seja: que, no estado atual do direito, os fabricantes seriam responsáveis mesmo que os juristas pensassem de modo diverso. A isso se resume o significado da afirmação de objetividade. O fato de essa afirmação ser ou não bem-sucedida vai depender dos argumentos jurídicos que pudermos apresentar em seu favor, isto é, das razões que nos levem a pensar que os fabricantes continuariam sendo responsáveis mesmo que os juristas pensassem de modo diferente. Se acharmos que nossas razões para pensar dessa forma são boas razões, deveremos também pensar que a proposição de que os fabricantes são responsáveis é objetivamente verdadeira.

Assim entendida, a objetividade não depende de um pressuposto metafísico que pareça popular entre alguns dos chamados realistas morais. Eles pensam que uma proposição só pode ser objetivamente verdadeira se, além das razões substantivas que pudermos oferecer para acatar a proposição, ela também estiver fundamentada em algum tipo de realidade que extrapole essas razões. Eles estão errados: as razões substantivas são suficientes. Mas elas não devem ser isoladas. Nossos argumentos a favor da objetividade só serão suficientes quando forem suficientemente sistemáticos, e mútua e reciprocamente examinados. Rawls coloca essa questão crucial da seguinte maneira:

O construtivismo político não procura algo que confirme a racionalidade da afirmação de que a escravidão é intrinsecamente injusta, como se sua racionalidade precisasse de algum tipo de fundamentação. Provisoriamente, ainda que de modo seguro, podemos admitir certos juízos como matérias estabelecidas, como aquilo que consideramos como fatos básicos – por exemplo, o fato de que a escravidão é injusta. Porém, só temos uma concepção político-filosófica plena quando tais fatos estão coerentemente ligados por conceitos e princípios que nos são aceitáveis depois de uma reflexão adequada.[38]

Não concordo inteiramente com a discussão de Rawls sobre a objetividade. Na verdade, acho que parte dela se mostra desnecessária e não justificada pelo restante – por exemplo, sua concepção de que não é correto reivindicar a objetividade para determinado domínio a menos que possamos explicar aquilo que consideramos um erro nesse domínio, de uma maneira que não incorra em petição de princípio. Mas recomendo sua discussão geral sobre a objetividade aos juristas que esperam entender aquilo que, de fato, constitui a natureza de sua argumentação.

Confissão

Alguns de vocês terão notado uma certa congruência entre as posições que afirmo ser defendidas pelos argumentos de Rawls na teoria do direito e aquelas que eu próprio tentei defender, e talvez pensem que isso não acontece por acaso. Portanto, farei aqui uma confissão, mas sem pedir desculpas. A obra dos ícones filosóficos é rica o bastante para permitir a apropriação por meio da interpretação. Cada um de nós tem seu Immanuel Kant, e, a partir de agora, cada um de nós lutará pela bênção de John Rawls. E por um motivo muito bom. Depois de todos os livros, todas as notas de rodapé e todas as maravilhosas discussões, estamos apenas começando a nos dar conta de quanto temos a aprender com esse homem.

NOTAS

Introdução

1. Pode-se objetar que as distinções que faço não determinam a existência de diferentes conceitos de direito, mas apenas que um único conceito pode ser usado de diferentes maneiras. Ainda que assim fosse, as diferenças importantes entre as questões teóricas que enfatizo continuariam existindo: em particular, continuaria sendo importante estabelecer uma distinção entre as condições de veracidade das proposições de direito e as condições sociológicas e taxonômicas, com as quais têm sido frequentemente confundidas. Mas não é o que acontece: os conceitos são diferentes, ainda que, como afirmei, profundamente inter-relacionados, pois acolhem exemplos diferentes. O conceito doutrinário acolhe pretensões ou proposições normativas válidas, e o conceito sociológico lida com instituições ou padrões de comportamento. Devemos ter o cuidado de não cair na armadilha montada pelo uso negligente da personificação por parte de alguns filósofos do direito que discuto nos capítulos 7 e 8. Vamos supor que façamos duas afirmações: a primeira, que "o direito provê uma boa vida aos advogados", e a segunda, que "o direito determina que os testamentos com apenas uma testemunha são nulos". Poderíamos ficar tentados a pensar que essas duas proposições oferecem dois enunciados sobre a mesma entidade, de modo que utilizam apenas um conceito de "direito": o conceito da entidade que provê em ambas as instâncias. Estaríamos, porém, incorrendo num grave erro. Trata-se apenas de personificações, e, ao decompô-las, percebemos que não resta entidade alguma. A segunda proposição é apenas uma maneira metafórica de fazer uma proposição de direito; não se trata de

um relato daquilo que alguma entidade tenha, de fato, afirmado ou exigido. Ver também Capítulo 8, nota 23.

2. Ver *Max Weber on Law in Economy and Society*, Max Rheinstein (org.) (Cambridge, Mass.: Harvard University Press, 1954), p. 13.

3. Lon L. Fuller, *The Morality of Law* (New Haven: Yale University Press, 1965).

4. Ver Dworkin, *Law's Empire* (Cambridge, Mass.: Harvard University Press, 1986), pp. 102-8. [Trad. bras. *O império do direito*, São Paulo, Martins Editora, 2007.]

5. Ver Joseph Raz, *The Concept of a Legal System*, 2.ª ed. (Oxford: Oxford University Press, 1980), p. 34.

6. Posso ter contribuído para a difusão do equívoco. Em um ensaio anterior, afirmei que "o direito" não contém apenas regras, mas também certos princípios. Ver *Taking Rights Seriously* (Cambridge, Mass.: Harvard University Press, 1978), Capítulo 2. Corrigi-me rapidamente, porém. Ver *ibid.*, Capítulo 3, 76. Ver também o Capítulo 8 deste livro. [Trad. bras. *Levando os direitos a sério*, São Paulo, WMF Martins Fontes, 2002.]

7. É possível que alguns, ou todos os conceitos interpretativos tenham sua origem conceitual na esfera dos critérios: talvez as pessoas tivessem em mente o conceito de justiça quando todas entendiam que "injusto" se referia apenas aos atos condenados por convenção, por exemplo. Porém, se assim for, esses conceitos já deixaram de funcionar com base em critérios há muito tempo. Contudo, o processo inverso é um fato comum. Um conceito impreciso baseado em critérios torna-se interpretativo quando está inserido em uma regra, diretriz ou princípio de cuja interpretação correta resulta algo importante, por exemplo. Se determinada assembleia legislativa foi tola o suficiente para adotar uma redução de imposto especial para os celibatários, chegaria o dia em que um juiz teria de decidir se um jovem solteiro de dezoito anos teria direito a tal redução. Ele decidiria não ao estipular uma definição mais precisa de "celibatário", mas ao apurar qual decisão atenderia melhor à razão de ser da redução.

8. Ver Thomas Nagel, "The Psychophysical Nexus," em sua coletânea *Concealment and Exposure: and Other Essays* (Oxford: Oxford University Press, 2002), p. 194.

9. Não pretendo, por certo, afirmar que os juristas fazem tais avaliações por uma questão de autoconhecimento. A educação, a formação e a experiência propiciam-lhes um entendimento cuja melhor explicação é aquela que os vê como uma resposta intuitiva a essas questões.

10. Harvard University Press, 1986.

11. Ver minha discussão das duas dimensões da integridade em *Dworkin and His Critics*, Justine Burley (org.) (Malden, Mass.: Blackwell, 2004), pp. 381-2, e em *Law's Empire*, pp. 410-1.

12. Ver Dworkin, *A Matter of Principle* (Cambridge, Mass.: Harvard University Press, 1985), capítulos 12 e 13. [Trad. bras. *Uma questão de princípio*, São Paulo, Martins Editora, 2005.] Ver também *O império do direito*, capítulo 8.

13. Ver Cass R. Sunstein, "From Theory to Practice", 29 *Arizona State Law Journal* 389 (1997).

14. Ver *Law's Empire*, pp. 250-4.

15. Ver Cass R. Sunstein, Daniel Kahneman, David Schkade e Ilana Ritov, "Predictably Incoherent Judgments", 54 *Stanford Law Review* 1153, 1200-1 (2002).

16. Ver *Levando os direitos a sério*, Capítulo 2.

17. H. L. A. Hart, *The Concept of Law*, 2.ª ed., (Oxford: Oxford University Press, 1994), p. 269. [Trad. bras. *O conceito do direito*, São Paulo, WMF Martins Fontes, 2009.]

18. Ver Liam Murphy, "The Political Question of the Concept of Law", em Jules Coleman (org.), *Hart's Postscript* (Oxford: Oxford University Press, 2001), p. 371. Ver também, por exemplo, Tom Campbell, *The Legal Theory of Ethical Positivism* (Aldershot: Dartmouth Publishing, 1996); Abner S. Greene, "Symposium: Theories of Taking the Constitution Seriously outside the Courts: Can We Be Legal Positivists without Being Constitutional Positivists?" 73 *Fordham L. Rev.* 1401 (2005).

19. Ver H. L. A. Hart, "Positivism and the Separation of Law and Morals", 71 *Harvard Law Review* (1958), reimpresso em sua obra *Essays in Jurisprudence and Philosophy* (Oxford: Clarendon Press, 1983), p. 49.

20. Ver Dworkin, *Freedom's Law* (Cambridge, Mass.: Harvard University Press, 1996).

21. Ver Hart, *O conceito do direito*, capítulo 5.

22. *Law's Empire*, p. 418 n29.

23. Ver, por exemplo, Stephen Perry, "Hart's Methodological Positivism", em Coleman, (org.), *Hart's Postscripts*, p. 311.

24. Nicola Lacey, *A Life of H. L. A. Hart* (Oxford: Oxford University Press, 2004). Lacey descreve o fascínio de Hart pela filosofia da linguagem nas páginas 144-6. O relato da autora sobre as reflexões feitas por Hart como professor visitante da Faculdade de Direito de Harvard em 1956, revelados em suas cartas e cadernos de anotações

da época, mostram quão plenamente ele se via engajado no que chamava de "linguística". Ver *ibid.*, Capítulo 8.
25. Ver *Levando os direitos a sério*, Capítulo 2.

Capítulo 1

1. Bernard Williams, *London Review of Books* (janeiro de 1991).
2. Richard Rorty, "The Banality of Pragmatism and the Poetry of Justice", em Michael Brint and William Weaver (orgs.), *Pragmatism in Law and Society* (Boulder, Colo.: Westview Press, 1991).
3. Alguns críticos, inclusive Brian Barry e Joseph Raz, sugerem que mudei de ideia sobre o caráter e a importância da reivindicação de uma resposta correta. Para o bem ou para o mal, não mudei. Ver Ronald Dworkin, *Taking Rights Seriously* (Cambridge, Mass.: Harvard University Press, 1977), capítulos 4 e, particularmente, 13. Ver também meu artigo um pouco anterior, "Is There Really No Right Answer in Hard Cases?", reimpresso como o Capítulo 5 em Ronald Dworkin, *A Matter of Principle* (Cambridge, Mass.: Harvard University Press, 1985); o Capítulo 7 dessa coletânea; e o Capítulo 7 de Ronald Dworkin, *Law's Empire* (Cambridge, Mass.: Harvard University Press, 1986).
4. É isso que torna tão difícil formular a questão, se é que tal questão existe, que separa os "realistas" dos "antirrealistas" na metafísica, e, em termos mais gerais, formular qualquer forma filosoficamente muito profunda de ceticismo.
5. Observe-se que não afirmo que todos os juristas estão de acordo relativamente a qual das partes é favorecida pelos melhores argumentos. (E seria quase impossível fazê-lo, uma vez que um caso difícil é aquele a respeito do qual os juristas não chegam a uma posição consensual.) Tampouco afirmo a possibilidade de algum procedimento por decisão algorítmica, capaz de determinar qual é a resposta correta. Apresentei, em outros textos, minha opinião sobre a postura que os advogados e juristas deveriam adotar diante dos casos difíceis, e minha descrição enfatiza a densidade desse processo para os julgamentos individuais.
6. Ronald Dworkin, "The Right to Death: The Great Abortion Case," *New York Review of Books* (31 de janeiro de 1991): pp. 14-7.
7. Ver Dworkin, *Uma questão de princípio*, Capítulo 5.
8. Dworkin, *O império do direito*, Capítulo 7.
9. Ver Marshall Cohen (org.), *Ronald Dworkin and Contemporary Jurisprudence* (Londres: Duckworth, 1984), pp. 271-5 e Capítulo 7.

10. Hoje estão reunidos em Stanley Fish, *Doing What Comes Naturally* (Durham, N.C.: Duke University Press, 1990). Ver "Working the Chain Gang: Interpretation in Law and Literature", Capítulo 1; "Wrong Again", Capítulo 2; e "Still Wrong After All These Years", Capítulo 16. Ver também pp. 384-92.

11. O livro do juiz Posner é típico das virtudes e defeitos desse autor incrivelmente prolífico. É claro, erudito, vigoroso, ruidoso, perspicaz e inexoravelmente superficial. Como seu objetivo teórico principal, ele se propõe a atacar o que descreve como a tese da resposta correta. Tem em mente a tese que apresentei e posteriormente tentei tornar mais clara. Ele diz que pretende afirmar, ao dizer que não existe resposta "objetiva" nos casos difíceis, que os especialistas não chegam a um consenso sobre esses casos. Como é exatamente essa característica – a divergência – o que torna esses casos difíceis, a vitória de Posner é quase absoluta, pois é evidente que os especialistas não estão de acordo nos casos em que discordam. Sem dúvida, porém, não é disso que trata o argumento da "resposta correta". Como afirmei anteriormente, esse tema remete a uma questão jurídica de dimensões teóricas e filosóficas. Também já descrevi algumas das facetas dessa questão, que foi retomada por outros autores. Obstinadamente, Posner não aborda nenhum desses textos, prendendo-se à sua alegação trivial sobre a falta de consenso. Há uma boa dose de interesse e diversão em seu livro, e o autor trata de uma grande variedade de temas, discutindo, por exemplo, a interpretação das leis e a interpretação constitucional.

12. Fish, *Doing What Comes Naturally*, p. 342.

13. Fish, "Still Wrong," em *Doing What Comes Naturally*, pp. 111-2.

14. Pode parecer que Fish remete, aqui, ao que em algum de meus textos chamei de tese da demonstrabilidade: a tese de que nada pode valer como um bom argumento em defesa de qualquer ponto de vista se não for demonstravelmente persuasivo, isto é, a menos que se torne irresistível a qualquer indivíduo racional. Desse modo, no interior da prática nada pode contar como demonstração de que determinado argumento é um exemplo de invenção, a menos que todos concordem que assim é. Se for essa a questão levantada por Fish, trata-se de mais um exemplo de importação de padrões de bons argumentos que são alheios a uma prática, trazendo-os para ela a partir de um nível externo de ceticismo. Fish afirmou, porém, que concorda comigo quanto à falta de sentido desse tipo de ceticismo externo. Ver "Still Wrong," em *Doing What Comes Naturally*, pp. 370-1.

15. Ver *O império do direito*, Capítulo 2.

16. Fish apresentou recentemente uma descrição mais dinâmica da estrutura epistêmica da interpretação; na verdade, uma descrição que se assemelha a outra que apresentei, em réplica a Knapp, sobre o modo como os intérpretes são coagidos. Fish diz, por exemplo: "Ainda que a mente seja informada por pressupostos que limitam até o que ela pode perceber, entre eles encontra-se o pressuposto de que nossas hipóteses estão sujeitas a contestação e a uma possível revisão sob determinadas circunstâncias e de acordo com certos procedimentos (...)." Essas palavras parecem admitir que a interpretação pode ser internamente crítica, no nível da prática, o que Fish negou na passagem citada anteriormente. Mas ele não sugere que mudou de opinião, talvez porque apresente essa descrição dinâmica não como uma explicação do caráter reflexivo da prática interpretativa, porém mais passivamente, como uma explicação de como os estilos interpretativos podem sofrer mudanças. Ver Fish, *Doing What Comes Naturally*, p. 146.

17. Fish diz que, para os juízes, seria impossível ser pragmatistas no sentido que descrevi anteriormente, pois eles não têm como deixar de ser influenciados por sua formação jurídica. Temos aqui um *non sequitur*; o fato de os juízes continuarem agindo reconhecidamente como juízes quando ignoram o precedente não significa que não seja isso o que eles estão fazendo. Fish afirma que, como a interpretação é necessária à leitura de qualquer lei, o estilo de decisão judicial que chamei de convencionalismo é impossível. Contudo, expliquei que o convencionalismo sustenta que o direito é uma questão de interpretação incontroversa, e não de ausência de interpretação. Ele diz que, como até mesmo um juiz que rejeite qualquer responsabilidade de continuidade com o passado estará, não obstante, tomando uma decisão baseada em princípios em *algum* sentido, daí decorre que *algum* tipo de integridade é inevitável. Mas não, certamente, o tipo exigente de integridade que descrevi como essencial ao direito como integridade.

18. Ver Fish, *Doing What Comes Naturally*, pp. 386-7.

19. Parte da resposta do professor Fish a meu ensaio (Seção V, Capítulo 3 de Brint e Weaver (orgs.), *Pragmatism in Law and Society*) é bem-vinda: ele não só admite que a teoria é uma parte importante de algumas práticas, mas também reconhece um componente-chave da melhor explicação de como a teoria funciona nas práticas interpretativas como o direito. Ele afirma que nessas práticas "profissionais militantes competentes atuam com uma sólida compreensão do compromisso da prática na qual estão engajados". Ele poderia ter

acrescentado que esse fato explica o caráter dinâmico e argumentativo de tais práticas. Os juristas geralmente se confundem e divergem a respeito do que o direito, devidamente compreendido, realmente requer em alguma situação porque, embora eles compartilhem a mesma percepção de que o direito é comprometido com *alguma coisa* – que as diferentes regras e práticas que formam a história do direito têm um propósito –, eles têm concepções diferentes, antagônicas e controversas sobre tal propósito, tanto em termos gerais quanto no que diz respeito a doutrinas, regras ou áreas específicas do direito. Portanto, o raciocínio jurídico é mais bem compreendido como instância interpretativa da seguinte maneira: em suas reflexões sobre o que é o direito em casos novos ou controversos, os juristas elaboram aquilo que consideram a melhor justificação de regras e práticas do passado, e então tentam extrapolar essa justificação, transpondo-a para os novos casos. Desse modo, eles interpretam e reinterpretam o passado de sua instituição, formulando, reformulando e testando justificações concorrentes. Eles divergem entre si quando e porque adotam justificações um tanto diferentes para a mesma história, ou extrapolam muito, e de modo diverso, a mesma justificação. Esse processo não é autoconsciente nem explícito em todos os casos: os casos "fáceis" são aqueles em que qualquer interpretação plausível do passado imporia a mesma decisão atualmente, e a nova decisão, portanto, parece irrefletida e quase automática. Contudo, pelo menos todo juiz de segunda instância enfrenta casos difíceis nos quais o processo de justificação e extrapolação se torna mais autoconsciente e explícito, mais próximo da forma totalmente reflexiva e explícita que assume, digamos, nas argumentações em sala de aula, que é apenas outro foro, diferentemente estruturado e motivado, em que as mesmas práticas acontecem. (Em *O império do direito*, tento defender os pontos de vista sobre as decisões judiciais que resumi neste parágrafo.)

Se Fish tivesse prosseguido sua explicação desse modo, teria oferecido uma apreciação inteligível e exata de como a teoria jurídica "se incorpora" à prática jurídica, e também de como os juristas e filósofos do direito podem tentar ajudar nesse empreendimento. Contudo, ele ainda não está disposto a dar à teoria um lugar tão importante nas práticas interpretativas. Ele então prossegue de maneira muito diversa, mais conforme à índole de sua postura antiteórica anterior. Afirma que, embora os juristas entendam que o direito atende a uma finalidade, seu entendimento "não é teórico em nenhum sentido interessante em termos de significado", porque "produz, sem o acréscimo de novas reflexões, uma consciência do que é e não é apropriado, útil ou eficaz em situações específicas". Em outras palavras, ele ainda quer representar juristas e juízes como atletas inatos, avessos à reflexão: artífices instintivos que reagem irracionalmente a problemas jurídicos, decidindo-os do modo como foram treinados a fazê-lo, como nenhuma pessoa assim treinada poderia *evitar* de fazer, obedecendo a antigas práticas de sua profissão porque seria impensável agir de outra forma, fornecendo justificações para essas regras somente quando instados a isso e, depois, apenas repetindo frases vazias que decoraram na faculdade de direito, justificações inúteis que nada têm a ver com sua prática concreta, a não ser impressionar alguém, como faz um encanador que enfileira livros de hidráulica em sua estante.

Trata-se de uma descrição extraordinariamente pobre da verdadeira prática jurídica. O texto de Fish não deixa espaço para a complexidade, o avanço, a controvérsia ou a revolução: não consegue explicar como os juristas podem preocupar-se, divergir ou mudar de opinião sobre o que é o direito. Como afirmei, seu relato das práticas interpretativas torna-as prosaicas e passivas. Ele insiste, por exemplo, em que os juízes são simplesmente incapazes de contestar procedimentos estabelecidos para uma decisão judicial: acha que, para os juízes, seria tão "impensável" reconsiderar princípios convencionais da hierarquia judiciária e do precedente quanto decidir seus casos por meio de citações aleatórias de textos shakespearianos. Mas a história do direito está cheia de exemplos de juízes que questionaram a ortodoxia procedimental. Alguns questionamentos terminaram em fracasso – por exemplo, os juízes federais que reivindicaram o direito de não seguir antigas decisões da Suprema Corte quando pensaram que a Corte estava em vias de passar por mudanças não convenceram a mais ninguém e foram desautorizados. Em outros casos, o questionamento foi dramático e bem-sucedido; há algumas décadas, por exemplo, a Câmara dos Lordes, o mais alto tribunal inglês, declarou inesperadamente que, contrariando a prática estabelecida, não mais se prenderia às decisões que ela própria tomara no passado; embora a decisão tenha sido um choque para alguns juristas ingleses, atualmente poucos deles a questionam. Esses exemplos são aleatórios; a história jurídica ou os processos judiciais poderiam oferecer centenas de outros. Em quase todos os casos desse tipo, o desafio à ortodoxia e à convenção vinha envolto em um argumento cuja estrutura subjacente era sempre a mesma: os propósitos da decisão judicial, do precedente, da hierarquia e de tudo mais – pelo menos aos olhos dos que propunham a mudança – seriam mais bem servidos por uma rejeição mais ou menos radical do que até então tinha parecido inquestionável.

Fish faz afirmações semelhantes sobre os princípios jurídicos substantivos. Ele diz que os juristas ficariam aturdidos se lhes pedissem uma justificação dos "instrumentos" que utilizam para o exame de casos que envolvem o direito contratual, como as doutrinas de oferta e aceitação, dolo, impossibilidade, frustração, descumprimento etc.; na utilização dessas doutrinas, diz ele, os juristas confiam em teorias ou justificações tanto quanto os carpinteiros acreditam em teorias sobre o uso de pregos. Porém, qualquer história do modo como o direito contratual se desenvolveu nos séculos que se seguiram ao *Caso Slade* mostra como é ruim essa analogia, quão completamente ela se equivoca a respeito do papel da argumentação teórica e da divergência ao longo desse processo. Cada uma das doutrinas mencionadas por Fish modificou seu conteúdo de época para época e, no mundo do *common law*, ainda apresenta diferenças de jurisdição para jurisdição; as mudanças e diferenças refletem, entre outras coisas, diferentes ênfases sobre a importância relativa da liberdade de contrato e da eficiência comercial, imposição de justiça na prática comercial e proteção às pessoas com pouco poder de barganha, para citar apenas quatro de um grande número de afirmações teóricas que os juristas têm feito ou rejeitado acerca do objetivo e da justificação do direito contratual. Além do mais, qualquer livro didático atual sobre contratos mostra quão vigorosas continuam sendo essas controvérsias. Pois as doutrinas que Fish chama de "instrumentos de segunda-natureza" [no sentido de tendência adquirida que se tornou instintiva] são extremamente polêmicas. Não só aquilo que deve valer como oferta, aceitação ou dolo por exemplo, é polêmico, mas também quão centrais essas ideias deveriam ser para a aplicação legal de transações consensuais, como parece mostrar o desenvolvimento de doutrinas de quase contrato e contratos de adesão, bem como a substituição limitada de contratos por *status*, entre outras tendências. Uma vez mais, o cerne dessas controvérsias é o tipo de argumento teórico – instando por justificações diferentes e questionando-as – que Fish pretende tratar como meramente decorativo. Como afirmei no início deste artigo, os adeptos do ceticismo jurídico contestam um pressuposto comum da argumentação jurídica – o pressuposto de que as questões jurídicas têm respostas corretas. Mas esses céticos insistem em afirmar, como faz a maioria, que o argumento jurídico é, não obstante, teórico exatamente do modo negado por Fish, uma vez que eles o descrevem como uma tentativa de cada uma das partes de favorecer sua própria concepção do direito privado.

Portanto, acredito que embora as concepções de Fish sejam atualmente menos radicais e impactantes do que já pareceram ser, ele ainda se equivoca seriamente quanto ao papel da argumentação teórica nas práticas interpretativas como o direito e a crítica literária. Devo, porém, assinalar uma passagem, perto do final de sua réplica, que talvez possa sugerir uma conclusão diferente. Se estou certo, ele diz que um jurista ou um juiz deve engajar-se na reflexão teórica simplesmente para desempenhar seu papel com mais competência; em seguida, "parece haver pouca razão para chamar isso de teoria", uma vez que se trata apenas de ser competente no próprio trabalho. Mas se, por outro lado, "a teoria for usada de modo mais acirrado, (...) estaremos de volta ao terreno do metacomentário e da alta abstração." A primeira dessas afirmações deve ter surpreendido todos os leitores. Sem dúvida, faz parte da atuação de um filósofo, cosmólogo ou economista que pretenda ser "competente" em seu trabalho o engajar-se em discussões teóricas de grande complexidade, e a esse respeito temos não "poucas", mas inúmeras razões para chamar de teoria o que *eles* fazem. Será que Fish realmente quer dizer que a teoria não tem nenhum papel "significativo" a desempenhar em qualquer profissão? Ou apenas quer dizer que ele, no que lhe diz respeito, não vai usar a palavra "teoria" para descrever qualquer forma de pensamento, a despeito de seu grau de autoconsciência, que tenha a ver com competência no trabalho, mas que reservará essa palavra para descrever processos mentais que de alguma forma flutuam, independentes da prática, no mundo utópico e imaginário do "metacomentário e da alta abstração"? Se assim for, finalmente não teríamos mais nada sobre o que divergir – a não ser o fato de que, como não acredito em mundos utópicos e imaginários, uso a palavra "teoria" de modo normal.

Capítulo 2

1. *Sindell vs. Abbott Labs.*, 607 P.2d 924, 935-8 (1980).

2. A Suprema Corte já decidiu esses casos. Ver *Washington vs. Glucksberg*, 117 S. Ct. 2258 (1997).

3. Richard A. Posner, *Overcoming Law* (Cambridge, Mass.: Harvard University Press, 1995). [Trad. bras. *Para além do direito*, São Paulo, WMF Martins Fontes, 2009.]

4. Cass R. Sunstein, *Legal Reasoning and Political Conflict* (Nova York: Oxford University Press, 1996) (doravante Sunstein, *Legal Reasoning*).

5. Não pretendo, aqui, retomar a questão do que é que vale como justificação e de como as dimensões interpretativas de ajuste e moral interagem de modo a criar uma justificação. Ver Ronald Dworkin,

Law's Empire (Cambridge, Mass.: Harvard University Press, 1986), pp. 44-86.
    6. Ibid., pp. 250-4.
    7. 111 N.E. 1050 (N.Y. 1916).
    8. Posner, *Overcoming Law*, pp. 8-10.
    9. Ronald Dworkin, "Objectivity and Truth: You'd Better Believe It," 25 Phil. & Pub. Aff. 87, 87-94 (1996).
    10. Posner, *Overcoming Law*, p. 11.
    11. Dworkin, *Law's Empire*, pp. 176-224.
    12. Ver Ronald Dworkin, *A Matter of Principle* (Cambridge, Mass.: Harvard University Press, 1985), pp. 235-89 (1986) (que discute Posner e o utilitarismo).
    13. Ver nota 7 acima.
    14. H. L. A. Hart, *O conceito do direito*.
    15. Edward H. Levi, *An Introduction to Legal Reasoning* (Chicago: University of Chicago Press, 1949) (publicado inicialmente em 15 *U. Chi. L. Rev.* 501 (1948)). [Trad. bras. *Uma introdução ao raciocínio jurídico*, São Paulo, WMF Martins Fontes, 2005.]
    16. Em 1993, Sunstein propôs um grande e hercúleo projeto para a Primeira Emenda. "Sugiro", disse ele, "que se considere que a Primeira Emenda estabelece um princípio geral de liberdade de expressão, e que os contornos desse princípio não se restringem aos critérios particulares daqueles que a redigiram e ratificaram." Em uma nota de rodapé a esta frase ele explicou que tinha em mente um exercício interpretativo defendido, afirmava ele, por mim. Cass R. Sunstein, *Democracy and the Problem of Free Speech* (Nova York: Free Press, 1993), xv, p. 253. Em 1996, porém, numa resenha de meu livro *O direito da liberdade*, ele atacou minha pretensão de criar um princípio geral de liberdade de expressão para a Primeira Emenda e rejeitou totalmente o método interpretativo que há pouco endossara, observando que "a Suprema Corte não tomou uma decisão sobre o 'propósito' dessa emenda (...) O complexo *corpus* do direito de liberdade de expressão não é unificado por uma teoria única e abrangente". Cass R. Sunstein, resenha de livro, *New Republic*, 13 de maio de 1996, 35, em resenha de Ronald Dworkin, *Freedom's Law: The Moral Reading of the American Constitution* (Cambridge, Mass.: Harvard University Press, 1996) (doravante Sunstein, "Resenha"). A sabedoria da juventude durou muito pouco. Devo acrescentar que a resenha de Sunstein contém um número surpreendente de afirmações equivocadas sobre meu livro.

17. Sunstein, *Legal Reasoning*, 38-41 (distinguindo três exigências da teoria "incompleta").
18. Ibid., 50 (citações omitidas).
19. Para um exame mais aprofundado do quanto a explicação de Sunstein acaba sendo diferente da que defendi (se é que ela é diferente), ver Alexander Kaufman, "Incompletely Theorized Agreement: A Plausible Ideal for Legal Reasoning", 85 *Geo. L.J.* p. 395 (1996).
20. Dworkin, *Law's Empire*, p. 265.
21. Ibid., pp. 250-4.
22. Ver Cass Sunstein, "Incompletely Theorized Agreements", 108 *Harv. L. Rev.* 1733, 1760-2 (1995); ver também Sunstein, *Legal Reasoning*, pp. 44-6.
23. Sunstein, *Legal Reasoning*, p. 53.
24. Como prova de que Sunstein não faz distinção entre ambas, ver, em termos gerais, Sunstein, "Review".
25. Sunstein, *Legal Reasoning*, p. 54.
26. *Cf.* ibid., pp. 54-61, com *Law's Empire*, de Dworkin.
27. Sunstein, *Legal Reasoning*, pp. 55-6.
28. Ibid., pp. 56-7.
29. Ibid., p. 57.
30. Ver Laurence H. Tribe, "Comment", em Antonin Scalia, *A Matter of Interpretation: Federal Courts and the Law* (Princeton, N.J.: Princeton University Press, 1997), pp. 65, 72-3.

Capítulo 3

1. Ver Richard A. Posner, "Against Constitutional Theory", 73 *N.Y.U. L. Rev.* (1998); Richard A. Posner, "Conceptions of Legal Theory: A Reply to Ronald Dworkin", 29 *Ariz. St. L.J.* 377 (1997) (doravante, Posner, "Conceptions of Legal Theory"); Richard A. Posner, "The Problematics of Moral and Legal Theory", 111 *Harv. L. Rev.* 1637, 1640 (1998) (doravante, Posner, "Problematics").
2. Posner, "Conceptions of Legal Theory", p. 379.
3. Ronald Dworkin, "In Praise of Theory", 29 *Ariz. St. L.J.* 353 (1997).
4. Ver Ronald Dworkin, "Reply", 29 *Ariz. St. L.J.* 431 (1997).
5. Posner, "Problematics", 1640.
6. Posner sugere que "o consenso é a única base sobre a qual as pretensões à verdade podem ou devem ser aceitas, pois é o consenso que cria a 'verdade', e não esta que força a criação de uma posição

consensual." Ibid., 1657. Esta concepção "pós-moderna" da ciência é apresentada como hipótese, mas as reiteradas (ainda que às vezes contraditórias) afirmações de Posner de que a diversidade de opinião demonstra falta de verdade objetiva pressupõem esse ponto de vista. Para uma discussão adicional do que chamei de "flerte" pós-modernista de Posner, ver Dworkin, "Reply", pp. 439-40. Para uma crítica de tais concepções no contexto de uma recente e famosa exposição de sua falta de profundidade, ver Paul Boghossian, "What the Sokal Hoax Ought to Teach Us", *Times Literary Supplement*, 13 de dezembro de 1996, p. 14.

7. Ver Posner, "Problematics", p. 1647.
8. *Ibid.*, p. 1655.
9. *Ibid.*, p. 1640.
10. Ronald Dworkin, "Objectivity and Truth: You'd Better Believe It", 25 *Phil. & Pub. Aff.* 87 (1996).

11. O erro mais revelador e importante é sua afirmação de que "[Dworkin] mistura relativismo moral, subjetivismo moral e ceticismo moral, tratando-os como nomes diversos que designam, todos, o que ele chama de 'ceticismo [moral] externo.'" Posner, "Problematics," 1642, n.6 (segunda alteração no original). O ponto central do meu artigo era exatamente o contrário: cada uma dessas posições só faz sentido como uma forma do que chamei de ceticismo "interno". Posner tampouco apreende o aspecto relativo à distinção entre ceticismo externo e interno ao afirmar, como faz, que este último é apenas parcial. Ibid. A diferença, na verdade, é que embora o ceticismo interno possa ser global, ele próprio encontra-se arraigado em juízos normativos essenciais (possivelmente contrafactuais). Este talvez seja o espaço ideal para eu acrescentar publicamente que não consigo entender boa parte do que Posner afirma, ao longo de seu ensaio, sobre "metafísica", "relativismo moral" e "respostas corretas". Ele parece utilizar esses termos de modo idiossincrático.

12. O que estou pedindo são as concepções do próprio Posner: vou considerar que ele possa encontrar, para citá-los, artigos que sejam críticos deste e de outros aspectos de minha obra. Ele é dado a defender pontos de vista por meio da citação pura e simples: veja-se, por exemplo, sua citação de uma crítica particularmente fraca de Rawls como representativa da importante contribuição desse filósofo à filosofia moral e política, discutida na resposta de Martha Nussbaum. Ver Martha Nussbaum, "Still Worthy of Praise", 111 *Harv. L. Rev.* 1776, 1778 e n.11 (1988). Essas citações podem ter efeito contrário ao desejado, uma vez que geralmente se imagina que um autor

endossa as opiniões que cita, e que deve, portanto, checá-las. Na nota 98, por exemplo, Posner refere-se, aparentemente com aprovação, à opinião de Duncan Kennedy por mim recomendada como "a resposta 'juridicamente' correta", uma variedade de posições que incluem "desobediência civil, o arquivamento dos processos contra os que queimam seus avisos de convocação para o serviço militar [e] a consideração explícita das consequências distributivas, em vez da confiança na eficiência". Posner, "Problematics", p. 1686 n.98, citando Duncan Kennedy, *A Critique of Adjudication* (Cambridge, Mass.: Harvard University Press, 1997), pp. 127-8 (aspas internas omitidas). Não vejo como isso reforçaria a argumentação de Posner se fosse tudo verdadeiro. Mas é falso. Tive o cuidado de afirmar que meus pontos de vista sobre desobediência civil, inclusive sobre a queima dos avisos de convocação militar, não são juízos de direito; ver, por exemplo, Ronald Dworkin, *Taking Rights Seriously* (Cambridge, Mass.: Harvard University Press, 1977), p. 206; e também cuidei de negar *status* jurídico a minhas opiniões sobre justiça distributiva; ver, por exemplo, Ronald Dworkin, *Freedom's Law* (Cambridge, Mass.: Harvard University Press, 1996), p. 36.

13. Posner, "Problematics", p. 1639.
14. Ibid., p. 1656-7.
15. Ver Ronald Dworkin, *Life's Dominion* (Nova York: Knopf, 1993), pp. 28-9; Dworkin, "In Praise of Theory", p. 358. [Trad. bras. *Domínio da vida: aborto, eutanásia e liberdades individuais*, São Paulo, Martins Fontes, 2003.]
16. Dworkin, "In Praise of Theory", p. 356.
17. *Ibid.*, 356-7.
18. Ver John Rawls, *Political Liberalism* (Nova York: Columbia University Press, 1993).
19. Ver Dworkin, *O direito da liberdade*.
20. Ver T. Scanlon, "A Theory of Freedom of Expression", em Ronald Dworkin (org.), *The Philosophy of Law* (Nova York: Oxford University Press, 1977), p. 153.
21. Ver H. L. A. Hart, *Punishment and Responsibility* (Oxford: Clarendon Press, 1968).
22. Ver *Planned Parenthood vs. Casey*, 505 U.S. 833, 869 (1992) (votos dos juízes O'Connor, Kennedy e Souter). Outro voto nesse caso, o do juiz Stevens, faz referência explícita à bibliografia filosófica que havia proposto, para o caso, uma base decisória semelhante àquela das bases que se encontravam no voto dos três juízes. Ver ibid., 913 n.2 (juiz Stevens, concordando em parte e divergindo em parte).

NOTAS

23. Ver fontes citadas em Dworkin, "Reply", pp. 435-56.
24. Posner, "Problematics", p. 1639.
25. Contudo, é possível que o niilismo seja, de fato, a posição substantiva que mais naturalmente se infere de suas diversas opiniões morais contraditórias que vêm descritas a seguir, pp. 89-90. Não pretendo excluir essa possibilidade ao considerar a interpretação alternativa que exploro mais adiante.
26. Posner, "Problematics", p. 1642.
27. Ibid.
28. Ver 89 e segs.
29. Ver Rawls, *Political Liberalism*, pp. 3-11.
30. Ver Dworkin, *Freedom's Law*, pp. 1-38.
31. Posner só poderia negar isso se insistisse que o tipo de código moral que tinha em mente era uma lista enorme de juízos morais independentes sobre questões muito particulares, e que nela não haveria princípios gerais cuja interpretação pudesse ser objeto de divergências. Mas isso não deixaria espaço algum para o "raciocínio normativo" que ele diz não querer criticar, e que um relativista poderia reconhecer. Significaria também que nenhuma comunidade verdadeira dispõe de um código moral, o que tornaria o relativismo de Posner assustadoramente sem objeto.
32. Ele diz que os juízes ingleses ignoram a moral, mas seus comentários sobre a prática jurídica inglesa são mal-informados e contradizem o que ele próprio escreveu recentemente. Posner afirma: "Na Inglaterra, o direito é uma disciplina autônoma. As novas questões são resolvidas, em grande parte, pela interpretação de textos autorizados, que consistem em leis, regulamentações e decisões judiciais, nenhum dos quais incorpora uma teoria moral controversa. Às vezes, os juízes ingleses têm de fazer escolhas políticas, mas tão raramente que, quando isso acontece, eles têm a sensação de 'estar se colocando à margem do direito'". Posner, "Problematics", p. 1693, citando H. L. A. Hart, *The Concept of Law* (Oxford: Clarendon Press, 1994), p. 272 (alteração no original). Em seu próprio livro, Posner rejeita a exatidão descritiva da afirmação de Hart, tanto no que diz respeito à prática inglesa quanto à norte-americana. Ver Richard Posner, *Law and Legal Theory in England and America* (Oxford: Clarendon Press, 1996), 15. Posner diz, como uma crítica à observação sobre colocar-se "à margem do direito", que "outra objeção à concepção positivista é a de que juízes e juristas não têm consciência de uma divisão entre o juiz como aplicador e criador do direito", e ele acrescenta que Hart "está certo ao assinalar que os casos nessa área são comumente in-

determinados, e que, ao decidi-los, o juiz está fazendo uma escolha de valor (...), mais do que engajando-se apenas na análise, na reflexão ou em alguma outra modalidade de investigação chamada de 'raciocínio jurídico'". Ibid., p. 18. A nova descrição de Posner da prática inglesa nunca foi verdadeira, e é agora uma descrição equivocada censurável. (Para uma descrição do uso judicial inglês da teoria política no direito administrativo, por exemplo, ver Jeffrey Jowell,"Restraining the State: Politics, Principle and Judicial Review", 50 *Current Legal Problems* 189 (M. D. A. Freeman e A. D. E. Lewis [orgs.], 1997). Pode ser instrutivo para Posner comparar, por exemplo, as decisões da Suprema Corte sobre o suicídio assistido, que ele discute – ver Posner, "Problematics", pp. 1700-2 – com a decisão da Corte de Apelações inglesa em um caso semelhante, que se baseou claramente nos textos de filósofos morais contemporâneos – ver *Airedale NHS Trust vs. Bland*, [1993] 2 W.L.R. 316, 351 (C.A.).

33. Ver Posner,"Conceptions of Legal Theory", p. 388.
34. Ver Dworkin,"Reply", pp. 435-6.
35. James A. Henderson, Jr.,"Judicial Reliance on Public Policy: An Empirical Analysis of Products Liability Decisions", 59 *Geo. Wash. L. Rev.* 1570, 1595 n.131 (1991).
36. Posner,"Problematics", p. 1639.
37. Ibid., p. 1697.
38. Ibid., p. 1695.
39. Ibid.
40. Ibid., p. 1700, discutindo Petição de Ronald Dworkin, Thomas Nagel, Robert Nozick, John Rawls, Thomas Scanlon e Judith Jarvis Thompson como Amici Curiae em defesa dos demandados, *Vacco vs. Quill*, 117 S. Ct. 2293 (1997) (N.º 95-1858), *Washington vs. Glucksberg*, 117 S. Ct. 2258 (1997) (N.º 96-110), reimpresso em "Assisted Suicide: The Philosopher's Brief,"*N.Y. Rev. Books*, 27 de março de 1997, p. 41.
41. Este é um relato condensado da decisão. Para um texto mais completo, ver meu artigo "Assisted Suicide: What the Court Really Said", *N.Y. Rev. Books*, 25 de setembro de 1997, p. 40.
42. Posner,"Problematics", p. 1703.
43. Em resposta à sugestão de que teria sido mais sensato, para a Suprema Corte, ter adiado o reconhecimento do direito ao aborto, afirmei que se a Corte assim tivesse procedido, mas em última instância tivesse tomado uma decisão favorável aos direitos ao aborto, ela teria incorrido no conhecido"custo moral"das vidas arruinadas de muitas jovens. Dworkin,"Reply", 437. Posner responde que a Corte, ao decidir quando o fez, também incorreu no custo moral da morte

de fetos que não teriam sido abortados se a decisão tivesse sido adiada. Ver Posner, "Problematics", p. 1703. Contudo, a decisão definitiva da Corte significa que, em seu ponto de vista, um aborto prematuro não implica nenhuma violação de direitos, e que, portanto, decidir antes e não depois não implica nenhum custo moral dessa natureza. Posner compreende mal esse aspecto da questão por ser incapaz de perceber que, no caso *Roe vs. Wade*, a Corte decidiu, necessariamente, questões morais: a Corte não "comparou" custos morais, mas sim, ao menos na medida em que foi necessário para sua decisão, definiu-os.

44. Ver nota 22.
45. Posner, "Problematics", p. 1701.
46. A maioria dessas declarações tem um tom surpreendentemente defensivo. Numa estranha nota de rodapé, por exemplo, evidentemente antecipando sua surpreendente diferenciação, ele sugere que meus argumentos de que os juízes precisam de uma teoria moral seriam totalmente falhos se eu apenas quisesse dizer que eles precisam de uma teoria política. Ver ibid., p. 1639 n.1. Isso é desconcertante: a maioria dos meus exemplos do tipo de teoria moral de que os juízes necessitam, particularmente em meu trabalho voltado para o direito constitucional, são princípios que, segundo a sugestão aparente de Posner, seriam mais políticos do que pessoais. Em outra parte ele antecipa a objeção de que ele próprio se fundamenta em argumentos éticos, mas só oferece, como resposta, algumas vagas reafirmações. "A ética e a razão prática não são permutáveis com a teoria moral", afirma ele, "a menos que o termo deva ser inutilmente empregado para designar todo o raciocínio normativo sobre as questões sociais." Ibid., p. 1697. Sem dúvida, o tipo de teoria moral que aqui discutimos não inclui o "raciocínio sobre questões sociais", seja ele *estratégico* ou *instrumental*. Mas por que não inclui o raciocínio sobre questões sociais que é normativo não nesses sentidos, mas no sentido categórico de raciocínio moral? Que sentido teria qualquer definição de teoria moral se deixasse de fora as questões morais sobre política? Em outro momento Posner afirma, a propósito de seu argumento, que uma compreensão apropriada da democracia deveria deixar a solução da eutanásia a cargo do processo político: "Não se trata de uma questão moral, a menos que moral seja sinônimo de processo político." Ibid., 1701. "Moral" não é, de fato, sinônimo de "político" se este último termo for empregado em referência a considerações de natureza instrumental ou estratégica. Mas o argumento de Posner a respeito da democracia não é estratégico nem instrumental; ele afirma uma posição controversa sobre o modo como a democracia é mais

bem compreendida e administrada, e este é – o que mais poderia ser? – um argumento de moralidade política. Em outra parte, ainda, Posner diz que os juízes que controlam a constitucionalidade de projetos de ação afirmativa não precisam se basear em juízos morais, ainda que em alguns desses casos eles tenham de decidir "politicamente". Ver ibid., pp. 1706-7. Imagino que ele não queira dizer conforme a filiação partidária, mas sim conforme sua mais positiva avaliação da solidez das reivindicações dos grupos antagônicos em moralidade política, de modo que a afirmação vem completar a autocontradição.

47. Talvez Posner tenha em vista alguma distinção (que ele não elabora) entre moralidade pessoal e política. Essa distinção é muito pouco clara. (A correção da imposição, pelos juízes, da responsabilidade baseada na participação de mercado, é uma questão de moralidade pessoal ou política?) De qualquer modo, a decisão autoritária de Posner seria imotivada se excluísse apenas a moralidade pessoal do raciocínio jurídico. As teorias sobre a moralidade política, inclusive sua própria teoria sobre a democracia, compartilham todos os supostos defeitos – elas são, sem dúvida, polêmicas e indemonstráveis – que, segundo afirma Posner, tornam qualquer juízo moral inadequado para o uso judicial.

48. Ver Posner, "Problematics", pp. 1702-3.

49. Ibid., p. 1704.

50. Ver ibid., p. 1705.

51. Posner faz uma breve crítica a minha utilização, no passado, de outro caso, *Riggs vs. Palmer*, 22 N.E. 188 (N.Y. 1889). Ver Posner, "Problematics", p. 1707. Ele diz que não havia questão moral no caso, pois todos concordam que o que o herdeiro assassino fizera constituía um crime. Contudo, usei o caso como exemplo de uma decisão que foi difícil não porque o juízo moral implícito fosse controverso, mas porque era controverso saber quão importante era o papel que se devia permitir que esse princípio moral independente desempenhasse na interpretação das leis. Ver Ronald Dworkin, *Law's Empire* (Cambridge, Mass.: Harvard University Press, 1986), pp. 15-20.

52. Posner, "Problematics", p. 1704.

53. Ver ibid., pp. 1705-6.

54. Ibid. (aspas internas omitidas).

55. *Romer vs. Evans*, 517 U.S.620 (1996). Para um desenvolvimento desse argumento, ver Ronald Dworkin, "Sex, Death, and the Courts", *New York Review of Books*, 8 de agosto de 1996, p. 44.

56. Ver Posner, "Problematics", p. 1646.

57. Ver William James, *Pragmatism*, (org.) Bruce Kuklick (Indianápolis: Hackett, 1981 [1907]), pp. 7-21.
58. Posner, "Problematics", p. 1642.
59. Ver Ibid. Posner se deixa induzir em erro por uma discussão presente no livro de Bernard Williams. Ver Bernard Williams, *Morality: an Introduction to Ethics* (Nova York: Harper and Row, 1972), pp. 20-1. Williams está discutindo uma versão "funcionalista" do relativismo que é significativamente diferente daquela que Posner afirma ser a dele.
60. Posner, "Problematics", p. 1643.
61. Ver ibid.
62. Ibid., 1642.
63. Ver ibid., p. 1644.
64. Posner, "Conceptions of Legal Theory", p. 382.
65. Posner, "Problematics", p. 1704-5.
66. Ibid., p. 1642.
67. Ibid., p. 1641.
68. Ver Richard A. Posner, "Utilitarianism, Economics, and Legal Theory", 8 *J. Legal Stud*. 103, pp. 119-27 (1979).
69. Ver Posner, "Problematics", p. 1670 e n. 62.
70. Ver Capítulo 1.
71. Posner, "Problematics", p. 1642.
72. Ver ibid., p. 1708. Em uma observação reveladora na mesma linha de raciocínio, Posner sugere que assim como os professores podem fazer um trabalho melhor sem estudarem teoria da educação, os juízes podem se sair muito bem sem estudarem teoria moral, e ele chama minha alegação em contrário de "vazia". Ver ibid., p. 1697-8. Há duas diferenças importantes entre as duas profissões. Primeiro, não se costuma pedir aos professores que justifiquem o que fazem, tentando explicar por escrito por que está certo o que fizeram; às vezes isso acontece, e eles então se veem envolvidos, de fato, com algum tipo de teoria da educação. Segundo, às vezes o que demonstra que o ensino foi eficiente fica bastante claro e incontroverso – a melhora das notas dos alunos nas avaliações, por exemplo –, e então podemos testar instrumentalmente o processo de tentativa e erro de um professor. Como tal analogia revela, o fato de Posner ter a mesma concepção sobre o trabalho de um juiz é um sinal do malogro de sua teoria do direito.
73. Ibid., p. 1643 (aspas internas omitidas).
74. Ibid., p. 1704.
75. Ver Oliver Wendell Holmes, "The Path of the Law", 10 *Harv. L. Rev.* 457, pp. 459-60 (1897).

76. Enquanto Posner ou qualquer outro autor não adotar explicitamente o pragmatismo darwiniano, não direi muita coisa sobre o assunto enquanto teoria normativa. (Esse tipo de pragmatismo pode vir a ser uma daquelas categorias teóricas cuja cuidadosa enunciação já basta como refutação.) É uma fraqueza do novo modelo evolutivo de desenvolvimento moral que boa parte dele pareça uma pseudociência, capaz de explicar qualquer coisa que tenha realmente acontecido. Seria fácil, por exemplo, formular uma descrição evolutiva das próprias práticas que Posner condena. A reflexão moral, através de diversas camadas de ascensão justificadora, inclusive a filosófica, pertence à natureza humana tanto quanto qualquer outra coisa. Presume-se que a capacidade de refletir e o gosto por tal reflexão não tenham se desenvolvido muito no ambiente ancestral de que se ocupa particularmente a teoria evolucionária, mas tanto nesse caso quanto no da ciência teórica, nossa história posterior pode ter se formado a partir de aptidões presentes e úteis numa fase já muito distante no tempo.

77. Ver Richard Posner, "*Bush v. Gore* as Pragmatist Adjudication", em *A Badly Flawed Election: Debating* Bush v. Gore, *the Supreme Court, and American Democracy*, org. Ronald Dworkin (org.) (Nova York: New Press, 2002).

78. Richard Posner, *Breaking the Deadlock: the 2000 Election, the Constitution, and the Courts* (Princeton, N. J.: Princeton University Press, 2001), p. 171.

79. Ibid., pp. 185-6.

80. Não concordo com a análise que Posner faz da história ou do conteúdo do pragmatismo filosófico, mas, uma vez que a análise não é importante para sua argumentação sobre *Bush vs. Gore*, não vou expor aqui minha divergência. Contudo, sua apresentação do pragmatismo judicial não filosófico parece equivaler à minha própria descrição do pragmatismo judicial em *Law's Empire*.

81. Posner,"*Bush v. Gore* as Pragmatic Adjudication", p. 201.

82. Ibid., pp. 192, 201.

83. A esse respeito, não faria diferença se o suposto juiz pragmatista pretendesse decidir pelo mérito da questão, e não com base na igual proteção, que Posner considera falaciosa, mas de acordo com o Artigo II, que ele considera relativamente respeitável. O juiz pragmatista também teria tido de comparar, em 9 de dezembro, os resultados de recusar qualquer outra intervenção naquele momento, com os resultados de declarar, um pouco mais tarde, que a Corte da Flórida havia violado o Artigo II; e ele não teria tido motivo algum para pressupor, em 9 de dezembro, que os responsáveis pela recontagem

interromperiam então seu trabalho e, por alguma razão inexplicável, só o retomariam em 13 de dezembro.

84. Posner, *Breaking the Deadlock*, p. 180.

85. Vamos supor que admitimos, como Posner imagina que alguns juízes acreditem, que uma presidência Gore fosse uma "calamidade nacional". (Ver Posner, "*Bush v. Gore* as Pragmatic Adjudication", p. 207.) Vamos supor que também admitimos, como o faz Posner, que as "consequências sistêmicas" de se permitir que tal opinião influencie uma decisão da Suprema Corte seria algo muito ruim. Se o malefício dessas consequências sistêmicas superar a calamidade de uma presidência Gore, nas escalas consequencialistas, a longo prazo, então um juiz pragmatista não se sentiria tentado a seguir sua opinião política. Ao contrário, porém, se a calamidade superar as consequências sistêmicas, mesmo a longo prazo, por que, então, deveria ele hesitar em fazer o que é, afinal de contas, o melhor? A aparente inquietação de Posner acerca desse ponto sugere que, afinal, ele é um pragmatista indiferente.

86. Ibid.

87. Podemos, inclusive, acrescentar a essa proposição, caso a consideremos pertinente e verdadeira, que ela terá, de fato, as melhores consequências a longo prazo desde que os juízes só decidam tais casos com base em princípios.

88. Ver o Capítulo 7 deste livro.

Capítulo 5

1. John Roberts, o atual presidente da Suprema Corte, defendeu exatamente esse ponto de vista em suas audiências de confirmação no Senado. Ver meu artigo "Judge Roberts on Trial", no *New York Review of Books* de 20 de outubro de 2005.

2. Ver Dworkin, *O império do direito*, Capítulo 9.

3. Há outra possibilidade que me foi sugerida por Ori Simchen: a de que devemos interpretar a referência à crueldade na Oitava Emenda como algo subjetivo, mas não datado, de modo que ela proíbe as punições amplamente vistas como cruéis na época em que são impostas. Como veremos, para o juiz Scalia, da Suprema Corte, quem quer que rejeite a interpretação subjetiva e datada deve adotar uma interpretação não datada e subjetiva: é por isso que ele insiste que seus adversários acreditam que, de tempos em tempos, a força da Consti-

tuição depende da opinião popular. Contudo, a alternativa plausível à leitura datada e subjetiva não é a não datada e subjetiva, mas sim uma interpretação baseada em princípios: uma interpretação que traduza a Oitava Emenda como referência a punições que são realmente cruéis.

4. Os que dizem que o "devido processo substantivo" é um oxímoro, pois substância e processo são entidades distintas, fazem vista grossa ao fato crucial de que a exigência de coerência de princípios, que tem evidentes consequências substantivas, é parte do que faz de um processo de tomada de decisão um processo legal. A propósito, ver em *O império do direito* minha argumentação em defesa da integridade como ideal claramente jurídico.

5. Antonin Scalia, *A Matter of Interpretation* (Princeton, N.J.: Princeton University Press, 1977).

6. Ibid., p. 145.

7. Tribe, em Scalia, *Interpretation*, pp. 75, 78, 70. Grifos meus.

8. Este é um tema onipresente em meus livros *O império do direito* e *O direito da liberdade* (Cambridge, Mass.: Harvard University Press, 1996).

9. Ver *O império do direito*, Capítulo 9.

10. Scalia, *Interpretation*, p. 77.

11. Ibid., p. 64.

12. Ibid., p. 69.

13. Ibid.

14. Cambridge, Mass.: Harvard University Press, 1996.

15. Na ocasião, escolhi esta expressão apenas por uma questão de conveniência. Não pretendo endossar nenhuma insinuação sobre as ligações entre o pragmatismo jurídico e o pragmatismo como um movimento ou escola mais gerais na filosofia.

16. Ver meu artigo "Sex and Death in the Courts", *New York Review of Books*, 8 de agosto de 1996, p. 44.

Capítulo 6

1. Ver meu livro *O império do direito*.

2. Ver meu artigo "Objectivity and Truth: You'd Better Believe It", 25 *Phil. & Pub. Aff.* (1996) (doravante "Objectivity and Truth").

3. Meu exemplo é inventado. Para casos reais que envolvem responsabilidade civil baseada na participação de mercado, ver, por exemplo, *Sindell vs. Abbott Labs.*, 607 P.2d 924, 935-8 (1980), e os casos aí citados.

4. Ver *Ira S. Bushey & Sons Inc. v. United States*, 398 F 2nd 167 (1968).
5. H. L. A. Hart, *The Concept of Law* (Oxford: Oxford University Press, 1994), p. 269.
6. Ibid., p. 240.
7. Ver meu livro *O direito da liberdade* (Cambridge, Mass.: Harvard University Press, 1996), em especial a Introdução.
8. Alguém poderia muito bem dizer, fazendo alusão ao que considera como um exemplo bem definido – a China, por exemplo – "Você não chamaria esse país de democracia, chamaria?" Este é, porém, um movimento tático, e a resposta – "Chamaria, sim, e a maioria das pessoas também" – seria decepcionante, mas não uma refutação em si, ainda que verdadeira.
9. Ver minha discussão do "aguilhão semântico" em *Law's Empire*.
10. Não pretendo descartar a afirmação de um conhecido poema: se abril é o mais cruel dos meses, então sete poderia ser chamado, num contexto apropriado, de o número mais injusto. (N. do T.: alusão ao famoso poema *Waste Land* ("Terra desolada"), do poeta norte-americano T. S. Eliot (1888-1965), que assim se inicia: *April is the cruellest month, breeding / Lilacs out of the dead land, mixing / Memory and desire, stirring / Dull roots with spring rain*. (Em tradução literal: "Abril é o mais cruel dos meses, gerando / Lilases da terra morta, misturando / Memória e desejo, incitando / Raízes entorpecidas com a chuva da primavera.")
11. Ver "Objectivity and Truth".
12. Ver *O império do direito*.
13. Ver meu livro *Sovereign Virtue* (Cambridge, Mass.: Harvard University Press, 2001), Capítulo 6. Trad. bras. *A virtude soberana: a teoria e a prática da igualdade*, São Paulo, Martins Fontes, 2005. (N. do R. T.)
14. "Justice for Hedgehogs", o texto inédito das Conferências Dewey da Universidade de Colúmbia que mencionei na Introdução de *Sovereign Virtue*, é uma tentativa mais explícita de ilustrar esse tipo de filosofia.
15. Ver Capítulo 4 deste livro.
16. Outros estão de acordo. Ver, por exemplo, N. Stavroupoulos, "Hart's Semantics", em J. Coleman (org.), *Hart's Postscript* (Oxford: Oxford University Press, 2001), p. 59.
17. Ver *O direito da liberdade*.
18. Ver o debate entre Scalia e eu em Antonin Scalia, *A Matter of Interpretation: Federal Courts and the Law* (Princeton, N.J.: Princeton

University Press, 1997), p. 117. Ver também meu artigo "The Arduous Virtue of Fidelity: Originalism, Scalia, Tribe and Nerve", 65 *Fordham L Rev* 1249 (1997).

19. Ver L. Murphy, "The Political Question of the Concept of Law", em Coleman (org.), *Hart's Postscript*.

20. Examinei e critiquei esta argumentação entre democracia e positivismo em *O direito da liberdade*.

21. A. V. Dicey, *Introduction to the Study of the Law of the Constitution*, 8.ª ed. (Londres: Macmillan, 1915), p. 144.

22. F. A. Hayek, *The Constitution of Liberty* (Londres: Routledge, 1960), p. 153.

23. Ver J. Raz, *Ethics in the Public Domain: Essays in the Morality of Law and Politics* (Oxford: Oxford University Press, 1994).

24. Ver Capítulo 7 deste livro. Esse ensaio, escrito algum tempo depois de a conferência aqui publicada ter sido proferida, contém uma breve síntese de parte do material constante nos vários parágrafos seguintes deste texto.

25. *Lochner vs. Nova York*, 198 U.S. 45 (1905).

26. *Southern Pacific Co. vs. Jensen*, 244 U.S. 205, 222, divergência de Holmes.

27. 304 U.S. 64 (1938).

28. Ver *O direito da liberdade*, Capítulo 17.

29. Há outras condições para que se obtenha êxito. Qualquer concepção bem-sucedida da legalidade deve manter a distinção entre esse conceito e outros valores políticos, inclusive a imparcialidade processual e a justiça substantiva, a despeito do quão estreitamente ligados esses conceitos possam ser nos termos de nossas teorias. Se acreditarmos que até mesmo estruturas políticas muito injustas podem, ainda assim, ostentar a virtude da legalidade, como a maioria de nós acredita, então nossa descrição da legalidade deve permitir e explicar esse juízo de valor. Como fazê-lo é algo que está na essência de um velho enigma da filosofia jurídica: o direito pode existir em lugares nos quais impera a perversidade? Afirmei, também em *O império do direito*, que podemos responder a esta pergunta de diferentes maneiras se introduzirmos em nossa resposta elementos que remetam à legalidade e possam apreender as distinções e discriminações necessárias. Em seu Pós-escrito, Hart afirmou que minhas observações a esse respeito fazem concessões ao positivismo jurídico em todas as questões em debate. Mas ele entendeu mal minha opinião sobre o assunto.

30. Essa crítica não se restringe aos ingleses: também foi feita pelo juiz Richard Posner, em sua Conferência Clarendon, em Oxford,

talvez mais como observação do que como crítica propriamente dita, uma vez que ele acrescentou que a filosofia do direito de Hart é igualmente provinciana. Ver Posner, *Law and Legal Theory in England and America* (Oxford: Clarendon Press, 1997).

Capítulo 7

1. Jules Coleman, *The Practice of Principle: In Defense of a Pragmatist Approach to Legal Theory* (Oxford: Oxford University Press, 2001). A menos que indicadas de outra forma, todas as citações de Coleman foram extraídas dessa obra.
2. Ronald Dworkin, "The Model of Rules", 35 *U. Chi. L. Rev.* 14 (1967), reimpresso como Ronald Dworkin, "The Model of Rules I", em *Taking Rights Seriously* (Cambridge, Mass.: Harvard University Press, 1978), p. 14.
3. Coleman tem consciência dessa dificuldade. Em duas longas notas de rodapé (p. 4 n.3 e p. 10 n.13), ele apresenta e tenta contestar a opinião de leitores anônimos que consideram seus métodos e conclusões muitos parecidos com os meus.
4. Tentei defender essa apresentação da prática jurídica em *O império do direito*.
5. Em *O império do direito*, criei um juiz ideal a quem chamei de Hércules, que elabora uma formulação geral do que há de essencial na prática jurídica como um todo, bem como da melhor justificação moral para o direito estabelecido de sua comunidade, e que utiliza suas conclusões como base para decidir os casos novos que se lhe apresentam. Ibid., pp. 239-40.
6. Ver H. L. A. Hart, *The Concept of Law*, 2.ª ed. (Oxford: Clarendon Press, 1994), p. 94.
7. Ver Benjamin C. Zipursky, "The Model of Social Facts", em Jules Coleman (org.), *Hart's Postscript* (Oxford: Oxford University Press, 2001), pp. 219, 251-3.
8. Ver Michael Bratman, "Shared Cooperative Activity," 101 *Phil. Rev.* 327 (1992).
9. Itálico meu.
10. Ver Ludwig Wittgenstein, *Philosophical Investigations*, tradução para o inglês de G. E. M. Anscombe (Oxford: Blackwell, 1953), p. 202. Wittgenstein defende uma conclusão mais radical do que Coleman parece aceitar: mesmo um consenso explícito entre juízes sobre

o modo de decidir todos os casos futuros não demonstraria que os juízes estivessem seguindo a mesma regra. Esse consenso teria de ser expresso em uma proposição, e nenhuma proposição poderia identificar o número infinito de casos que poderiam surgir. Ao interpretar a argumentação de Wittgenstein, alguns analistas veem nela a consequência cética de que não existe nada que se possa entender como "seguir uma regra". Ver, por exemplo, Saul Kripke, *Wittgenstein on Rules and Private Language: an Elementary Exposition* (Oxford: Blackwell, 1982), p. 55. (Talvez não haja título mais enganoso na literatura filosófica; a argumentação de Kripke está longe de ser elementar.) Embora cite Kripke (p. 81), Coleman não consegue aceitar suas afirmações céticas sobre a conclusão da argumentação de Wittgenstein, pois Coleman não quer determinar que não existem regras convencionais para o direito, mas que o direito é, totalmente, uma questão de regras convencionais.

11. Joseph Raz, *Ethics in the Public Domain: Essays in the Morality of Law and Politics* (Oxford: Clarendon Press, 1994), p. 199.

12. Ibid., pp. 199-200.

13. Ibid., p. 201.

14. Do meu ponto de vista, liberdade significa a liberdade de cada um usar como bem entender as coisas que, segundo a moral, efetivamente lhe pertencem, desde que respeite os direitos dos outros. Portanto, a liberdade não é infringida pela tributação. Ver Ronald Dworkin, *Sovereign Virtue* (Cambridge, Mass.: Harvard University Press, 2001), pp. 120-83. Sem dúvida, porém, outros pensam que sou eu que entendo mal o conceito de liberdade. Minha opinião atual é que o correto entendimento de certos conceitos que compartilhamos é frequentemente controvertido. Concordamos que existe uma compreensão ou concepção correta desse conceito, mas divergimos quanto a qual compreensão ou concepção é a correta. Ver Dworkin, *Law's Empire*, pp. 45-86. Portanto, mesmo que todas as autoridades de alguma comunidade adotassem uma maneira de compreender o conceito de direito, isso não demonstraria que sua compreensão estivesse correta.

15. Raz, *Ethics in the Public Domain*, p. 201.

16. Ver Dworkin, *A virtude soberana*.

17. Raz, *Ethics in the Public Domain*, p. 199.

18. Ver ibid., p. 202.

19. Ibid., p. 204.

20. Ibid., p. 202.

21. Ibid., p. 208.
22. Ibid.
23. Em certo trecho Raz observa que uma comunidade pode ter adotado, por questão de compatibilidade entre o direito e o positivismo exclusivo, um critério exclusivamente factual para determinar a "concepção" do legislativo a respeito de determinado assunto. Ibid., p. 217. Na verdade, porém, praticamente nenhum critério de interpretação legal ou constitucional determina a aceitação geral, nos Estados Unidos, de que um positivista exclusivo exigisse considerá-los como direito. Para Raz, aparentemente, a conclusão seria que as assembleias legislativas norte-americanas não têm nenhuma "concepção" sobre o modo como os cidadãos devem se comportar.
24. Ibid., p. 209-10.
25. Ibid., p. 196-97.
26. Ibid., p. 197.
27. Para uma formulação da interpretação construtiva no direito, ver Dworkin, *Law's Empire*, pp. 62-86.
28. Ver, por exemplo, *Sindell vs. Abbott Labs.*, 607 P.2d 924, 936-38 (Cal. 1980).
29. Raz, *Ethics in the Public Domain*, p. 204.
30. Ver ibid., pp. 214-7.
31. Ibid., p. 217.
32. Ver Jeremy Bentham, *An Introduction to the Principles of Morals and Legislation* (Nova York: Hafner, 1948 [1823]).
33. *Erie R.R. Co. vs. Tompkins*, 304 U.S.64 (1938).
34. Ibid., 79 (terceira alteração do original) (citando *Black & White Taxicab & Transfer Co. vs. Brown & Yellow Taxicab & Transfer Co.*, 276 U.S. 518, 533, 535 (1928) (Juiz Holmes, voto dissidente)).
35. Hart, *The Concept of Law*, 2.ª ed.
36. John Austin, *The Province of Jurisprudence Determined*, (org.) Wilfrid E. Rumble (Cambridge: Cambridge University Press, 1995 [1832]), pp. 18-7.
37. Dworkin, *Law's Empire*, pp. 4-5.
38. Hart, *The Concept of Law*, 2.ª ed., p. 246.
39. Com sua firmeza característica, Coleman afirma "não haver dúvida" de que minha interpretação era equivocada (p. 200, n.25). Mas outros autores não compartilham sua opinião. Ver, por exemplo, Nicos Stavropoulos, "Hart's Semantics", em Coleman (org.), *Hart's Postscript*, pp. 59 e 98. Mesmo alguns autores que acreditam que minha interpretação de Hart foi equivocada admitem que há indícios favo-

ráveis à minha interpretação em seu livro e que algumas de suas afirmações requerem uma interpretação "caridosa" para que não se as veja como confirmações de minha interpretação. Ver, por exemplo, Timothy A. O. Endicott, "Herbert Hart and the Semantic Sting", em Coleman (org.), *Hart's Postscript*, pp. 39, 41-7.

40. Hart, *The Concept of Law*, 2.ª ed., v.

41. Devo dizer, aqui, que não tenho a intenção de admitir outras imputações de Coleman, muitas das quais inexatas, nem suas outras críticas.

42. Dworkin, "The Model of Rules I", p. 7-13.

43. Dworkin, *Law's Empire*, pp. 130-50.

44. Em *Law's Empire*, aceito essa distinção como hipótese ao longo de todo o livro; ver, por exemplo, as discussões sobre as teorias do direito natural nas páginas 35-6, e sobre a relação entre direito e moral nas páginas 96-8 e 101-4. Ver também a discussão dos "erros" jurídicos em *Taking Rights Seriously*, pp. 118-30.

45. Ver Dworkin, *Law's Empire*, pp. 55-73.

46. Timothy Endicott afirma que a alegação de que qualquer paradigma é, em princípio, passível de revisão – alegação aceita por Coleman – constitui a essência de minha abordagem interpretativa do direito, e defende o positivismo contra meu argumento do "aguilhão semântico" ao contestar essa afirmação. Ver Endicott, "Herbert Hart and the Semantic Sting".

47. Dworkin, *Law's Empire*, p. 413.

48. Ibid., p. 202.

49. Ibid., pp. 95-6, *passim*.

50. Ibid., p. 52.

51. Cito as frases pertinentes: "Suponhamos, por exemplo, que compartilhamos a concepção de que o direito é um conceito contestável no sentido de que, onde quer que ele exista, será sempre uma questão de divergência potencial, e de que exige uma prática interpretativa. (...) Essa divergência é parte do que consideramos que o direito seja – parte de nosso entendimento comum do tipo de coisa que ele é. Portanto, não só a divergência sobre os critérios de legalidade em nossa comunidade é compatível com nosso compartilhamento dos mesmos critérios para a aplicação do conceito de direito; neste caso, nossa divergência sobre os critérios de legalidade em nossa comunidade nos é inteligível exatamente porque compartilhamos os mesmos critérios para a aplicação do conceito" (p. 182).

Capítulo 8

1. Cambridge, Mass.: Harvard University Press, 1977.
2. Cambridge, Mass.: Harvard University Press, 1986.
3. Para uma formulação sutil e esclarecedora da pertinência da filosofia da linguagem para a teoria jurídica, ver Nicos Stavropoulos, *Objectivity in Law* (Oxford: Clarendon Press, 1996). Sou grato a Stavropoulos pelos comentários muito proveitosos sobre um esboço da Introdução do presente livro e deste capítulo.
4. 89 *Va. L. Rev.* 1897 (2003); citação à página 1918.
5. Ibid., 1908. Em outra parte, Green sugere que talvez minha formulação do conceito interpretativo não seja, afinal, uma formulação realista, mas que é, antes, "similar" à teoria da lógica de Nelson Goodman, rigorosamente nominalista. Goodman afirmava que nossa consciência comum da validade de certas regras de inferência dedutiva não é o desfecho de nossa percepção das formas platônicas de inferência válida, mas sim de nossa conquista conjunta de um equilíbrio entre as inferências que estamos dispostos a aceitar e as regras de inferência que estamos dispostos a adotar. A formulação de Goodman pressupõe que o equilíbrio que alcançamos depois de um processo (mítico) de ajustamento crítico é, ao mesmo tempo, totalmente contingente – "nós" poderíamos ter optado por um equilíbrio muito diferente e, desse modo, ter chegado a uma lógica muito diferente – quanto um construto social, também em sentido pleno: as regras da lógica não poderiam ter a força que têm para "nós" a menos que todos aceitássemos, sem questionar, que se A, e se A depois B, então B. Desse modo, o nominalismo de Goodman sobre a lógica dedutiva e indutiva é igual ao que Green chama de tradicionalismo. O significado dos termos é determinado por uma prática uniforme à qual se chega depois de algum período de negociação semântica. Nada poderia estar mais distante de minha formulação dos conceitos interpretativos do que esse nominalismo extremo. O cerne de minha formulação está na crença de que os conceitos interpretativos são contestados, e não estabelecidos, pela prática, e defendo o ponto de vista de que as questões de valor colocadas pela utilização de tais conceitos têm, pelo menos em princípio, respostas corretas.
6. Joseph Raz, em *The Blackwell Guide to the Philosophy of Law and Legal Theory* (Malden, Mass.: Blackwell, 2005), pp. 324, 326.
7. Ibid., p. 341 n.6.
8. Ibid., p. 331.
9. Ibid., p. 332.

10. Raz afirma que acredito que uma teoria do direito deve ser provinciana, mas apresenta, como meu suposto argumento para essa conclusão, um argumento medíocre que não reconheço. Ele acrescenta, porém, que esse é um ponto acerca do qual não sou claro. Acredito que esses sejam outros sintomas do aguilhão semântico.

11. *Law's Empire*, p. 114.

12. Scott Shapiro, "The 'Hart-Dworkin' Debate: A Short Guide for the Perplexed", a ser publicado em Arthur Ripstein (org.), *The Cambridge Companion to Dworkin* (Cambridge: Cambridge University Press). Shapiro sugere nesse artigo um tipo de resposta que, em sua opinião, os positivistas poderiam dar a meus argumentos "posteriores".

13. Coleman teve a gentileza de permitir que eu descrevesse seu ponto de vista desta maneira.

14. Lacey, *A Life of H. L. A. Hart* (Oxford: Oxford University Press, 2004).

15. A resenha de Gardner encontra-se na 121 *Law Quarterly Review* 329 (2005). Ele diz que constrangi Hart ao introduzir questões estranhas à filosofia do direito: "Dworkin afirmava que os debates clássicos em filosofia do direito deviam ser resolvidos sobretudo no nível da filosofia primeira, ou metafísica. Não se tratava de meros debates sobre a natureza do direito, das regras jurídicas etc., mas sobre a natureza do entendimento humano de coisas como o direito e as regras jurídicas. Ao levá-lo para esse plano elevado da filosofia primeira, Dworkin privou Hart de sua confiança despretensiosa (mas plenamente justificada) em sua obra como filósofo do direito, e fez com que suas últimas réplicas parecessem frágeis e defensivas. Usando outra metáfora, Dworkin desafiou Hart a preocupar-se com a firmeza de sua postura, o que o levou a uma perda dramática do equilíbrio e da estabilidade. Muitos acham que teria sido melhor para a filosofia do direito que ele tivesse ignorado a provocação e não se tivesse deixado desviar de seu objetivo original". Em outra parte da resenha, Gardner expande a metáfora, afirmando que "a maior parte da obra de Hart é filosoficamente despretenciosa. Ele trabalha os problemas com os quais se propôs a trabalhar, não com a questão acessória de saber de que modo esses problemas devem ser trabalhados ou que tipo de problemas são eles. Ele é o monociclista metafísico que, assim que começa a se perguntar como consegue se equilibrar, cambaleia e corre o risco de cair. Suas incursões na investigação de sua própria perspectiva filosófica, com a possível exceção de sua recusa a uma

abordagem tão somente lexicográfica em sua conferência inaugural, não serão lembradas como um grande sucesso". Essa avaliação sábio-idiota das aptidões filosóficas de Hart é injusta. Hart teve dificuldade não devido a um entendimento precário da "filosofia primeira", mas porque tinha domínio filosófico suficiente para perceber problemas que alguns de seus sucessores no positivismo analítico não percebem. De qualquer modo, a descrição de Gardner das questões que eu supostamente introduzi é extremamente equivocada. Não escrevi nada, nem em *O império do direito* nem em outro lugar, sobre "a natureza do entendimento humano de coisas como o direito e as regras jurídicas". Minhas preocupações não eram epistemológicas, e sim conceituais. Afirmei que, embora Hart pretendesse explicar o conceito doutrinário de direito, ele compreendera mal a natureza desse conceito, e que, por esse motivo, suas afirmações sobre a natureza do direito tendiam a ser equivocadas.

16. Ver *Levando os direitos a sério*, Capítulo 2.

17. Ibid., p. 76.

18. Joseph Raz, "Incorporation by Law", 10 *Legal Theory* 1-17 (2004).

19. Ibid., p. 10.

20. Ver meu livro *O direito da liberdade*.

21. Ver Antonin Scalia, *A Matter of Interpretation* (Princeton, N.J.: Princeton University Press, 1997).

22. A Suprema Corte considerou a proposição falsa alguns anos atrás. Ver meu livro *Sovereign Virtue* (Cambridge, Mass.: Harvard University Press, 2000), Capítulo 10. Ver *Buckley vs. Valeo*, 424 U.S. 1 (1976).

23. Esse erro pode ser estimulado pelas personificações não punidas, que são um verdadeiro vício de alguns teóricos do direito e que critico no Capítulo 7. As atitudes proposicionais são opacas à substituição: do fato de Jefté ter decidido que a primeira pessoa que visse depois de sua vitória fosse sacrificada aos deuses, em gratidão, e do fato de a primeira pessoa que viu ter sido sua filha, não se infere que ele tenha determinado que sua própria filha fosse sacrificada. Ele não sabia que a primeira pessoa que veria seria sua filha. Portanto, se cedermos ao hábito de dizer que o direito ou a Constituição "determina" ou "ordena" que não se adote nenhuma forma de direito que viole a liberdade de expressão, por exemplo, podemos nos sentir tentados a pensar que, do fato (moral) de que as restrições financeiras às campanhas políticas violam a liberdade de expressão, se infere que a Constituição determinou ou ordenou que não se adotasse nenhuma

restrição financeira a essas campanhas. Podemos pensar: a Constituição talvez não soubesse que as restrições às campanhas violam a liberdade de expressão. Isso, porém, constituiria um grave erro: um resíduo da versão de "comando" do positivismo analítico postulada por John Austin e hoje abandonada. "As leis comandam que" é algo que só pode ser racionalmente entendido como uma maneira simbólica de formular proposições sobre direitos, deveres ou poderes morais, e essas proposições são transparentes à substituição. O fato de que o Congresso "determinou" alguma coisa não é relevante para nenhuma proposição de direito, a menos que se infira dessa determinação – como pode não ser o caso – que as pessoas têm os direitos, deveres e poderes que o Congresso determinou que tenham.

24. Raz, "Incorporation by Law", p. 12

25. Matthew Kramer, "On Morality as a Necessary or Sufficient Condition for Legality", 48 *Am. J. Juris*. 53 (2003). O ensaio de Kramer mostra os riscos de qualquer tentativa de se atribuir profundidade ou importância à distinção entre as duas formas de positivismo taxonômico. Ele afirma que o direito inclui todos os critérios que são tanto compulsórios quanto "permissórios" para os juízes; ele quer dizer com isso que o critério ainda não foi adotado por nenhuma autoridade. Quando os princípios morais são compulsórios para os juízes, eles passam nesse teste porque não foram adotados por nenhuma autoridade. Mas os princípios da matemática também passam no teste.

Capítulo 9

1. Ver *Sindell vs. Abbott Labs.*, 607 P.2d 924, 936-8 (Cal. 1980).

2. Ver H. L. A. Hart, *The Concept of Law*, 2.ª ed. (Oxford: Clarendon Press, 1994), p. vii.

3. Ver ibid.

4. Ver ibid.

5. Esses juristas foram influenciados pela ideia de responsabilidade por participação de mercado a partir de um Comentário publicado por uma estudante na *Fordham Law Review*. Ver Naomi Sheiner, Comment, "DES and a Proposed Theory of Enterprise Liability", *Fordham L. Rev.* 963 (1978).

6. John Rawls, *A Theory of Justice*, ed. rev. (Cambridge, Mass.: Harvard University Press, 1999), pp. 15-9. [Trad. bras. *Uma teoria da justiça*, São Paulo, Martins Editora, 2008.]

7. Ver, em termos gerais, Jeremy Bentham, *An Introduction to the Principles of Morals and Legislation* (Nova York: Hafner, 1948 [1823]).
8. Ver *So. Pac. Co. vs. Jensen*, 244 U.S. 205, 221 (1917) (Juiz Holmes, em voto dissidente) ("Não hesito em admitir que os juízes legislam e devem legislar, mas eles só podem fazê-lo de modo intermitente; seus movimentos se restringem ao espaço que vai do molar ao molecular").
9. Ver mais adiante a seção "Constitucionalismo".
10. Rawls, *A Theory of Justice*, p. 209.
11. Ibid.
12. Não quero dizer que a argumentação a favor do interpretacionismo que formulei com base em Rawls seja condizente com meus próprios argumentos a favor dessa concepção. Pretendo apenas mostrar a pertinência da obra de Rawls a respeito dessa questão crucial da teoria do direito. Contudo, pelo menos em uma interpretação da estrutura básica da argumentação que Rawls extraiu da posição original, seus argumentos não são, de fato, muito diferentes dos meus. Acredito que a integridade exprime a concepção correta da igualdade de cidadania: os princípios aplicados a uma pessoa devem ser aplicados às outras, a menos que claramente determinado de outra forma pelas instituições competentes. Em minha opinião, uma certa ideia desse tipo de igualdade oferece pelo menos parte do conjunto de ideias com as quais se entende mais claramente o que a estratégia heurística da posição original delineia e aplica. Porém, na nota 19 de seu artigo "Justice as Fairness: Political Not Metaphysical", Rawls examina e rejeita minha interpretação. Ver John Rawls, "Justice as Fairness: Political Not Metaphysical", em *Collected Papers*, Samuel Freeman (org.) (Cambridge, Mass.: Harvard University Press, 1999), pp. 388, 400 n. 19.
13. Ver Ronald Dworkin, *Law's Empire* (Cambridge, Mass.: Harvard University Press, 1986), pp. 276-312.
14. Ver, por exemplo, *Uhl vs. Thoroughbred Tech. And Telecomms., Inc.*, 309 F.3d 978, 985 (7th Cir. 2002) (sobre o "véu de ignorância" de Rawls em *A Theory of Justice*); *Goetz vs. Crosson*, 967 F.2d 29, 39 (2d Cir. 1992) (citando *A Theory of Justice*); *Memphis Dev. Found. vs. Factors Etc., Inc.*, 616 F.2nd 956, 959 (6th Cir. 1980) (mesma citação); *W. Addition Cmty. Org. vs. NLRB*, 485 F.2d 917, 938 (D.C. Cir. 1973) (mesma citação).
15. Ver Rawls, *A Theory of Justice*, p. 274.
16. 410 U.S. 113 (1973).
17. 505 U.S. 833 (1992).

18. Alguns filósofos acreditam que o direito moral ao aborto pode ser defendido mesmo se admitirmos que o feto é uma pessoa, porque mesmo a partir desse pressuposto uma mulher não tem a responsabilidade moral de prolongar o ônus da gravidez. Para uma discussão dessa sugestão, ver meu livro *Life's Dominion* (Nova York: Vintage Books, 1994 [1993]), pp. 102-17. Todavia, mesmo que acatemos esse ponto de vista, dele não se infere que o direito constitucional ao aborto possa ser defendido dessa maneira. Se é correto que um Estado trate o feto como uma pessoa, constitucionalmente ele também poderá tratá-lo como uma pessoa para com a qual a mãe tem uma responsabilidade específica que exclui o aborto eletivo.

19. Ver Dworkin, *Law's Empire*, pp. 276-312.

20. Ver Dworkin, "The Secular Papacy", em Robert Badinter e Stephen Breyer (orgs.), *Judges in Contemporary Democracy: An International Conversation* (Nova York: NYU Press, 2003), p. 67.

21. John Rawls, *Justice as Fairness: A Restatement*, Erin Kelly (org.) (Cambridge, Mass.: Harvard University Press, 2001), p. 112.

22. Ver Bruce Ackerman, *We the People* (Cambridge, Mass.: Harvard University Press, 1991).

23. John Rawls, *Political Liberalism* (Nova York: Columbia University Press, 1996).

24. 347 U.S. 483 (1954).

25. 410 U.S. 113 (1973).

26. Ver *New State Ice Co. vs. Liebmann*, 285 U.S. 262, 311 (1932) (Juiz Brandeis, voto dissidente) ("Um dos fatos auspiciosos do sistema federal está em que um único estado corajoso pode, se seus cidadãos assim decidirem, servir de laboratório e fazer experiências sociais e econômicas inovadoras sem riscos para o resto do país").

27. *Vacco vs. Quill*, 521 U.S. 793 (1997); *Washington vs. Glucksberg*, 521 U.S. 702 (1997).

28. Petição dos *Amici Curiae* Ronald Dworkin *et alii*, *Glucksberg* (N.º 95-1858, 96-110), disponível em 1966 WL 708956. Além de John Rawls, a petição foi assinada por mim e por Thomas Nagel, Thomas Scanlon, Robert Nozick e Judith Jarvis Thomson.

29. 410 U.S. 113 (1973).

30. Ver John Rawls, entrevista ao periódico *Commonweal* com John Rawls, em Rawls, *Collected Papers*, pp. 616 e 618.

31. Para uma discussão exaustiva do estatuto do aborto na Europa, ver Inter-Departmental Working Group on Abortion, Gov't of Ir., Green Paper on Abortion ¶ 3.02, disponível em

http://www.taoiseach.gov.ie/index.asp?docID = 238 (última consulta: 14 de abril de 2004).

    32. Pub. L. N.º 108-105, §3 (a), 117 Stat. 1206 (2003).

    33. 347 U.S. 483 (1954).

    34. *Loving vs. Virginia*, 388 U.S. 1 (1967); *McLaughlin vs. Florida*, 379 U.S. 184 (1964).

    35. 410 U.S. 113 (1973).

    36. *Sch. Dist of Abington Township, Pa. Vs. Schempp*, 374 U.S. 203 (1963); *Engel vs. Vitale*, 370 U.S. 421 (1962).

    37. 531 U.S. 98 (2000).

    38. Rawls, *Political Liberalism*, p. 124.

FONTES

O **Capítulo 1** foi publicado originalmente como parte de "Pragmatism, Right Answers, and True Banality" em *Pragmatism and Law and Society*, Michael Brint (org.) e William Weaver (Boulder, Colo: Westview Press, 1991).

O **Capítulo 2** foi publicado originalmente em 29 *Arizona Law Review* (verão de 1997).

O **Capítulo 3**, com exceção do apêndice, foi publicado originalmente em 111 *Harvard Law Review* (1998). O apêndice foi publicado originalmente como parte da Introdução a *A Badly Flawed Election: Debating* Bush vs. Gore, *the Supreme Court, and American Democracy*, Ronald Dworkin (org.) (Nova York: New Press, 2002).

O **Capítulo 4** foi publicado originalmente como "Do Liberal Values Conflict?" em *The Legacy of Isaiah Berlin*, Mark Lilla (org.), Ronald Dworkin e Robert Silvers (Nova York: New York Review of Books, 2001).

O **Capítulo 5** é uma versão condensada e editada de meu artigo "The Arduous Virtue of Fidelity: Originalism, Scalia, Tribe, and Nerve", 65 *Fordham L. Rev.* 1249 (1997).

O **Capítulo 6** foi publicado originalmente como "Hart's Postscript and the Character of Political Philosophy" em *Oxford Journal of Legal Studies*, vol. 24, n.º 1 (2004).

O **Capítulo 7** foi publicado originalmente em 115 *Harvard Law Review* (2002).

O **Capítulo 9** foi publicado originalmente em 72 *Fordham Law Review* (2004).

ÍNDICE REMISSIVO

Abordagem antiteórica, 73, 83, 103-4, 108, 111, 130; e pragmatismo, 35-8, 87-93; e metafísica, 83-7; e profissionalismo, 93-103
Abordagem prática. *Ver* abordagem antiteórica
Abordagem teórica, 72-7, 81-93, 96, 99-101, 146, 256-7
Abordagem teórica "abrangente", 97
Abordagem teórica "incompleta", 95-103
Aborto, 11, 26, 93, 98-9, 112, 115, 122, 127, 130, 146-7, 175-6, 188, 196, 201-2, 358-9, 362-7, 386n43, 404n18
Abraão, 157
Ação afirmativa, 116, 194-5, 345, 387n46
Ackermann, Bruce, 362
Afeganistão, 121, 151
África do Sul, 263, 311
Afro-americanos, 124-5, 156, 167, 188, 195
"Aguilhão semântico", argumento do, 308-9, 312, 315-9, 324, 398n46

Alegações de direito, 230-6, 240-1, 254, 339
Alemanha, 153, 240
Amizade, 202, 223-4, 226-30
Amor, 227
Amoralidade, 132
Análises conceituais, 202, 207-9, 213, 218-20, 235, 242, 263, 302-6, 342
Análises valorativas, 206, 213, 232-3
Analogias, 99-100, 105, 196
Anarquismo, 298
Antropologia, 7, 111, 152, 305, 322; moral, 109; política, 217; jurídica, 236, 302, 304
Antropologia jurídica, 236, 302, 304
Antropologia moral, 109-10
Antropologia política, 217
Aplicação das convenções, 271-5
Aritmética, 330, 336, 402n25
Arquimedianos, 68, 201-3, 208-17, 224-5, 233, 236, 242, 254, 261
Arte, 201, 222

Ascensão justificadora, 77-82, 115
Ascensão teórica, 38
Aspecto experimental do pragmatismo, 90-3
Assistência médica, 151, 155, 175
Atividade de cooperação mútua, 276-7
Atividades conjuntas, 276-7
Austin, J. L., 46, 94, 302, 339, 350, 402n23
Autonomia, 122
Autoridade, 49, 157, 248, 253, 257, 260, 282-98, 305, 402n25; legítima, 282-9. *Ver também* Poder
Autoridade legítima, 282-9

Bálcãs, 241
Barry, Brian, 374n3
Beisebol, 70, 115
Bem-estar, 33, 88-9
Bentham, Jeremy, 94, 248-8, 255, 259, 298-300, 339, 350
Berlin, Isaiah, 39, 149-65, 207-8, 217, 225, 228-9
Biologia, 218; e moral, 130-1
Biologia moral, 130-2
Blackstone, William, 245
Blake, William, 17
Bork, Robert, 238
Bowers vs. Hardwick, 197
Brandeis, Louis, 257-8, 299, 363
Bratman, Michael, 276-8
Brown vs. Board of Education, 124-5, 175, 362, 367
Burke, Edmund, 245
Bush, George W., 36-7, 133-48, 167-9, 188
Bush, Jeb, 137
Bush vs. Gore, 36, 133-48, 367, 390n80

Califórnia, 71-2
Canadá, 272-3
Características essenciais do direito, 321-6
Cardozo, Benjamin, 79, 91
Caridade, 311-2
Carta Canadense de Direitos e Liberdades, 272-3
Casamento, 15-6, 217-8, 304
Casamento *gay*, 16, 217, 304
Ceticismo, 59, 61-3, 87, 132-3, 211, 248, 374n4, 375n14, 383n11, 396n10
Ceticismo interior, 383n11
Ceticismo moral, 383n11
China, 127, 263, 393n8
Churchill, Winston, 153
Ciência, 201, 224
Cláusula de Igual Proteção, 11, 26, 42, 125, 172, 176, 190, 258, 272-3, 296-8, 353, 355, 390n83
Cláusula do Devido Processo Legal, 42, 98, 173-6, 191, 258, 296-8
Clitoridectomia, 109-10
Códigos uniformes, 255-6, 258-9
Coleman, Jules, 48-9, 265-81, 293, 296-7, 300, 303-14, 329-30, 333, 339, 395n3, 395n10, 398nn39,46; *The Practice of Principle* [A prática de princípio], 265
Colorado, 197
Comércio, 293-4, 324, 337, 343
Common law, 34, 256-7, 288-9, 293-4, 355, 379n19
Compromisso, 277
Comunidade, 202, 215, 260, 265, 293, 314, 350; convenções da,

232; e atividades conjuntas, 276-7; leis da, 300, 312, 337, 397n23; sistemas jurídicos da, 326-7; valores políticos da, 356-8; liberal, 358-9
Conceito aspiracional do direito, 10, 20, 315
Conceito sociológico do direito, 6-10, 15-6, 40, 315-6, 321-7, 371n1
Conceito taxonômico de direito, 8-10, 16, 40, 315, 328-39, 371n1
Conceitos, 15; criteriológicos, 15-20, 316-7, 324, 372n7; de espécies naturais 16-9, 215, 218-9, 236, 316, 319-21, 324-5; interpretativos, 17-20, 33-4, 43, 47, 224, 239, 312-9, 372n7, 399n5.
Conceitos de direito, 4, 303, 312, 371n1; doutrinários, 4, 8-10, 315, 318, 321-39; sociológicos, 6-10, 315-6, 321-39, 326-7; taxonômicos, 8-10, 315, 328-39; aspiracionais, 10, 315; e o "aguilhão semântico", 315-9; e a falácia de Dworkin, 319-21; opinião de Raz sobre os, 321-8
Conceitos de espécies naturais, 17-20, 215-6, 218-20, 236, 316, 319-21, 323-4
Conceitos descritivos, 201-2, 206, 209, 212-3, 216, 218, 232-4, 242, 252, 259-60, 263, 302, 342, 345-6, 349-50
Conceitos doutrinários do direito, 4, 8-10, 15, 20-1, 28, 33-5, 45-7, 315, 318, 321-39, 371n1

Conceitos emotivos, 212
Conceitos empíricos, 206, 232, 236-7, 301-2
Conceitos engajados, 201, 218-20
Conceitos interpretativos, 17-20, 33, 43, 47, 224, 240-1, 312-9, 372n7, 399n5
Conceitos jurídicos criteriológicos, 15-20, 316-7, 324, 372n7
Conceitos normativos, 203, 208-9, 211-2, 218-20, 232-4, 242, 263, 303, 314, 317, 327, 342, 349-50, 385n31, 387n46, 390n76
Conceitos substantivos, 202-3, 210-1, 260, 301-3, 350, 368, 392n4
Concepção adaptacionista da moral, 128-9, 132
Condições de veracidade. *Ver* veracidade, condições de
Confederação, 141
Conferências Tanner Foundation, 177-8, 183
Congresso, EUA, 136-7, 288, 291, 334, 401n23
Consciência, liberdade de, 71-3, 75
Consenso sobreposto, 96-7
Consequencialismo, 32, 36, 88-9, 104, 135-48
Consequencialismo das regras, 143
Conservadorismo, 245, 256, 317
Constitucionalismo, 360-7
Constituição do Colorado, 197
Constituição dos EUA, 10-2, 42, 44, 61, 72, 82, 101, 134, 146, 167-77, 178-92, 196-7, 237-8, 255-6, 258, 268, 272-3, 291,

296-8, 332-5, 353, 362, 391n3, 401n23; e fidelidade textual, 167-80, 196; abstrações na, 174, 182, 187-9, 192-3, 196, 258, 297
Constituição inglesa, 251
Constituições: e a moral, 11-2, 25-6, 42-4, 196-8; e os valores políticos, 152, 207-9
Conteúdo das convenções, 271-5
Contratos, 231, 263, 294, 312, 379n19
Controle judicial de constitucionalidade, 208, 211, 215, 217, 297, 344, 360-2, 367
Convencionalismo, 320, 326, 329, 376n17
Convenções, 232, 266-81; aplicação/conteúdo das, 271-5
Convenções jurídicas, 232-3, 266-81
Conveniência, 240
Coordenação, 253, 259
Coordenação, responsabilidades acerca da, 96, 103
Coventry, bombardeio de, 153
Critérios comuns, 215-6, 235, 303, 312-3

Darwinismo, 130-2, 218, 224, 236, 390n76
Darwinismo social, 224
Davidson, Donald, 54, 312-4
Décima Quarta Emenda, 9, 42, 72, 173, 176, 256, 272, 353
Decisão *Casey*, 115, 122, 358
Decisão *Cruzan*, 61
Decisão *Dred Scott*, 167
Decisão judicial, 102-3, 105, 126, 133-5, 145-6, 170, 194, 295-6, 358, 363, 366, 377n17, 377n19
Decisões judiciais, 10-2, 232
Declaração de Direitos, EUA, 179, 186. *Ver também emendas específicas*
Democracia, 101, 104, 115, 123, 151, 192, 220-1, 245, 291, 387n46, 393n8; liberdade na, 73, 75, 101-2, 208, 228, 361; igualdade na, 84, 228; como valor político, 162, 165, 202, 207, 212-7, 218, 224, 238, 242, 260-1, 315-6; regra da maioria na, 190, 208-12, 227, 254; e parceria, 190, 198; controle de constitucionalidade na, 215, 217; e positivismo, 298-9; e o direito, 315-6, 343-4
Democracia coparticipativa, 191, 198
Deontologia, 88-9
Desconstrução, 53, 83, 284
Desejo, satisfação do, 33
Desobediência civil, 384n12
Deus, 157, 246, 265
Dewey, John, 54
Dicey, A. V., 251
Dinheiro, 208
Direito, 49-51, 200, 203, 205-6, 302, 315; conceitos de, 3-10, 303, 312, 315-39, 371n1; e justiça, 3-4, 51, 315; e moral, 3-51, 204-5, 238, 246, 256, 265-6, 328-39, 343; constitucional, 4, 9, 12, 25-6, 41-5, 72, 75-8, 81-2, 90, 98, 101-3, 123, 126, 132, 135, 146, 167-77, 178-92, 237-8, 249, 255-9, 263, 268, 272-5, 278, 296-9, 332-5, 344, 353,

387n46, 404n18; proposições de, 4-11, 21-6, 28-30, 35-41, 45-6, 235, 261, 269, 281-2, 303, 310-1, 318-20, 325, 330-1, 345-8, 368, 371n1; e decisões judiciais, 10-2; teoria geral do, 15-20; e pragmatismo, 32-8, 53-70; *common law*, 34, 256-7, 288-9, 294, 355, 379n19; e pluralismo moral, 38-9; e positivismo doutrinário, 38-49; penal, 207-8, 215, 291-4; alegações de, 230-6, 241-2, 254, 339; defesa do, por Hart, 230-8; Estado de, 240, 251, 344, 348; características essenciais do, 321-6; definição de, 349-55
Direito constitucional, 4, 9, 12, 25-6, 42-5, 72, 75-8, 81-2, 90, 98, 101-3, 123, 126, 132, 135, 146, 167-77, 178-92, 237-8, 249, 255-9, 263, 268, 272-5, 278, 296-8, 332-5, 344, 353, 387n46, 404n18
Direito e economia, movimento de, 34, 50
Direito penal, 207-8, 215, 291-4
Direitos humanos, 115
Discriminação racial, 84-6, 104, 116, 124-5, 176, 194, 201-2, 362
Discriminação sexual, 104
Discurso do ódio, 156
DNA, 16-7, 216-7, 235-6, 305
Dogmatismo, 88
Donne, John, 339
Dworkin, Ronald, 66, 88, 97, 121, 180, 271, 303, 307, 311-2, 319, 400n15; *Freedom's Law*, 192; *Law's Empire* [O império do direito], 19, 46, 68, 89, 235, 242, 252, 262, 312, 314, 318, 325-30, 377n19, 394n29, 401n15; *Sovereign Virtue*, 229; *Taking Rights Seriously* [*Levando os direitos a sério*], 318, 328

Economia, 73, 193-4, 218, 236, 336, 343, 356; no direito, 34, 50
Educação, 124-5, 176, 362, 389n72
Eficiência, 244, 246-50, 254-5, 259, 327
Eficiência econômica, 33-4, 37
Endicott, Timothy, 398n46
Equidade/imparcialidade/justiça (*fairness*), 44, 48, 98, 121, 194, 243, 249, 272-3, 293, 299; e justiça, 194, 243, 272-3, 394n29; a justiça como, 350, 357, 361, 364
Equilíbrio interpretativo, 348-9, 355, 357, 399n5
Erie Railroad vs. Tompkins, 257, 300
Escócia, 206
Escravidão, 167, 188-9
Estado de Direito, 240, 251, 344, 348
Estágio da decisão judicial, 28-32, 39-40, 45
Estágio doutrinário, 21-8, 33-4, 39-40, 320
Estágio semântico, 15, 32-5, 42-5; e conceitos criteriológicos, 15-6; conceitos de espécies naturais, 16-7; conceitos interpretativos, 17-20
Estágio teórico, 20-1, 32-3, 320
Estilo, 224, 227
Estratégia de abstração, 272-5

Estudos jurídicos críticos, 62, 83, 345
Ética, 226-7, 239, 387n46
Eutanásia, 112, 123
Exatidão, 245-6

Faculdade de Direito de Chicago, 74, 82-93, 193
"Falácia de Dworkin, A", 319-21
Felicidade, 33
Feminismo, 50, 365
Fidelidade textual, 167-80, 192-3, 196
Filosofia da linguagem, 373n24
Filosofia do direito, 42, 46, 49-50, 199-203, 232, 260-4, 301-3, 305, 314, 316-7, 324, 328, 341-5, 369, 377n19, 400n15; natureza da, 345-9; e a determinação da natureza do direito, 349-55; limitações do raciocínio jurídico, 355-60; constitucionalismo, 360-7; verdade/objetividade, 367-9
Filosofia moral, 12, 109, 114, 119, 160, 202, 356
Filosofia política, 73, 149, 160, 202, 208, 217, 220-1, 228-9, 238-9, 262, 302-3, 314, 342
Fish, Stanley, 35, 63-70, 375n14, 376nn16,17,19
Flórida, 136-40, 390n83
Forster, E. M., 229
Frankfurter, Felix, 367
Fuller, Lon, 6
Fundacionalismo, 64
Fundamentalistas, 365

Gardner, John, 262, 329, 400n15
Gastos de campanha, 335-6, 401n23

Generalizações empíricas, 236
Genocídio, 84-7
Geórgia, 197
"Go Fish" (jogo de cartas), 7
Goodman, Nelson, 399n5
Gore, Al, 36, 133-48, 391n85
Grã-Bretanha. *Ver* Inglaterra.
Green, Michael Stephen, 49, 319-20, 399n5
Guerra de Secessão, 42, 134, 141, 146, 167, 188,291
Guerra do Golfo Pérsico, 55

Habeas corpus, suspensão do, 134, 146, 291
Habitação, 151, 175
Hand, Learned, 3, 41, 257-8, 298
Hart, H. L. A., 41, 45-8, 94, 115, 199-207, 232-8, 241, 248, 253, 259, 264, 269, 301-7, 329, 339, 346-7, 373n24, 385n32, 394nn29-30, 397n39, 400n15; *O conceito do direito*, 39, 45, 94, 199, 232, 232-8, 259, 301-4, 307, 346-7
Harvard, Faculdade de Direito de, 373n24
Harvard, Universidade, 137
Hayek, F. A., 251
Hércules, 74, 77-82, 97, 100, 268
História, 336; social, 217; intelectual, 324
História intelectual, 324
História social, 217
Hitler, Adolf, 156
Hobbes, Thomas, 248, 253
Holmes, Oliver Wendell, Jr., 3, 41, 84, 193, 256-9, 283, 298-9, 339, 351;"The Path of the Law", 132
Holocausto, 96, 156

ÍNDICE REMISSIVO

Homossexualidade, 169, 171, 173, 197, 217-8, 272-3, 305
Humanismo, 228

Igualdade, 90, 125, 164, 176, 220, 251, 314, 353, 359, 365; como valor político, 38, 149, 158-62, 165, 203, 207, 212-8, 225, 228-9, 234, 240, 260, 264; de cidadania, 76, 84, 172-6, 190-1, 196, 198; e integridade política, 105, 250; conflito com a liberdade, 151, 153-4, 203
Igualdade sexual, 37
Imoralidade, 132, 147, 292
Independente de propósitos, 57-8
Inglaterra, 11, 153, 200, 231, 251, 263, 298, 324, 356, 361, 378n19, 385n32
Integridade, 225, 226; política, 105, 244, 250-3, 312, 343, 376n17, 403n12
Integridade política, 105, 244, 250-3, 312, 343, 376n17, 403n12
Interpretação legislativa, 26, 350
Interpretacionismo, 352-5, 359, 403n12
Irlanda, 127
Isaac, 157
Islã, 121, 151
Israel, 356
Iugoslávia, 241

James, William, 54, 126
Japão, 141
Jefté, 401n23
Jogos de linguagem, 84
Judeus, 96, 156
Juízes, 101, 231, 263-4, 268, 278, 282, 288, 311, 341, 344-5, 356, 377n19, 395n10, 402n25; capacidade de discernimento dos, 108; e as questões morais, 120-4, 126-7, 185, 187, 249, 255-6, 269, 332-5, 359, 385n32, 387n46, 389n72; e equidade, 121, 295; e pragmatismo, 134-5, 144-5, 376n17, 390n83; e a fidelidade textual, 167-8, 173-5, 188-90, 196; e os princípios constitucionais, 196-8, 200; jurisdição dos, 257-8; positivismo dos, 265-6, 298-9, 318, 343, 385n32; divergências sobre o direito, 268-75; e as convenções, 278-9; uso da aritmética, 330, 336; decisões difíceis tomadas pelos, 343-4; e a determinação sobre a natureza do direito, 349-55
Juízos de valor, 201-8, 232
Julgamentos dos crimes de guerra de Nurembergue, 240, 315
Jurisdições, 102, 235, 257-8, 262-4, 299, 302, 312, 336-7, 342, 360, 379n19
Justiça, 162, 202, 214, 224; e direito, 3-4, 51, 315; racial, 37, 86, 124-5, 188, 258-9; social, 53, 109, 195; compensatória, 85, 241; e a concepção de Rawls, 115, 228, 341, 348-55, 357-60, 364; e fidelidade textual, 188-9; e equidade, 194, 243, 272-3, 394n29; como abstração, 210; como conceito, 210-1, 316, 372n7; política, 211; o valor da, 220-1;

versus conveniência, 240; como equidade, 349, 357, 360, 364; concepção utilitarista da, 350-5
Justiça compensatória, 85, 241
Justiça política, 211
Justiça racial, 37, 86, 124-5, 188, 258-9
Justiça social, 53, 109, 195
Justificação, 282, 377n19

Kant, Immanuel, 99, 114, 125, 196, 356, 369
Kelsen, Hans, 301
Kennedy, Duncan, 384n12
Kerry, John, 334-5
Kramer, Matthew, 339, 402n25
Kripke, Saul, 396n10

Laboratórios farmacêuticos, 12-5, 22, 26-7, 71-7, 92, 98-9, 105, 203-4, 231, 294, 345-6, 368
Lacey, Nicola, 47, 329, 373n24
Lawrence vs. Texas, 197
Legalidade, 202-3, 212, 216, 224, 260-4, 348-50, 359, 394n29, 398n51; o valor da, 238-43; e teoria do direito, 243-53; e positivismo interpretativo, 253-60
Legislação, 11, 273, 284, 288-90, 292, 297-300
Lei de Direitos Humanos do Reino Unido, 263, 361
Lei dos Escravos Fugitivos, 188
Leis antitruste, 345
Leis *Jim Crow*, 195
Levi, Edward, 99; *Introduction to Legal Reasoning*, 94
Liberalismo, 26, 300, 317, 356-60

Liberdade, 98, 176, 220, 236, 239, 251, 256, 284, 341, 352, 364; como valor político, 37, 149, 158-62, 165, 203, 207-8, 212-8, 224-5, 228-9, 234, 240, 260-1, 264; de expressão, 71-2, 75, 83-4, 99-101, 105, 115, 157-8, 173, 185, 210, 332-6, 381n16, 401n23; conflito com a igualdade, 151, 153-4, 203; religiosa, 190; sexual, 194-7, 259; política, 360; definição de, 396n14
Liberdade de expressão, 71-2, 75, 84, 99-101, 105, 115, 157-8, 173, 185, 210, 332-6, 381n16, 401n23
Liberdade sexual, 194-7, 259
Liberdades políticas, 360
Libertarismo, 207
Lincoln, Abraham, 134, 146, 291-2
Linguagem/conceitos abstratos, 174, 179, 187-9, 192-3, 196, 202, 251, 258, 261-2, 297
Lochner vs. Nova York, 101, 256
Lógica, 399n5

Mackie, John, 62
MacPherson vs. Buick Motor Company, 79, 91
Maiorismo, 189-90, 198, 208-12, 227, 254, 300, 352, 361, 365
Maquiavel, Nicolau, 134
Martinez, Denny, 70
Massachusetts, 336-7
Matter of Interpretation, A (Scalia), 178
Metaética, 112, 201-2
Metafísica, 83-7, 114, 258, 374n4, 400n15

ÍNDICE REMISSIVO

Microsoft Corporation, 345
Mill, John Stuart, 207, 356
Milton, John: *Paraíso perdido*, 171, 185
Minerva, 80-2, 301
Miscigenação, 367
Missouri, 61
Modéstia, 104-5, 224, 227
Moore, G.E., 223
Moral, 37, 49-51, 107-9, 200, 228, 238, 246, 385n32; e direito, 3-51, 205, 238, 246, 256, 265-6, 328-39, 343; moralidade política, 10, 21-32, 41-3, 47-8, 72, 82-3, 97, 122-3, 183, 187, 189, 198, 229, 248-9, 252, 349, 355-6, 388nn46,47; e as decisões judiciais, 10-2; e Constituições, 10-2, 26, 41-5, 196-8; e o pragmatismo jurídico, 32-8; e o positivismo doutrinário, 38-49; e o pragmatismo, 54, 62; independência da, 108-10; conceito adptacionista da, 128-9, 132; e o positivismo inclusivista, 267-80; e o positivismo exclusivista, 281-98
Moralidade política, 10, 21-32, 41-3, 47-8, 72, 81-3, 97, 122-3, 183, 187, 189, 198, 229, 248-9, 252, 349, 355-6, 388nn46,47
Moralismo acadêmico, 110-1, 119, 126, 133
Movimento feminista, 50, 365
Murphy, Liam, 41, 248

Nagel, Thomas, 151
Nazistas, 7-8, 96, 153, 240, 316
Negligência, 12-3, 22, 27, 115

Neutralidade, 202-3, 207-9, 218-9, 233, 253, 263, 317
New Deal, 362
Niilismo, 53, 117, 385n25
Niilismo moral, 117
Nipo-americanos, 134
Nível exterior da prática, 65
Nível exterior de pensamento/fala, 56-7, 64-5
Nível interno da prática, 65
Nível interno de pensamento/linguagem, 56
Normas, 272
Nova York, 338

Oitava Emenda, 44, 172, 178-9, 186, 237, 391n3
Originalismo, 42-5, 169, 178-9, 186
Originalismo de expectativas, 43-4
Originalismo semântico, 42-5, 178-9, 186

Paradigmas, 309, 313
Parlamento britânico, 231, 256, 298, 361, 378n19
Partido democrático, 140
Partido Republicano, 136, 139
Patriotismo, 202, 215, 229
Peirce, Charles Sanders, 54
Pena de morte, 173, 178-9, 186, 237
Pena/Sanção, 42-5, 115, 172-6, 178-9, 186, 237, 292, 391n3
Penas cruéis, 42-5, 172-6, 178-9, 186, 237, 391n3
Perdas e danos (responsabilidade civil), 12, 14, 22, 26-7, 34, 71, 76, 92, 99, 231, 241, 294-5, 345-6

Personificação, 371n1
Planned Parenthood of Southeastern Pennsylvania vs. Casey, 115, 122, 358
Platão, 239, 245, 399n5
Pluralismo, 359; moral, 38-9, 149-65; político, 228; de valores, 239
Pluralismo de valores, 239
Pluralismo moral, 38-9, 149-65
Pluralismo político, 228-9
Pobreza, 151, 155, 162, 278
Poder: coercitivo, 6, 28, 240, 244-5, 247, 250, 327; político, 35, 244. Ver também Autoridade
Poder de coerção, 7, 28, 240, 244-5, 247, 250, 327
Poder político, 35, 244
Política, 53, 112, 120, 123, 133, 158-62, 198, 202, 228-9, 342, 360-6, 387n46
Pornografia, 105
Positivismo, 306-14; doutrinário, 39-49, 62, 318, 321-2, 332-7, 339; jurídico, 39-49, 62, 244, 247-9, 253-70, 265-7 280-1, 298-9, 307-8, 318, 328, 345-7, 394n29; político, 39-45; sociológico, 39-40; taxonômico, 40, 45, 402n25; analítico, 45-9, 318, 321-2, 328, 339, 401n15; inclusivista, 48, 267-81, 293, 330, 336, 339; interpretativo, 253-70; exclusivista, 266, 281-98, 330, 336-9, 397n23; e provincianismo, 298-306; e teoria jurídica, 342, 344-5, 348-55

Positivismo analítico-doutrinário, 45-9, 318, 321-2, 339, 401n15
Positivismo doutrinário, 331, 333, 339; político, 39-45, 339; analítico, 45-9, 318, 321-2, 339
Positivismo exclusivista, 266, 281-98, 330, 336-9, 397n23
Positivismo inclusivista, 48, 267-81, 293, 330, 336, 339
Positivismo interpretativo, 253-60
Positivismo jurídico, 38-49, 62, 244, 247-9, 253-70, 266-7, 280-1, 298-9, 307-8, 318-20, 328, 345-7, 394n29
Positivismo político doutrinário, 39-45, 339
Positivismo sociológico, 39-41
Positivismo taxonômico, 40, 45, 402n25
Pós-modernismo, 83, 152, 383n6
Posner, Richard, 36-7, 63, 74, 83-91, 103-4, 107-48, 170, 375n11, 383nn6,11,12, 385nn31,32, 386n43, 387n46, 388nn47,51, 389n72, 390nn76,80,83, 391n85, 394n30; *Breaking the Deadlock*, 137; *Overcoming Law*, 85
Pragmatismo, 53-4, 305, 364, 376n17, 390nn80,83; jurídico, 32-8, 53-60, 192-3, 320; novo, 53-60, 126-33; e respostas corretas, 60-3; e práticas interpretativas, 63-70; como abordagem antiteórica, 87-93; e teoria moral, 126-33; darwiniano, 130-2; e *Bush vs. Gore*, 133-48
Pragmatismo jurídico, 32-8, 53-70, 193-5, 320

ÍNDICE REMISSIVO 419

Pragmatismo "realista", 34
Prática linguística compartilhada, 18-20
Práticas interpretativas, 63-70
Precedentes, 101
Preces nas escolas, 363, 366
Pré-estruturalismo, 83
Presidente, EUA, 4, 134, 173, 291, 334
Pressupostos, 376n16
Primeira Emenda, 72, 102, 173, 181, 185-6, 190, 332-5, 356, 381n16
Prioridade local, 37, 100
Prisão, 240
Profissionalismo, 93-103
Progressistas, 256, 298
Proposições de lei, 4-11, 23, 28-30, 39, 235-6, 261, 269, 281-2, 303, 310-1; condições de veracidade para as, 21-2, 35-8, 40-1, 45-6, 318-20, 325, 330, 334, 345-9, 368, 371n1
Proteção ambiental, 37, 116
Provincianismo, 262, 298-306, 325-6, 400n10
Psicologia, 117, 305, 358; moral, 109-10
Psicologia moral, 109-10
Ptolomeu, 281
Putnam, Hilary, 54

Queima da bandeira, 71-2, 76, 99, 105
Queima de cartões de convocação para o serviço militar, 384n12
Quine, W. V. O., 54
Quinta Emenda, 9, 173, 179

Raciocínio jurídico, 343, 355-60, 377n19, 386n32
Raciocínio moral, 387n46
Racismo, 104, 156-7
Rawls, John, 50, 96-7, 115, 118, 228-9, 341-5, 347-69, 383n12, 403n 12; *Justice as Fairness*, 360; *Political Liberalism*, 367
Raz, Joseph, 48-9, 248, 254, 266, 281-9, 291-3, 295, 227-98, 321-8, 330-6, 374n3, 394n23, 400n10; "Can There Be a Theory of Law?", 321
Realismo jurídico, 344
Realismo moral, 368
Reciprocidade, 356-7
Reconstrução, 362
Reflexão moral, 390n76
Regra de reconhecimento, 48-9, 232, 269, 272-3, 276
Relativismo funcionalista, 389n59
Relativismo moral, 107, 117, 127-8, 131-3, 383n11
Religião, 222, 293, 365; liberdade de, 190; e raciocínio jurídico, 343, 355-60
Responsabilidade, 14, 22, 71-7, 92, 98, 105, 115, 121, 203-7, 231, 294-5, 345-6, 368
Responsabilidades envolvidas na formação de juízos, 96, 103
Responsabilidades expositivas, 96, 103
Respostas corretas, 60-3, 374n3, 375n11, 384n12, 399n5
Restrições, 33
Revolução, 260
Rhode Island, 5
Ricardo, David, 237
Riggs vs. Palmer, 330

Riqueza, 33, 211, 278
Roberts, John, 391n1
Roe vs. Wade, 122, 167, 175-6, 358, 363-4, 367, 387n43
Roma antiga, 315
Romer vs. Evans, 125, 197
Rorty, Richard, 35, 54-7, 59, 62, 64, 130

Sanção. *Ver* Pena
Scalia, Antonin, 43-5, 169, 177-87, 238, 391n3
Scanlon, Thomas, 115
Segregação, 124-5, 176
Segunda Guerra Mundial, 134, 141, 153, 240-1
Segurança, 37
Segurança, sentimento de, 207
Serviço militar, 11, 42
Sexismo, 104
Shakespeare, William: *Hamlet*, 171-2
Shapiro, Scott, 49, 328-30, 339
Simchen, Ori, 391n3
Sistemas jurídicos, 6-10
Soberania popular, 362
Sociologia, 6-7, 111, 234, 304, 337; jurídica, 51, 236, 302-4, 346; moral, 109, 117; cultural, 324
Sociologia cultural, 324
Sociologia jurídica, 50, 236, 302-5, 346
Sociologia moral, 109, 117
Sodomia, 169, 197
Stalin, Joseph, 152
Stavropoulos, Nicos, 399n3
Stevens, John Paul, 384n22
Subjetivismo moral, 127, 383n11
Substituição, 401n23

Suicídio assistido, 72, 112, 122, 174, 188, 362-7
Summers, Lawrence, 137, 141
Sunstein, Cass, 37-8, 74, 83, 95-105, 381n16
Suprema Corte, Califórnia, 71-2
Suprema Corte, EUA, 3, 36, 43, 61, 122-5, 133-48, 167-9, 178, 196-7, 238, 256-8, 193-4, 296-9, 344, 358, 362-7, 378n19, 381n16, 386nn32,43, 391n85. *Ver também casos específicos*
Suprema Corte, Flórida, 136-40
Suprema Corte, Missouri, 61

Talibã, 121, 151
Teoria. *Ver* Teoria jurídica
Teoria do direito, 239, 242, 256-8, 263-4, 298, 302-4, 306, 314, 324, 326, 328, 339, 389n72, 403n12; e exatidão, 245-6; e eficiência, 244, 246-50; e integridade, 244, 250-3
Teoria evolucionista, 390n76
Teoria geral do direito. *Ver* Teoria jurídica.
Teoria jurídica, 4, 15-32, 51, 61, 71-4, 103-6, 199-201, 206, 243,265, 268, 300-4, 321, 325-6, 331, 344-5, 377n19, 400n10, 401n23; estágio semântico, 15-20, 32-5, 42-5; estágio teórico, 20-1, 32-3, 321; estágio doutrinário, 21-8, 32-5, 38-9, 320; estágio da decisão judicial, 28-32, 38-9, 45; e concepção teórica, 74-7; Hércules e Minerva, 77-82; Faculdade de Direito de Chicago, 82-93;

profissionalismo, 93-103;
questões tradicionais, 342, 355
Teoria moral, 89-90, 93, 105,
107-9, 387n46; definição de,
112-6; tese "forte", 116-20;
tese "fraca", 120-6; e novo
pragmatismo, 126-33
Teoria política, 387n46
Teoria racial crítica, 50, 83
Tese da demonstrabilidade,
375n14
Tese da inexistência de
respostas corretas, 61-3
Tese das fontes, 346
Tese "forte", na teoria moral,
116-20
Tese "fraca", na teoria moral,
120-6
Texas, 197
Tribe, Lawrence, 44, 103, 169,
178-87
Tributação, 10, 151, 155, 160-2,
208, 210, 215, 219-20, 225,
231, 263, 284, 341
Tributação progressiva, 219

Universidade de Princeton, 177
Utilitarismo, 32, 36, 89-90, 104,
114, 256, 350-5, 359, 364

Valores, 39, 149-65; morais, 151,
157-8, 174-5, 185, 193, 358-9;

políticos, 151, 153-4, 158,
160-2, 207-30, 233-4, 238-9,
243, 250, 260-4, 356-7;
autônomos/integrados,
218-29, 229; jurídicos, 238-44
Valores autônomos, 218-29,
253-4
Valores integrados, 221-5, 229
Valores jurídicos, 238-44
Valores morais, 151, 157-8,
174-5, 185, 192-3, 358-9
Valores políticos, 151, 153-4,
158, 160-2, 207-30, 233-4,
238-9, 243, 250, 260-4,
356-7
Veracidade, condições de, 21-2,
35-8, 40-1, 45-6, 318-20, 325,
330, 334, 345-9, 368, 371n1
Verdade, 81, 212, 289, 305;
objetiva, 85-7, 345, 367-9,
382n6; das alegações de
direito, 231-2, 241
Verdade objetiva, 85-7, 345,
367-9, 382n6
Vida feliz, 222, 224, 227
Violência, 208
Voto, 360

Weber, Max, 6
Williams, Bernard, 54, 389n59
Wittgenstein, Ludwig, 54, 84,
279, 395n10

Impresso por :

gráfica e editora

Tel.:11 2769-9056